합격자가
적극 추천하는

전면
개정판

배수진
공무원 화학

기본 이론서

BTB Books

이 공무원 개념서를 쓰면서 느끼는 감정은 자신감과 책임감이다.

특히 최근 출제 경향이 다소 변화된 모습을 보이고 있어 어느 때보다 새로운 생각으로 교재를 썼다.

 가장 최근에 시행된 기출문제까지 수록함으로서 최신유형의 문제에 적응하고, 빠른시간에 문제해결을 위한 핵심이 되는 해설도 수록하였다.

 수년간 축적된 자료들을 철저히 분석하고 최근 자주 출제되는 개념 및 새로운 유형으로 출제되는 개념들을 빠짐없이 수록하였다.

 각 단원들에 대한 기본적인 지식과 이해가 수반될 수 있도록 충분한 자료와 함께 개념을 설명하였고, 평범한 개념도 다양한 형태로 변형된다는 것을 파악할 수 있도록 예시 문항도 함께 수록하였다.

 또 수험생들에게 많이 나올 수 있는 질문들도 논리적으로 설명하여 정리하였다.

 기출문제를 통해 예상 난이도를 파악해 수준 높은 문제들을 수록하였고, 정답이 아닌 보기들도 어떻게 활용될 수 있는지 상세한 설명도 수록하였다.

특히 수험생들의 눈높이에 맞추려고 교재를 쓴 노력들이 공무원시험 합격이라는 부담감에 시달리는 수험생들에게 큰 도움을 줄 것이라고 확신한다.

끝으로 이 책이 완성될 수 있도록 물심양면으로 지원을 아끼지 않았던 BTB 북스 관계자님들과 대방열림고시학원 관계자님들에게 진심으로 감사를 드린다.

배수진

Contents 차례

PART 01 화학의 기본 개념

- ● 화학으로의 초대 ········· 10
  - 1. 물질의 분류 ········· 10
  - 2. 원자의 기본 법칙 ········· 12

- **CHAPTER 01 원자의 구조** ········· 14
  - 1. 원자의 구조와 특징 ········· 14
  - 2. 수소 원자 모형과 에너지 준위 ········· 21
  - 3. 오비탈과 전자배치 ········· 25
  - ▶ 실전유형문제 ········· 36

- **CHAPTER 02 주기율과 원소의 주기적 성질** ········· 47
  - 1. 원소의 분류와 주기율 ········· 47
  - 2. 주기적 성질 ········· 50
  - ▶ 실전유형문제 ········· 60

- **CHAPTER 03 화학결합** ········· 75
  - 1. 화학결합의 종류와 성질 ········· 75
  - 2. 공유결합과 분자 모형 ········· 80
  - 3. 분자 간 인력 ········· 91
  - 4. 분자궤도함수 ········· 94
  - ▶ 실전유형문제 ········· 102

- **CHAPTER 04 탄소 화합물과 배위 화합물** ········· 123
  - 1. 탄화수소 화합물 ········· 123
  - 2. 탄화수소 유도체 ········· 127
  - 3. 고분자 화합물 ········· 138
  - 4. 배위 화합물 ········· 145
  - ▶ 실전유형문제 ········· 159

- **CHAPTER 05 화학의 기본 언어** ········· 177
  - 1. 화학식량 ········· 177
  - 2. 몰과 아보가드로의 수 ········· 179
  - 3. 화학식 ········· 182
  - 4. 화학반응식과 양 ········· 186
  - ▶ 실전유형문제 ········· 190

CHAPTER 06 다양한 모습의 물질 ········ 205
1. 기체 ········ 205
2. 액체와 고체 ········ 219
3. 용해도 ········ 233
4. 용액의 총괄성 ········ 239
▶ 실전유형문제 ········ 246

CHAPTER 07 화학반응과 반응의 자발성 ········ 270
1. 화학반응과 에너지 ········ 270
2. 화학반응의 자발성 ········ 280
▶ 실전유형문제 ········ 289

CHAPTER 08 반응속도 ········ 306
1. 반응속도의 정의 ········ 306
2. 반응속도식 ········ 309
3. 반응속도에 영향을 주는 요인 ········ 314
▶ 실전유형문제 ········ 323

CHAPTER 09 화학평형 ········ 334
1. 평형상태의 성질 ········ 334
2. 화학평형의 법칙 ········ 337
3. 평형이동의 원리 ········ 341
▶ 실전유형문제 ········ 348

CHAPTER 10 산·염기 평형 ········ 371
1. 산과 염기의 정의 ········ 371
2. 산과 염기의 세기 ········ 374
3. 가수분해와 완충용액 ········ 381
4. 중화적정 ········ 384
▶ 실전유형문제 ········ 390

CHAPTER 11 산화·환원 평형 ········ 408
1. 산화·환원 반응 ········ 408
2. 전기화학 ········ 411
▶ 실전유형문제 ········ 425

CHAPTER 12 핵 화학 ········ 441
▶ 실전유형문제 ········ 442

PART 02 적중예상문제

제1회 적중예상문제	446
제2회 적중예상문제	451
제3회 적중예상문제	457
제4회 적중예상문제	464
제5회 적중예상문제	471

PART 03 적중예상문제 정답 및 해설

제1회 적중예상문제 정답 및 해설	482
제2회 적중예상문제 정답 및 해설	484
제3회 적중예상문제 정답 및 해설	487
제4회 적중예상문제 정답 및 해설	489
제5회 적중예상문제 정답 및 해설	492

배수진
공무원 화학 이론서

공무원 화학 만점을 위한 배수진을 치다!

배수진
**공무원 화학
이론서**

PART 01

화학의 기본 개념

- 화학으로의 초대
- CHAPTER 01 원자의 구조
- CHAPTER 02 주기율과 원소의 주기적 성질
- CHAPTER 03 화학결합
- CHAPTER 04 탄소 화합물과 배위 화합물
- CHAPTER 05 화학의 기본 언어
- CHAPTER 06 다양한 모습의 물질
- CHAPTER 07 화학반응과 반응의 자발성
- CHAPTER 08 반응속도
- CHAPTER 09 화학평형
- CHAPTER 10 산·염기 평형
- CHAPTER 11 산화·환원 평형
- CHAPTER 12 핵 화학

화학으로의 초대

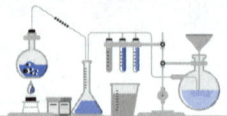

01 물질의 분류

1 원소와 원자의 구분
- $C_6H_{12}O_6$: 3종류 원소, 24개의 원자
- CH_3COOH : 3종류 원소, 8개의 원자

2 원소(element)
① 원자와 달리 종류의 개념이며 현재까지 110여 종의 원소가 발견되었다.
② (홑)원소물질은 질소(N_2), 산소(O_2), 염소(Cl_2), 플루오린(F_2), 나트륨(Na), 철(Fe) 등과 같이 한 종류 원소로 되어 있는 물질이다.

3 원자(atom)
① 물질을 이루는 알갱이고 개수의 개념으로써 질소원자(N), 산소원자(O), 염소원자(Cl) 등이 있다.
② 원자핵과 전자로 구성되어 있으며 서로 다른 원자들은 양성자수와 전자의 수가 다르다.
③ 분자보다 불안정하여 에너지가 크다.

4 분자(molecule)
① 물질의 고유 성질을 나타내는 가장 작은 입자로 일반적으로 2개 이상의 원자가 결합하여 독립적으로 존재한다.
물분자(H_2O), 산소분자(O_2), 질소분자(N_2), 에텐분자(C_2H_4), 이산화탄소분자(CO_2) 등이 있다.
② 분자는 쪼개질 수 있으며 쪼개지면 원래의 성질을 잃어버린다.
③ 18족 비활성기체의 경우 단원자가 분자를 이룰 수 있다.

5 화합물
① 두 종류 이상의 원소가 일정한 비율(질량비 또는 개수비)로 결합하여 생성된 순수한 물질이다.
② 원소들이 다양한 방법으로 결합하여 생성되기 때문에 많은 화합물이 존재하고 있다.

③ 염화나트륨(NaCl), 물(H_2O), 염화수소(HCl), 황산(H_2SO_4), 황산나트륨(Na_2SO_4) 등이 있다.
④ 염화나트륨은 화합물, 염화나트륨이 물에 녹은 염화나트륨 수용액은 혼합물이다.

6 동위원소

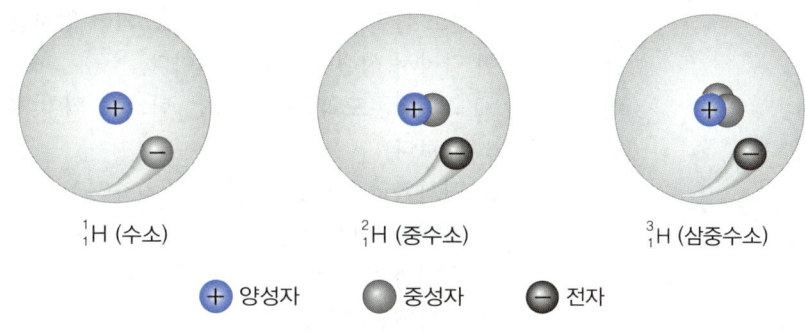

〈수소의 세 가지 동위원소〉

① **정의** : 수소의 경우 위와 같이 3종류의 원소가 존재한다. 위의 수소들은 원자번호가 모두 같다. 현대적인 주기율표는 모즐리가 만든 주기율표를 쓰고 있는데 모즐리는 원자번호순으로 주기율표를 나열하였다. 따라서 위와 같이 원자번호가 같으면 주기율표에서 위치가 모두 같다. 위치가 같다고 해서 동위원소라고 한다.
② **특징**
  ㉠ 원자번호는 같으나 질량수가 다르다.
  ㉡ 양성자수는 같으나 중성자수가 다르다.
  ㉢ 화학적 성질은 같고 물리적 성질은 다르다.

〈수소의 동위원소〉

	$_1^1H$(수소)	$_1^2H$(중수소)	$_1^3H$(삼중수소)
양성자수 (=원자번호)	1	1	1
중성자수	0	1	2
질량수	1	2	3
전자수	1	1	1

7 동중원소

① 원자번호는 다르지만 질량수가 같은 원소로 서로 다른 종류의 원소
② 물리적·화학적 성질이 모두 다르며 단지 질량만 같다.

예) $^{14}_{6}C$ $^{14}_{7}N$

8 동소체

홑원소 물질 중에서 같은 원소로 되어 있지만 분자 또는 원자의 배열 등이 달라서 성질이 다른 물질이다.

① **다이아몬드와 흑연** : 같은 탄소로 되어 있지만 결정 내 원자배열이 다르다.
② **단사황과 사방황** : 8개의 황원자(S_8)로 구성되어 있지만 결정 내 분자배열이 다르다.
③ **흰인과 붉은인** : 모두 4개의 인원자(P_4)로 구성되어 있지만 결정 내 분자배열이 다르다.

02 원자의 기본 법칙

1 질량보존의 법칙

화학변화가 일어날 때 반응 전의 물질과 반응 후의 물질의 질량의 합은 같다.

질량보존법칙이 성립하는 이유는 반응이 진행될 때 원자들의 개수의 변화가 없기 때문이다. 질량보존의 법칙은 화학적 변화 및 물리적 변화에서 모두 성립한다.

예) $C(s) + O_2(g) \rightarrow CO_2(g)$
    12g + 32g → 44g

예외) 아인슈타인의 상대성이론($E=mc^2$)에 따르면 질량이 E로 변화할 수 있다.

2 일정성분비의 법칙

① 하나의 화합물 속에서 성분원소 간의 질량비는 항상 일정하다.
   일정한 질량비가 성립하는 이유는 항상 일정한 개수비로 결합하기 때문이다.

> 예 탄소와 산소가 결합하여 이산화탄소가 생성될 때 항상 3 : 8 질량비로 결합한다.

$$3 : 8$$
$$C(s) + O_2(g) \rightarrow CO_2(g)$$
$$12g + 32g \rightarrow 44g$$

이러한 현상은 이산화탄소가 생성될 때 탄소와 산소가 1 : 2의 개수비로 결합하기 때문이다.
② 일정성분비의 법칙은 화합물에서만 성립한다.

3 배수비례의 법칙

A, B 두 원소가 결합하여 두 가지 이상의 화합물을 만들 때 A 원소의 질량이 같으면 B 원소의 질량 사이에는 간단한 정수비가 성립한다.

> 예 ① CO와 CO_2에서 탄소 일정량에 결합하는 산소의 질량비는 1 : 2의 정수비가 성립한다.
> ② NO와 NO_2에서 산소의 질량비를 일정하게 맞추어 놓으면(2NO와 NO_2) 산소에 결합하는 질소의 질량비는 2 : 1의 정수비가 성립한다. 반드시 두 원소가 결합하여 화합물을 만드는 경우에만 성립한다. 즉, H_2SO_4나 HNO_3와 같이 3종류 원소에서는 성립하지 않는다.

4 돌턴의 원자설

① 원자는 더 이상 쪼갤 수 없다.
예외) 원자는 양성자, 중성자, 전자로 구성되어 있다.
② 같은 원소의 원자들은 크기, 모양, 질량이 같고, 다른 원소의 원자들은 크기, 모양, 질량이 서로 다르다.
예외) 동위원소의 발견으로 수정되었다. 수소도 질량이 다른 3가지가 존재한다.
③ 화학변화 시 원자들은 없어지거나 새로 생성되지 않는다. 즉, 질량보존법칙을 설명하고 있다.
예외) 핵분열이나 핵융합을 통해 새로운 원자가 생성되고 있다.
④ 화합물은 한 원자와 다른 원자가 정하여진 수의 비율로 결합함으로써 이루어진다.
일정성분비의 법칙을 설명하고 있다.

배수진 공무원 화학

CHAPTER 01 원자의 구조

1 원자의 구조와 특징

1 원자의 구성입자

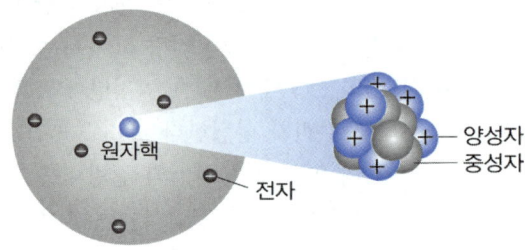

(1) 중앙에 (+)성질을 띠는 원자핵이 있고 그 주위에 (−)성질을 띠는 전자들이 분포되어 있다. 원자의 지름은 약 10^{-10}m, 원자핵의 지름은 10^{-15}m이므로 원자부피의 대부분은 전자가 차지하고 있다.

(2) 원자핵은 (+)를 띠는 양성자와 전하를 띠지 않는 중성자로 구성되어 있다.

2 원자의 구성입자의 특징

(1) 원자의 구성입자의 분석

구성입자		질량	질량비	전하(쿨롬)	전하비
원자핵	양성자	1.673×10^{-24}g	1	$+1.60 \times 10^{-19}$	$+1$
	중성자	1.675×10^{-24}g	1	0	0
전자		9.11×10^{-28}g	1/1840	-1.60×10^{-19}	-1

(2) 원자번호

핵 속의 양성자수를 기준으로 정하며 모든 원소마다 다른 값을 나타낸다. 따라서 어떤 원소의 원자번호를 알면 양성자수를 알 수 있으므로 그 원소의 성질을 알 수 있다. 또 원자는 전기적으로 중성이므로 "원자번호=양성자수=전자수"의 관계가 성립한다.
그리고 양성자 1개 전하량과 전자 1개 전하량도 같다.

(3) 질량수

양성자수와 중성자수로 결정한다(전자의 질량은 양성자나 중성자 질량의 $\frac{1}{1840}$ 배이므로 원자의 질량을 계산할 때는 전자의 질량은 무시한다.).

$$\text{질량수} = \text{양성자수} + \text{중성자수}$$

원자의 대부분의 질량은 원자핵에 집중되어 있다. 질량수는 원자핵의 질량에 비례하므로 원자의 질량과도 거의 비례한 값을 나타낸다. 보통 원자량을 질량수로 쓰기도 하는데 정확히 얘기하면 원자량과 질량수는 다른 값이다.

(4) 표시

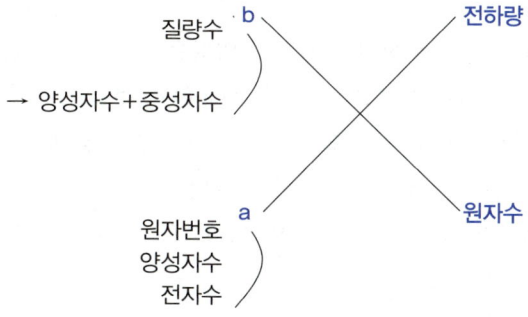

위의 표시방법과 마찬가지로 원자번호는 왼쪽 아래에 표시하고 질량수는 왼쪽 상단부에 표한다. 그리고 전하량은 전자를 잃어서 양이온이 되면 오른쪽 상단부에 (+)부호를 붙여서 나타내고 전자를 얻어서 음이온이 되면 (−)부호를 붙여서 역시 오른쪽 상단부에 표시한다.

3 원자의 구성입자의 발견

(1) 톰슨의 음극선 실험 ⇒ 전자의 발견

① 전자의 발견
  ㉠ 음극선 : 낮은 기압의 기체 방전관에 높은 전압을 걸어줄 때 (−)극에서 (+)극으로 빛을 내며 흐르는 선이다.
  ㉡ 전자의 발견 : 음극선이 (−)전하를 띤 입자로 구성되어 있다는 것을 알아내고 이 음극선을 이루고 있는 입자를 전자라고 하였다.

② 음극선의 성질

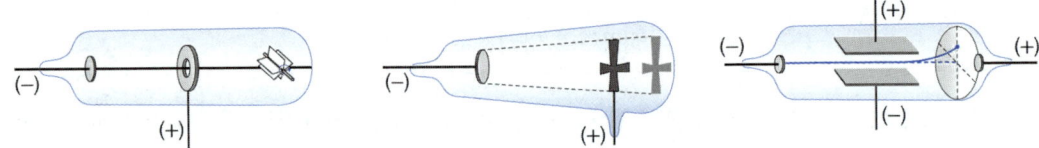

(가) 음극선에 의한 바람개비의 회전 (나) 음극선에 의한 장애물의 그림자 (다) 전기장에 음극선의 휘어짐

  ㉠ (가)를 통해 음극선이 질량을 가진 입자라는 것을 알 수 있다. 물체가 움직이려면 질량을 가진 입자가 닿아야 한다. 바람개비가 회전하는 것으로 볼 때 전자는 질량을 가진 입자라는 것을 알 수 있다.
  ㉡ (나)실험을 통해 음극선이 직진하는 성질을 가지고 있다는 것을 알 수 있다. 음극선은 직진하는 성질을 띠고 있어서 장애물이 있는 부분을 통과하지 못해 그림자가 생기게 된다. 만약 음극선이 직진하는 성질을 띠고 있지 않으면 진공 유리관의 끝 부분(그림자가 생기는 위치)까지 도달할 수 있으므로 그림자가 생기지 않는다.
  ㉢ (다)실험에서 음극선이 전기장에서 (+)극 쪽으로 휘기 때문에 음극선이 (−)성질을 가지고 있는 입자라는 것을 알 수 있다.

③ **톰슨의 원자모형** : 돌턴의 이론인 원자는 구형이라는 것을 수용하면서 원자는 전기적으로 중성이므로 (+)전하를 가지고 있는 공모양의 물체에 (−)전하를 띤 전자들이 (+)전하와 같은 전하량만큼 골고루 박혀있는 모형이라고 제안하였다.

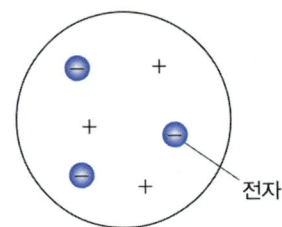

(2) 러더퍼드의 α 입자 산란 실험 ⇒ 원자핵의 발견

① 실험 : 금의 얇은 막에 (+)전하를 띠고 있는 α입자($^4_2He^{2+}$)를 충돌시킬 때 대부분 α입자가 통과하나 극소수가 큰 각도로 휘거나 튕겨나가는 것을 관찰했다.

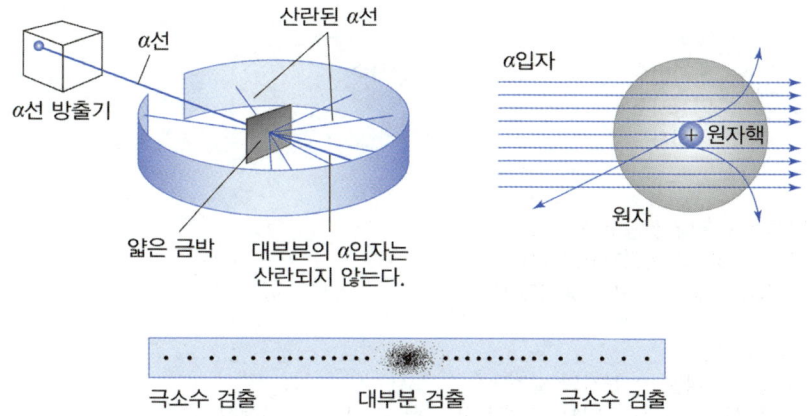

② 결론
  ㉠ α선이 금박을 대부분 통과한 것으로 보아 원자 내부는 대부분 텅 빈 공간이라는 것을 알 수 있다.
  ㉡ 극소수의 α선(무거운 입자이다)이 튕겨 나온 것으로 보아 원자 속에는 크기는 작고 질량이 큰 입자가 존재한다는 것을 알 수 있다. 또 (+)를 띠고 있는 α선이 튕겨 나온 것으로 보아 원자 속의 입자는 (+)성질을 띠고 있다는 것을 알 수 있다.
  원자 속 입자가 (+)성질을 띠고 있다는 것은 극소수의 α선이 휜 것으로도 증명할 수 있다.

③ 러더퍼드의 원자모형 : 원자가 구형이라는 돌턴의 모형과 원자 내 전자가 존재한다는 톰슨의 모형을 그대로 수용하면서 원자 내부는 대부분 빈 공간이고 그 속에 (+)를 띠고 크기는 작고, 질량이 큰 핵이 존재하고 있고 그 주위로 전자가 돌고 있는 행성 모형이라는 것을 제안하였다.

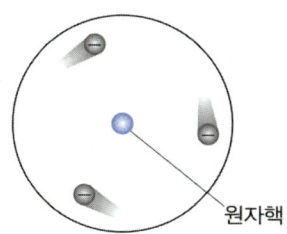

SUMMARY NOTE

(1) 원자의 기본 구조

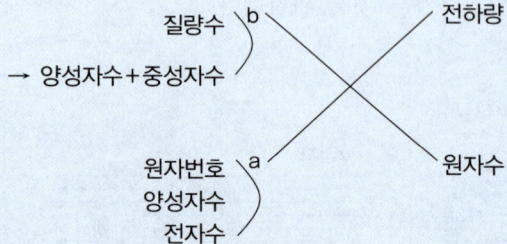

(2) 동위원소
① 원자번호는 같으나 질량수가 다르다.
② 양성자수는 같으나 중성자수가 다르다.
③ 화학적 성질은 같고 물리적 성질은 다르다.

(3) 원자 구성입자 발견
① 톰슨의 음극선 실험 ⇒ 전자의 발견
전자는 ㉠ 질량을 가지는 입자 ㉡ 직진하는 성질을 띰 ㉢ (−)성질을 띰
② 러더퍼드의 α입자 산란 실험 ⇒ 원자핵의 발견
㉠ 원자는 대부분 텅 빈 공간이다.
㉡ 원자핵은 매우 작다.
㉢ 원자핵은 질량이 매우 크다.
㉣ 원자핵은 (+)성질이다.

※ 표를 보고 답하시오.

시료	동위원소	상대 원자량	존재비율(%)
H_2	^1H	1.0	60
	^2H	2.0	40

01 H_2시료 1몰의 질량은?

01 수소의 평균원자량(H) →
$1 \times 0.6 + 2 \times 0.4 = 1.4$
∴ 1몰의 질량 = 2.8g

02 그림은 어떤 원소 X의 안정한 이온을 모형으로 나타낸 것이다.

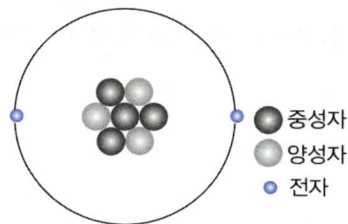

● 중성자
○ 양성자
· 전자

위의 이온을 기호(원자번호, 질량수 포함)로 나타내시오.

02 양성자가 전자보다 1개가 더 많으므로 (+)전하를 띤다. 따라서 $^7_3X^+$이다.

※ 다음 그림을 보고 답하시오. (O, × 문제)

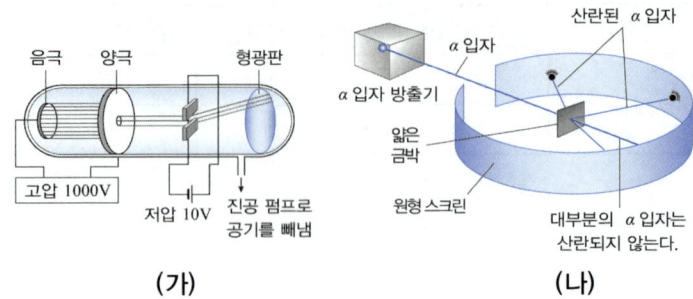

(가)   (나)

03 실험 (가)를 통해 전자가 발견되었다. (   )

03 전기장에서 음극선이 ⊕극 쪽으로 휘어서 원자 내 ⊖를 띠는 입자(전자)가 존재함을 밝혀냈다. (O)

04 실험 (가)에서 발견된 입자는 원자 모형 (나)에 포함되어 있다. (   )

04 (가) 이후에 (나) 실험을 수행하였다. (O)

05 (나)의 결과로 (+)전하를 띤 입자가 원자 전체에 고르게 퍼져 있음을 알게 되었다. (   )

05 α선 (+)이 대부분 다 통과하고 극히 일부분만 튕겨나오거나 휜 것으로 보아 텅빈 원자 속의 가운데에 크기가 작고 질량이 크고 (+)성질을 띤 큰 핵이 존재한다는 것을 알 수 있다. (×)

2 수소 원자 모형과 에너지 준위

❶ 전자기파의 발견

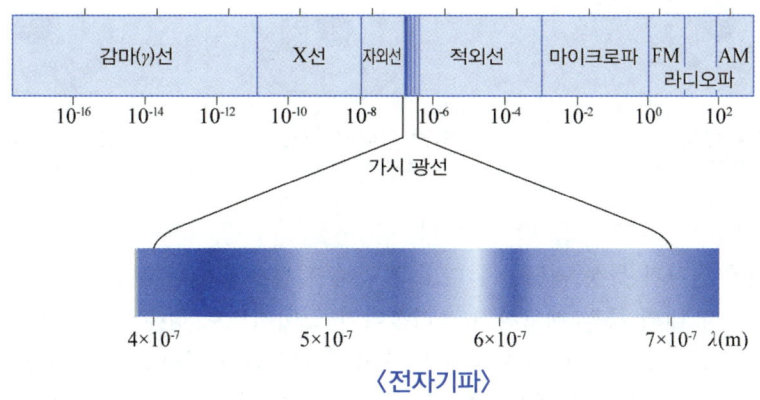

〈전자기파〉

(1) **γ선** : 매우 큰 에너지를 갖는 전자기파로 암 치료에 쓰인다.

(2) **X선** : 파장이 매우 짧기 때문에 투과력이 커서 인체사진 등에 이용(내각전자 전이)

(3) **자외선, 가시광선** : 분자 결합을 끊고, 최외각 전자를 전이시킨다.

(4) **적외선** : 분자진동 에너지를 증가시킨다. 온도를 높인다.

(5) **마이크로파** : 분자의 회전운동 에너지를 증가시킨다.

(6) **에너지와 진동수, 파장과의 관계**

$$E = h\nu = \frac{hc}{\lambda}$$

[ν : 진동수, h : 플랑크상수, c = 빛의 속도 3×10^8 m/s, λ : 파장]

① 에너지는 진동수에 비례하고 파장에 반비례한다.
② 감마선으로 갈수록 파장이 짧아지고 있으므로 에너지와 진동수가 제일 크다.

2 보어의 수소 원자 모형

(1) 전자와 에너지(E)와의 관계

바닥 상태에 있는 전자와 궤도

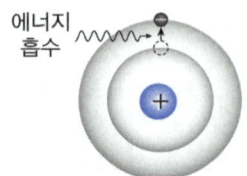
들뜬 상태에 있는 전자와 궤도

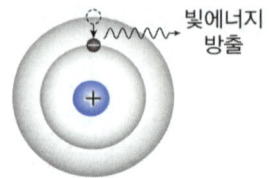
들뜬 상태에서 바닥 상태로 돌아오면서 빛에너지를 방출한다.

이것을 토대로 2가지 가정을 할 수 있다.
① 원자 내에 전자가 특정 궤도를 돈다고 가정하면 원자에 에너지를 가하면 전자가 에너지를 흡수하여 원자 내의 특정 궤도까지 올라갔다가 떨어지므로 정해진 크기만큼의 빛을 방출한다. 이 빛들을 스펙트럼 사진으로 나타내면 선 스펙트럼이 나타난다고 예상할 수 있다.
② 원자 내에서 전자가 특정 궤도없이 돈다고 가정하면 원자에 에너지를 가하면 전자가 에너지를 흡수하여 특정 궤도없이 여러 위치까지 올라갔다가 떨어지므로 모든 종류의 빛이 방출된다. 이것을 스펙트럼 사진으로 찍으면 연속 스펙트럼이 나타난다고 예상할 수 있다.

(2) 수소 원자의 선 스펙트럼

① 수소 기체가 들어 있는 방전관에 높은 전압을 걸어주면 수소의 전자가 에너지를 흡수해서 들뜬 상태로 되었다가 바닥 상태로 내려오면서 에너지를 방출한다.
② 에너지가 방출이 될 때 빛의 형태로 방출이 되고 이 빛을 프리즘에 통과시켜 관찰하면 선 스펙트럼이 나타난다.
③ 선 스펙트럼이 생기는 것으로 보아 전자가 전이할 때 에너지 준위 차이에 해당하는 불연속적인 에너지만 방출한다는 것을 알 수 있다.

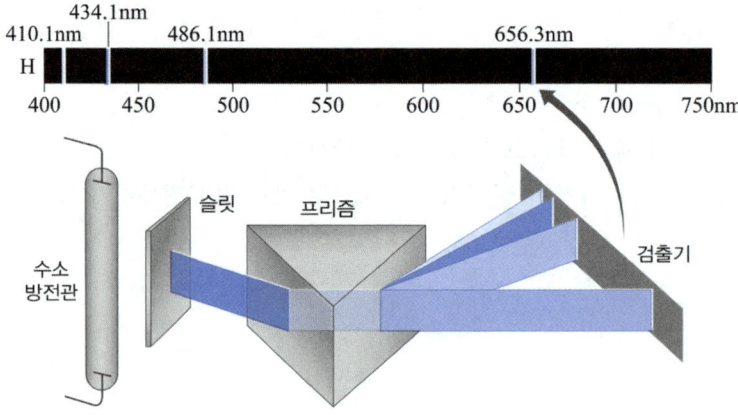

(3) 보어의 가설

① 전자는 원자 내부에서 특정 에너지준위를 가지고 있는 여러 개의 원형궤도를 돌고 있다.
② 전자가 특정궤도를 원운동하고 있을 때에는 에너지를 흡수하거나 방출하지 않는다.
③ 전자가 다른 궤도로 전이가 될 때에는 그 궤도차이 만큼의 에너지를 흡수하거나 방출한다.

(4) 보어의 수소 원자 모형의 특징

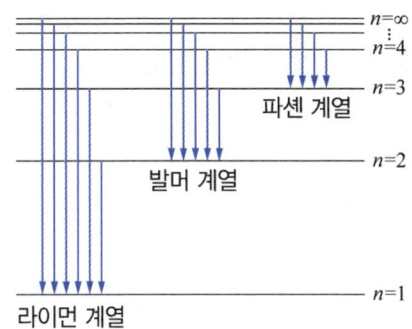
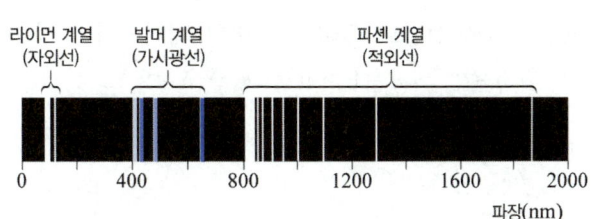

① 수소 원자에서 전자는 특정 에너지 준위를 가지고 있는 특정 궤도를 돌고 있다. 그리고 주양자수가 커질수록 껍질 사이의 간격은 줄어든다.
② 핵으로부터 가까운 궤도(전자껍질)부터 K($n=1$), L($n=2$), M($n=3$), N($n=4$)라고 하며, 핵으로부터 멀어질수록 궤도의 에너지값은 증가한다. 다르게 표현하면 핵과 가까워지면 궤도는 안정하다.
③ • **바닥 상태** : 전자가 가장 낮은 에너지 상태에 있을 때
  • **들뜬 상태** : 전자가 에너지를 흡수하여 높은 에너지 준위로 올라가 있는 상태
  첫 번째 들뜬 상태는 두 번째 껍질에 전자가 존재할 때이다.
④ 빛에너지는 진동수에 비례하고 파장에 반비례한다. 따라서 들뜬 상태의 전자가 아래 껍질로 갈 때 그 에너지 차이만큼의 선이 나타나게 된다.

$$E = h\nu = \frac{hc}{\lambda} \quad (h : \text{플랑크상수}, \ \nu : \text{진동수}, \ \lambda = \text{파장}, \ c = \text{빛의 속도})$$

⑤ 각 껍질의 에너지값은, $E = \frac{-1312}{n^2}$ (kJ/mol)($n=1, 2, 3, \cdots$)이다.
⑥ 전자가 허용된 특정 궤도를 돌 때에는 에너지를 방출하지 않는다. 그러나 전자가 높은 껍질에서 낮은 껍질로 전이할 때 전자껍질의 에너지 준위 차이만큼에 해당하는 에너지를 방출하며, 낮은 껍질에서 높은 껍질로 전이할 때는 전자껍질의 에너지 준위 차이만큼에 해당하는 에너지를 흡수한다.

⑦ 수소 원자의 스펙트럼 계열 : 수소 원자의 전자 전이에 따라 다음과 같이 스펙트럼 계열이 나타난다.

스펙트럼 계열	전자 전이	파장 영역
라이먼 계열	$n \geq 2 \to n=1$	자외선
발머 계열	$n \geq 3 \to n=2$	가시광선
파셴 계열	$n \geq 4 \to n=3$	적외선

$n=4$, $n=5$로 전자가 떨어질 때도 적외선 영역에 해당하는 빛을 방출한다.

⑧ 첫 번째 껍질로 떨어지는 빛의 에너지가 가장 크다.

예) $n=2 \to n=1 > n=\infty \to n=2$

3. 오비탈과 전자배치

① 불확정성의 원리

(1) 원리

보통 입자가 특정 위치에 존재한다는 것을 밝히려면 그 입자의 위치와 운동량을 동시에 증명해야 한다. 그러나 전자와 같은 미시의 입자의 위치와 운동량을 동시에 정확히 측정하는 것은 불가능하다.

(2) 전자가 특정 궤도에 존재할 수 없는 이유

① 위치를 알려면 빛을 쏘아야 한다. 전자는 질량이 작아서 빛을 쏘면 운동량이 바뀐다.
② 빛을 약하게 쏘면 위치가 안 보인다.
③ 따라서 전자는 위치와 운동량을 동시에 증명할 수 없으므로 특정 궤도에 존재한다고 주장할 수 없게 되었다.

② 현대적 원자모형

(1) 정의

현대 원자 모형은 전자의 위치와 운동량을 정확히 알 수 없으므로 원자핵 주위의 존재 확률로 나타낸다.

(2) 오비탈(orbital)

원자핵 주위의 공간에 전자가 존재하는 확률을 나타내는 함수로서 전자가 확률적으로 많이 분포하는 공간의 모양 또는 전자가 원자핵 주위에서 어떤 공간에 있는지를 나타내는 함수이다.

③ 오비탈의 종류와 특징

(1) s 오비탈

구형대칭(방향성이 없다), 핵으로부터 거리가 같으면 전자 발견 확률이 같다.
바깥 껍질로 갈수록 오비탈의 크기가 커지기 때문에 $1s$ 오비탈보다 핵으로부터 거리가 멀리 떨어져 있는 $2s$ 오비탈의 크기가 커진다.
$2s$ 오비탈부터 전자 발견 확률이 0인 마디가 존재한다.

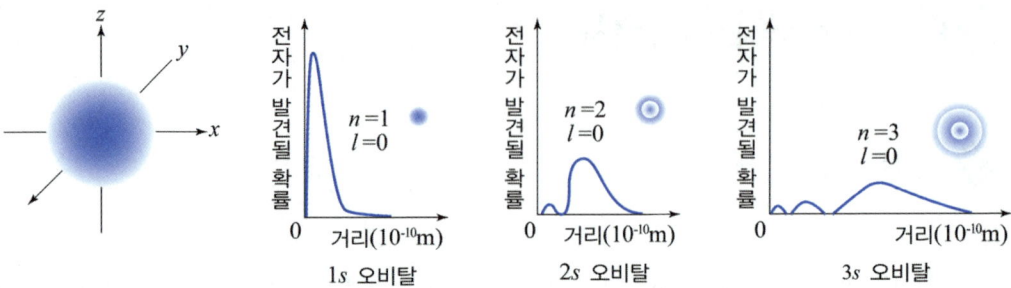

(2) p 오비탈

K껍질($n=1$)에는 존재하지 않고, L껍질($n=2$)부터 존재한다.

x, y, z축에 존재하고 있으며 똑같은 아령형이지만 방향이 다르며(방향성이 존재) 오비탈수가 1개가 아니라 3개이다. 핵으로부터의 거리뿐 아니라 방향에 따라서도 전자가 존재할 확률이 달라진다.

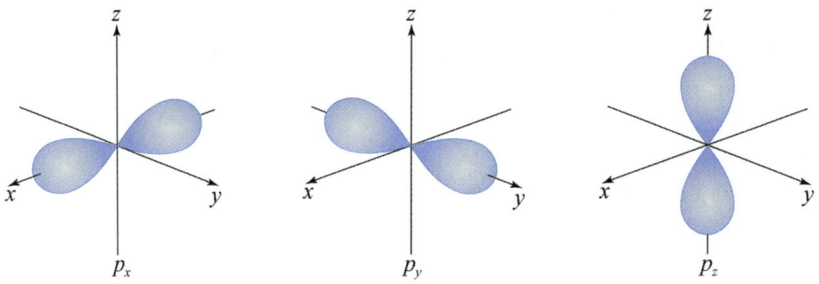

(3) d 오비탈

d오비탈은 M껍질($n=3$) 이상의 에너지 준위에서만 존재하며 d_{xy}, d_{yz}, d_{xz}, $d_{x^2-y^2}$, d_{z^2}의 5개가 존재하고 p오비탈과 마찬가지로 방향성이 존재한다.

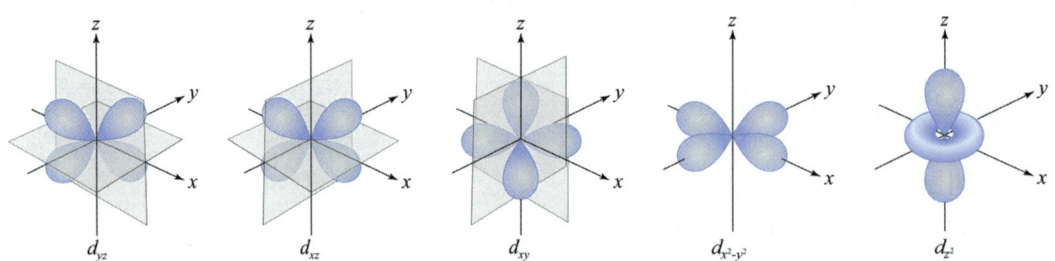

4 양자수

전자들의 에너지 상태와 전자구름의 모양 및 방향성을 나타내는 수

(1) 주양자수(n)
오비탈의 크기와 에너지를 결정하는 양자수로, 보어의 원자모형에서 전자껍질을 나타낸다. K=1, L=2, M=3, N=4의 값을 가질 수 있으며 주양자수가 클수록 오비탈의 크기는 커지고 전자는 핵으로부터 멀리 떨어지게 된다.

(2) 부양자수(l) → 방위양자수, 각운동량 양자수, 회전양자수
전자 부껍질이라고도 하며 전자들의 각 운동량을 결정해 주는 양자수이다. 주양자수가 n인 오비탈은 부양자수를 $l=0, 1, 2, \cdots, (n-1)$까지 가질 수 있다.
s오비탈=0, p오비탈=1, d오비탈=2, f오비탈=3이다.
주양자수가 n인 전자껍질에 n종류의 오비탈이 존재한다.
K=1(s오비탈), L=2(s, p오비탈), M=3(s, p, d오비탈), N=4(s, p, d, f오비탈)
주양자수가 n인 전자껍질에는 n^2개의 오비탈이 존재한다.
K=1(s오비탈), L=2(s, p_x, p_y, p_z), M=3($s, p_x, p_y, p_z, d_{xy}, d_{yz}, d_{zx}, d_{z^2}, d_{x^2-y^2}$)

(3) 자기양자수(m_l)
핵 주위의 전자구름이 공간에서 어떤 방향으로 존재하는지, 알려주는 양자수이다.
s오비탈은 구형이기 때문에 방향성이 없으므로 자기양자수는 0이고 p오비탈부터 방향성을 가지므로 자기양자수를 갖는다. m_l은 $-l \sim +l$까지를 갖는다.

(4) 스핀양자수(m_s)
전자들의 자전방향을 결정하며 $+\frac{1}{2}, -\frac{1}{2}$을 갖는다.

수소 원자를 자기장에 통과시키면 수소 원자의 반은 N극 쪽으로 휘어지고 나머지 반은 S극 쪽으로 휘어지는데, 이것으로부터 원자 자체가 자석으로 작용한다는 것을 알 수 있다. 이 현상의 원인은 지구가 자전하듯이 전자 스스로도 회전하여 자석처럼 행동한다고 볼 수 있다.

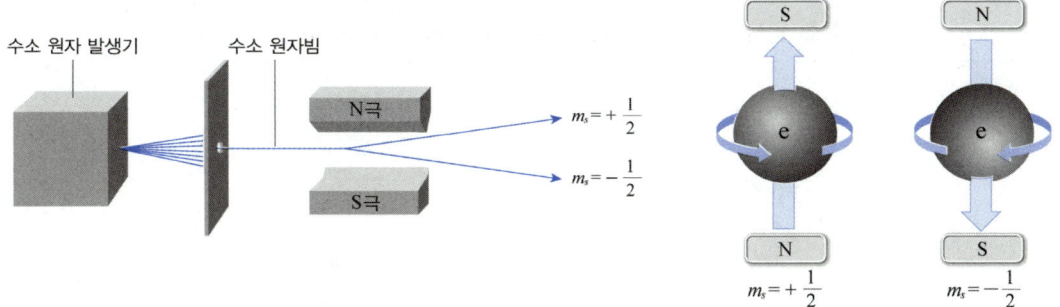

(5) 오비탈의 양자수

각 주양자수가 허용하는 방위양자수, 자기양자수 및 스핀양자수와 각 오비탈을 나타내는 기호는 다음 표와 같다.

전자껍질	K	L			M			
주양자수(n)	1	2			3			
오비탈 모양	$1s$	$2s$	$2p$		$3s$	$3p$		$3d$
부양자수(l)	0	0	1		0	1		2
오비탈 방향	$1s$	$2s$	$2p_x\ 2p_y\ 2p_z$		$3s$	$3p_x\ 3p_y\ 3p_z$		$3d_{xy}\ 3d_{yz}\ 3d_{zx}$ $3d_{x^2-y^2}\ 3d_{z^2}$
자기양자수(m_l)	0	0	−1 0 +1		0	−1 0 +1		−2 −1 0 +1 +2
스핀양자수(m_s)	$\pm\frac{1}{2}$	$\pm\frac{1}{2}$	$\pm\frac{1}{2}\ \pm\frac{1}{2}\ \pm\frac{1}{2}$		$\pm\frac{1}{2}$	$\pm\frac{1}{2}\ \pm\frac{1}{2}\ \pm\frac{1}{2}$		$\pm\frac{1}{2}\ \pm\frac{1}{2}\ \pm\frac{1}{2}\ \pm\frac{1}{2}\ \pm\frac{1}{2}$
오비탈 종류(n)	1	2			3			
오비탈수(n^2)	1	4			9			
최대 수용 전자수($2n^2$)	2	8			18			

5 오비탈의 에너지 준위

(1) 수소 원자

주양자수가 같은 오비탈은 종류에 관계없이 에너지 준위가 같다.
수소 원자는 양성자 1개와 전자 1개로 구성되어 있으므로 에너지 준위는 전자와 양성자 사이에 작용하는 인력에 의해서만 영향을 받는다. 따라서 수소 원자의 에너지 준위는 주양자수에 의해서만 결정이 되고 주양자수가 커져서 원자핵에서 멀리 떨어져 있으면 원자핵에 약하게 잡아당겨지므로 에너지 준위가 높아진다.

> 수소 원자 : $1s < 2s = 2p < 3s = 3p = 3d < 4s = 4p = 4d = 4f < \cdots$

(2) 다전자 원자

다전자 원자는 핵과 전자 사이의 인력뿐만 아니라 전자 사이의 상호작용(전자끼리의 반발력 등)으로 주양자수(n)뿐만 아니라 오비탈의 종류에 따라서도 에너지 준위가 달라진다.

즉, 주양자수(n)뿐만 아니라 부양자수(l)에 의해서도 영향을 받는다.

오비탈의 에너지 준위는 $n+l$값이 클수록 높은데 $n+l$값이 같을 경우에는 주양자수(n)가 큰 쪽이 에너지가 더 높다.

> 다전자 원자 : $1s < 2s < 2p < 3s < 3p < 4s < 3d < 4p < 5s < 4d < 5p < 6s < 4f \cdots$

(3) 에너지 준위 모형

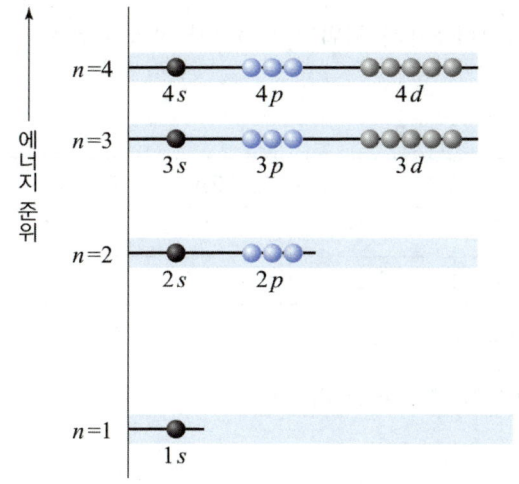

〈수소 원자 오비탈의 에너지 준위〉

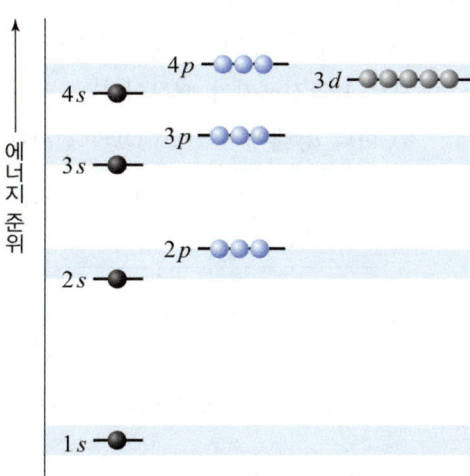

〈다전자 원자 오비탈의 에너지 준위〉

6 오비탈의 전자배치

(1) 쌓음의 원리
오비탈에 전자가 채워질 때 에너지가 낮은 오비탈부터 순서대로 채워진다.
다전자 원자는 주양자수가 크다고 에너지 준위까지 크다는 것은 아니며, 주양자수가 작은 오비탈부터 전자가 채워지는 것은 아니다.

(2) 훈트의 규칙
① 에너지가 같은 오비탈에 전자가 채워질 때 각 오비탈에 한쪽 방향부터 다 채워진 후, 나머지 방향으로 전자가 채워진다.
② 같은 에너지 준위의 오비탈에 전자가 채워질 때에는 홀전자수가 많은 전자배치일수록 안정하다. 한 개의 오비탈에 전자가 1개 채워질 때보다 2개가 채워지면 전자가 많아서 반발력이 커져서 불안정해지기 때문이다.

  ◉ 바닥 상태에서 산소($_8$O)의 전자배치 : $1s^2\ 2s^2\ 2p^4$

	1s	2s	2p		
A	↑↓	↑↓	↑↓	↑	↑
B	↑↓	↑↓	↑↓	↑↓	

→ A가 훈트의 규칙을 만족하는 전자배치이다.

▶ **홀전자** : 한 개의 오비탈에 전자가 한 개만 있을 때를 홀전자라고 한다.

(3) 파울리의 배타 원리
① 한 원자에서 4개의 양자수가 같은 전자는 없다.
② 한 개 오비탈에서 4개의 양자수는 같을 수 없다.
   세분화된 1개의 오비탈에는 전자가 최대 2개까지 들어가고 스핀의 방향이 반대여야 한다.

  ◉ 바닥 상태에서 산소($_8$O)의 전자배치 : $1s^2\ 2s^2\ 2p^4$

	1s	2s	2p		
A	↑↓	↑↓	↑↓	↑	↑
B	↑↓	↑↓	↑↓	↑↑	
C	↑↓	↑↓	↑↓↑	↑	

→ A가 파울리의 배타 원리를 만족하는 전자배치이다.

(4) 안정한 바닥 상태
① 위 2가지 법칙(쌓음의 원리, 훈트의 규칙)을 모두 만족했을 때가 안정한 바닥 상태이다.
② 파울리의 배타 원리를 만족하지 않는 전자는 존재할 수 없기 때문에 쌓음의 원리, 훈트의 규칙 중 한 가지라도 만족을 못하면 불안정한 들뜬 상태가 된다. 바꾸어 말하면, 불안정한 들뜬 상태라고 해서 위 2가지 법칙을 모두 만족을 못하는 것은 아니다.

7 전자배치 표기방법

(1) 실제 전자배치
① 양이온의 전자배치

원자 번호	원자 양이온	$1s$	$2s$	$2p_x\ 2p_y\ 2p_z$	$3s$	$3p_x\ 3p_y\ 3p_z$	$4s$	전자배치
1	H	↑						$1s^1$
	H⁺	□						$1s^0$
3	Li	↑↓	↑					$1s^2 2s^1$
	Li⁺	↑↓	□					$1s^2 2s^0$
11	Na	↑↓	↑↓	↑↓ ↑↓ ↑↓	↑			$1s^2 2s^2 2p^6 3s^1$
	Na⁺	↑↓	↑↓	↑↓ ↑↓ ↑↓	□			$1s^2 2s^2 2p^6 3s^0$
19	K	↑↓	↑↓	↑↓ ↑↓ ↑↓	↑↓	↑↓ ↑↓ ↑↓	↑	$1s^2 2s^2 2p^6 3s^2 3p^6 4s^1$
	K⁺	↑↓	↑↓	↑↓ ↑↓ ↑↓	↑↓	↑↓ ↑↓ ↑↓	□	$1s^2 2s^2 2p^6 3s^2 3p^6 4s^0$

② 전자가 채워질 때는 에너지가 낮은 순서부터 채워지고, 전자를 잃고 양이온이 될 때에는 바깥 껍질부터 잃는다.
③ 전자배치의 예외
    $3d$ 오비탈에 전자가 4개 또는 9개면 $4s$에서 전자 1개를 빼내서 $3d$에 채운다.
    ㉠ $_{24}Cr = [Ar]4s^2 3d^4$ (×)
            $= [Ar]4s^1 3d^5$ (○)
    ㉡ $_{29}Cu = [Ar]4s^2 3d^9$ (×)
            $= [Ar]4s^1 3d^{10}$ (○)
    ㉢ $_{24}Cr^{3+} = [Ar]3d^3$
    ㉣ $_{29}Cu^{2+} = [Ar]3d^9$

(2) 음이온의 전자배치

①

원자번호	원자 음이온	1s	2s	$2p_x 2p_y 2p_z$	3s	$3p_x 3p_y 3p_z$	4s	전자배치
8	O	↑↓	↑↓	↑↓ ↑ ↑				$1s^2 2s^2 2p^4$
	O^{2-}	↑↓	↑↓	↑↓ ↑↓ ↑↓				$1s^2 2s^2 2p^6$
9	F	↑↓	↑↓	↑↓ ↑↓ ↑				$1s^2 2s^2 2p^5$
	F^-	↑↓	↑↓	↑↓ ↑↓ ↑↓				$1s^2 2s^2 2p^6$
16	S	↑↓	↑↓	↑↓ ↑↓ ↑↓	↑↓	↑↓ ↑ ↑		$1s^2 2s^2 2p^6 3s^2 3p^4$
	S^{2-}	↑↓	↑↓	↑↓ ↑↓ ↑↓	↑↓	↑↓ ↑↓ ↑↓		$1s^2 2s^2 2p^6 3s^2 3p^6$
17	Cl	↑↓	↑↓	↑↓ ↑↓ ↑↓	↑↓	↑↓ ↑↓ ↑		$1s^2 2s^2 2p^6 3s^2 3p^5$
	Cl^-	↑↓	↑↓	↑↓ ↑↓ ↑↓	↑↓	↑↓ ↑↓ ↑↓		$1s^2 2s^2 2p^6 3s^2 3p^6$

② 원자가 전자를 얻어 음이온이 될 때에는 비어 있는 오비탈 중 에너지 준위가 가장 낮은 오비탈부터 전자가 들어간다.

8 원자 모형의 변천

모형		특징	한계
돌턴 (공 모형)		원자는 더 이상 쪼갤 수 없는 단단한 공과 같다.	음극선 실험 결과를 설명할 수 없다.
톰슨 (푸딩 모형)		양전하를 띠는 공 속에 음전하를 띠는 전자가 띄엄띄엄 박혀 있다.	α 입자 산란 실험 결과를 설명할 수 없다.
러더퍼드 (행성 모형)		양전하를 띠는 원자핵이 중심에 있고, 전자가 그 주위를 돌고 있다.	수소 원자의 선 스펙트럼을 설명할 수 없다.
보어 (궤도 모형)		전자가 원자핵 주위의 일정한 궤도를 따라 원운동하고 있다.	다전자 원자의 선 스펙트럼을 설명할 수 없다.
현대 (전자구름 모형)		전자가 원자핵 주위에 구름처럼 퍼져 있고, 전자의 위치는 확률적으로만 나타낼 수 있다.	-

SUMMARY NOTE

(1) $E = h\nu = \dfrac{hc}{\lambda}$ (c : 빛의 속도, h : 플랑크상수, λ : 파장, ν : 진동수)

(2) 수소 원자에서의 에너지 준위
   ① 수소 원자에서 각 껍질의 E값
   $E = \dfrac{-1312}{n^2}$(kJ/mol)   (n =1, 2, 3, …)
   ② 전자가 이동할 때 방출되거나 흡수되는 E값
   $\triangle E = 1312\left(\dfrac{1}{n_i^2} - \dfrac{1}{n_f^2}\right)$

(3)
	K	L	M	N
주양자수(n)	1	2	3	4
	s	p	d	f
부양자수(l)	0	1	2	3
자기양자수(m_l)	$-l \sim +l$			
스핀양자수(m_s)	$\pm \dfrac{1}{2}$			

(4) 오비탈의 에너지 준위
   • 수소 원자 : $1s < 2s = 2p < 3s = 3p = 3d < 4s = 4p$ …
   • 다전자 원자 : $1s < 2s < 2p < 3s < 3p < 4s < 3d < 4p < 5s < 4d < 5p < 6s < 4f$ …

(5) 오비탈 규칙
   ① 쌓음의 원리 : 원자에서 전자가 채워질 때 에너지가 낮은 오비탈부터 전자가 채워진다.
      ※ 전자가 채워질 때는 에너지가 낮은 오비탈부터 전자가 채워지고 전자 잃고 양이온이 될 때는 바깥 껍질부터 잃는다.
   ② 파울리의 배타 원리
      ㉠ 한 원자에서 4가지 양자수가 같은 전자는 없다.
      ㉡ 세분화된 1개의 오비탈에는 전자가 최대 2개까지 들어가며, 스핀의 방향은 반대이다.

(6) 훈트의 규칙
   ① 같은 에너지 준위의 오비탈에 전자가 채워질 때 한쪽 방향부터 다 채워진 후, 나머지 방향으로 전자가 채워진다.
   ② 같은 에너지 준위의 오비탈에 전자가 채워질 때에는 홀전자수가 많은 전자배치일수록 안정하다.

BASIC CHECK

01 ③
첫 번째 껍질로 떨어지는 빛이 자외선 부로 에너지가 가장 크다.

01 다음 전자전이 중 에너지 변화가 가장 큰 것은?
① $n=4 \rightarrow n=2$
② $n=3 \rightarrow n=2$
③ $n=2 \rightarrow n=1$
④ $n=3 \rightarrow n=\infty$

02 $E \propto 1/\nu \propto 1/\lambda$ (ν : 진동수 λ : 파장)
① 첫 번째 껍질로 떨어지는 빛(A)이 에너지가 가장 크다. 따라서 파장이 가장 짧다.
② 10.2ev 방출
궤도 간격 차이만큼의 에너지를 흡수 또는 방출한다.
③ A
첫 번째 껍질로 떨어지는 빛이 A에너지가 가장 크므로 진동수가 제일 크다.

02 다음 그림은 수소 원자의 선 스펙트럼을 분석하여 얻은 수소 원자의 에너지 준위와 몇가지 전이를 나타낸 것이다.

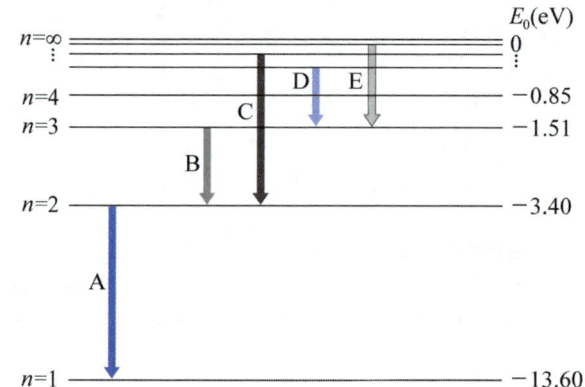

위 그림을 보고 다음 각 물음에 답하면?
(단, $\triangle E = h\nu = h\dfrac{c}{\lambda}$ 이고, h : 플랑크 상수, ν : 진동수, c : 광속도, λ : 파장이다.)
① 가장 짧은 파장의 빛을 방출하는 것은?
② A는 몇 eV의 해당하는 파장의 빛을 흡수 또는 방출하는가?
③ A~E 중에서 가장 큰 진동수의 빛을 방출하는 것은?

03 10개
$3d$ 오비탈이므로 최대로 채워지는 전자수는 10개이다.

03 $n=3$이고 $l=2$인 오비탈에 최대로 채워질수 있는 전자수는?

04 다음 원자들 중 바닥 상태에서의 전자배치가 옳지 않은 것은?

① $_{20}\text{Ca} = [\text{Ar}]4s^2$ ② $_{24}\text{Cr} = [\text{Ar}]4s^1 3d^5$

③ $_{30}\text{Zn} = [\text{Ar}]4s^2 3d^{10}$ ④ $_{29}\text{Cu} = [\text{Ar}]4s^2 3d^9$

04 ④
3d 오비탈에 전자가 4개 또는 9개면 4s에 있는 전자를 3d에 채워야 한다.

05 다음은 원자번호가 8인 산소 원자의 몇 가지 전자배치를 나타낸 것이다.

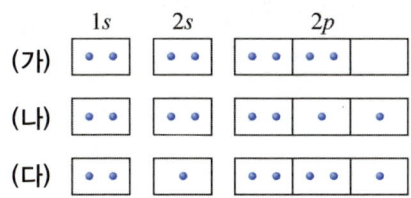

① 위 전자배치 중 가장 안정한 전자배치는?

② (다)에서 (나)로 될 때는 에너지를 (방출, 흡수)한다.

05 ① (나)
(나)가 쌓음의 원리, 파울리의 배타 원리, 훈트의 규칙을 모두 만족한다.
② 방출
에너지가 높은 2p에서 에너지가 낮은 2s로 전자가 내려와야 한다.

01 [2024년 지방직9급]

Rutherford의 알파 입자 산란 실험과 Rutherford가 제안한 원자 모형에 대한 설명으로 옳은 것만을 모두 고르면?

> ㄱ. 전자는 양자화된 궤도를 따라 핵 주위를 움직인다.
> ㄴ. 금 원자 질량의 대부분과 모든 양전하는 원자핵에 집중되어 있다.
> ㄷ. 금박에 알파 입자를 조사했을 때 대부분의 알파 입자는 산란하지 않고 투과한다.

① ㄱ
② ㄴ
③ ㄴ, ㄷ
④ ㄱ, ㄴ, ㄷ

해설 ㄱ. 보어의 원자 모형이다.
ㄴ. +전하를 띠고 있는 α 입자가 양전하를 띠는 원자핵에 충돌하여 튕겨 나오므로 모든 양전하는 원자핵에 집중되어 있다.
ㄷ. 원자는 대부분 빈 공간이므로 α 입자는 산란하지 않고 그대로 투과한다.

02 [2024년 지방직9급]

$_{24}$Cr의 바닥상태 전자배치에서 홀전자로 채워진 오비탈의 개수는?

① 0
② 2
③ 4
④ 6

해설 $_{24}Cr = [Ar]_{18}\, 4S^2 3d^4$이나, $3d$ 오비탈에 전자가 4개 또는 9개면 4s에서 1개를 빼서 채운다.
$_{24}Cr = [Ar]_{18}\, 4S^1 3d^5$
↑ ↑↑↑↑↑ ∴ 6개이다.

03 [2023년 경남9급]

다음 중 $1s^2 2s^2 2p^6 3s^2 3p^6 3d^8 4s^2$의 전자배치를 갖는 원소의 주기와 족수를 바르게 나타낸 것은?

① 2주기 4족
② 2주기 14족
③ 4주기 2족
④ 4주기 10족

해설 $_{28}$Ni의 전자배치이다. 4주기 10족이다.

ANSWER 01 ③ 02 ④ 03 ④

04 2023년 경남9급

다음 중 바닥상태의 질소 원자의 전자배치에 대한 설명으로 옳은 것은?

① 홀전자는 2개이다.
② 전자가 들어있는 오비탈의 수는 5개다.
③ 3p 오비탈에는 총 3개의 전자가 들어간다.
④ 부양자수(l)가 0인 오비탈에는 총 3개의 전자가 들어간다.

해설 $_7N = 1s^2 2s^2 2p^3$

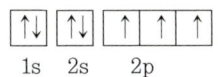

① 홀전자 3개
③ 2p까지 전자가 채워진다.
④ 부양자수 0은 s오비탈이다. 총 4개의 전자가 들어간다.

05 2022년 지방직9급

원자에 대한 설명으로 옳은 것만을 모두 고르면?

> ㄱ. 양성자는 음의 전하를 띤다.
> ㄴ. 중성자는 원자 크기의 대부분을 차지한다.
> ㄷ. 전자는 원자핵의 바깥에 위치한다.
> ㄹ. 원자량은 ^{12}C 원자의 질량을 기준으로 정한다.

① ㄱ, ㄴ   ② ㄱ, ㄷ
③ ㄴ, ㄹ   ④ ㄷ, ㄹ

해설 ㄱ. 양성자는 +전하를 띠고 있다.
  ㄴ. 원자핵 (양성자 + 중성자)은 원자질량의 대부분을 차지한다.
     크기는 매우 작다.

06 2021년 지방직9급

$_{29}Cu$에 대한 설명으로 옳지 않은 것은?

① 상자성을 띤다.
② 산소와 반응하여 산화물을 형성한다.

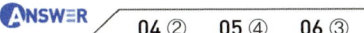

③ Zn보다 산화력이 약하다.
④ 바닥상태의 전자 배치는 $[Ar]_{18} \, 4s^1 3d^{10}$이다.

해설 Cu는 Zn보다 반응성이 약하므로 산화되기 어렵고 환원되기 쉬우므로 산화력이 더 강하다.

07 〔2020년 지방직9급〕

다음은 원자 A~D에 대한 양성자수와 중성자수를 나타낸다. 이에 대한 설명으로 옳은 것은? (단, A~D는 임의의 원소기호이다.)

원자	A	B	C	D
양성자수	17	17	18	19
중성자수	18	20	22	20

① 이온 A^-와 중성원자 C의 전자수는 같다.
② 이온 A^-와 이온 B^+의 질량수는 같다.
③ 이온 B^-와 중성원자 D의 전자수는 같다.
④ 원자 A~D 중 질량수가 가장 큰 원자는 D이다.

해설 A : ^{35}Cl B : ^{37}Cl C : ^{40}Ar D : ^{39}K
① A^-(18개)=C(18개)
② A^-(35개), B^+(37개)
③ B^-(18개), D(19개)
④ C가 40개로 가장 많다.

08 〔2020년 지방직9급〕

중성원자를 고려할 때, 원자가전자수가 같은 원자들의 원자번호끼리 옳게 짝지은 것은?

① 1, 2, 9
② 5, 6, 9
③ 4, 12, 17
④ 9, 17, 35

해설 ④ $_9F$, $_{17}Cl$, $_{35}Br$ 모두 원자가전자수가 7개인 17족원소이다.

ANSWER 07 ① 08 ④

09 2019년 지방직9급

다음 바닥 상태의 전자배치 중 17족 할로겐 원소는?

① $1s^22s^22p^63s^23p^5$
② $1s^22s^22p^63s^23p^63d^74s^2$
③ $1s^22s^22p^63s^23p^64s^1$
④ $1s^22s^22p^63s^23p^6$

해설 최외각전자가 7개인 원소를 찾으면 된다. ①은 $3s$ $3p$에 전자를 합하면 7이 된다.

10 2018년 지방직9급

다음 각 원소들이 아래와 같은 원자 구성을 가지고 있을 때, 동위 원소는?

| $^{410}_{186}A$ | $^{410}_{183}X$ | $^{412}_{186}Y$ | $^{412}_{185}Z$ |

① A, Y
② A, Z
③ X, Y
④ X, Z

해설 동위원소 → 원자번호가 같고 질량 수가 다르다.

11 2018년 지방직9급

원자들의 바닥 상태 전자배치로 옳지 않은 것은?

① Co : $[Ar]4s^13d^8$
② Cr : $[Ar]4s^13d^5$
③ Cu : $[Ar]4s^13d^{10}$
④ Zn : $[Ar]4s^23d^{10}$

해설 $_{27}Co$: $[Ar]_{18}4s^23d^7$

12

원자 A가 이온 A^{2-}으로 되었을 때의 전자수는 원자번호 n인 원자 B가 B^{3+}로 되었을 때의 전자수와 같다. A의 원자번호는?

① $n-5$
② $n-3$
③ $n-2$
④ $n+2$

해설 A^{2-}, B^{3+} 둘 다 전자수는 10이다.
따라서 B는 원자번호(n), 즉 전자수 13개에서 3개 잃어서 전자수가 10이 된다.
A는 전자 8개에서 2개 얻어서 전자수가 10이 된다. 따라서 A의 원자번호, 즉 전자수는 13-5=8
A의 원자번호는 $n-5$가 된다.

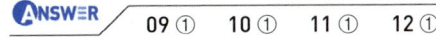

09 ① 10 ① 11 ① 12 ①

13 다음 표는 몇 가지 입자들의 양성자수, 중성자수, 전자수, 질량수를 나타낸 것이다.

입자	양성자수	중성자수	전자수	질량수
A	11	12	11	23
B	11	12	10	23
C	12	12	12	24
D	12	13	12	25
E	13	13	13	26

동위원소 관계에 있는 것 (가)와 이온에 해당하는 입자 (나)를 옳게 짝지은 것은?

	(가)	(나)		(가)	(나)
①	A와 B	C	②	A와 B	D
③	C와 D	A	④	C와 D	B

해설 동위 원소는 양성자수는 같고 중성자수가 달라야 하므로 C와 D이다.
B는 양성자가 11개, 전자가 10개이므로 +1가 양이온이 된다.

14 다음 표는 원자의 구성입자에 대한 자료이다.

구성입자	질량($\times 10^{-28}$g)	전하량($\times 10^{-19}$C)	입자 위치
전자	9.1095	−1.6	원자핵 주위
양성자	16727	+1.6	원자핵
중성자	16749	0	원자핵

어떤 원자 M의 핵전하량이 1.76×10^{-18}C일 때 원자 M의 원자번호는?

① 10 ② 11
③ 15 ④ 16

해설 원자번호는 양성자수와 같다.
$$\text{양성자수} = \frac{\text{양성자 전체 전하량}}{\text{양성자 1개 전하량}} = \frac{1.76 \times 10^{-18}}{1.6 \times 10^{-19}} = 11$$
따라서 원자번호는 11이 된다.

ANSWER 13 ④ 14 ②

15 다음 중 에너지의 크기가 가장 큰 것은?

① 원자 내의 한 궤도에서 다른 궤도로 전자가 옮겨갈 때
② 0℃ 얼음 속에 있는 물 분자들의 진동에너지
③ 녹고 있는 물 속에서 물 분자들의 회전에너지
④ 25℃하에서의 이산화탄소의 운동에너지

해설 전자가 전이될 때의 E는 가시광선, 자외선부 정도로 값이 크다.

16 다음은 원자의 구성입자 사이의 관계를 정리한 것이다. 이를 참고로 하여 다음 〈보기〉의 설명 중 옳은 것을 모두 고른 것은?

- 원자번호＝양성자수＝전자수
- 질량수＝양성자수＋중성자수

보기

ㄱ. $^{23}_{11}Na$의 중성자수는 12이다.
ㄴ. $_{16}S^{2-}$의 전자수는 18이다.
ㄷ. ^{13}C은 ^{12}C보다 전자수가 1개 많다.
ㄹ. 원자의 구성 입자 중 가장 무거운 입자는 전자이다.

① ㄱ, ㄴ   ② ㄱ, ㄷ
③ ㄷ, ㄹ   ④ ㄱ, ㄴ, ㄷ

해설 ^{13}C과 ^{12}C는 양성자수＝전자수 6으로 같다.
원자 구성 입자 중 가장 무거운 입자는 양성자와 중성자이다.

17 양자수(quantum number)에 대한 설명으로 옳지 않은 것은?

① 주양자수(n)가 3일 때, 가능한 각운동량 양자수(l)는 1, 2, 3이다.
② 각운동량 양자수(l)가 2일 때, 가능한 자기양자수(m_l)는 $-2, -1, 0, +1, +2$이다.
③ 스핀양자수(m_s)는 다른 양자수에 관계 없이 항상 $-\frac{1}{2}$ 또는 $+\frac{1}{2}$을 갖는다.
④ 한 원자에서 어떠한 두 전자도 같은 값의 네 가지 양자수(n, l, m_l, m_s)를 가질 수 없다.

ANSWER 15 ①   16 ①   17 ①

해설   각운동량 양자수=부양자수
① 주양자수 3일 때 오비탈은 $3s$, $3p$, $3d$이므로 부양자수는 0, 1, 2이다.
② 자기양자수(m_l)는 $-l \sim +l$이다. 각운동량 양자수가 2는 $3d$, 즉 $-2 \sim +2$까지이다.
③ 모든 스핀 양자수는 같다.
④ 파울리의 배타 원리의 정의이다.

18 다음은 자연계에 존재하는 원소 M의 원자 A~C에 관한 자료이다.

원자	양성자수	중성자수	원자량	성분비(%)
A	12	12	24	0.8
B	12	13	25	0.1
C	12	14	26	0.1

이에 대한 설명으로 옳은 것을 〈보기〉에서 모두 고른 것은?

─● 보기 ├─
ㄱ. A의 전자수는 12개이다.
ㄴ. A~C 중 C가 가장 무겁다.
ㄷ. M의 평균 원자량은 25이다.

① ㄱ   ② ㄴ
③ ㄷ   ④ ㄱ, ㄴ

해설   M의 평균 원자량은 $24 \times 0.8 + 25 \times 0.1 + 26 \times 0.1 = 24.3$이다.

19 다음 그림은 수소 원자의 전자 전이를 나타낸 것이다. (단, n은 주양자수이다.)

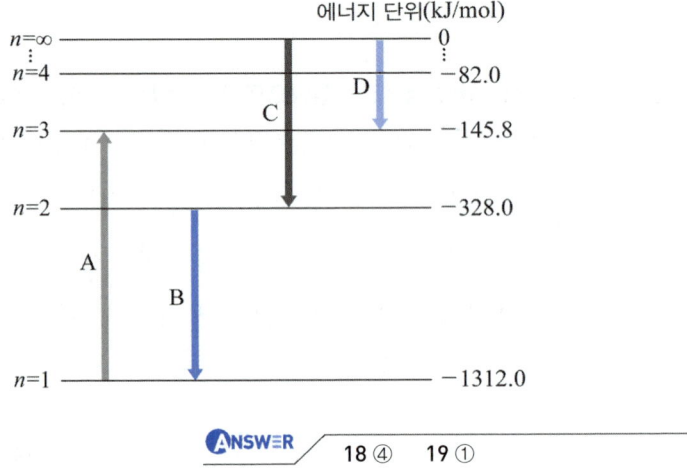

ANSWER 18 ④   19 ①

42 PART 1 화학의 기본 개념

위 전자 전이에 대한 설명으로 옳은 것을 〈보기〉에서 모두 고른 것은?

───● 보기 ├───
ㄱ. A의 경우 에너지를 흡수한다.
ㄴ. C의 경우 가시광선이 방출된다.
ㄷ. 방출하는 전자기파의 파장은 B가 D보다 길다.
ㄹ. 출입하는 에너지의 크기를 비교하면 C가 A보다 크다.

① ㄱ, ㄴ　　　　　　　　　② ㄱ, ㄹ
③ ㄴ, ㄷ　　　　　　　　　④ ㄱ, ㄷ, ㄹ

해설　전자가 위로 올라가려면 E를 흡수해야 하고, 내려가려면 E를 방출해야 한다.
따라서 A는 E흡수, B는 첫번째 껍질로 전자가 떨어지므로 자외선을 방출한다.
$E \propto v \propto \dfrac{1}{\lambda}$ 이므로 파장은 E가 작은 D가 가장 길고 첫 번째 껍질에서 전자가 전이될 때 E가 가장 크므로 A가 C보다 더 크다.

20 다음 그림은 톰슨의 음극선 실험을 나타낸 것이다. 이에 대한 설명으로 옳지 않은 것은?

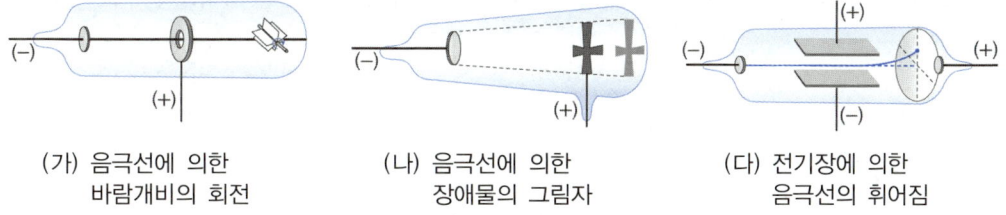

(가) 음극선에 의한
　　바람개비의 회전
(나) 음극선에 의한
　　장애물의 그림자
(다) 전기장에 의한
　　음극선의 휘어짐

① 음극선은 (−)전하의 흐름이므로 전자는 빠른 속도로 원자핵 주위를 돌고 있다.
② 음극선의 진행 방향에 놓은 바람개비가 회전하였으므로 음극선은 운동에너지를 갖는다.
③ 음극선의 진행 방향에 놓은 바람개비가 회전하였으므로 음극선은 질량을 가진 입자의 흐름이다.
④ 음극선의 진행 방향에 놓은 장애물의 반대편에 그림자가 생겼으므로 음극선은 직진하는 성질이 있다.

해설　톰슨의 음극선 실험을 통해 전자의 존재를 밝혀냈으며, 원자핵은 그 이후에 존재를 밝혀냈다. 음극선 실험의 결과는 (+)전하를 가지고 있는 원자에 −전자가 푸딩모양으로 박혀 있다는 것이다.

20 ①

21 러더퍼드의 α 입자 산란 실험에 대한 설명으로 옳지 않은 것은?
① α 입자의 대부분이 금박을 통과하는 것은 원자의 대부분은 속이 비어 있기 때문이다.
② α 입자가 금박을 통과하는 것은 원자의 중심에 전하를 띠지 않는 입자가 존재하기 때문이다.
③ α 입자가 산란하거나 진로가 바뀌는 것은 (+)전하를 띤 입자끼리의 정전기적 반발에 의한 것이다.
④ 산란하는 α 입자보다 통과하는 α 입자가 훨씬 많은 것은 원자 내에서 (+)전하를 띤 입자가 차지하는 부피가 매우 작기 때문이다.

> **해설** α선 산란 실험을 통해 +원자핵의 존재를 밝혀냈으며, α선이 금박을 통과하는 것은 원자 내부가 거의 빈 공간이기 때문이다. 전하를 띠지 않는 중성자의 존재는 나중에 밝혀졌다.

22 주양자수 n이 4인 전자껍질에 채워질 수 있는 최대 전자수는?
① 18개   ② 28개
③ 32개   ④ 60개

> **해설** 주양자수 $n=4$인 껍질은 $4s^2$, $4p^6$, $4d^{10}$, $4f^{14}$를 포함하고 있으므로 최대 전자수는 32개이다.

23 파울리(Pauli)의 배타 원리에 대한 설명으로 옳은 것은?
① 한 원자 내에 4가지 양자수가 모두 동일한 전자는 존재하지 않는다.
② 한 원자 내의 모든 전자들은 동일한 각운동량 양자수(l)를 가질 수 없다.
③ 한 개의 궤도함수에는 동일한 스핀의 전자가 최대 2개까지 채워질 수 있다.
④ 동일한 주양자수(n)를 갖는 전자들은 모두 다른 스핀양자수(m_s)를 가진다.

> **해설** 파울리의 배타 원리는 한 원자 내에 4가지 양자수가 동일한 전자는 존재하지 않는다. 한 개의 오비탈에는 스핀이 다른 전자가 2개까지 채워져 있다는 의미로도 해석될 수 있다.

ANSWER 21 ②   22 ③   23 ①

24 〈보기〉 문제의 답 중에서 같은 값을 가지는 것으로만 옳게 묶은 것은?

― 보기 ―
a. 바닥 상태의 Mg 원자에서 최외각 껍질의 주양자수
b. 바닥 상태의 P 원자가 octet을 만족하기 위하여 필요한 최소한의 전자수
c. 바닥 상태의 Cr^{3+} 이온에서 $3d$ 오비탈에 들어 있는 전자수
d. 바닥 상태의 Cl 원자에서 가장 높은 에너지를 가지는 전자에 대한 부양자수(l)

① a, b
② a, c
③ a, b, c
④ b, c, d

해설
a. $_{12}Mg = K_2L_8M_2$이므로 최외각 주양자수는 $n=3$이다.
b. $_{15}P = K_2L_8M_5$이므로 옥텟을 만족하기 위해 필요한 전자수는 3개이다.
c. $_{24}Cr = [Ar]_{18}4s^13d^5$이고, 전자를 잃을 때는 바깥껍질부터 잃기 때문에 Cr^{3+}이 되려면 $4s$에서 1개, $3d$에서 2개를 잃어서 $3d^3$, 즉 3개이다.
d. $_{17}Cl = 1s^22s^22p^63s^23p^5$에서 가장 E가 높은 $3p$의 부양자수는 1이다.

25 그림은 수소 원자의 몇 가지 궤도함수를 나타낸 것이다. 이에 대한 설명으로 옳은 것을 〈보기〉에서 모두 고른 것은?

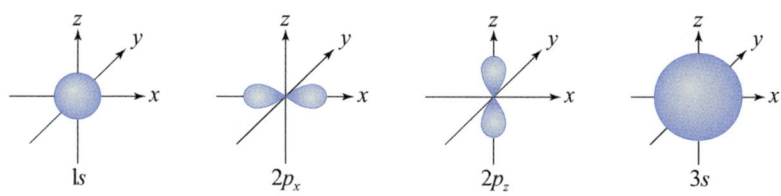

― 보기 ―
ㄱ. $2p_z$에서 $3s$로 전자가 전이될 때 적외선을 흡수한다.
ㄴ. 전자가 $1s$에서 $2p_x$로 전이될 때와 $1s$에서 $2p_z$로 전이될 때 전이 에너지의 크기는 같다.
ㄷ. $1s$와 $2p_z$의 에너지 차이와 $2p_z$와 $3s$의 에너지 차이의 비는 27 : 5이다.

① ㄱ
② ㄱ, ㄴ
③ ㄷ
④ ㄴ, ㄷ

해설 수소 원자는 껍질만 같으면, E값은 같다.
즉, $1s < 2s = 2p < 3s = 3p = 3d < 4s = 4p = 4d = 4f \cdots$ 이다.
ㄱ. $2p_z \rightarrow 3s$로 전자가 전이될 때는 $n=2 \rightarrow n=3$으로 가시광선을 흡수해야 한다.
ㄴ. $1s \rightarrow 2p_x$, $1s \rightarrow 2p_z$ 모두 $n=1 \rightarrow n=2$로 전자가 전이하므로 흡수하는 E는 같다.

ANSWER 24 ③ 25 ④

26 다음 중 오비탈에 대한 설명으로 옳지 않은 것은?

① M 전자껍질에 존재하는 오비탈의 수는 모두 3개이다.
② s오비탈은 원자핵 중심에 대하여 대칭인 구형 모양으로 방향성이 없다.
③ p오비탈은 방향을 가지며 아령 모양으로, 3가지 오비탈이 존재한다.
④ d오비탈은 M 전자껍질 이상에서 나타나며, 5개의 오비탈이 존재한다.

해설 M껍질은 $3s$, $3p$, $3d$ 오비탈이 있다.
s오비탈 1개, p오비탈은 3개, d오비탈은 5개이므로 전체 오비탈수는 9개이다.

ANSWER 26 ①

CHAPTER 02 주기율과 원소의 주기적 성질

1 원소의 분류와 주기율

1 주기율과 주기율표

(1) 주기율
원소들을 원자번호(양성자수) 순으로 배열할 때 화학적 성질이 비슷한 원소가 주기적으로 나타나는 현상

(2) 주기율표
원소의 주기율을 기준으로 하여 원소를 배열한 표

2 주기율의 발견

(1) 세쌍 원소설
되베라이너가 발견한 것으로 화학적 성질이 비슷한 원소들을 세쌍씩 묶었을 때 중간 원소의 성질은 다른 두 원소 성질의 평균값과 비슷하다는 것을 발견하였다.

예

원소	원자량
Ca	40
Sr	약 88
Ba	137

(2) 옥타브설
뉼랜즈가 주장한 것으로 그 당시에 존재하는 원소들을 원자량 순서대로 배열했을 때 비슷한 성질의 원소가 8번째마다 반복된다는 것을 발견하였다.

(3) 멘델레예프의 주기율표

최초의 주기율표를 작성하였다. 63종의 원소의 원자량을 측정하여, 원자량 크기 순서로 나열하였더니 비슷한 성질을 갖는 원소가 주기적으로 반복되어 나타났다. 물론 원자량 순서와 화학적 성질의 순서가 맞지 않는 부분도 있었다. 그러나 세 쌍 원소설을 바탕으로 그 당시에 발견되지 않았던 원소들의 자리를 비워두고 발견될 원소들의 성질을 예측하여 후에 이 원소들을 발견하는데 공헌하였다.

구분	원자량	밀도(g/cm^3)	녹는점(°C)
에카규소	73.4	5.5	높음
저마늄	72.6	5.32	958.5

(4) 모즐리의 주기율

멘델레예프 주기율표에서 원자량의 순서와 원소의 성질이 맞지 않는 부분이 있었는데 원소들을 원자번호 순서로 배열하면 성질이 비슷한 원소가 보다 정확하게 배열된다는 것을 발견하였다. 현재는 모즐리가 만든 주기율표를 쓰고 있다.

3 주기율표의 구성

(1) 주기와 족

① 주기 : 주기율표에서 가로줄로써 1주기에서 7주기로 분류한다.
   같은 주기의 원소는 전자가 채워진 전자껍질의 수가 같다.
② 족 : 주기율표에서 세로줄로써 최외각 전자수를 기준으로 분류한다.
   1족에서 18족으로 분류하며 같은 족 원소는 최외각 전자수가 같으며 화학적 성질이 비슷하다.
   단, 전이원소는 제외한다(3~11족).
   예 1족 알칼리 금속은 모두 최외각 전자 1개를 잃으면서 반응한다.
   17족 할로겐 원소는 모두 전자 1개를 얻으면서 반응한다.
   18족 비활성기체들은 반응성이 없으므로 다른 원소들과 잘 반응하지 않으며 그 자체가 물질의 특성을 가지고 있는 단원자 분자이다.

(2) 주기율표

① 주요 원소
  ㉠ **전형원소(1, 2족, 12~18족)** : 같은 족은 최외각 전자수가 같으며 화학적 성질이 같다. 최외각 전자수가 족의 끝자리수와 일치한다.
  ㉡ **전이원소(3~11족)** : d오비탈이나 f오비탈에 전자가 부분적으로 채워지는 원소로서 족이 다르더라도 비슷한 성질을 가지며 여러 가지 산화수를 가진다. 비중이 4 이상인 중금속이 대부분이다.
  ㉢ **금속원소** : 전자를 잃고 양이온이 되려는 원소이고, 최외각 전자는 1~3개이다. 산화되려는 성질이 있으며, 구리와 금을 제외하고 은백색 광택을 띠고 있으며 열과 전기전도성을 가지고 있다. 주기율표에서 왼쪽, 아래로 갈수록 전자를 쉽게 잃고 양이온이 잘 된다(반응성이 크다). 금속산화물은 물에 녹아서 염기성을 나타내며, 대부분 상온에서 고체이지만 수은은 액체이다.
  ㉣ **비금속원소** : 전자를 얻어서 음이온이 되려는 원소이고, 최외각 전자는 4개 이상이다. 환원되려는 성질이 있으며 열과 전기전도성이 없으며 주기율표에서 오른쪽, 위로 갈수록 전자를 쉽게 얻어서 음이온이 잘 된다(반응성이 크다).
  비금속 산화물은 물에 녹아 산성을 나타내며, 상온에서 기체상태로 존재하는 것들이 많다.

2 주기적 성질

❶ 유효핵전하

(1) 정의

전자가 실질적으로 받고 있는 핵전하로써 실제 핵전하에서 전자반발력을 뺀 값으로 표현한다.

(2) 유효핵전하의 규칙성

같은 주기에서는 원자번호가 증가할수록 유효핵전하는 커진다. 이는 실제 핵의 전하량이 증가하기 때문이다. 18족이 가장 크고 1족이 가장 작다. 유효핵전하가 크면 전자와 핵 사이의 인력이 크다. 같은 족에서는 원자번호가 증가할수록 유효핵전하가 커진다.

즉, 같은 족이든 같은 주기든 원자번호가 클수록 유효핵전하는 커진다.

❷ 원자 반지름

(1) 정의

이원자분자의 원자핵 간 거리를 측정하여 그 거리의 반을 결합 반지름으로 정한다.

여러 가지 다른 정의들도 존재하지만 보통 결합 반지름을 이용한다. 비활성기체의 경우 결정상태에서 인접한 두 원자의 핵 간 거리의 절반을 반지름이라 하는데 이것을 반데르발스의 반지름이라고 한다.

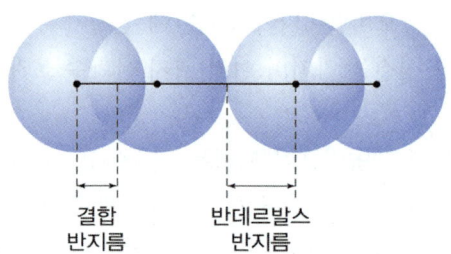

(2) 반지름의 크기에 영향을 미치는 요인
 ① 전자껍질 수
 ② 유효핵전하

(3) 원자 반지름의 주기성

① 같은 족 : 원자번호가 커질수록, 전자껍질 수가 많아질수록 증가한다.
② 같은 주기 : 원자번호(양성자수)가 커질수록 유효핵전하가 증가하므로 반지름이 작아진다. 2주기의 경우 실제핵전하가 Li(+3)에서 Ne(+10)으로 갈수록 증가하여 전자들을 핵쪽으로 강하게 잡아당기고 있으므로 반지름이 작아진다(유효핵전하의 증가).

즉, 실제핵전하가 클수록 유효핵전하가 커서 최외각 전자를 강하게 끌어당기고 있으므로 핵과 최외각 전자 사이의 거리가 가까워지므로 반지름이 작아진다.

원자 번호	3	4	5	6	7	8	9
원소	Li	Be	B	C	N	O	F
양성자수	3	4	5	6	7	8	9
유효핵전하	1.30	1.95	2.60	3.25	3.90	4.55	5.20
원자 반지름 (pm)	134	90	82	77	75	73	71

(4) 원자 반지름과 이온 반지름과의 관계

구분	금속	비금속
반지름	원자 반지름 > 이온 반지름	원자 반지름 < 이온 반지름
이유	양이온이 될 때 전자껍질 수가 감소하기 때문	음이온이 될 때 최외각 전자수가 많아져서 전자반발력이 강해지기 때문(유효핵전하가 작아짐)
예	$_{12}Mg > _{12}Mg^{2+}$ $K_2L_8M_2 \quad K_2L_8$	$_{17}Cl < _{17}Cl^-$ $K_2L_8M_7 \quad K_2L_8M_8$

① 등전자 이온

$$_7N^{3-} > {}_8O^{2-} > {}_9F^- > {}_{11}Na^+ > {}_{12}Mg^{2+} > {}_{13}Al^{3+}$$

핵의 전하량이 큰 이온일수록 이온 반지름이 작아진다. 등전자 이온은 전자껍질 수와 전자수는 서로 같으나 실제 핵의 전하량이 다르므로 실제 핵의 전하량이 큰 이온일수록 핵과 전자 사이의 인력이 증가하기 때문이다. 즉, 실제 핵전하가 클수록 유효핵전하가 커서 최외각 전자를 강하게 끌어 당기고 있으므로 핵과 최외각 전자 사이의 거리가 가까워지므로 반지름이 작아진다.

② 그래프 비교

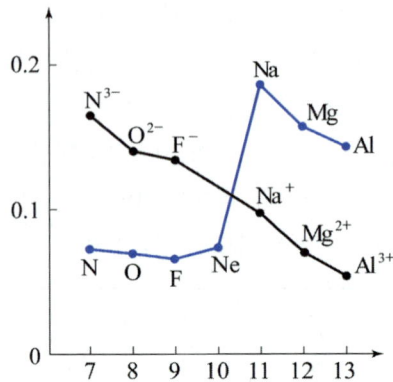

3 (양)이온화 에너지(IE)

(1) **정의**

기체 상태의 중성 원자 1몰에서 전자 1몰을 떼어내어 기체 상태의 양이온으로 만드는데 필요한 에너지이다. 에너지가 필요한 반응이므로 흡열반응이다.
모든 이온화 에너지는 양의 값을 나타낸다.

$$X(g) + IE \rightarrow X^+(g) + e^-$$

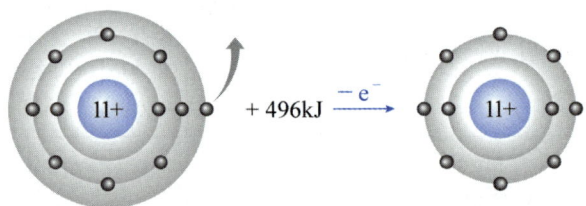

〈나트륨의 이온화 에너지〉

이온화 에너지는 반드시 기체 상태에서 정의되어야 한다. 고체, 액체는 가까이 붙어 있는 원자들의 영향으로 에너지가 달라진다.

(2) **의미**

① IE가 크다. → 전자를 떼어내어 양이온으로 만들기 위해 많은 에너지가 필요하다. 전자를 떼어내기 어렵다. 양이온이 되기 어렵다. 산화되기 어렵다.
② IE가 작다. → 전자를 떼어내기 쉽다. 양이온이 되기 쉽다. 산화되기 쉽다.

③ 이온화 에너지(IE)의 크기에 영향을 주는 요인
  ㉠ 전자배치가 안정(최외각 전자 ; 8개, 18족)하면 그 상태를 유지하고 싶어하고 전자를 잃는 것을 싫어한다. 따라서 전자 떼어내기가 어렵다. 그 상태에서 전자를 떼어 내려면 강한 이온화 에너지가 필요하다(이온화 에너지가 매우 크다).
  ㉡ 반지름이 작으면 핵과 최외각 전자 사이의 인력이 커서 전자를 떼어내기가 어렵다. 그 상태에서 전자를 떼어내려면 강한 이온화 에너지가 필요하다(이온화 에너지가 매우 크다).

(3) 이온화 에너지의 주기성
① 같은 족 : 원자번호가 감소할수록 커진다. 전자껍질 수가 감소하기 때문에 반지름이 작아지므로 이온화 에너지는 커진다.
② 같은 주기 : 원자번호가 증가할수록 대체로 커진다.
  원자번호가 증가하면 원자핵과 전자 사이의 인력이 증가하기 때문(반지름이 작아진다)에 전자를 떼어내는데 더 많은 이온화 에너지가 필요하다.
③ 반지름과 반대관계이기 때문에 주기율표에서 오른쪽 위로 갈수록 이온화 에너지는 커진다. (단, 같은 주기에서는 예외적인 부분이 존재한다.)

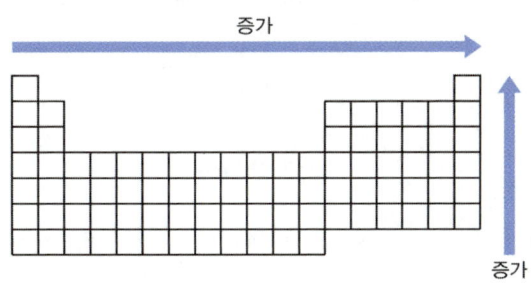
〈이온화 에너지의 주기성〉

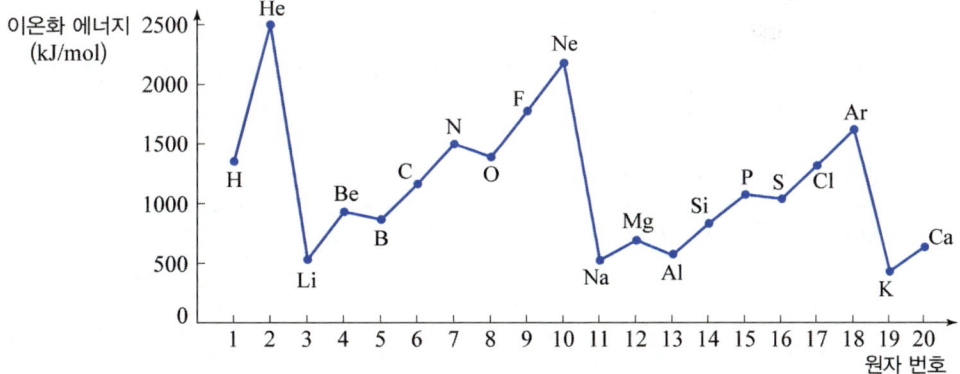
〈원자번호의 증가에 따른 이온화 에너지의 변화〉

(4) 순차적 이온화 에너지

① **정의** : 기체 상태의 중성 원자에서 전자를 1개씩 순차적으로 떼어낼 때 필요한 에너지를 순차적 이온화 에너지라고 한다.

② 전자를 1개 떼어낼 때 필요한 에너지를 제1 이온화 에너지(E_1)라고 하며, 전자를 2개째, 3개째, … 떼어낼 때 필요한 에너지를 제2 이온화 에너지(E_2), 제3 이온화 에너지(E_3) … 라고 한다.

> $M(g) + E_1 \rightarrow M^+(g) + e^-$ (E_1 : 제1 이온화 에너지)
> $M^+(g) + E_2 \rightarrow M^{2+}(g) + e^-$ (E_2 : 제2 이온화 에너지)
> $M^{2+}(g) + E_3 \rightarrow M^{3+}(g) + e^-$ (E_3 : 제3 이온화 에너지)

③ 원자로부터 여러 개의 전자를 단계적으로 떼어낼 때 각 단계에서 필요한 에너지로, 전자를 떼어낼수록 순차적 이온화 에너지는 점점 증가한다. 전자를 한 개씩 떼어내면 기존에 같은 주기 전자들 간의 반발력이 사라지면서 반지름이 작아지게 된다. 반지름이 작아지면 이온화 에너지는 증가하게 된다.

④ 순차적 이온화 에너지를 이용하여 금속 및 비금속의 원자가 전자수(족)를 알 수 있는데, 이온화 에너지가 급격히 증가하는 바로 앞의 이온화 에너지의 차수가 정확한 원자가 전자수(족)이다.

  예) $_{12}Mg = K_2L_8M_2$

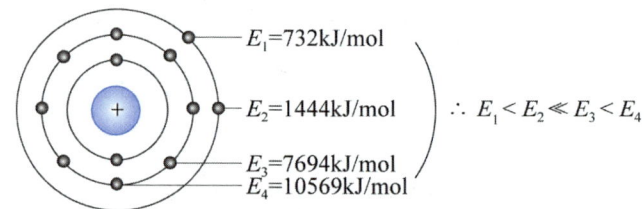

$E_1 < E_2$: 전자가 떨어질 때마다 반지름이 줄어들어서 떼어내기가 어렵다.

$E_2 \ll E_3$: 반지름도 급격히 줄고, 안정한 전자배치(8개)이므로 전자 떼어내기가 굉장히 어려우므로 이온화 에너지가 급격히 증가한다. 따라서 2족 원소이다.

• 화합물의 작성도 가능하다.

원소	E_1	E_2	E_3	E_4	E_5	E_6	E_7	E_8
X	578	1817	2745	11578	14831	18378	23295	27459
Y	1314	3388	5300	7469	10990	13326	71335	84078

X, Y 두 가지 원소로 구성된 화합물의 화학식을 작성해 보면 X는 E_3에서 E_4로 갈 때 이온화 에너지가 급격히 증가했으므로 13족 원소이다 13족 원소는 최외각 전자가 3개이므로 안정해지려면 전자 3개를 잃어버리고 X^{3+} 형태로 존재할 수 있다.

Y는 E_6에서 E_7로 갈 때 이온화 에너지가 급격히 증가했으므로 16족 원소이다. 16족 원소는 최외각 전자가 6개이므로 안정해지려면 전자 2개를 얻어서 Y^{2-} 형태로 존재할 수 있다. 따라서 $X^{3+} + Y^{2-} \rightarrow X_2Y_3$의 화합물이 생성될 수 있다.

⑤ 특정 이온의 이온화 에너지

원소	족	전자배치	이온화 에너지(kJ/mol)			
			E_1	E_2	E_3	E_4
Na	1	K(2)L(8)M(1)	496	4565	6916	9552
Mg	2	K(2)L(8)M(2)	732	1444	7694	10569
Al	13	K(2)L(8)M(3)	577	1816	2912	11577

4 전자 친화도(Electron Affinity, EA)

(1) 정의
기체 상태의 중성 원자가 전자 1몰을 얻어서 음이온이 될 때 주로 방출하는 에너지(kJ/mol)

$$X(g) + e^- \rightarrow X^-(g) + EA$$

(2) 크기
비금속은 전자를 얻어서 음이온이 되는 원소이므로 전자 친화도가 크면 전자를 잘 얻어서 음이온이 잘 된다.

▶ 이온화 에너지는 작을수록 양이온이 잘 된다.

5 전기 음성도

(1) 전기 음성도(Electronegativity, EN)
① 정의 : 공유 결합에서 각 원자가 공유전자쌍을 끌어당기는 힘을 상대적 수치로 나타낸 것
② 전기 음성도의 기준 : 플루오린의 전기 음성도(4.0)를 기준으로 정하고 다른 원자들의 전기 음성도를 상대적으로 정하였다.

③ 크기 : 주기율표에서 오른쪽 위로 갈수록 전기 음성도 증가(18족 제외)

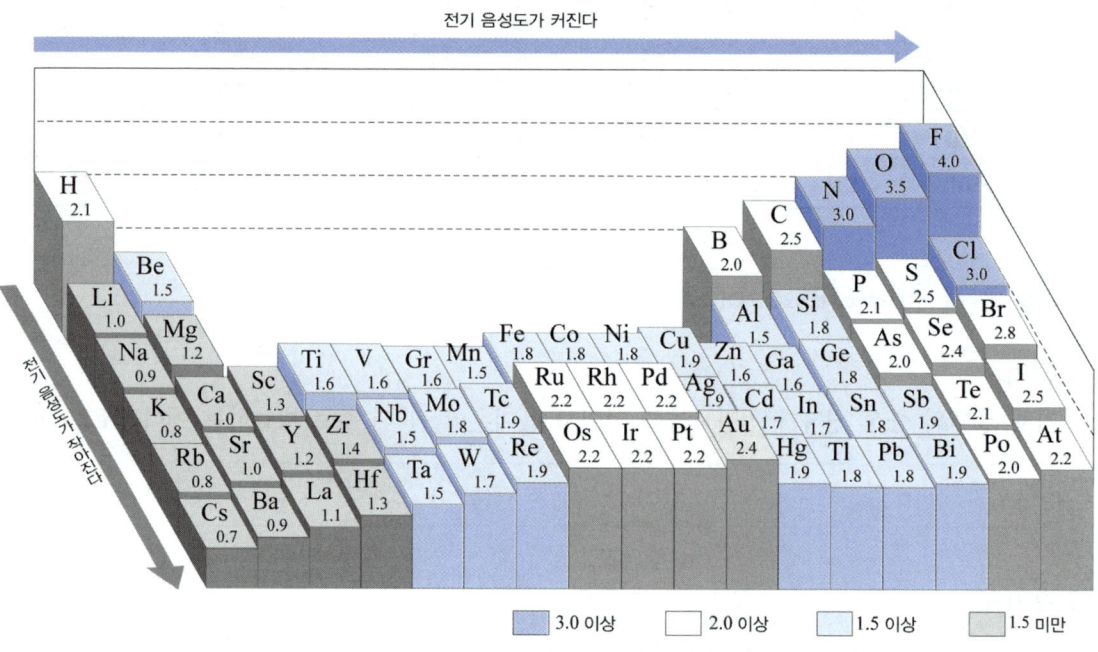

〈폴링의 전기 음성도〉

SUMMARY NOTE

(1) 반지름에 영향을 주는 요인들
① 전자껍질 수가 많을수록 증가한다.
② 전자껍질이 같을 때 : 양성자수(핵전하량)가 작을수록 증가한다.
③ 전자껍질 수와 양성자수가 같을 때 : 최외각 전자수가 많을수록 증가한다.

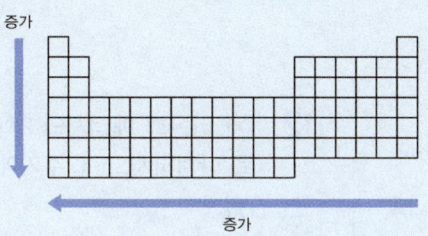

(2) 이온화 에너지
① 정의 : 기체 상태의 중성 원자 1몰에서 전자 1몰을 떼어내는 데 필요한 에너지이다.
② 이온화 에너지(IE)의 크기에 영향을 주는 요인
　㉠ 전자배치 → 안정(최외각 전자 : 8개, 18족) → 이온화 에너지 증가
　㉡ 반지름↓ → 핵과 전자 사이 인력↑ → 전자 잃기 어려움 → 이온화 에너지 증가
③ 이온화 에너지의 주기성

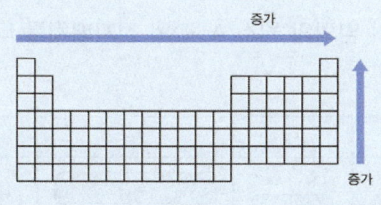 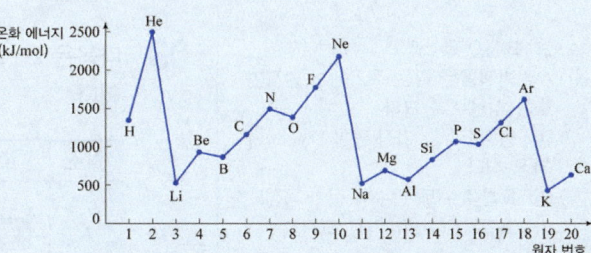

〈이온화 에너지의 주기성〉　　〈원자번호의 증가에 따른 이온화 에너지의 변화〉

④ 순차적 이온화 에너지 : 원자로부터 여러 개의 전자를 단계적으로 떼어낼 때 각 단계에서 필요한 에너지로, 전자를 떼어 낼수록 순차적 이온화 에너지는 점점 증가한다.

(3) 전자 친화도
① 정의 : 기체 상태의 중성 원자가 전자 1몰을 받아들여 음이온이 될 때 방출하는 에너지
② 크기 : 전자 친화도가 클수록 음이온이 잘 된다.

(4) 전기 음성도
① 정의 : 공유 결합에서 원자가 공유 전자쌍을 끌어당기는 상대적 세기
② 크기 : 주기율표에서 오른쪽 위로 갈수록 전기 음성도 증가(18족 제외)

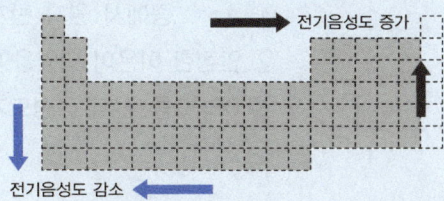

BASIC CHECK

01 ②
모두 전자 10개인 등전자 이온이다.
전자배치 → K_2L_8

01 Na^+, Mg^{2+}, F^- 이온들의 공통점은?
① 이온 반지름 ② 전자배치
③ 이온화 에너지 ④ 전자 친화도

02 1차 이온화 에너지
Ne > F > N > O > C > Be > B > Li
2차 이온화 에너지
Li > Ne > O > F > N > B > C > Be

02 1차 이온화 에너지와 2차 이온화 에너지를 크기가 큰 순서대로 나열하시오. (2주기에서)
1차 :
2차 :

03 A : $_7$N B : $_8$O C : $_9$F D : $_{11}$Na
① A / 반지름은 같은 주기에서 원자번호가 작을수록 크다.
② D / 양성자수가 가장 많은 D($_{11}$Na)가 가장 작다.
③ C / 오른쪽 위로 갈수록 전기 음성도가 크므로 C($_9$F)가 가장 크다.

03 다음은 2~3주기 임의의 원소 A~D의 전자배치를 나타낸 것이다.

원소	$1s$	$2s$	$2p$	$3s$
A	↑↓	↑↓	↑ ↑ ↑	
B	↑↓	↑↓	↑↓ ↑ ↑	
C	↑↓	↑↓	↑↓ ↑↓ ↑	
D	↑↓	↑↓	↑↓ ↑↓ ↑↓	↑

① A~C 중에서 원자 반지름이 가장 큰 것은?
② 안정한 이온이 되었을 때 이온 반지름이 가장 작은 것은?
③ B와 C중 전기 음성도가 더 큰 것은?

04 표는 2주기 원소 A와 B의 순차적 이온화 에너지를 나타낸 것이다.

원자	순차적 이온화 에너지(kJ/mol)						
	E_1	E_2	E_3	E_4	E_5	E_6	E_7
A	1402	2858	4577	7477	9443	53262	64358
B	1314	3389	5301	7468	10987	13326	71333

① A의 원자가 전자는 몇 개인가?

② 기체 상태의 B 원자 1몰에서 전자 2몰을 떼어내기 위해 필요한 에너지는 얼마인가?

04 ① 5개 $E_5 \sim E_6$로 갈 때 이온화 에너지가 급격히 증가했으므로 15족, 즉 5개이다.
② 4703kJ/mol 전자 2몰을 떼어내려면 $E_1 + E_2 = 4703$kJ/mol이다.

01 2024년 지방직9급

다음 이온화 에너지를 가지는 3주기 원소는?

구분	1차	2차	3차	4차
이온화 에너지 [kJ mol^{-1}]	578	1,817	2,745	11,577

① P
② Si
③ Al
④ Mg

해설 이온화 에너지가 급격히 증가하는 바로 앞의 수가 정확한 족수이다.
따라서 위 원소는 13족이다. 3족은 전이원소이다.
∵ 3주기 13족은 Al이다.

02 2023년 환경부

다음 중 반지름에 대한 설명으로 옳은 것을 모두 고르면?

ㄱ. 원자 반지름은 원소 P가 O보다 작다.
ㄴ. 이원자분자에서 원자 반지름은 두 원자 핵간 거리의 절반이다.
ㄷ. 주기율표의 2주기에서 유효 핵전하가 증가할수록 원자 반지름은 작아진다.

① ㄱ
② ㄴ
③ ㄱ, ㄴ
④ ㄴ, ㄷ

해설 ㄱ. 3주기인 P가, 2주기인 O보다 반지름이 더 크다.
ㄴ. 공유 결합 물질에서 핵간 거리의 절반이 반지름이다.
ㄷ. 같은 주기에서 원자번호가 증가할수록 반지름은 작아지고 유효핵전하는 증가한다.

03 2023년 환경부

아래 원자 A와 B는 바닥상태의 전자 배치를 나타낸 것이다. A가 B보다 큰 값을 가지는 것을 모두 고르면?

A : $1s^2 2s^2 2p^3$ B : $1s^2 2s^2 2p^4$

ㄱ. 홀전자수   ㄴ. 1차 이온화 에너지   ㄷ. 유효핵전하

ANSWER 01 ③   02 ④   03 ④

① ㄱ ② ㄷ
③ ㄴ, ㄷ ④ ㄱ, ㄴ

해설 A : N B : O 이다.
ㄱ. 홀전자수 : N=3개, O=2개
ㄴ. 같은 주기에서 원자번호가 증가할수록 이온화 에너지는 대체로 증가한다. 그러나 2족과 13족, 15족과 16족에서 예외이다. N > O이다.
ㄷ. 같은 주기에서 원자번호가 증가할수록 유효핵전하는 증가한다.

04 | 2022년 지방직9급

중성 원자 X~Z의 전자 배치이다. 이에 대한 설명으로 옳은 것은? (단, X~Z는 임의의 원소 기호이다.)

| $X : 1s^2 2s^1$ | $Y : 1s^2 2s^2$ | $Z : 1s^2 2s^2 2p^4$ |

① 최외각 전자의 개수는 Z > Y > X 순이다.
② 전기음성도의 크기는 Z > X > Y 순이다.
③ 원자 반지름의 크기는 X > Z > Y 순이다.
④ 이온 반지름의 크기는 $Z^{2-} > Y^{2+} > X^+$ 순이다.

해설 X=$_3$Li(1족), Y=$_4$Be(2족), Z=$_8$O(16족)
② 전기음성도 : Z > Y > X
③ 원자반지름 : X > Y > Z
④ 이온반지름, $Li^+=1s^2$, $Be^{2+}=1s^2$, $O^{2-}=1s^2 2s^2 2p^6$
전자껍질수가 같을 때는 원자번호(양성자수)가 작은 $_3Li^+$의 반지름이 더 크다.
따라서 $Z^{2-} > X^+ > Y^{2+}$

05 | 2022년 지방직9급

이온화 에너지에 대한 설명으로 옳은 것만을 모두 고르면?

ㄱ. 1차 이온화 에너지는 기체 상태 중성 원자에서 전자 1개를 제거하는데 필요한 에너지이다.
ㄴ. 1차 이온화 에너지가 큰 원소일수록 양이온이 되기 쉽다.
ㄷ. 순차적 이온화 과정에서 2차 이온화 에너지는 1차 이온화 에너지보다 크다.

04 ① 05 ②

① ㄱ, ㄴ　　　　　　　② ㄱ, ㄷ
③ ㄴ, ㄷ　　　　　　　④ ㄱ, ㄴ, ㄷ

해설　ㄴ. 작은 이온화 에너지를 가해줘도 전자를 제거할 수 있다는 것은, 이온화 에너지가 작은 원소일수록 전자 잃고 양이온이 되기 쉽다는 것이다.
　　　　ㄷ. 이온화 에너지는 순차적으로 증가한다.

06 [2021년 해양경찰청9급]

다음 중 Be, Mg, Ca에 대하여 맞는 것을 모두 고른 것은?

> ㉠ 전기 음성도 크기 순서는 Be > Mg > Ca이다.
> ㉡ 원자 반지름 크기 순서는 Be < Mg < Ca이다.
> ㉢ 유효핵전하의 세기 순서는 Be > Mg > Ca이다.

① ㉡　　　　　　　　② ㉠, ㉡
③ ㉠, ㉢　　　　　　　④ ㉠, ㉡, ㉢

해설　유효핵전하는 원자번호(=양성자수)에 비례한다.
　　　　따라서 Ca > Mg > Be이다.

07 [2020년 지방직9급]

주기율표에 대한 설명으로 옳지 않은 것은?

① O^{2-}, F^-, Na^+ 중에서 이온 반지름이 가장 큰 것은 O^{2-}이다.
② F, O, N, S 중에서 전기 음성도는 F가 가장 크다.
③ Li과 Ne 중에서 1차 이온화 에너지는 Li이 더 크다.
④ Na, Mg, Al 중에서 원자 반지름이 가장 작은 것은 Al이다.

해설　① 전자껍질이 같으면 양성자가 작을수록 반지름이 증가한다.
　　　　③ 같은 주기에서 원자번호가 클수록 이온화 에너지는 증가한다.
　　　　　 1족이 가장 작고, 18족이 가장 크다.

ANSWER　06 ②　07 ③

08 2017년 지방직9급

주기율표에서 원소들의 주기적 경향성을 설명한 내용으로 옳지 않은 것은?

① Al의 1차 이온화 에너지가 Na의 1차 이온화 에너지보다 크다.
② F의 전자 친화도가 O의 전자 친화도보다 더 큰 음의 값을 갖는다.
③ K의 원자 반지름이 Na의 원자 반지름보다 작다.
④ Cl의 전기 음성도가 Br의 전기 음성도보다 크다.

해설 같은 주기에서 이온화 에너지는 원자번호가 클수록 증가한다.
Na < Al < Mg (2족, 13족에서 역전)
② 전자 친화도 : 전자를 얻어서 음이온이 될 때 방출하는 ΔH. 전자를 잘 당기면 ΔH가 크다. F > O
③ 전자껍질이 많을수록 반지름이 크다. K > Na
④ 전기 음성도 : F > O > N > Cl 순서이다.

09 주기율표의 일부를 나타낸 것이다. 원소 A~E에 대한 설명으로 옳지 않은 것은? (단, A~E는 임의의 원소 기호이다.)

A			B			C	
	D					E	

① A는 B보다 이온화 에너지가 크다.
② C는 A보다 전자 밀도는 크고 원자 반경은 작다.
③ C와 E는 원자가 전자수가 같고 유사한 반응성을 갖는다.
④ D의 전자 친화도는 E보다 작다.

해설 A : Li
B : C
C : F
D : Mg
E : Cl
① 같은 주기에서 원자번호가 증가할수록 이온화 에너지가 증가하므로 B가 더 크다.
② 반지름은 같은 주기에서 원자번호가 증가할수록 작아지므로 반지름은 C가 작다.
③ 같은 족 원소는 화학적 성질이 같다.
④ 전자 친화도는 기체 상태의 중성원자가 전자 1몰을 얻어서 −1가 음이온이 될 때 방출하는 에너지이다.

08 ③   09 ①

10 어떤 3주기 원소의 순차적인 이온화 에너지는 다음 표와 같다. 이 원소에 대한 〈보기〉의 설명 중 옳은 것을 모두 고른 것은?

이온화 에너지(kJ/mol)	
1차	738
2차	1,446
3차	7,709
4차	10,515

— 보기 —
ㄱ. 2족에 속한다.
ㄴ. +3가 양이온을 잘 만든다.
ㄷ. 양쪽성 산화물을 만든다.

① ㄱ
② ㄱ, ㄴ
③ ㄴ, ㄷ
④ ㄱ, ㄴ, ㄷ

해설 이온화 에너지가 급격히 증가하는 바로 앞의 수가 족수이다.
2 → 3으로 갈 때 이온화 에너지가 급격히 증가했으므로 2족, 즉 +2가를 띠는 알칼리 토금속은 Mg이다.
Al, Zn, Sn, Pb은 양쪽성 산화물을 만들지만 Mg은 염기성 산화물을 만든다.

11 원소의 성질에 대한 설명으로 옳지 않은 것은?
① 같은 족에 속한 주족원소들은 주기율표상에서 위에서 아래 방향으로 갈수록 원자 반지름이 증가한다.
② 같은 주기의 주족원소들은 원자번호가 증가할수록 원자 반지름이 감소한다.
③ 낮은 이온화 에너지 값을 가진 원소는 전자를 잃어 양이온이 되기 쉽다.
④ 전기 음성도란 고립된 기체 상태의 원자가 하나의 전자를 받아들여 음이온을 형성할 때 발생하는 에너지 변화를 말한다.

해설 전기 음성도, 전자친화도 모두 전자를 얻는 개념은 맞다.
• 전기 음성도 : 공유결합시 전자쌍을 당기는 힘의 세기
• 전자 친화도 : 기체상태의 중성원자가 전자 1몰을 얻어서 −1가 음이온이 될 때 방출하는 에너지이다.

ANSWER 10 ① 11 ④

12 이온화 에너지에 대한 설명으로 옳은 것은?

① 1차 이온화 에너지가 가장 큰 원소는 수소(H)이다.
② 마그네슘(Mg)은 1차 이온화 에너지가 2차 이온화 에너지보다 더 크다.
③ 할로겐 원소 중 1차 이온화 에너지가 가장 큰 것은 아이오딘(I)이다.
④ 1차 이온화 에너지는 네온(Ne)이 리튬(Li)보다 더 크다.

해설 ① 1차 이온화 에너지가 가장 큰 원소는 He이다.
② 모든 원소는 순차적으로 이온화 에너지가 증가한다.
③ 1차 이온화 에너지는 같은 족에선 원자번호가 작을수록 커지므로 F이 가장 크다.
④ 같은 주기에서 원자번호가 클수록 이온화 에너지는 대체로 증가하므로 Ne이 더 크다.

13 할로겐에 대한 설명으로 옳지 않은 것은?

① 할로겐을 나트륨과 반응시키면 할로겐화나트륨이 생긴다.
② 할로겐원자는 7개의 원자가전자를 가지고 있다.
③ 수소와 직접 반응하면 수소 화합물이 생긴다.
④ 질산은($AgNO_3$)과 반응하면 모두 할로겐화은의 침전을 생성한다.

해설 ①③ 할로겐(17족)은 반응성이 커서 1족 Na과 쉽게 반응한다. 또 수소와도 잘 반응해서 할로겐화수소를 생성한다.
④ 질산은과도 반응하지만 AgF는 앙금이 생성되지 않고 물에 잘 녹는다.

14 다음의 원소들을 화학적 성질이 비슷한 원소끼리 옳게 분류한 것은?

Mg, O, Sr, Rb, K, S

① (Mg, O), (Sr, Rb), (K, S)
② (Mg, Sr), (O, S), (Rb, K)
③ (Mg, Sr, Rb, K), (O, S)
④ (Mg, Sr, Rb), (K, O, S)

해설 같은 족 원소가 화학적 성질이 비슷하므로 2족(Mg, Sr), 16족(O, S), 1족(Rb, K)으로 묶을 수 있다.

ANSWER 12 ④ 13 ④ 14 ②

15 다음은 원자번호 15인 원소에 대하여 설명한 것이다. 틀린 것은?

> ㄱ. 이 원소의 원소기호는 P이다.
> ㄴ. 이 원소의 원자가전자는 5개이다.
> ㄷ. 이 원소는 금속성을 가지고 있다.
> ㄹ. 황(S)과 같은 족에 있다.
> ㅁ. 산화물의 수용액은 산이 된다.

① ㄱ, ㄴ
② ㄹ, ㅁ
③ ㄷ, ㄹ
④ ㄴ, ㄷ

해설 맞는 것을 고르는게 아니고 틀린 것을 모두 고르라는 문제이다.
$_{15}P = K_2L_8M_5$로 15족 원소이다. 따라서 비금속이다.
- 금속산화물은 염기성이다. → $Na_2O + H_2O → 2NaOH$(염기성)
- 비금속산화물은 산성이다. → $SO_3 + H_2O → H_2SO_4$(산성)

16 다음의 전자친화도 크기 비교가 옳지 않은 것은?

① K < Na < Li
② N < P < Sb
③ N < C < O < F
④ Br < Cl < F

해설 같은 주기에서 원자번호가 클수록 전자를 잘 당겨서 전자친화도가 크지만 Li > Be, C > N에서 예외를 보인다.
같은 족에서 원자번호가 작을수록 전자친화도가 크지만 Cl > F에서 예외를 보인다.

17 다음은 어떤 금속 M의 성질을 알아보기 위한 실험이다. 금속 M의 성질에 대한 설명으로 옳지 않은 것은?

> (가) 석유 속에 가라앉은 상태로 보관된 금속 M을 꺼내어 공기 중에서 칼로 잘랐더니 자른 단면의 광택이 빠르게 사라졌다.
> (나) 자른 금속 조각을 물에 넣었더니 물과 빠르게 반응하여 수소 기체가 발생하였다.
> (다) (나)의 수용액에 페놀프탈레인 용액을 2~3방울 떨어뜨렸더니 수용액이 붉게 변하였다.

① 밀도는 석유보다 크다.
② 물과 반응하여 전자를 잃는다.
③ 공기 중에서 산화물을 만든다.
④ 물과 반응하여 생성된 수용액은 산성이다.

ANSWER 15 ③ 16 ④ 17 ④

해설 반응성이 큰 1족 알칼리 금속의 특징을 묻는 문제이다.
(가) 공기와 쉽게 반응해서 산화물이 형성되면서 광택이 빠르게 사라진다.
(나) 예) $2Na + 2H_2O \rightarrow 2Na^+OH^- + H_2 \uparrow$
Na이 전자를 잃고 양이온이 되면서 산화가 된다. 그리고 물과 잘 반응하므로 물과 섞이지 않는 석유나 벤젠 속에 보관한다. 염기성물질(NaOH)이 생성되면서 페놀프탈레인을 떨어뜨리면 붉은 색으로 변한다.

18 원자와 이온들의 크기 비교로 옳은 것은?

① $S^{2-} < Cl < S$
② $S < S^{2-} < Cl$
③ $Cl < S < S^{2-}$
④ $S^{2-} < S < Cl$

해설 모두 전자껍질이 3개이다. 그 다음으로 비교해야 할 기준은 양성자수인데 양성자수가 가장 많은 Cl가 반지름이 제일 작다. 그리고 S와 S^{2-}는 양성자수까지 똑같으므로 최외각전자수가 많은 S^{2-}가 반지름이 더 크다.
따라서 $Cl < S < S^{2-}$이다.

19 주기율표의 같은 주기에서 오른쪽으로 갈 때 주족원소의 물리적 특성이 변화하는 일반적 경향으로 옳은 것은?

	원자 반지름	이온화 에너지	전기음성도
①	증가	증가	감소
②	증가	감소	증가
③	감소	증가	증가
④	감소	감소	감소

해설 원자 반지름과 이온화 에너지는 반비례 관계이다. 같은 주기에서 원자번호가 클수록(양성자가 많을수록) 반지름이 작다. 따라서 이온화 에너지는 증가한다.
그리고 같은 주기에서 원자번호가 클수록 전자를 잘 잡아당긴다.

ANSWER 18 ③   19 ③

20 K^+, Ca^{2+}, Cl^- 이온들의 공통점은?

① 이온 반지름 ② 전자배치
③ 이온화 에너지 ④ 전자 친화도

해설 모두 전자가 18개이므로 "$K_2L_8M_8$"로 전자배치가 같다.

21 그림에서 (가)~(다)는 몇가지 원소의 원자 반지름, 원자가 전자의 유효 핵전하, Ne의 전자배치를 갖는 이온의 반지름 중 하나를 각각 나타낸 것이다.
(가)~(다)에 해당하는 것으로 옳은 것은?

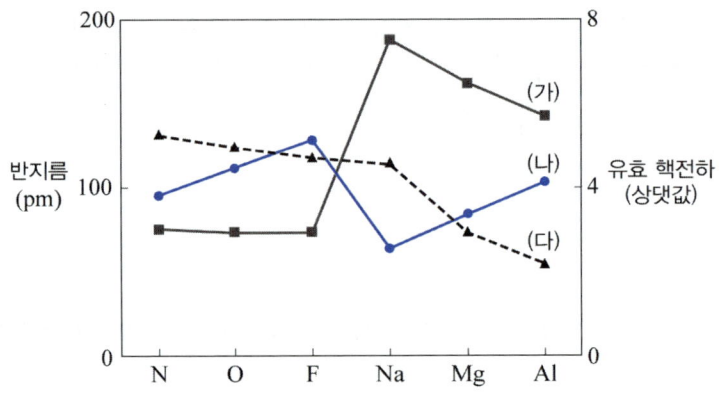

	(가)	(나)	(다)
①	원자 반지름	유효 핵전하	이온 반지름
②	원자 반지름	이온 반지름	유효 핵전하
③	이온 반지름	원자 반지름	유효 핵전하
④	이온 반지름	유효 핵전하	원자 반지름

해설 (가) F(2주기) → Na(3주기)으로 갈 때 껍질이 1개가 늘어나므로 원자 반지름이 증가한다.
(나) 같은주기에선 양성자가 많을수록 유효핵전하가 크다.
(다) 이온이 되었을 때 모두 전자가 10개이므로 전자껍질수가 같다. 껍질수가 같으면, 양성자가 많을수록(원자번호가 클수록) 반지름이 작다.

ANSWER 20 ② 21 ①

22 그림은 임의의 2, 3주기 원소 A~D의 중성 원자와 이온의 전자배치를 나타낸 것이다.

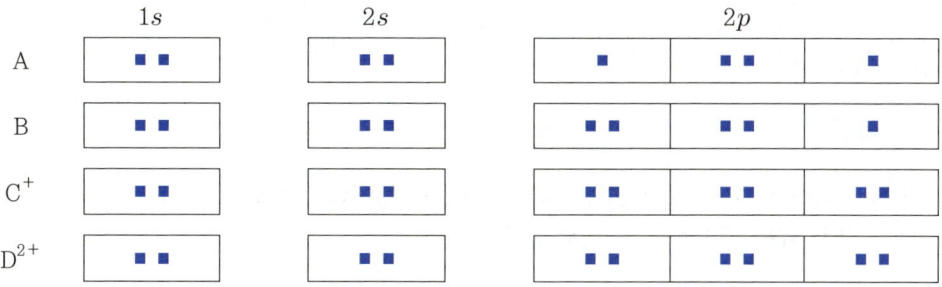

A~D에 대한 설명으로 옳은 것은?

① A의 원자가전자수는 4이다.
② A의 전자배치는 들뜬 상태이다.
③ 이온 반지름은 B^-가 C^+보다 크다.
④ 1차 이온화 에너지가 가장 큰 것은 D이다.

해설 이런 문제는 구체적으로 원자와 이온을 명시해 놓고 푸는게 좋다.
A : $K_2 L_6$ ($_8O$)
B : $K_2 L_7$ ($_9F$)
C^+ : $K_2 L_8$ ($_{11}Na^+$)
D^{2+} : $K_2 L_8$ ($_{12}Mg^{2+}$)
① A의 최외각전자수는 4개가 아니라, 2번째 껍질 $2s$, $2p$ 총 6개이다.
② A는 훈트의 규칙, 쌓음의 원리, 파울리의 배타원리를 모두 만족하는 바닥상태
③ 이온 반지름은 전자껍질수가 같을 때 양성자수가 작을수록 커지므로 B^-가 더 크다.
④ 중성원자 D는 전자껍질수가 3개라서 A, B 2주기보다 반지름이 커서 이온화 에너지가 작다.

23 주기율표상에서 원소의 위치는 전자의 배치와 관련이 있다. 전자의 배치는 훈트의 규칙, 파울리의 배타 원리, 축조원리라는 3가지 규칙이 적용된다. 어떤 행성에서 전자배치의 모든 규칙이 그대로 적용되고 단지 파울리의 배타 원리에서 한 오비탈이 2개의 전자가 아니라 4개의 전자를 수용할 수 있는 것으로 변하였다고 가정하자. 원자번호 108번까지의 원소가 발견되었다면 1차 이온화 에너지가 가장 작은 원소의 원자번호는 얼마인가?

① 55
② 73
③ 74
④ 108

해설 가장 큰 주기에서 1족의 이온화 에너지가 가장 작다.
현재 한 오비탈에 전자가 2개이면, 18족의 원자번호가 2번, 10번, 18번, 36번 순이다. 그런데 한 개 오비탈에 전자가 4개가 들어가면, 18족의 원자번호가 4번, 20번, 36번, 72번, 108번이다. 108번까지 발견이 되었다면, 가장 큰 주기에서 1족 원소는 73번이라고 할 수 있다.

ANSWER 22 ③ 23 ②

24 다음은 원자번호 3~13번인 원소들의 족과 주기를 나타낸 것이다.

	1족	2족	13족	14족	15족	16족	17족	18족
2주기	3	4	5	6	7	8	9	10
3주기	11	12	13					

위 원소 중에서 원자번호가 연속인 4개의 원소를 임의로 선택하여 순서대로 A~D라고 하였을 때, 〈보기〉에서 옳은 것만을 있는 대로 고른 것은?

— 보기 —
ㄱ. B와 C가 금속이면 D도 금속이다.
ㄴ. 바닥 상태에서 A의 홀전자가 3개이면 C의 홀전자는 1개이다.
ㄷ. B의 이온화 에너지가 가장 크면 C의 이온화 에너지가 가장 작다.

① ㄱ ② ㄴ
③ ㄱ, ㄷ ④ ㄱ, ㄴ, ㄷ

해설 임의로 4가지 연속된 원소를 선택하면 된다.

$$\begin{array}{cccc} & A & B & C & D \\ \text{ㄱ.} & 10 & 11 & 12 & 13 \text{ (금속)} \\ \text{ㄴ.} & 7 & 8 & 9 & 10 \\ \Rightarrow \text{홀전자수:} & 3 & 2 & 1 & 0 \\ \text{ㄷ.} & 9 & 10 & 11 & 12 \end{array}$$

⇒ 1족(C)의 이온화 에너지가 가장 작다.

25 수소에 대한 다음 설명 중 옳은 것은?

a. H는 He보다 이온화 에너지가 작다.
b. H^-는 H보다 크기가 작다.
c. H는 할로겐원소와 공유결합을 한다.
d. H^+의 핵은 H의 핵보다 외부 자기장의 영향을 적게 받는다.
e. H는 NaH 화합물의 H보다 전자 밀도가 낮다.

① a, c, d ② b, c, d
③ a, c, e ④ a, d, e

ANSWER 24 ④ 25 ③

해설
a. I.E : H < He 모든 원소 중 He의 이온화 에너지가 가장 크다.
b. 크기 : H^- > H 전자를 얻어서 (−) 간의 반발력이 커지기 때문
c. 비금속+비금속 → 공유결합물질을 생성한다.
d. H^+은 전하를 띠고 있으므로 자기장의 영향을 많이 받는다.
e. Na^+H^-로써 수소가 전자를 얻어서, 전자밀도가 H보다 높다.

26 다음 원소의 이온 중 이온반지름이 작은 순서로 바르게 나열된 것은?

① B^{3+} < Be^{2+} < Li^+ < O^{2-} < N^{3-}
② Li^+ < Be^{2+} < B^{3+} < N^{3-} < O^{2-}
③ Be^{2+} < Li^+ < B^{3+} < O^{2-} < N^{3-}
④ N^{3-} < O^{2-} < B^{3+} < Be^{2+} < Li^+

해설 $_5B^{3+}$, $_4Be^{2+}$, $_3Li^+$는 모두 전자 2개, 전자껍질 1개
$_8O^{2-}$, $_7N^{3-}$는 모두 전자 1개, 전자껍질 2개
전자껍질이 같으면 양성자가 작을수록 반지름이 크다.
$_7N^{3-}$ > $_8O^{2-}$ > $_3Li^+$ > $_4Be^{2+}$ > $_5B^{3+}$

27 표는 3~4주기에 있는 임의의 원소 (가)~(다)의 자료를 나타낸 것이다.

	(가)	(나)	(다)
원자 반지름(nm)	0.186	0.197	0.227
가장 안정한 이온의 반지름(nm)	0.095	0.099	0.133
1차 이온화 에너지(kJ/mol)	495	590	419
녹는점(°C)	98	842	63

위의 자료에서 원소 (가)~(다)를 원자번호가 작은 것부터 커지는 순서대로 바르게 배열된 것은?

① (가) − (나) − (다)   ② (가) − (다) − (나)
③ (나) − (가) − (다)   ④ (다) − (가) − (나)

ANSWER 26 ① 27 ②

해설 반지름 결과로 보아 (다)가 4주기임을 알 수 있다. 그리고 반지름은 주기율표에서 왼쪽 아래로 갈수록 증가한다.

(나)	(가)
(다)	

이와 같이 해석해서 원자번호가 작은 것부터 (나) – (가) – (다)로 정하면 안된다.

(가)와 (다)가 녹는점이 비슷하므로 같은 족이라고 볼 수 있다.

(가)	
(다)	(나)

왼쪽 아래로 갈수록 반지름이 증가하므로 (나)는 (가) 옆에 있으면 안된다. (다) 옆에 있어야 한다.

따라서 원자번호가 작은 것부터 나열하면 (가) – (다) – (나)가 된다.

28 다음은 기체 상태에 있는 어떤 원소 M의 원자 또는 이온의 전자배치이다.

$M^+ : 1s^2 2s^2 2p^6$ $M : 1s^2 2s^2 2p^6 3s^1$
$M^* : 1s^2 2s^2 2p^6 4p^1$ $M^- : 1s^2 2s^2 2p^6 3s^2$

위의 전자배치로부터 옳게 추론한 것을 〈보기〉에서 모두 고르시오.

● 보기 ●
ㄱ. M보다 M^*의 원자 반지름이 더 크다.
ㄴ. M보다 M^*의 일차 이온화 에너지가 더 크다.
ㄷ. $M^- \rightarrow M$보다 $M \rightarrow M^+$ 과정에서 더 많은 에너지가 필요하다.

① ㄱ ② ㄱ, ㄴ
③ ㄱ, ㄷ ④ ㄱ, ㄴ, ㄷ

해설 ㄱ. 당연히 3번째 껍질까지 전자가 있는 것보다 4번째 껍질까지 전자가 있을 때가 반지름이 더 크다.
ㄴ. 반지름이 작으면 이온화 에너지가 더 크다. 따라서 M의 이온화 에너지가 더 크다.
ㄷ. 이온화 에너지를 가해서 전자를 한 개씩 떼어내면 (–)전자 반발력이 줄어들면서 반지름이 작아지게 된다.
$M^- \rightarrow M$, $M \rightarrow M^+$로 갈수록 전자가 한 개씩 줄어들면서 전자반발력이 줄어들기 때문에 반지름이 작아진다. 따라서 이온화 에너지가 증가하게 된다.
$M \rightarrow M^+$으로 갈 때 더 많은 이온화 에너지가 필요하다.

ANSWER 28 ③

29 이온성 화합물인 NaI에서 Na^+와 I^- 이온은 각각 102pm, 216pm의 이온반경을 갖는다. 이들의 원자 반경의 크기에 대한 다음 예측 가운데 실제값에 가장 가까운 것은?

① Na의 원자반경 − 97, I의 원자반경 − 250
② Na의 원자반경 − 97, I의 원자반경 − 133
③ Na의 원자반경 − 186, I의 원자반경 − 250
④ Na의 원자반경 − 186, I의 원자반경 − 133

해설 "금원비리" → 금속은 원자 반지름이 더 크고 비금속은 이온 반지름이 더 크다.
Na^+의 반지름이 102pm이면 Na의 반지름은 102pm보다 커야 한다.
그리고 I^-의 반지름이 216pm이면 I의 반지름은 216pm보다 작아야 한다.
따라서 ④가 조건을 만족한다.

30 그림 (가)는 수소의 선 스펙트럼 중 라이먼 계열과 발머 계열을 진동수로 표현한 것이고, (나)는 (가)의 선 a~e에 해당하는 전자 전이를 보어의 수소 원자 모형에 나타낸 것이다. 이에 대한 설명으로 옳은 것을 〈보기〉에서 모두 고른 것은?

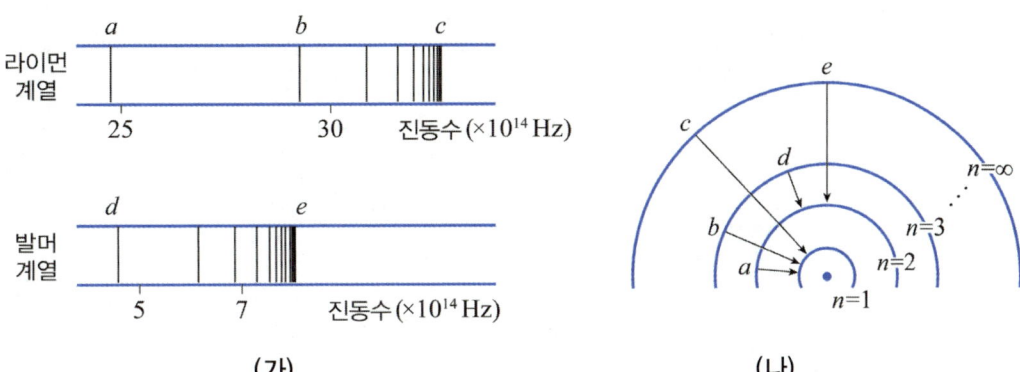

(가)   (나)

보기
ㄱ. n값이 커질수록 이웃하는 궤도 간의 에너지 차이가 작아진다.
ㄴ. b와 a선의 진동수 차이는 d선의 진동수와 같다.
ㄷ. e선에 해당하는 에너지는 수소의 이온화 에너지와 같다.

① ㄱ   ② ㄱ, ㄴ
③ ㄱ, ㄷ   ④ ㄱ, ㄴ, ㄷ

ANSWER 29 ④ 30 ②

해설
ㄱ. E준위가 증가할수록(위로 올라갈수록) 껍질 사이의 간격이 줄어든다.
ㄴ. $b - a = d$가 된다.
ㄷ. ∞는 원자 밖을 의미한다. 수소는 첫 번째 껍질에 한 개의 전자가 있으므로, 이온화 에너지 정의는 "첫 번째 껍질에 있는 전자를 ∞(원자 밖) 껍질로 떼어내서 양이온으로 만드는데 필요한 에너지"이다. e는 두 번째 껍질로 전자가 전이하고 있으므로 이온화 에너지가 아니다.

31 다음 중 상대적인 크기가 옳은 것은?

① 원자 반지름 : Si < P < S < Cl
② 1차 이온화 에너지 : Be < Li < Na < K
③ 이온 반지름 : Mg^{2+} < Na^+ < F^- < O^{2-}
④ 전자 친화도 : N < O < F < Ne

해설
① 원자 반지름은 주기율표에서 왼쪽 아래로 갈수록 증가하므로 부등호 표시가 반대가 된다.
② 이온화 에너지는 일반적으로 반지름에 반비례하므로 부등호 표시가 반대가 된다.
③ 모두 전자가 10개로서 전자배치가 K_2L_8로 껍질의 수가 같다. 그 다음으로 양성자수(원자번호)를 가지고 반지름의 크기를 비교해야 한다. 산소 쪽으로 갈수록 양성자가 작아지므로 올바른 부등호 표시이다.
④ Ne은 18족으로 전자배치가 안정하므로 전자를 얻어서 음이온 되지 않으려는 성질이 있다. 전자친화도가 나머지에 비해 작다.

ANSWER 31 ③

CHAPTER 03 화학결합

1 화학결합의 종류와 성질

1 이온결합(금속 + 비금속)

(1) **정의** : 금속 원소와 비금속 원소의 정전기적 인력에 의해서 생기는 결합

$$_{11}Na = K_2L_8M① \quad\quad _{17}Cl = K_2L_8M⑦$$

$$Na^+ = K_2L_8 \longleftrightarrow Cl^- = K_2L_8M_8$$
$$\text{정전기적 인력}$$

$$Na^+ + Cl^- \rightarrow NaCl$$

(2) **이온의 형성**
① 나트륨 이온(Na^+)의 형성 : 중성인 원자가 전자를 잃으면 (+)전하를 띤 양이온이 되며, 전자를 얻으면 (−)전하를 띤 음이온이 된다. 나트륨(Na)이 전자를 1개 잃으면 나트륨 이온(Na^+)으로 되어 네온(Ne) 원자와 같은 안정한 전자배치를 형성한다.
② 염화 이온(Cl^-)의 형성 : 염소 원자(Cl)가 전자를 1개 얻으면 염화 이온(Cl^-)으로 되어 아르곤(Ar) 원자와 같은 안정한 전자배치를 형성한다.

(3) **이온결합의 형성**
• 염화나트륨(NaCl)의 형성 : 염화나트륨은 나트륨 이온(Na^+)과 염화 이온(Cl^-)이 정전기적 인력으로 결합이 형성

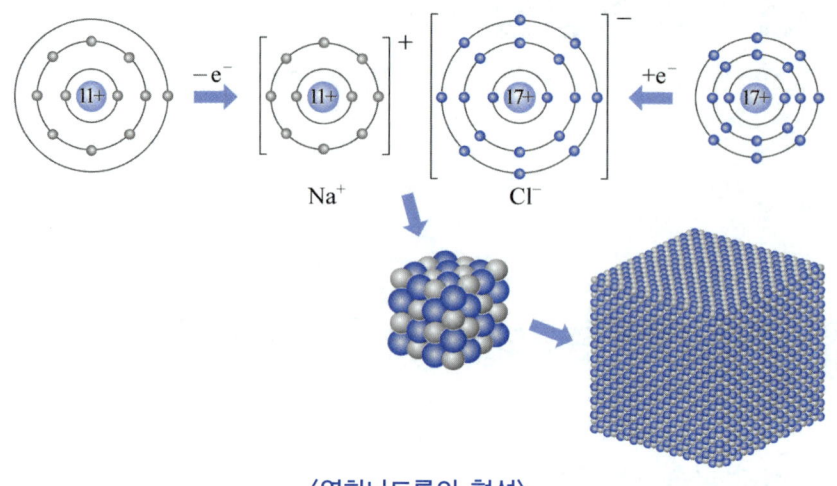

〈염화나트륨의 형성〉

(4) 본-하버 순환을 통한 NaCl(s)의 형성 과정

상온에서 Na(s), Cl$_2$(g)로 존재하는데 이 나트륨 원자와 염소 기체가 바로 NaCl(s)로 바뀌지 않는다. 중간에 여러 단계를 거쳐야 한다.

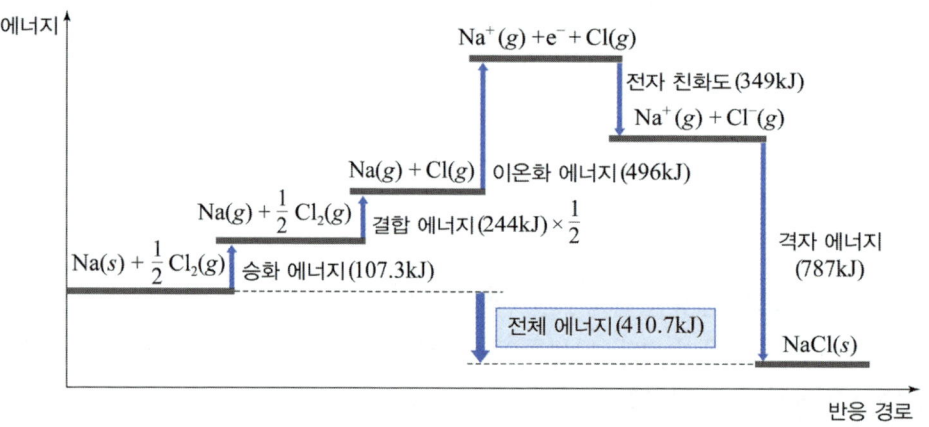

고체 상태의 금속 나트륨과 기체 상태의 염소 분자가 반응하여 염화나트륨 결정이 생성되기까지의 과정

$$\text{Na}(s) + \frac{1}{2}\text{Cl}_2(g) \rightarrow \text{NaCl}(s) + E$$

① 고체 상태의 금속 Na(s)을 기체 상태의 원자 Na(g)으로 변화시켜야 한다. 이때 흡수하는 에너지를 승화 에너지라고 하며, 그 값은 107.3kJ/mol이다.

$$\text{Na}(s) + 107.3\text{kJ} \rightarrow \text{Na}(g)$$

② 기체 상태의 Cl$_2$(g)를 기체 상태의 원자 2Cl(g)로 변화시켜야 한다. 이때 흡수하는 에너지를 결합 에너지라고 하며, 그 값은 244kJ/mol이다.

따라서 $\frac{1}{2}$Cl$_2$를 Cl(g)로 변화시키는데 필요한 에너지는 122kJ/mol이다(결합에너지 $\times \frac{1}{2}$).

$$\frac{1}{2}\text{Cl}_2(g) + 122\text{kJ} \rightarrow \text{Cl}(g)$$

③ 원자 상태의 Na(g)을 Na$^+$(g)으로 이온화시켜야 한다. 이때 흡수하는 에너지를 이온화 에너지라고 하며, 그 값은 496kJ/mol이다.

$$\text{Na}(g) + 496\text{kJ} \rightarrow \text{Na}^+(g) + e^-$$

④ Cl(g)에 전자를 넣어주어 Cl$^-$(g)을 만든다. 이때 방출되는 에너지를 전자 친화도라고 하며, 그 값은 349kJ/mol이다.

$$\text{Cl}(g) + e^- \rightarrow \text{Cl}^-(g) + 349\text{kJ}$$

⑤ Na$^+$(g)과 Cl$^-$(g)으로부터 NaCl(s)을 만든다. 이때 고체 속에서 이온들 사이의 정전기적 인력에 의해 에너지가 방출되는데, 이 에너지를 격자 에너지라고 하며, 그 값은 787kJ/mol이다.

$$\text{Na}^+(g) + \text{Cl}^-(g) \rightarrow \text{NaCl}(s) + 787\text{kJ/mol}$$

⑥ ①+②+③+④+⑤로부터 고체 상태의 금속 나트륨과 기체 상태의 염소 분자가 반응하여 염화나트륨 결정이 생성될 때 410.7kJ만큼 방출된다.

$$\text{Na}(s) + \frac{1}{2}\text{Cl}_2(g) \rightarrow \text{NaCl}(s) + 410.7\text{kJ}$$

(5) 이온결합 물질의 성질

① **물에 대한 용해성** : 이온결합 물질은 (+), (−)극을 띠고 있으므로 대부분은 극성 용매인 물에 잘 녹는다.

② **전기 전도성** : 전기가 통하려면 전하를 띠고 있는 입자가 움직여야 한다. 이온결합 물질은 고체에서는 움직일 수 없고 액체나 수용액 상태에서는 움직일 수 있으므로 고체 상태에서는 전기 전도성이 없고, 액체 상태나 수용액 상태에서는 전기 전도성이 있다.

③ **결정의 부서짐** : 외부에서 힘을 가하면 부서지기 쉽다. 외력을 가하면 이온층이 밀리면서 경계면에서 같은 전하를 띤 이온들이 만나게 되어 반발력이 작용하기 때문이다.

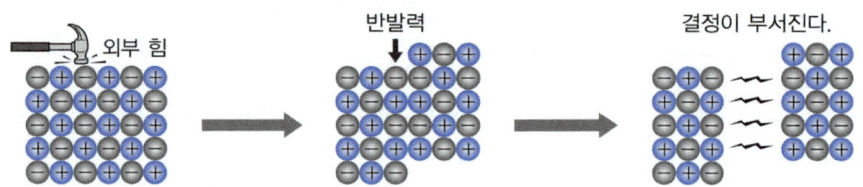

④ **녹는점과 끓는점** : 이온결합 물질의 녹는점은 양이온과 음이온 사이가 끊어지는 것이다. (+), (−) 간의 직접적인 결합은 결합력이 크기 때문에 그 강한 결합을 끊고 액체로 만들려면 높은 온도를 가해주어야 한다. 녹는점과 끓는점이 높아 상온에서 고체 상태이다.

⑤ 이온결합 물질 간의 녹는점(mp) 비교는 쿨롱의 힘(전하를 띤 입자들간의 결합력)으로 비교한다. 이온 사이의 전하량의 곱이 클수록, 거리가 가까울수록 이온결합력이 증가하여 녹는점(mp)이 높아진다.

$$F = k\frac{q_1 \times q_2}{r^2} \quad \begin{bmatrix} q_1, q_2 : +, - \text{의 전하량} \\ r : +, - \text{ 사이의 거리} \end{bmatrix}$$

변수가 2개이므로 한 개를 일정하게 만들어 놓으면 훨씬 비교하기 쉽다.
NaCl과 LiCl은 전하량의 곱은 같다. 그러나 이온 사이의 거리가 LiCl이 가까우므로 결합력이 강하여 녹는점이 높다. CaO와 MgO 역시 전하량의 곱은 같은데 거리가 MgO가 더 가까워서 결합력이 크므로 녹는점이 높다. CaO와 LiCl은 거리는 크게 차이가 나지 않지만 전하량의 곱이 CaO가 4배가 더 크므로 결합력은 CaO가 훨씬 더 강하다.
따라서 녹는점은 CaO가 더 높다.

성질 \ 물질	Na^+Cl^-	Li^+Cl^-	$Ca^{2+}O^{2-}$	$Mg^{2+}O^{2-}$
이온 간의 거리(nm)	0.282	0.201	0.240	0.210
녹는점(°C)	801	870	2572	2800

② 금속결합

(1) 정의

금속의 양이온과 자유전자 사이의 정전기적인 인력에 의해 형성된 결합. 금속원자는 최외각 전자가 8개(옥텟 규칙)가 아니라서 불안정하다. 따라서 최외각 전자를 버리고 금속 양이온 상태를 유지 하고 있다. 이때 버린 전자는 양이온 주위를 자유롭게 맴돌고 있다. 자유롭게 움직인다고 해서 자유전자라고 한다.

이때 +금속 양이온과 -자유전자 간의 결합을 금속결합이라고 한다.

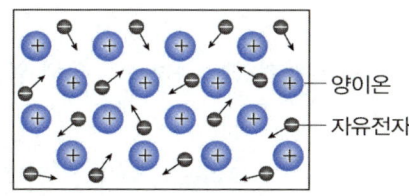

〈자유전자 바다 모형〉

(2) 금속결합 물질의 성질

① 금속은 고체 상태나 액체 상태에서 모두 전하를 띤 입자(자유전자)가 움직이므로 전기가 잘 통하며, 열 전도성이 크다.

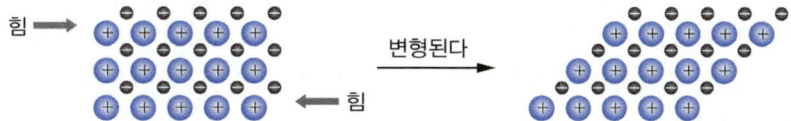

② 끓는점과 녹는점이 비교적 높으며, 상온에서 비휘발성 고체이다(단, 수은은 액체). 금속결합 물질에서는 금속 양이온과 자유전자 사이가 끊어지는게 녹는점인데 역시 +, - 사이의 직접적인 결합은 결합력이 대단히 크다. 그 강한 결합을 끊고 액체로 만들려면 높은 온도를 가해 주어야 한다. 따라서 녹는점이 높다.

③ 외부에서 힘을 가해도 부스러지지 않고 모양만 변한다(연성과 전성).

2 공유결합과 분자 모형

1 공유결합

(1) 정의

비금속과 비금속이 최외각 전자를 주고 받아 생긴 전자쌍을 공유함으로써 생기는 결합이다. 비금속 원자들은 전자를 잃고 얻어서 양이온과 음이온이 되기 어렵다.

따라서 각각 전자를 내놓으며 공유전자쌍을 만들고 이 전자쌍을 공유함으로 결합이 이루어진다.

(2) 공유결합의 표시

① 루이스 전자점식 : 원자 사이의 화학결합을 나타내기 위해 원소 기호 주위에 최외각 전자를 점으로 나타낸 식이다.

	1족	2족	13족	14족	15족	16족	17족
1주기	·H						
2주기	·Li	·Be·	·Ḃ·	·Ċ·	·N̈·	·Ö·	:F̈:
3주기	·Na	·Mg·	·Al·	·Si·	·P̈·	:S̈·	:C̈l:

〈1~3주기 원소의 루이스 전자점식〉

② 공유결합의 예 : F_2의 경우 F원자들이 전자 1개씩을 내놓아 전자쌍을 만들고 이 전자쌍을 공유하므로 옥텟규칙을 만족시킨다.

이때 원자들이 공유하는 전자쌍을 공유 전자쌍이라고 하며, 결합에 참여하지 않는 전자쌍을 비공유 전자쌍이라고 한다.

F_2	O_2	N_2
:F̈:F̈:	:Ö::Ö:	:N:::N:
F–F	O=O	N≡N

㉠ 루이스 전자점식을 선으로 표기하기도 하는데 결합선으로 표기할 때는 공유 전자쌍만 표기한다. 공유 전자쌍 한 쌍을 결합선 1개로 표기한다. 단일결합, 이중결합, 삼중결합 개념이 유도된다.

ⓐ 단일결합 : 공유 전자쌍이 한 쌍인 결합이다.
ⓑ 이중결합 : 공유 전자쌍이 두 쌍인 결합이다.
ⓒ 삼중결합 : 공유 전자쌍이 세 쌍인 결합이다.

ⓛ 다중결합으로 갈수록 원자 간 결합력(결합 에너지)이 커진다. 그리고 다중결합으로 갈수록 결합길이는 짧아진다.
ⓐ **결합력** : 단일결합 < 이중결합 < 삼중결합
ⓑ **결합길이** : 단일결합 > 이중결합 > 삼중결합

(3) 공유결합으로 이루어진 물질
공유결합으로 이루어진 물질에는 분자 결정 물질과 원자 결정 물질이 있다.
① **분자 결정 물질** : 공유결합한 분자가 규칙적으로 배열하여 결정을 이룬다. 분자 결정을 유지하게 해주는 힘은 분자 사이의 인력인데 공유결합력보다는 훨씬 약하다. 약한 분자 간의 인력을 끊고 액체나 기체로 만들기 위해서는 온도를 조금만 높혀주면 된다. 분자결정은 녹는점과 끓는점이 낮고 승화성을 가지는 것들이 많다. 이산화탄소(CO_2), 염화수소(HCl), 플루오린(F_2) 등이 있다. 고체와 액체 상태에서 전기 전도성이 없으나, 탄소 60개가 축구공 모양을 하고 있는 플러렌은 전기 전도성이 있다.

② **원자(공유) 결정 물질** : 분자 결정과 달리 인접한 원자들과 계속적으로 공유결합을 형성하면서 그물처럼 이어지는 결정으로 모든 원자들이 공유결합으로 연결되어 있어서 그 강한 공유결합을 끊고 액체나 기체로 만들기 위해서는 높은 온도를 가해주어야 한다. 원자결정은 녹는점과 끓는점이 매우 높다. 다이아몬드(C), 흑연(C), 이산화규소(SiO_2) 등이 있다. 고체, 액체 모두 전기 전도성이 없으나, 층상 그물 구조를 이루고 있는 흑연은 전기 전도성이 있다.

(4) 배위결합
원자가 비공유 전자쌍을 일방적으로 제공하여 이루어지는 공유결합이다.
① 원래 공유결합은 전자를 주고받으면서 이루어지는 결합이다. 그런데 암모니아(NH_3)가 수소이온(H^+)과 결합할 때 NH_3는 비공유 전자쌍을 가지고 있고 H^+은 전자가 없다. 따라서 전자를 주고받으면서 공유결합을 할 수가 없다. 그래서 질소 원자가 가지고 있던 비공유 전자쌍을 일방적으로 제공하여 수소 이온과 공유함으로써 암모늄이온(NH_4^+)이 형성된다. 이와같이 한 쪽이 일방적으로 비공유 전자쌍을 제공하므로 이루어지는 공유결합을 배위결합이라고 한다.

암모늄이온에서 질소 원자는 옥텟 규칙을 만족하고 있다. 염화암모늄은 이온결합과 공유결합과 배위결합을 하고 있다.

② 하이드로늄 이온(H_3O^+)의 형성과 배위결합 : 물분자와 수소이온이 결합할 때에도 물분자는 비공유 전자쌍을 가지고 있고 수소이온은 전자가 없다. 따라서 결합을 하려면 물분자가 일방적으로 전자쌍을 내놓으면서 결합한다. 산성 용액에서 수소이온(H^+)은 물(H_2O) 분자와 배위결합을 하여 하이드로늄 이온(H_3O^+)을 형성한다.

$$H:\overset{..}{\underset{H}{O}}: \; + \; H^+ \longrightarrow \left[H:\overset{..}{\underset{H}{O}}:H \right]^+$$

물   수소 이온   하이드로늄 이온

2 분자모형

(1) 전자쌍 반발 원리(VSEPR)

① 공유결합 분자에서 중심 원자 주위의 전자쌍들은 (-)전하를 띠고 있어 정전기적 반발력이 작용하므로 3차원적 공간에서 최대한 멀리 떨어지려고 한다. 전자쌍들의 반발력이 최소가 되기 위해 공간에서 가장 멀리 떨어져 있는 구조가 안정한 구조이다.

② 전자쌍 사이의 반발력 크기 : 비공유 전자쌍은 원자들에게 공유되어 있지 않으므로 전자구름이 두텁다. 따라서 비공유 전자쌍의 반발력은 공유 전자쌍 사이의 반발력보다 크다.

공유 전자쌍 사이의 반발력 < 공유 전자쌍과 비공유 전자쌍 사이의 반발력 < 비공유 전자쌍 사이의 반발력

(2) 분자의 모양

① 2원자 분자 : 분자를 이루는 원자가 2개이므로 분자의 모양은 항상 직선형이다.

분자식	HF	O_2	N_2
루이스 전자점식과 구조식	$H:\overset{..}{\underset{..}{F}}:$ H-F	$:\overset{..}{O}::\overset{..}{O}:$ O=O	$:N:::N:$ N≡N
분자 모형	H-F	O-O	N-N

② 중심 원자에 2개의 원자가 결합한 경우(중심 원자에 공유 전자쌍만 있는 경우) 직선형이다. 공유 전자쌍이 반발력이 최소가 되기 위해 공간에서 최대한 멀리 떨어져 있는 구조는 직선형이기 때문이다. 직선형이므로 각도는 180°가 나온다.

분자식	BeF₂	CO₂
루이스 전자점식과 구조식	:F̈:Be:F̈: F−Be−F	:Ö::C::Ö: O=C=O
분자 모형과 결합각	180° (F−Be−F)	180° (O=C=O)
분자의 모양	직선형	직선형

③ 중심 원자에 비공유 전자쌍 없이 3개의 원자가 결합한 경우, 3개의 공유 전자쌍이 반발력이 최소가 되기 위해 공간에서 최대한 멀리 떨어져 있는 구조는 삼각형 구조이고 각도는 120°이다.

분자식	BF₃	BCl₃	HCHO
분자 모형	120°	120°	(HCHO 구조)

④ 중심 원자에 4개의 원자가 결합한 경우(중심 원자에 비공유 전자쌍은 없고 공유 전자쌍만 있는 경우) 4개의 공유 전자쌍이 반발력이 최소가 되기 위해 공간에서 최대한 멀리 떨어져 있는 구조는 정사면체형 또는 사면체형이고 각도는 109.5°인 화합물이 많다.

분자식	CH₄	CCl₄	CH₃Cl
분자 모형	109.5°	109.5°	약 109.5°
분자 구조	정사면체형	정사면체형	사면체형

⑤ 중심 원자가 비공유 전자쌍 1개와 공유 전자쌍 3개를 가지는 경우에는 삼각뿔형이다. 공유–비공유 전자쌍의 반발력이 공유 전자쌍 사이의 반발력보다 크기 때문이다. 결합각은 정사면체 구조보다 작은 107°이다.

분자식	NH₃	NF₃	PCl₃
분자 모형	비공유 전자쌍, 107°	비공유 전자쌍	비공유 전자쌍

⑥ 중심 원자가 비공유 전자쌍 2개와 공유 전자쌍 2개를 가지는 경우에는 굽은형이다. 비공유 전자쌍이 두 쌍이 있을 때가 한 쌍이 있을 때보다 반발력이 더 커서 결합각은 삼각뿔형일 때보다 작아지기 때문이다.

즉, 비공유 전자쌍은 공유 전자쌍보다 더 넓은 공간을 차지하며 비공유 전자쌍이 많을수록 공유 전자쌍 사이의 결합각이 감소한다.

분자식	H_2O	OF_2	H_2S
분자 모형	비공유 전자쌍 H—O—H 104.5°	비공유 전자쌍 F—O—F	비공유 전자쌍 H—S—H

3 결합의 극성

(1) 전기 음성도와 결합의 극성

① **전기 음성도** : 공유결합을 하는 원자가 공유 전자쌍을 끌어당기는 힘의 세기를 상대적으로 나타낸 값으로, 전기 음성도가 큰 원자일수록 공유결합에서 전자쌍을 더 강하게 끌어당긴다. 또 결합을 이룬 두 원자의 전기 음성도가 차이가 클수록 결합의 이온성은 커지고 전기 음성도 차이가 작을수록 결합의 이온성은 작아진다(공유성이 커진다).

② **전기 음성도와 결합의 극성**

㉠ **무극성 공유결합** : 전기 음성도가 같은 원자 사이의 공유결합으로, 분자 내에 부분적인 전하가 생기지 않는다. 같은 원자끼리 결합이다.
   예 H_2, O_2, N_2 등

㉡ **극성 공유결합** : 전기 음성도가 다른 원자 사이의 공유결합으로 이때 전기 음성도가 큰 원자가 공유 전자쌍을 더 강하게 끌어당겨 음전하(δ^-)를 띠고, 전기 음성도가 작은 원자는 양전하(δ^+)를 띤다. 다른 원자끼리 결합이다.
   예 HCl, H_2O, NH_3 등

	무극성 공유결합	극성 공유결합	이온결합
결합의 종류	H:H	δ^+ δ^- H:Cl	Na^+ Cl^-
전기 음성도 차이	0	0.9	2.1

4 분자의 극성

(1) 쌍극자 모멘트
① 결합의 극성을 나타내는 기준이며 극성 분자는 +, − 전하를 가지므로 쌍극자 모멘트라고 하는 벡터량을 가진다.
② 극성 분자는 전자쌍을 당기는 벡터의 합이 0이 아니므로 쌍극자 모멘트의 합이 0이 아니다.
③ 무극성 분자는 전자쌍을 당기는 벡터의 합이 0이므로 쌍극자 모멘트의 합이 0이다.

(2) 무극성 분자
같은 원소로 이루어진 이원자 분자 및 CO_2와 같은 대칭구조의 다원자 분자는 전자쌍을 당기는 벡터의 합이 0이기 때문에 쌍극자 모멘트의 합이 0이 되므로 무극성 분자이다.
대표적인 화합물로 CO_2, BF_3, CH_4, SO_3, C_2H_4, CCl_4 등이 있다.

예	CO_2	BF_3	CH_4
구조			
	직선형	평면 정삼각형	정사면체형
결합의 극성	극성 공유결합	극성 공유결합	극성 공유결합

(3) 극성 분자
다른 원소로 이루어진 이원자 분자 및 비대칭 구조의 다원자 분자는 쌍극자 모멘트의 합이 0이 되지 않으므로 극성 분자이다. 예를 들어, H_2O의 경우에는 쌍극자 모멘트의 합이 O원자를 향하고 있으며, 이때 쌍극자 모멘트는 상쇄되지 않는다. 따라서 쌍극자 모멘트의 합이 0이 아니므로 H_2O분자는 극성 분자이다.

예	H_2O	NH_3	CH_3Cl
구조			
	굽은형	삼각뿔형	사면체형
결합의 극성	극성 공유결합	극성 공유결합	극성 공유결합

(4) 무극성 분자와 극성 분자의 성질

구분	무극성 분자	극성 분자
용해성	무극성 용매에 잘 용해된다. 예 무극성 물질인 사염화탄소, 벤젠과 잘 섞인다.	극성 용매에 잘 용해된다. 예 극성 물질인 에탄올은 물과 잘 섞인다.
대전체의 영향	무극성 물질은 대전체를 가까이 가져가도 끌려오지 않는다.	액체 상태의 극성 물질에 대전체를 가까이 가져가면 대전체 쪽으로 끌려온다.
전기장에서의 배열	무극성 분자는 전기장 안에서 규칙적으로 배열하지 않는다.	기체 상태의 극성 분자는 전기장 안에서 규칙적으로 배열한다.

5 확장된 옥텟 규칙을 가지는 공유결합 분자

중심 원자가 8개 이상의 전자를 가지는 경우를 확장된 옥텟이라고 한다.

(1) 루이스 구조식 작성법
① 중앙에 배치할 원자를 정한다.
  ㉠ 세 가지 이상의 원자로 구성된 화합물에서는 개수가 작은 원자를 중앙에 놓는다.
  ㉡ 주기가 다른 원자들이 있을 경우 주기가 큰 원자를 중앙에 놓는다.
  ㉢ 같은 주기의 원자가 2가지 이상이면 홀전자수가 많은 원자를 중앙에 놓는다.
② 원자가 전자수를 구한다.
③ 가장 간단한 단일결합 구조를 그린다.
④ 원자가 전자수 – ③에서 사용된 전자수
⑤ 옥텟 규칙을 만족하기 위해 필요한 전자수를 구한다.
⑥ "⑤ – ④"를 하면 된다.
⑦ 각 원자의 올바른 결합을 위한 전자수 확인
⑧ 형식전하를 이용하여 최종 점검

(2) 형식전하

→ 자신의 원자가 전자수 - 결합선의 수 - 비공유 전자수

① 가장 안정한 분자구조를 결정하는 기준으로 이용
② 이온성 화합물은 모든 원자의 형식전하의 합이 그 분자의 전체 전하가 된다.
　(전기 음성도가 큰 원자의 형식전하가 작거나 음의 값을 가지는 경우가 안정한 구조이다.)
③ 중성 화합물은 원자 각각의 형식전하가 0을 만족한다.
④ 예외적인 경우라도 원자의 형식전하는 -1, 0, +1일 때 안정하다.

(3) 분자모양

① 삼각쌍뿔형

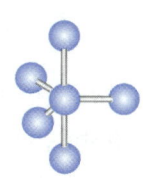

중심 원자 주위에 비공유 전자쌍 없이 5개의 전자쌍이 공간에서 최대한 멀리 떨어져 있는 구조는 삼각쌍뿔형 구조이다. 삼각쌍뿔형 구조에서 평면 삼각형이 있는 수평 방향에 있는 원자들은 120°를 이루지만 수직 방향에 있는 원자들은 평면 삼각형과 90°각도를 이루고 있다. 대표적인 화합물이 PCl_5이다.

② 시소형

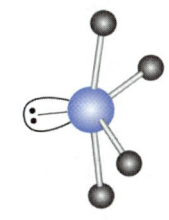

중심 원자 주위에 비공유 전자쌍 한 쌍과 공유 전자쌍 4쌍이 존재하는 경우에는 비공유 전자쌍과 공유 전자쌍 사이의 반발력이 공유 전자쌍 사이의 반발력보다 크기 때문에 비공유 전자쌍은 공유전자쌍과의 반발을 최소로 할 수 있는 위치인 수평 방향에 놓이게 된다. 모양은 시소형이고 대표적인 화합물로 SF_4가 있다.

③ 굽은 T형

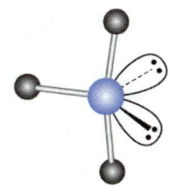

중심 원자 주위에 비공유 전자쌍 2쌍과 공유 전자쌍 3쌍이 존재하는 경우에는 비공유 전자쌍과 공유 전자쌍 사이의 90° 반발을 최소화하기 위해 비공유 전자쌍 2개는 수평 방향에 위치하며 굽은 T자형 구조를 갖는다. 대표적인 화합물로 BrF_3, ClF_3, ICl_3 등이 있다.

④ 직선형

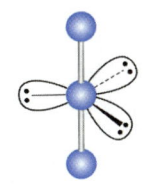

중심 원자 주위에 있는 5개의 전자쌍 중 3개가 비공유 전자쌍인 경우에는 비공유 전자쌍이 모두 수평 방향에 위치하며 직선형이 된다. 대표적인 화합물 또는 이온으로 XeF_2, KrF_2, $XeCl_2$, I_3^- 등이 있다.

⑤ 정팔면체

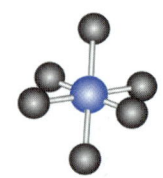

중심 원자 주위에 비공유 전자쌍 없이 6개의 전자쌍이 존재하면 정팔면체 구조를 가지며 각 원자는 중심 원자와 90°를 이룬다. 정팔면체는 전형적인 대칭모양을 하고 있으며 수직 방향과 수평 방향 자리가 구별되지 않는다. 대표적인 화합물로 SF_6가 있다.

⑥ 평면사각형

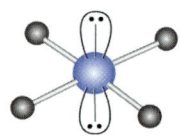

중심 원자 주위에 6개의 전자쌍 중 2개가 비공유 전자쌍인 경우에는 비공유 전자쌍이 서로 맞은편에 위치하여 비공유 전자쌍 사이의 반발력을 최소로 하게 하며 분자구조는 평면사각형이 된다. 대표적인 화합물 또는 이온으로 IF_4^-, ICl_4^-, KrF_4, XeF_4가 있다.

⑦ 사각피라미드

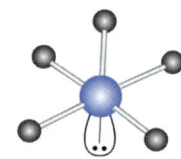

중심 원자에 있는 6개의 전자쌍 중 1개가 비공유 전자쌍인 경우는 정팔면체 구조에서 6개의 위치가 모두 동일하므로 비공유 전자쌍은 어느 위치에도 올 수 있다. 분자 구조는 사각뿔이 된다. 대표적인 화합물로 IF_5가 있다.

6 혼성오비탈

(1) sp^3 혼성궤도함수

메테인의 구조를 설명하기 위해 '혼성오비탈'이라는 새로운 이론이 도입되었다. 탄소는 바닥 상태에서는 홀전자가 2개이지만 $2s$ 오비탈의 전자 중 1개가 에너지가 높은 $2p_z$ 오비탈로 올라가면 $2s$, $2p_x$, $2p_y$, $2p_z$ 오비탈에 각각 1개씩의 전자가 들어있는 상태가 된다. 따라서 이들 4개의 오비탈들이 혼합되어 새로운 4개의 혼성오비탈을 형성하는데, 이를 sp^3 혼성오비탈이라고 한다.

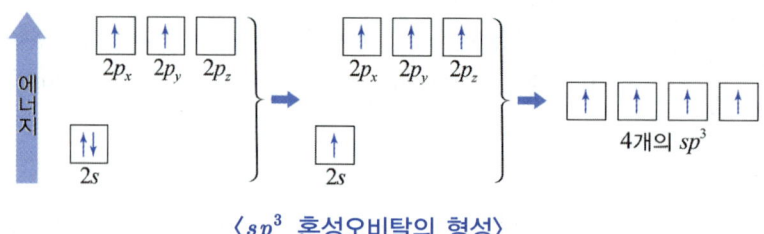

⟨sp^3 혼성오비탈의 형성⟩

7 분자의 모양 : VSEPR 모형

SN number(입체수) → 중심 원자 주위에 존재하는 전자쌍의 수

SN number	극성 유무	혼성 오비탈	구조	예
2	무극성	sp	선형 (180°)	BeH_2, CO_2
3	무극성	sp^2	평면삼각형 (120°)	CO_3^{2-} NO_3^- SO_3
4	무극성	sp^3	정사면체	CH_4, CCl_4
4	극성	sp^3	NH_3 삼각뿔	NH_3, NF_3, BrO_3^-, ClO_3^- IO_3^-, XeO_3, $SOCl_2$
4	극성	sp^3	H_2O 굽은형	H_2O, H_2S OF_2, OCl_2
5	무극성	sp^3d	삼각쌍뿔형	PCl_5

SN number	극성 유무	혼성 오비탈	구조	예
5	극성	sp^3d	굽은 T형	BrF_3, ClF_3 ICl_3, IF_3
5	극성	sp^3d	시소형	SF_4
5	무극성	sp^3d	직선형	XeF_2, KrF_2 $XeCl_2$ I_3^-
6	무극성	sp^3d^2	정팔면체	SF_6
6	무극성	sp^3d^2	평면사각형	IF_4^- ICl_4^- KrF_4 XeF_4
6	극성	sp^3d^2	사각피라미드	ICl_5

3. 분자 간 인력

① 분자 간 인력

(1) 정의
분자성 물질이 액체분자로 존재할 때 분자 간에 작용하는 상호작용이다.

(2) 분자 간 인력이 강하면 그 강한 인력을 끊고 기체로 만들기 위해 높은 온도를 가해주어야 한다(끓는점이 높다).

② 분자 간 인력의 종류

(1) 쌍극자 – 쌍극자 인력
극성 분자의 경우 한 분자의 부분적으로 양전하(δ^+)를 띤 부분과 다른 분자의 부분적으로 음전하(δ^-)를 띤 부분이 서로 접근하면 분자 사이에 +, – 정전기적 인력이 생기는데 이러한 분자 간의 인력을 쌍극자간 인력이라고 한다. 쌍극자간 인력이 강할수록 그 강한 인력을 끊기 위해 높은 온도를 가해주어야 한다. 따라서 끓는점이 높아진다.

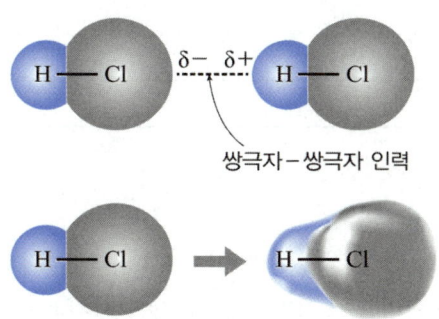

(2) 쌍극자 – 유발쌍극자 인력
극성 분자가 접근함에 따라 가까이 있는 무극성 분자도 부분적으로 전자의 쏠림이 생기는데 이것을 편극이라고 한다. 이 편극 현상에 의해 생기는 것을 유발쌍극자라고 하며, 극성 분자와 무극성 분자가 만났을 때 생기는 인력이다.

(3) 분산력

① 모든 분자가 다 가지고 있는 힘으로써 무극성 분자 속의 전자가 한쪽으로 쏠려서 유발쌍극자가 생긴다. 이 쌍극자에 의해서 바로 옆 분자도 쌍극자가 유발되어 분자 간 인력이 작용한다.

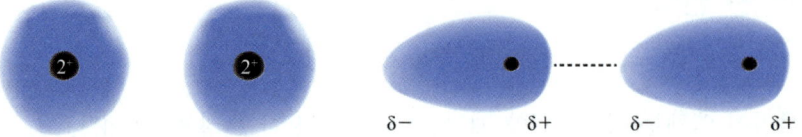

② 분자량이 커질수록 증가한다.
  예) $F_2 < Cl_2 < Br_2 < I_2$

③ 분자량이 비슷한 경우에는 직선형에 가까운 것들이 표면적이 증가하여 편극의 정도가 커지므로 분산력이 증가한다.

분자	SF_6	$C_{10}H_{22}$
모양	0.56nm 대칭적이고 촘촘히 모임	1.32nm 길고 원통형
분자량	146	142
표면적	작다.	크다.
끓는점(°C)	−64(승화)	174

(4) 수소결합

전기음성도가 큰 F, O, N과 직접 결합하고 있는 수소와 옆 분자의 F, O, N 사이에 작용하는 인력 F, O, N은 전기음성도가 커서 공유전자쌍을 잘 잡아당겨서 −전하를 강하게 띠고 있고, 수소는 강한 +를 띠게 된다. 따라서 아래와 같이 분자 간에 강력한 인력이 형성된다.

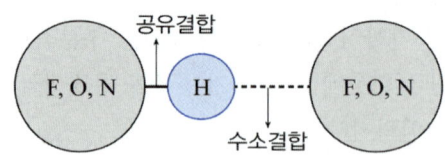

수소결합 물질은 분자 간 인력이 매우 크기 때문에 분자량이 비슷한 다른 물질에 비해 녹는점과 끓는점이 매우 높고 이합체로 존재하는 경우가 많다.

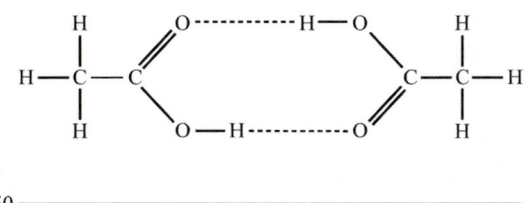

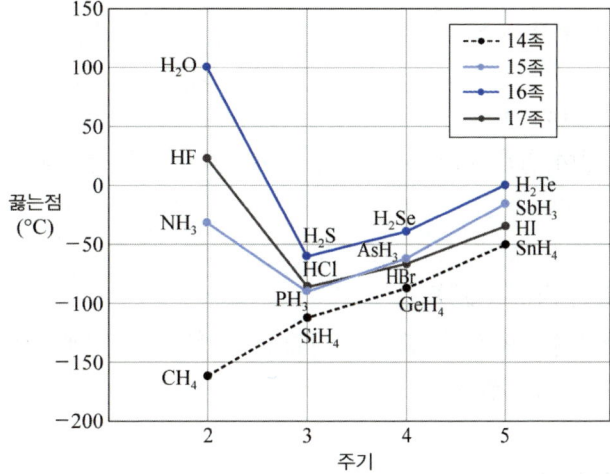

3 분자 간 인력과 끓는점과의 관계

(1) 일반적으로 분자 간의 인력은 분자량이 비슷할 때 '수소결합 > 쌍극자-쌍극자 간 인력 > 쌍극자-유발쌍극자 간 인력 > 분산력'순이다. 따라서 분자량이 비슷할 때는 수소결합 물질이 끓는점이 가장 높다.

(2) 같은 극성 분자라도 분자량의 크기가 크면 분산력이 커서 끓는점이 높아진다.

(3) 분자량이 비슷한 경우에는 수소결합 물질은 다른 물질들에 비해 끓는점은 높고 수소결합을 제외하더라도 극성 분자가 무극성 분자보다 끓는점이 높다. 극성 분자는 쌍극자 간 인력, 분산력이 모두 존재하고 무극성 분자는 분산력 한 개만 존재한다.
이 경우 분자량이 비슷하므로 분산력은 비슷하지만 극성 분자는 쌍극자 간 인력, 즉 인력이 하나 더 존재하기 때문이다.

(4) 분자량이 비슷한 NH_3, H_2O, HF, CH_4의 경우 CH_4이 수소결합을 하지 않으므로 끓는점이 가장 낮다. 그리고 HF와 H_2O에서 분자 간의 수소결합력은 HF가 더 강하지만 H_2O의 끓는점이 높은 이유는 H_2O이 한 분자당 수소결합의 개수가 더 많기 때문이다.

4 분자궤도함수

1 분자궤도함수 이론

공유결합을 하는 두 원자는 각 원자의 최외각 전자가 속한 오비탈이 서로 겹침으로써 전자쌍을 공유하여 안정한 상태의 분자를 형성하게 된다. 두 원자궤도함수가 혼합할 때 항상 결합성과 반결합성인 두 개의 분자궤도함수가 형성된다.

(1) 결합성 분자궤도함수(σ, π)
안정한 결합을 형성하여 원자궤도함수보다 낮은 에너지 준위를 형성한다. 핵과 핵 사이의 전자밀도를 증가시킨다.

(2) 반결합성 분자궤도함수(σ^*, π^*)
결합의 형성을 방해하여 불안정해지므로 원자궤도함수보다 높은 에너지 준위를 형성하며 핵과 핵사이의 전자밀도를 감소시킨다.

(3) s 오비탈에서 결합과 반결합

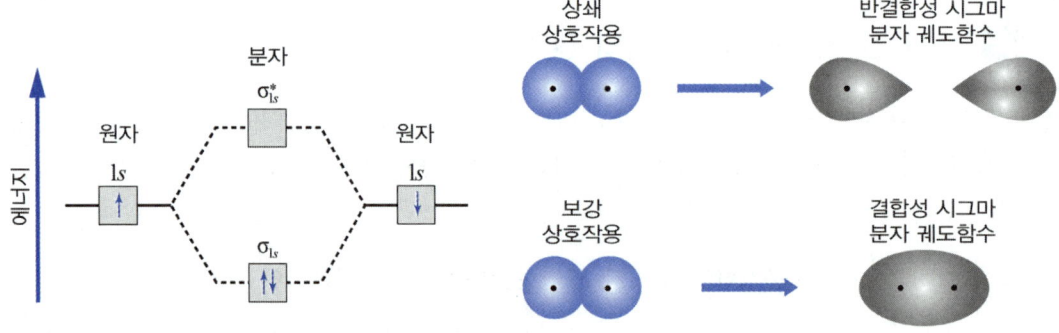

(4) 분자궤도함수의 특징
① 원자궤도함수와 분자궤도함수의 총 개수는 동일하다.
② 원자오비탈들이 중첩할 때 E가 비슷한 오비탈끼리 중첩된다. 즉, $1s-1s$, $2p=2p$끼리 중첩된다. $1s-4s$는 결합하지 않는다.
③ 분자의 전자배치는 쌓음의 원리, 파울리의 배타 원리, 훈트의 규칙을 따른다.

④ 자기적 성질
  ㉠ 상자성 : 자기장에 끌려가는 성질이며, 홀전자가 있을 때 나타난다.
  ㉡ 반자성 : 자기장에 끌려가지 않는 성질이며, 짝지어진 전자가 있을 때 나타난다.

(5) 결합차수

$$결합차수 = \frac{결합성\ 전자수 - 반결합성\ 전자수}{2}$$

① 결합차수가 0인 분자궤도함수는 형성될 수 없다.
② 결합차수가 크다는 것은 결합성에 전자가 많으며 결합이 강하다는 것을 의미한다.
③ 결합차수가 클수록 결합길이는 짧아진다.
④ 반결합성 쪽의 전자수가 증가할수록 결합이 약해진다는 것을 의미한다.

(6) 1주기 동종핵 이원자분자

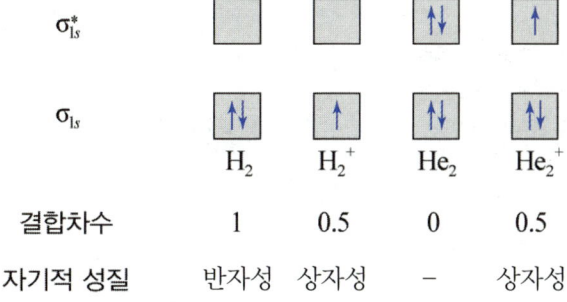

(7) p오비탈에서 결합과 반결합 분자궤도함수

① 원자궤도함수에서 $2p$오비탈은 p_x, p_y, p_z 3개의 방향성을 가지고 있다. 그 중 축상으로 다가오는 p오비탈이 결합성 분자궤도함수를 형성할 때는 강한 결합인 시그마 결합이 이루어진다(σ_{2p}). 반결합성 분자궤도함수를 형성할 때에는 핵 사이보다 반대 영역에서 전자밀도가 큰 분자궤도함수가 형성된다(σ_{2p}^*).

② p오비탈이 평행하게 다가올 때 결합성 분자궤도함수를 형성할 때는 p오비탈이 겹침으로 두 핵을 잇는 축의 상하에 전자밀도가 큰 결합이 이루어진다(π_{2p}). 반결합성 분자궤도함수를 형성할 때에는 반대 영역에서 전자밀도가 큰 분자궤도함수가 형성된다(π_{2p}^*).

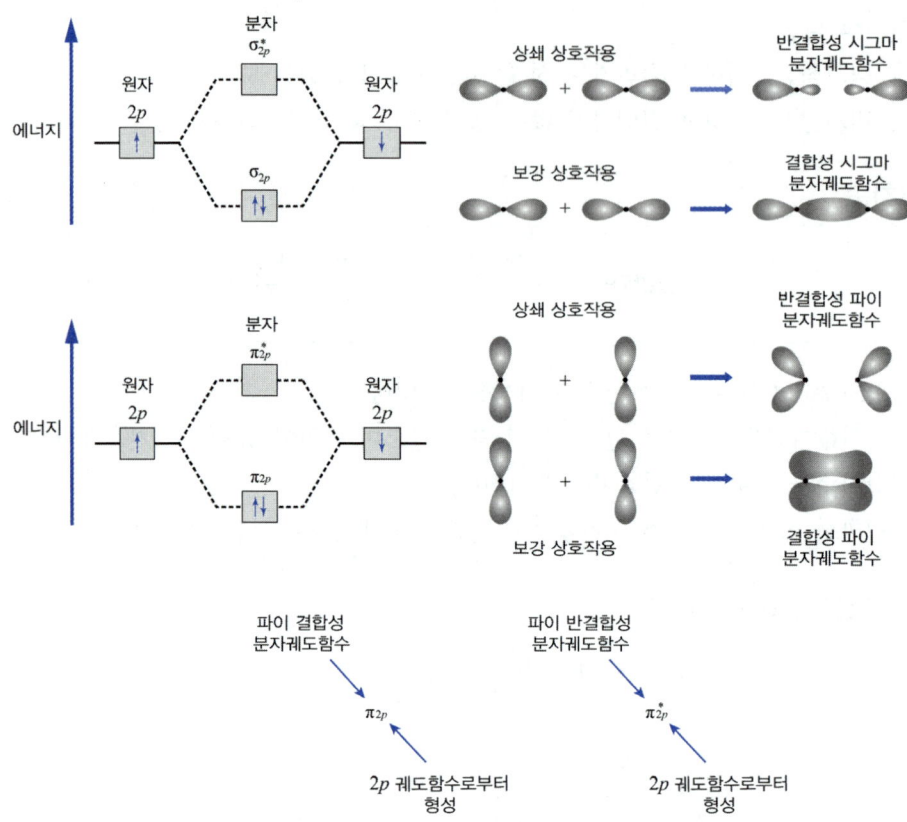

2 2주기 동종핵 이원자 분자

(1) O_2

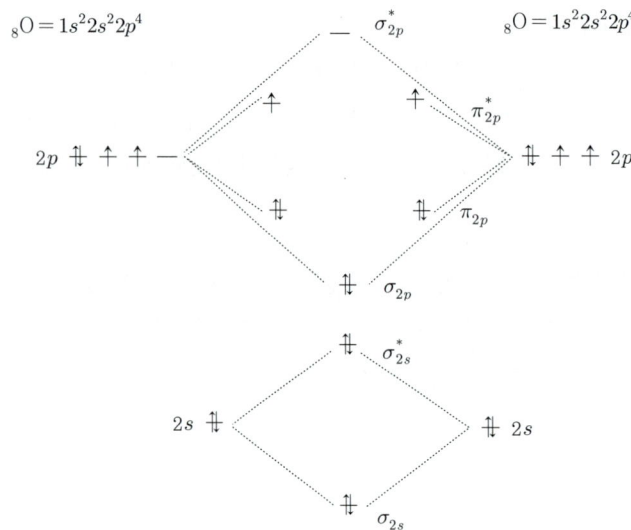

$_8O = 1s^2 2s^2 2p^4$

$_8O = 1s^2 2s^2 2p^4$

	O_2^{2+}	O_2^+	O_2	O_2^-	O_2^{2-}
결합차수	3	2.5	2	1.5	1
홀전자수	0	1	2	1	0
자기성	반자성	상자성	상자성	상자성	반자성

(2)

자기성	상자기성	반자기성	반자기성	상자기성	반자기성
	B_2	C_2	N_2	O_2	F_2
결합차수	1	2	3	2	1

B_2, C_2, N_2는 아래서부터 π_{2p}가 먼저 나오고 σ_{2p}가 그 다음으로 나오지만 O_2와 F_2는 σ_{2p}가 먼저 나오고 π_{2p}가 그 다음으로 나온다. 이것은 오비탈 mixing이 일어난 형태인데 $2s$ 오비탈과 $2p$ 오비탈의 공간적 위치가 비슷하여 생기는 현상으로, 일종의 반발력에 의해 에너지 준위가 높은 오비탈은 에너지 준위가 더 높아지고 에너지 준위가 낮은 오비탈은 더 낮아진다.

이는 핵의 양성자수가 많아지면 극복이 되어서 mixing이 발생하지 않는다.

(3) **전자배치의 예**

$$C_2 = (\sigma_{1s})^2(\sigma_{1s}^*)^2(\sigma_{2s})^2(\sigma_{2s}^*)^2(\pi_{2p})^4$$
$$O_2 = (\sigma_{1s})^2(\sigma_{1s}^*)^2(\sigma_{2s})^2(\sigma_{2s}^*)^2(\sigma_{2p})^2(\pi_{2p})^4(\pi_{2p}^*)^2$$

3 이종핵 이원자 분자의 분자궤도함수 모형

이종핵 이원자 분자의 경우 각 원자의 성질이 비슷하므로 동종핵 이원자 분자에 이용되었던 분자궤도함수 그림을 똑같이 사용할 수 있다.

(1) BO

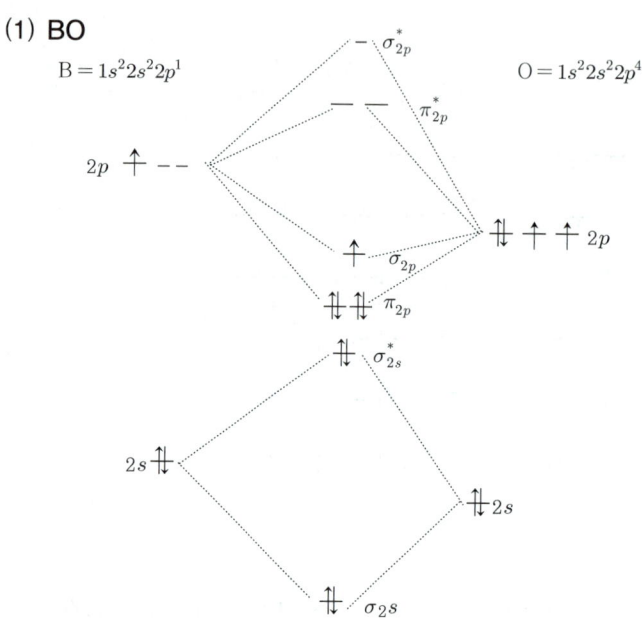

- 결합차수 = $\dfrac{7-2}{2} = 2.5$차
- 자기성 : 상자기성

SUMMARY NOTE

(1) 화학 결합의 종류
  ① 이온결합 : 금속 원소와 비금속 원소의 정전기적 인력에 의해서 생기는 결합
  ② 금속결합 : 금속의 양이온과 자유전자 사이의 정전기적인 인력에 의해 형성된 결합
  ③ 공유결합 : 비금속과 비금속이 전자를 주고받아 생긴 전자쌍을 공유함으로써 생기는 결합
  ④ 배위결합 : 원자가 비공유 전자쌍을 일방적으로 제공하여 이루어지는 공유 결합

(2) 화학 결합의 성질

구분		분자 결정	원자 결정	이온 결정	금속 결정
구성 원소		비금속+비금속	비금속+비금속	금속+비금속	금속
구성 단위		분자	원자	양이온, 음이온	금속 양이온과 자유전자
녹는점, 끓는점		낮다.	높다.	높다.	높다.
전기 전도성	고체	× (예외 : 플러렌)	× (예외 : 흑연)	×	○
	액체	×	×	○	○

(3) 극성과 무극성
  ① 극성 공유결합과 무극성 공유결합
    ㉠ 극성 공유결합 : 전기 음성도가 다른 원자 사이의 결합(다른 원자끼리 결합)
    ㉡ 무극성 공유결합 : 전기 음성도가 같은 원자 사이의 결합(같은 원자끼리 결합)
  ② 극성 분자와 무극성 분자
    ㉠ 극성 분자 : 분자의 모양이 비대칭 구조이며, 쌍극자 모멘트의 합이 0이 아니다.
    ㉡ 무극성 분자 : 분자의 모양이 대칭 구조이며, 쌍극자 모멘트의 합이 0이다.

(4) 분자모형
  ① 전자쌍 반발 원리 : 공유결합 물질에서 중심 원자 주위의 전자들은 음전하를 띠고 있어 반발력이 작용한다. 그 반발력이 최소가 되기 위해 공간에서 최대한 멀리 떨어져 있는 구조가 가장 안정한 구조이다.
  ② 중심 원자에 있는 전자쌍의 수에 따라 전자쌍의 배치가 달라지며, 이에 따라 분자의 모양이 달라진다.

(5) 분자 간 인력
  ① 극성 분자 간 인력 : 쌍극자 간 인력, 이중극자 간 인력
  ② 무극성 분자 간의 인력 : 분산력, 유발쌍극자 간 인력
  ③ ㉠ 같은 성질에서, 분자량이 크면 분산력이 커서 끓는점이 높다.
    ㉡ 분자 크기(표면적)가 크면 분산력이 커서 끓는점이 높다.
    ㉢ 분자량이 비슷하면 극성 분자가 무극성 분자보다 끓는점이 높다.
  ④ 수소결합 : 전기 음성도가 큰 F, O, N과 직접 결합하고 있는 H와 옆 분자의 F, O, N 사이에 작용하는 인력
    ㉠ 분자 간 인력 중에 가장 강한 인력이며, 공유결합력의 $\frac{1}{10}$ 정도이다.
    ㉡ 수소결합 물질은 분자량이 작아도 녹는점과 끓는점이 높다.
    ㉢ 이합체의 형성 : CH_3COOH처럼 두 분자가 수소결합을 이루어 마치 한 분자처럼 행동하는 현상이다.

(6) 분자오비탈
  ① 분자 오비탈의 특징
    ㉠ AO과 MO는 총갯수 동일
    ㉡ 주로 E가 비슷한 오비탈끼리 중첩
      $s-s$, $p-p$, 즉 p_x-p_x, p_y-p_y, p_z-p_z끼리 중첩
  ② 결합차수 = $\frac{결합성\ 전자수 - 반결합성\ 전자수}{2}$
    ㉠ 결합차수가 0인 분자궤도함수는 형성될 수 없다.
    ㉡ 결합차수가 클수록 결합력은 커지고 결합길이는 짧아진다.
    ㉢ 결합성 쪽의 전자수가 많을수록 결합력이 강해진다.
  ③ 자기적 성질
    ㉠ 상자기성 : 자석을 가까이 가져갔을 때 끌리는 현상
              : 홀전자가 있을 때 나타남
    ㉡ 반자기성 : 자석을 가까이 가져갔을 때 밀려나는 현상
              : 홀전자가 없을 때 나타남

BASIC CHECK

01
A : 2족 → A²⁺
B : 16족 → B²⁻
∴ AB

01 A원자의 전자배치는 $1s^22s^22p^63s^2$, B원자의 전자배치는 $1s^22s^22p^63s^23p^4$로 되어 있다. A와 B가 이온결합을 한다면 이 물질의 화학식은?

02
A : 1족 → A⁺
B : 16족 → B²⁻
∴ A₂B

02

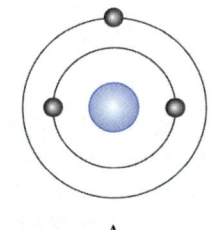 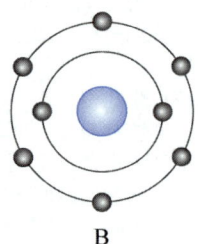

      A   B

A와 B로 이루어진 화합물의 화학식을 쓰시오.

03 $NH_4Cl \rightarrow \underline{NH_4^+} + Cl^-$
              공유결합, 배위결합

그리고 양이온+음이온이므로 이온결합도 포함되어 있다.

03 NH_4Cl에 포함되어 있는 결합을 모두 쓰시오.

04 ① CH_2Cl_2 → CH_4와 같은 사면체 구조이다.
② BF_3 → 중심 원자에 비공유 전자쌍 없이 공유 전자쌍만 세 쌍이 삼각형 구조이다.
③ NH_3 → 중심 원자에 비공유 전자쌍 한 쌍, 공유 전자쌍이 삼각뿔형이다.
④ H_2S → H_2O와 같은 굽은형 구조이다.

04 다음 분자의 모양을 쓰시오.
① CH_2Cl_2 :
② BF_3 :
③ NH_3 :
④ H_2S :

05 다음 화합물을 극성과 무극성 분자로 나타내시오.
① BCl_3 :
② NF_3 :
③ $CHCl_3$:
④ PCl_5 :

05 ① BCl_3 → 삼각형 대칭 구조로 무극성 분자
② NF_3 → NH_3와 같은 삼각뿔형, 극성 분자
③ $CHCl_3$ → 전기 음성도가 큰 Cl 쪽으로 전자가 쏠려서 극성 분자
④ PCl_5 → 삼각쌍뿔형, 대칭 구조로 무극성 분자

06 다음 전자배치를 나타내시오.
O =
O_2 =

06 O = $1s^2 2s^2 2p^4$
O_2 = 산소 원자 2개가 결합한 것이다.
$(\sigma_{1s})^2(\sigma_{1s}^*)^2(\sigma_{2s})^2(\sigma_{2s}^*)^2(\sigma_{2p})^2(\pi_{2p})^4(\pi_{2p}^*)^2$

07 다음 물질들 중 누가 끓는점이 높은지 부등호로 표시하고 그 끓는점을 결정하는 인력을 쓰시오.
① HF( )HCl :
② CH_4( )SiH_4 :
③ HBr( )HI :
④ O_2( )HCl :

07 ① > HF는 수소결합 물질로 분자량이 작아도 끓는점이 높다.
② < 모두 무극성/분자량이 클수록 분산력이 클수록 끓는점이 높다.
③ < 모두 극성/분자량이 클수록 분산력이 커서 끓는점이 높다.
④ < 분자량이 비슷하면 극성이 무극성보다 끓는점이 높다. 쌍극자 간 인력 때문이다.

01 [2024년 지방직9급]

원자가 껍질 전자쌍 반발(VSEPR) 이론으로 예측한 분자의 결합각으로 옳지 않은 것은?

① BF_3의 F - B - F 결합각은 120°이다.
② H_2S의 H - S - H 결합각은 180°이다.
③ CH_4의 H - C - H 결합각은 109.5°이다.
④ H_2O의 H - O - H 결합각은 104.5°이다.

해설 ① BF_3는 삼각형 구조로서 120°이다.
② S와 O는 같은 16족이다. 각도가 104.5°인 H_2O를 생각해야 한다. H_2S의 각도는 H_2O의 각도와 비슷한 값을 나타낸다.
③ CH_4는 정사면체 구조로서 109.5°이다.

02 [2024년 지방직9급]

분자 간 인력에 대한 설명으로 옳은 것만을 모두 고르면?

ㄱ. 분산력은 극성 분자와 무극성 분자 모두에서 발견된다.
ㄴ. 분자식이 C_4H_{10}인 구조 이성질체의 끓는점은 서로 다르다.
ㄷ. HBr 분자 간 인력의 세기는 Br_2 분자 간 인력의 세기와 같다.

① ㄱ
② ㄴ
③ ㄱ, ㄴ
④ ㄱ, ㄷ

해설 ㄴ. C_4H_{10}은 무극성분자이므로 분산력만 존재하는데 C-C-C-C C-C-C의 2가지 이성질체를 갖는데
$$\begin{array}{c} | \\ C \end{array}$$
표면적이 C-C-C-C가 더 크므로 분산력이 더 커서 끓는점이 높다.
ㄷ. HBr은 극성분자이므로 쌍극자 간 인력, 분산력을 모두 가지고, Br_2는 무극성분자이므로 분산력만 갖는다. 그러나 Br_2가 HBr보다 분자량이 약 2배이므로 분자량에 의한 분산력의 영향이 더 커서 분자간 인력이 더 크다.

03 [2024년 경기도9급]

NO^-의 분자 궤도 함수에 대한 설명으로 옳은 것은?

① NO^-는 자기적 성질은 상자성이다.
② 결합 길이는 NO^-가 NO보다 짧다.
③ NO^-의 결합 에너지는 NO^+보다 크다.
④ NO^- 전자배치에서 에너지 준위가 가장 높은 것은 결합성이다.

ANSWER 01 ② 02 ③ 03 ①

해설 NO^-는 전자 12개를 배치하여야 하므로 산소(O_2)의 전자배치와 같다.
② NO^- : 2차, NO : 2.5차이므로 결합력이 약한 NO^-가 결합길이가 더 길다.
③ NO^+ : 3차이므로 결합에너지는 NO^+가 더 크다.
④ π^*_{2p}에 전자가 채워지므로 에너지 준위가 가장 높은 것은 반결합성이다.

04 2023년 지방직9급

원자가 결합 이론에 근거한 NO에 대한 설명으로 옳지 않은 것은?

① NO는 각각 한 개씩의 σ결합과 π결합을 가진다.
② NO는 O에 홀전자를 가진다.
③ NO의 형식 전하의 합은 0이다.
④ NO는 O_2와 반응하여 쉽게 NO_2로 된다.

해설 중성화합물에서 각 원자의 형식전하의 합은 0이다.
따라서 :Ṅ = Ö: 이 안정한 구조이다.
① σ결합 1개, π결합 1개를 갖는다.
②, ③ 질소에 홀전자가 있으며, 원자의 형식전하는 각각 0이다.
④ $2NO + O_2 \rightarrow 2NO_2$가 된다.

05 2023년 경기도9급

다음 중 수용액상에서 전기전도성을 갖지 않는 물질은?

① HNO_3 ② KOH
③ NaCl ④ CH_3OH

해설 KOH, NaCl : 이온결합물질이므로 수용액에서 전기가 통한다.
HNO_3 : $H^+ + NO_3^-$ 공유결합 물질 중 "산"은 물속에서 이온화되므로 전기전도성을 갖는다.
CH_3OH : 물에서 이온화되지 않으므로 전기전도성을 갖지 않는다.

ANSWER 04 ② 05 ④

06 2023년 경기도9급

다음 분자들 중 중심원자의 SN-number가 같은 것과 같은 성질을 가지는 분자들을 바르게 나열한 것은?

| ㉠ CO_2 | ㉡ SO_2 | ㉢ BeH_2 |
| ㉣ $CHCl_3$ | ㉤ CH_2Cl_2 | ㉥ CCl_4 |

	SN-number	성질(극성/무극성)
①	㉠, ㉡, ㉢	㉡, ㉣, ㉤
②	㉠, ㉡, ㉢	㉠, ㉢, ㉤
③	㉣, ㉤, ㉥	㉠, ㉡, ㉣
④	㉣, ㉤, ㉥	㉡, ㉣, ㉤

해설 ㉠ CO_2 : SN_2, 무극성   ㉡ SO_2 : SN_3, 극성   ㉢ BeH_2 : SN_2, 무극성
㉣ CH_3Cl : SN_4, 극성   ㉤ CH_2Cl_2 : SN_4, 극성   ㉥ CCl_4 : SN_4, 무극성

07 2022년 지방직9급

화학결합과 분자 간 힘에 대한 설명으로 옳은 것은?

① 메테인(CH_4)은 공유 결합으로 이루어진 극성 물질이다.
② 이온결합물질은 상온에서 항상 액체상태이다.
③ 이온결합물질은 액체 상태에서 전류가 흐르지 않는다.
④ 비극성 분자 사이에는 분산력이 작용한다.

해설 ① CH_4은 C와 H로만 이루어진 무극성물질이다.
② 이온결합물질은 대부분 고체상태이다.
③ 이온결합물질은 고체에서 전류가 흐르지 않고, 액체나 수용액에서 전류가 흐른다.

08 2021년 지방직9급

다음 화합물 중 무극성 분자를 모두 고른 것은?

| SO_2, CCl_4,   HCl, SF_6 |

① SO_2, CCl_4 ② SO_2, HCl
③ HCl, SF_6 ④ CCl_4, SF_6

ANSWER 06 ④   07 ④   08 ④

> **해설** SO₂ : 굽은형, 극성 CCl₄ : 사면체, 무극성
> HCl : 직선형, 극성 SF₆ : 정팔면체, 무극성

09 2021년 해양경찰청9급

다음 4가지 분자는 중심 원자의 비공유 전자쌍의 수와 분자의 극성에 따라 아래 표와 같이 분류할 수 있다.

| | HCN H₂O BF₃ NH₃ |

분자의 극성	중심 원자의 비공유 전자쌍 수		
	0	1	2
극성	(가)	(나)	(다)
무극성	(라)	없음	없음

분자 (가)~(라)에 대한 설명으로 옳은 것만을 있는 대로 고른 것은?

> ㉠ (가)의 분자 모양은 직선형이다.
> ㉡ (라)는 입체 구조를 가진다.
> ㉢ (다)의 결합각은 (나)의 결합각보다 크다.

① ㉠
② ㉢
③ ㉠, ㉡
④ ㉠, ㉢

> **해설** (가) HCN : 직선형, 180° (나) NH₃ : 삼각뿔, 107° (다) H₂O : 굽은형, 104.5° (라) BF₃ : 삼각형, 120°

10 2020년 지방직9급

원자 간 결합이 다중 공유결합으로 이루어진 물질은?

① KBr
② Cl₂
③ NH₃
④ O₂

> **해설** ① 이온결합 ② Cl−Cl
> ③ N−H, H−H ④ O=O

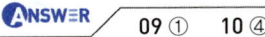

09 ①   10 ④

실전 유형문제

11 2020년 지방직9급

아세트알데하이드(acetaldehyde)에 있는 두 탄소 ⓐ와 ⓑ의 혼성오비탈을 옳게 짝지은 것은?

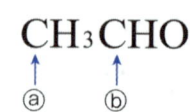

	ⓐ	ⓑ		ⓐ	ⓑ
①	sp^3	sp^2	②	sp^2	sp^2
③	sp^3	sp	④	sp^3	sp^3

해설

```
    H
    |
H - C - C = O
    |   |
    H   H
```

ⓐ는 sp^3, ⓑ는 sp^2 혼성오비탈이다.

12 2019년 지방직9급

결합의 극성 크기 비교로 옳은 것은? (단, 전기 음성도 값은 H = 2.1, C = 2.5, O = 3.5, F = 4.0, Si = 1.8 Cl = 3.0이다.)

① C−F > Si−F
② C−H > Si−H
③ O−F > O−Cl
④ C−O > Si−O

해설 전기 음성도 차이가 클수록 결합의 극성이 크다.
① 1.5 < 2.2
② 0.4 > 0.3
③ 0.5 = 0.5
④ 1 < 1.7

13 2019년 지방직9급

팔전자 규칙(octet rule)을 만족시키지 않는 분자는?

① N_2
② CO_2
③ F_2
④ NO

해설
:N̊=Ö:

ANSWER 11 ① 12 ② 13 ④

14 [2019년 지방직9급]

다음 설명 중 옳지 않은 것은?

① CO_2는 선형 분자이며, C의 혼성오비탈은 sp이다.
② XeF_2는 선형 분자이며, Xe의 혼성오비탈은 sp이다.
③ NH_3는 삼각뿔형 분자이며, N의 혼성오비탈은 sp^3이다.
④ CH_4는 사면체 분자이며, C의 혼성오비탈은 sp^3이다.

해설 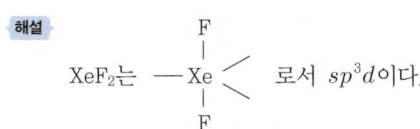 로서 sp^3d이다.

15 [2018년 지방직9급]

끓는점이 가장 낮은 분자는?

① 물(H_2O)
② 일염화 아이오딘(ICl)
③ 삼플루오린화 붕소(BF_3)
④ 암모니아(NH_3)

해설 분자 간 인력 : 수소결합물질 > $\dfrac{극성\ 분자 > 무극성\ 분자}{분자량이\ 비슷할\ 때}$

16 [2018년 지방직9급]

다음 중 분자 간 힘에 대한 설명으로 옳은 것만을 모두 고르면?

ㄱ. NH_3의 끓는점이 PH_3의 끓는점보다 높은 이유는 분산력으로 설명할 수 있다.
ㄴ. H_2S의 끓는점이 H_2의 끓는점보다 높은 이유는 쌍극자-쌍극자 힘으로 설명할 수 있다.
ㄷ. HF의 끓는점이 HCl의 끓는점보다 높은 이유는 수소결합으로 설명할 수 있다.

① ㄱ
② ㄴ
③ ㄱ, ㄷ
④ ㄴ, ㄷ

해설 ㄱ. NH_3 > PH_3는 수소결합으로 설명할 수 있다.

ANSWER 14 ② 15 ③ 16 ④

17 다음 화합물 중 분자 간의 힘이 가장 강한 것은?

① CCl_4
② $CH_3CH_2CH_3$
③ CH_3CH_2OH
④ SO_2

해설 수소결합물질인 CH_3CH_2OH가 분자간 인력이 가장 강하다.
따라서 끓는점도 제일 높다.
수소결합물질은 전자쌍을 잘 당기는 F, O, N에 반드시 수소가 직접 붙어 있어야 한다.

18 원자가 껍질 전자쌍 반발(valence shell electron pair repulsion, VSEPR) 이론으로 CH_4, NH_3, H_2O의 결합각을 예측할 때 얻어지는 결과를 고르면?

① ∠HCH=∠HNH=∠HOH=90°
② ∠HCH=109.5°, ∠HNH=∠HOH=90°
③ ∠HCH=109.5°, ∠HNH=120°, ∠HOH=107°
④ 90° < ∠HOH < ∠HNH < ∠HCH=109.5°

해설 H_2O → 104.5°, NH_3 → 107°, CH_4 → 109.5°

19 다음 분자 중 선형구조를 가지지 않는 것은?

① NO_2^+
② $HClO$
③ HCN
④ CO_2

해설 NO_2^+ → $[O=N=O]^+$, HCN → $H-C≡N$
CO_2 → $O=C=O$
$HClO$ → $\overset{..}{\underset{Cl}{O}}-H$ 굽은형 구조이다.

ANSWER 17 ③ 18 ④ 19 ②

20 O_2, N_2, NO 기체의 끓는점(boiling point)이 낮은 것부터 순서대로 바르게 나열된 것은?

① $N_2 < O_2 <$ NO
② $O_2 < N_2 <$ NO
③ NO $< O_2 < N_2$
④ NO $< N_2 < O_2$

해설 분자량 → O_2 : 32, N_2 : 28, NO : 30
분자량이 비슷할 때 극성분자가 인력이 더 강하여 끓는점이 더 높다.
따라서 NO의 끓는점이 가장 높다. 그리고 N_2와 O_2는 무극성분자인데 같은 성질에서는 분자량이 클수록 분산력이 커서 끓는점이 높아지므로 O_2가 N_2보다 끓는점이 더 높다.

21 다음은 원자가 껍질 전자쌍 반발(valence-shell electron pair repulsion, VSEPR) 모델에 따른 여러 가지 화합물의 분자구조를 나타낸 것이다. 각각의 화합물에 대한 분자구조가 틀린 것을 모두 고른 것은?

ㄱ. CH_4 : 정사면체(tetrahedral)
ㄴ. PF_3 : 평면삼각형(trigonal planar)
ㄷ. OF_2 : 굽은형(bent, 혹은 V-shaped)
ㄹ. XeF_2 : 굽은형(bent, 혹은 V-shaped)
ㅁ. XeF_4 : 정사면체(tetrahedral)

① ㄱ, ㄷ
② ㄴ, ㄷ
③ ㄴ, ㄹ
④ ㄴ, ㄹ, ㅁ

해설 PF_3는 NH_3와 같은 삼각뿔형이고, XeF_2와 XeF_4는 확장된 옥텟규칙을 적용해서 XeF_2는 직선형, XeF_4는 평면사각형 구조이다.

22 σ-결합과 π-결합의 설명 중 옳지 않은 것은?

① σ-결합은 두 원자 사이에 한 개만, π-결합은 두 원자 사이에 두 개까지 형성된다.
② π-결합은 분자의 골격 형성과 관계가 없다.
③ σ-결합의 단면은 원형이고, π-결합의 단면은 아령형이다.
④ σ-결합 전자는 원자핵 바깥에 존재하지만, π-결합 전자는 원자핵 사이에 존재한다.

해설 σ-결합은 분자가 만들어질 때 기본골격을 이루는 결합으로 구형인 s오비탈이 있으며, π-결합은 σ-결합을 구름처럼 감싸는 결합으로 아령형 모양인 p오비탈이 있다. 당연히 골격을 이루는 결합으로 σ-결합은 원자핵을 직접 연결해야 하고 π-결합은 원자핵 바깥에서 σ결합을 감싸는 결합이다.

ANSWER 20 ① 21 ④ 22 ④

23 VSEPR(원자가 껍질 전자쌍 반발) 이론을 이용하여 다음 구조를 예상할 때 나머지 4개와 구조가 다른 화합물은?

$$XeF_4 \quad NH_4^+ \quad SO_4^{2-} \quad CH_4 \quad BF_4^-$$

① XeF_4
② NH_4^+
③ SO_4^{2-}
④ CH_4

해설 XeF_4 → 평면사각형(확장된 옥텟규칙)
$NH_4, SO_4^{2-}, CH_4, BF_4^-$는 모두 정사면체 구조이다.

24 다음 화학종에 관한 설명으로 옳은 것은?

$$ClF_3 \quad SF_4 \quad PBr_5 \quad I_3^+$$

① ClF_3는 삼각 평면 구조이다.
② SF_4는 정사면체 구조이다.
③ PBr_5은 사각뿔 구조이다.
④ I_3^+은 굽은형 구조이다.

해설 모두 확장된 옥텟규칙이 적용된다.
- ClF_3 : 굽은 T형이다(BrF_3도 같은 구조이다). sp^3d 혼성오비탈
- SF_4 : 시소형, sp^3d 혼성오비탈
- PBr_5 : 삼각쌍뿔형(PCl_5도 같은 구조이다.), sp^3d 혼성오비탈
- I_3^+ : 굽은형, sp^3 혼성오비탈

25 다음은 황화수소로부터 황산이 만들어지는 일련의 화학 반응식이다.

$$2H_2S + 3O_2 \rightarrow 2SO_2 + 2H_2O$$
$$2SO_2 + O_2 \rightarrow 2SO_3$$
$$SO_3 + H_2O \rightarrow H_2SO_4$$

이 반응식에 있는 황 화합물에 대한 설명으로 옳은 것은?

① SO_2의 구조는 굽은형이다.
② SO_3의 구조는 삼각뿔형이다.
③ H_2S에서 S는 sp^2 혼성오비탈을 만든다.
④ H_2SO_4에서 S는 sp^3d^2 혼성오비탈을 만든다.

ANSWER 23 ① 24 ④ 25 ①

해설 ② SO_3는 삼각형 구조이다.
③ H_2S는 굽은형 구조이고, 물분자와 같은 구조이다.
④
sp^3 혼성오비탈 형성

```
        O
        ‖
  H-O-S=O
        |
        O
        |
        H
```

S는 sp^3 혼성오비탈을 갖는다.
그리고 S, O 사이의 결합길이는 다르다.

26 가장 극성이 클 것으로 예상되는 결합은?

① C–N   ② S–O
③ Si–F   ④ P–Cl

해설 전자쌍을 당기는 힘의 차이, 즉 전기음성도의 차이가 큰 것을 찾으면 된다.
14족 중 2주기 탄소보다 3주기 규소(Si)가 전자쌍을 더 못잡아 당기고, 17족 플루오린(F)이 전자쌍을 가장 잘 잡아당기므로 Si–F가 극성이 가장 크다.

27 원자가 껍질 전자쌍 반발(VSEPR) 모형을 기초로 하였을 때 주어진 화합물의 기하학적 구조가 잘못 짝지어진 것은?

① CO_2 – 선형   ② NH_3 – 삼각 평면
③ PCl_5 – 삼각쌍뿔   ④ SF_6 – 정팔면체

해설 NH_3는 삼각뿔형 구조이다.

28 H–X–H의 결합각의 크기가 증가하는 순서대로 바르게 나타낸 것은? (단, X는 중심 원자이다.)

① $NH_4^+ < H_3O^+ < H_2F^+$ ② $H_2F^+ < NH_4^+ < H_3O^+$
③ $H_3O^+ < NH_4^+ < H_2F^+$ ④ $H_2F^+ < H_3O^+ < NH_4^+$

해설 H_2F^+는 굽은형으로 약 104.5°, H_3O^+는 삼각뿔형으로 약 107°
NH_4^+는 정사면체 약 109.5°
따라서 $H_2F^+ < H_3O^+ < NH_4^+$이다.

ANSWER 26 ③ 27 ② 28 ④

29 다음 그림은 수소 원자가 수소 분자를 형성하는 과정에서 핵간 거리와 에너지의 관계를 나타낸 것이다. 이에 대한 설명으로 옳은 것은?

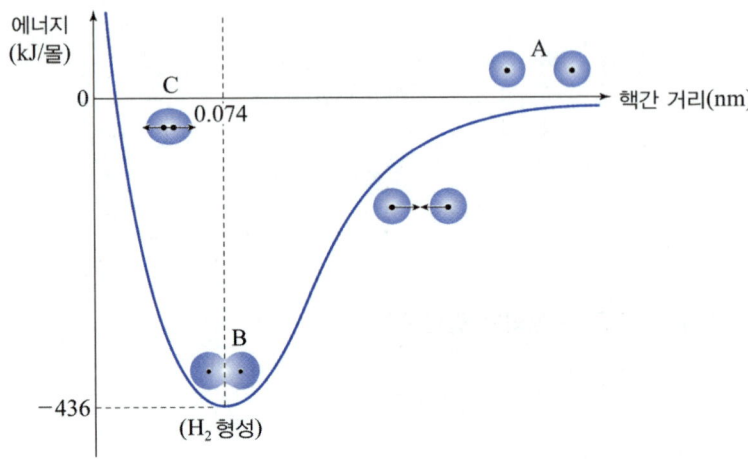

① C보다 B에서 안정된 수소 분자를 형성한다.
② 수소 원자의 공유결합 반지름은 0.074nm이다.
③ H-H의 결합을 끊어 수소 원자 2mol을 만드는데 필요한 에너지는 870kJ이다.
④ 공유결합 에너지는 분자 내에서 원자 간의 결합을 끊을 때 방출하는 에너지이다.

해설 ① 에너지가 가장 낮은 B에서 결합이 형성된다.
② 0.074nm는 H원자핵 간 거리이므로 반지름은 그 절반 0.037nm이다.
③ H_2 1몰의 결합을 끊어서 원자로 만드는데 필요한 E는 436kJ이다.
④ 공유결합 E는 분자 내에서 원자간 결합을 끊을 때 흡수하는 에너지이다.

30 다음 분자구조가 다른 하나는?

① BeF_2
② CS_2
③ OF_2
④ CO_2

해설 BeF_2, CS_2, CO_2는 모두 직선형이고, OF_2는 굽은형이다.

ANSWER 29 ① 30 ③

31 다음 화학종들 중 분자궤도함수 이론으로 예측하였을 때 결합 길이가 가장 짧은 것은?

① N_2^+
② N_2
③ O_2^+
④ O_2

해설 결합차수 = $\dfrac{결합성\ 전자수 - 반결합성\ 전자수}{2}$

$N_2 \rightarrow 3$차, O_2가 2차라는 것은 이미 알고 있다.

$N_2^+ \rightarrow \dfrac{7-2}{2} = 2.5$차 $O_2^+ \rightarrow \dfrac{8-3}{2} = 2.5$차

따라서 N_2이다.

32 다음 분자 중 H - 중심 원자 - H 사이의 결합 각도가 가장 작은 것은?

① CH_2Cl_2
② NH_3
③ H_2O
④ H_2S

해설
① CH_2Cl_2 H-C-Cl로 약 109.5°이다. 실제 전자를 잘 당기는 Cl의 영향으로 109.5°보다 더 크다.
② NH_3는 107°
③ H_2O는 104.5°
④ H_2S은 104.5°보다 약간 작다.
H_2O와 H_2S는 같은 16족 수소화합물이지만 H_2S에서 황(S)이 전자를 잘 못잡아 당겨서 황(S) 부근에 전자밀도가 낮아서 각도가 H_2O보다는 작다.

33 다음의 이온결합 화합물들 중에서 녹는점이 가장 높은 것은?

① NaCl
② LiF
③ KI
④ MgO

해설 전하량의 곱이 $Mg^{2+}O^{2-}$가 나머지 4개에 비해 4배가 크다.
따라서 양이온과 음이온 사이의 결합력이 강하고, 그 강한 결합을 끊고 액체로 만들기 위해 높은 온도를 가해주어야 한다. 즉, 녹는점이 높아진다.

ANSWER 31 ② 32 ④ 33 ④

34 C와 O 사이의 결합 길이가 두 번째로 긴 것은?

① CH_3OH ② CO
③ CO_2 ④ CO_3^{2-}

해설

① $CH_3OH \rightarrow$ H-C-O-H (with H 위, H 아래)

② $CO \rightarrow C\equiv O$

③ $CO_2 \rightarrow O=C=O$

④ $CO_3^{2-} \rightarrow [O-C=O \;\;|\;\; O]^{2-}$

→ 단일과 이중결합의 중간형태이다.

35 이온결합 물질의 일반적인 성질 중 옳지 않은 것은?

① 극성 용매인 물에 잘 녹는다.
② 단단하지만 외력에 의해 쉽게 부스러진다.
③ 수용액이나 용융상태에서 전기가 잘 통한다.
④ 전자를 내어놓기 쉬운 정도가 비슷한 원소 사이에서 생성된다.

해설 전자를 잃어서 양이온, 전자를 얻어서 음이온이 되고, 양이온과 음이온의 정전기적 인력에 의해 형성되는 결합이 이온결합이다. 전자를 내놓은 정도가 확실히 차이가 나야 한다.

36 원자 상태 전자배치와 전기 음성도를 나타낸 것이다. (단, A~E는 임의의 원소기호이다.) 이들 원자로부터 얻어지는 화합물 중 이온성 화합물이 아닌 것은?

원자	전자배치	전기 음성도
A	$1s^2 2s^1$	1.0
B	$1s^2 2s^2 2p^1$	2.0
C	$1s^2 2s^2 2p^4$	3.5
D	$1s^2 2s^2 2p^6 3s^2$	1.2
E	$1s^2 2s^2 2p^6 3s^2 3p^5$	3.0

① A_2C ② BE_3
③ CD ④ AE

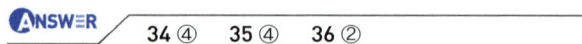

34 ④   35 ④   36 ②

해설 A : $_3$Li
B : $_5$B
C : $_8$O
D : $_{12}$Mg
E : $_{17}$Cl
금속(양이온)+비금속(음이온) 간의 정전기적 인력으로 형성된 결합이 이온결합이다.
A$_2$C → Li$_2$O (이온결합물질)
BE$_3$ → BCl$_3$ (공유결합물질)
CD → MgO (이온결합물질)
AE → LiCl (이온결합물질)

37 다음 설명 중 옳은 것은 모두 몇 개인가?

> ㄱ. CO의 구조에서 탄소-산소 사이에 삼중결합이 있는 것이 이중결합이 있는 것보다 옥텟을 만족하는 구조이다.
> ㄴ. N$_2$O의 구조에서 질소-산소 사이에 단일결합이 있는 것이 이중결합이 있는 것보다(열역학적으로) 더 안정하다.
> ㄷ. N$_3^-$의 구조에서 질소-질소 사이에 이중결합이 있는 것이 삼중결합이 있는 것보다 형식 전하의 분리가 적은 구조이다.

① 1개   ② 2개
③ 3개   ④ 없다

해설 ㄱ. CO → :C≡O:
ㄴ. N$_2$O → N≡N-O (형식전하를 따져보아도 옆 구조가 가장 안정하다.)
ㄷ. N$_3^-$ → $[:\ddot{N}=N=\ddot{N}:]^-$ 가 가장 안정한 구조이다.

38 분자궤도함수 모형을 사용하여 결합 길이가 가장 클 것으로 예측되는 것은? (단, 문제에 제시된 화학종의 궤도함수들의 순서는 N$_2$의 궤도함수들의 순서와 동일한 것으로 간주한다.)

① NO^{2+} ② NO$^+$
③ NO   ④ NO$^-$

해설 결합 차수가 크면 결합 길이가 짧다.
NO → 2.5차   NO$^+$ → 3차   NO^{2+} → 2.5차
NO$^-$ → 2차
결합 차수가 가장 작은 NO$^-$가 결합 길이가 가장 길다.

ANSWER 37 ③   38 ④

39 다음에 제시된 자료를 참고하여 주기율표를 채우려고 한다.

- (A, D), (E, G), (J, L), (M, Q), (X, Y, Z), (R, W, T)는 각각 같은 족에 속하는 임의의 원소 기호이다.
- Z_2J는 산화물이다.
- 상온에서 Y_2는 기체이다.
- E는 J보다 원자번호가 1이 작다.
- A의 안정한 이온은 +2가이다.

주기\족	1	2	15	16	17	18
1						R
2						W
3						T

이에 대한 설명으로 옳은 것만을 〈보기〉에서 있는 대로 고른 것은?

━━● 보기 ┠━━
ㄱ. Q_2는 상온에서 기체이다.
ㄴ. EJ_2는 물에 녹아 염기성을 띤다.
ㄷ. Y와 L로부터 이온결합 화합물이 만들어진다.

① ㄱ
② ㄷ
③ ㄱ, ㄴ
④ ㄴ, ㄷ

 해설

주기\족	1	2	15	16	17	18
1	Y					R
2	X	A	E	J	M	W
3	Z	D	G	L	Q	T

ㄱ. $Q_2 \to Cl_2$ (기체)
ㄴ. 비금속산화물은 산성을 띤다.
ㄷ. Y는 1족 금속이 아니라 수소(H)이기 때문에 Y+L은 "비금속+비금속" 간 공유결합이 만들어진다.

ANSWER 39 ①

40 TeF$_5^-$ 음이온의 모양은 무엇인가?

① 시소형
② 사각피라미드
③ 삼각피라미드
④ 삼각 쌍뿔

해설 TeF$_5^-$, ICl$_5$ 모두 사각 피라미드형 구조이다.

41 다음 전자배치에 해당하는 동종핵 이원자 분자 또는 분자이온은?

$$(\sigma_{2s})^2(\sigma_{2s}^*)^2(\pi_{2p})^4(\sigma_{2p})^2$$

① N$_2$
② O$_2^-$
③ N$_2^+$
④ O$_2^+$

해설 모두 10개의 전자가 있는데 N$_2$는 $_7$N = $1s^22s^22p^3$가 2개가 결합해야 하는데 원자 1개당 $2s$, $2p$가 5개이므로 N원자 2개가 결합하면 전자가 10개가 채워지면서 위 전자배치가 성립하게 된다.

42 마이크로파 흡수 분광법은 영구 쌍극자 모멘트를 가진 분자들의 경우에만 활성을 갖는다. 다음에서 마이크로파 흡수 활성을 갖는 분자들로 짝지어진 것을 고르면?

① HCN, CH$_3$Cl
② CH$_4$, C$_6$H$_6$
③ CO$_2$, HCl
④ C$_2$H$_2$, H$_2$O

해설 전자기파의 흡수 활성을 나타내려면 극성분자이어야 한다.
① HCN, CH$_3$Cl 모두 극성분자
② C와 H로만 되어 있다면 모두 무극성분자이다.
③ CO$_2$가 무극성분자
④ C$_2$H$_2$가 무극성분자

43 NO분자에서 이온화 에너지의 크기는?

① NO < O < N
② NO < N < O
③ NO > O > N
④ NO > N > O

해설

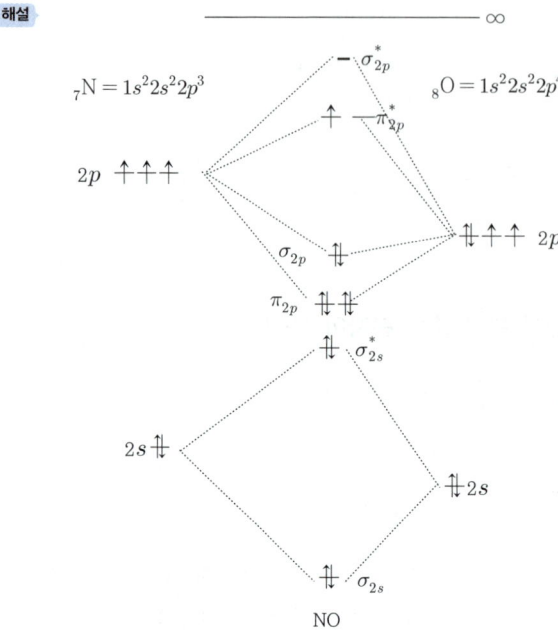

∞ 껍질로 전자를 떼어내서 양이온으로 만들기 위해 흡수하는 이온화 E가 가장 큰 것은 N > O > NO이다. 예외적으로 2주기에서 N가 O보다 이온화 E가 더 크다.

44 그림 (가)는 B_2, C_2, N_2의 분자궤도함수의 에너지 준위를, (나)는 O_2와 F_2의 분자궤도함수의 에너지 준위를 나타낸 것이다.

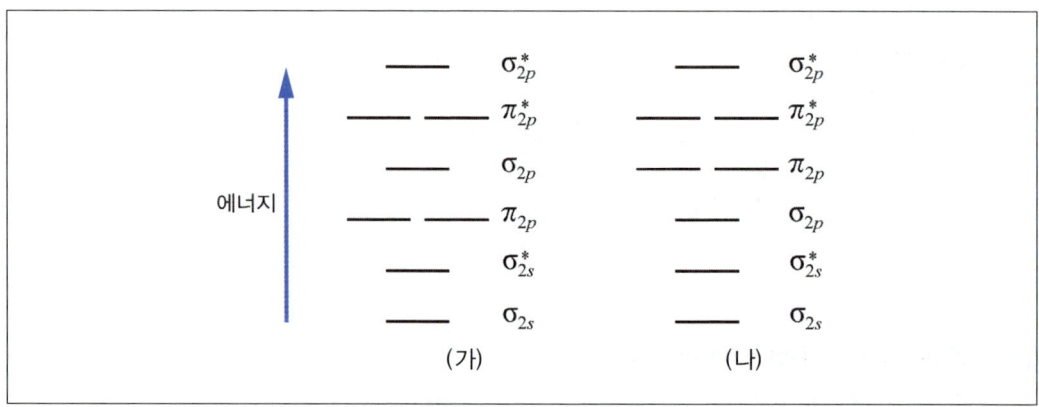

이에 따라 바닥 상태의 전자배치를 할 때, 각 분자의 결합차수와 자기적 특성을 예측한 것으로 옳은 것은?

ANSWER 44 ②

	분자	결합차수	자기적 특성
①	B_2	0	상자기성
②	C_2	2	반자기성
③	N_2	3	상자기성
④	O_2	2	반자기성

해설
- "홀전자가 있으면 상자기성, 없으면 반자기성

  결합차수 = $\dfrac{\text{결합성 전자수} - \text{반결합성 전자수}}{2}$ 을 이용한다.

- 모두 원자의 $2s$, $2p$의 전자가 결합에 관여했을 때만 표시하면 된다.
- B, C, N이 포함되어 있으면 σ_{2p}와 π_{2p}가 순서가 바뀐다. B_2, C_2, N_2는 (가), O_2, F_2는 (나)에 표시한다.

① $B_2 \to {}_5B = 1s^2 2s^2 2p^1$가 2개, 즉 전자 6개만 표시하면 된다.

  상자기성, $\dfrac{4-2}{2} = 1$차

② $C_2 \to {}_6C = 1s^2 2s^2 2p^2$가 2개, 즉 전자 8개만 표시하면 된다.

  반자기성, $\dfrac{6-2}{2} = 2$차

③ $N_2 \to {}_7N = 1s^2 2s^2 2p^3$, 즉 전자 10개만 표시하면 된다.

  반자기성, $\dfrac{8-2}{2} = 3$차, 원래 N_2는 삼중결합이다.

④ $O_2 \to {}_8O = 1s^2 2s^2 2p^4$, 즉 전자 12개만 표시하면 된다.

  상자기성, $\dfrac{8-4}{2} = 2$차, 원래 O_2는 이중결합이다.

45 Rn $6H_2O$와 같이 비활성기체가 수화물을 이룰 때의 결합력은 다음 중 어느 것에 기인되는가?

① 공유결합

② 배위결합

③ 쌍극자−쌍극자(dipole−dipole) 결합

④ 쌍극자−유도쌍극자(dipole−induced diople) 결합

해설 Rn은 무극성, H_2O는 극성이므로 쌍극자 − 유도(유발)쌍극자 간 결합이다.

45 ④

46 표는 몇 가지 물질의 끓는점과 분자량을 나타낸 것이다.

물질	SiH_4	PH_3	CO_2	C_3H_8	HF	H_2O
끓는점(°C)	−112	−88	−79	−45	20	100
분자량	32	34	44	44	20	18

위 표에 대한 설명으로 옳은 것을 〈보기〉에서 모두 고른 것은?

보기
ㄱ. SiH_4와 PH_3의 끓는점 차이의 주된 원인은 분자량이다.
ㄴ. PH_3이 HF와 H_2O보다 끓는점이 매우 낮은 것은 수소결합을 하지 않기 때문이다.
ㄷ. CO_2와 C_3H_8의 끓는점이 다른 것은 편극 현상이 일어나는 정도가 다르기 때문이다.
ㄹ. HF가 H_2O보다 끓는점이 낮은 것은 F⋯H 수소결합이 O⋯H 수소결합보다 약하기 때문이다.

① ㄱ, ㄴ　　　　　　　② ㄱ, ㄷ
③ ㄴ, ㄷ　　　　　　　④ ㄴ, ㄹ

해설 ㄱ. SiH_4 : 무극성, PH_3 : 극성이므로 분자량이 비슷할 때는 극성분자가 무극성분자보다 끓는점이 높다.
ㄷ. 같은 성질에서는 분자량이 클수록 분산력이 커서 끓는점이 높다. 그런데 CO_2와 C_3H_8은 같은 무극성이고, 분자량이 같다. 이때는 표면적이 클수록 분산력이 더 크다. 즉, 표면적(분자 크기)이 클수록 전자 쏠림(편극)이 커서 +, − 정도가 차이가 크다. 따라서 크기가 큰 C_3H_8가 +, − 차이가 커서 분산력이 커지므로 끓는점이 높다.
ㄹ. 수소결합력 자체는 HF가 더 크다. 그런데 H_2O의 끓는점이 더 높은 이유는 한 분자당 수소결합수가 H_2O가 더 많기 때문이다.

47 분자 사이에 작용하는 인력인 van der Waals 힘에 대한 다음 설명 중 틀린 것은?
① 쌍극자−쌍극자 간 인력, 분산력(London 힘), 수소결합 등이 있다.
② 분산력은 모든 종류의 분자 사이에 작용하는 인력이다.
③ 모든 극성 분자에서 쌍극자−쌍극자 인력은 분산력보다 강하다.
④ 수소결합이 형성되기 위해서는 분자 내에 전기 음성도가 큰 원자에 결합된 수소 원자가 있어야 한다.

해설 ③ 분자량이 아주 큰 분자는 분산력이 더 크다.

ANSWER 46 ③　47 ③

48 다음 표는 세 가지 물질의 분자량과 끓는점을 조사한 자료이다.

화합물(분자식)	암모니아(NH_3)	물(H_2O)	플루오린화수소(HF)
분자량	17	18	20
끓는점(°C)	-33	100	19

이에 대한 설명으로 옳은 것은?

① CH_4은 NH_3와 끓는점이 거의 같다.
② 액체 상태의 HF도 분자 사이에 수소결합이 작용한다.
③ H_2O이 HF보다 끓는점이 높은 주된 이유는 분산력 때문이다.
④ NH_3와 NH_3 분자 사이의 힘은 H_2O과 NH_3 분자 사이의 힘보다 크다.

> **해설** ① 분자량은 비슷하지만 CH_4은 무극성분자, NH_3는 수소결합물질이므로 NH_3의 끓는점이 더 높다.
> ③ H_2O가 HF보다 끓는점이 높은 이유는 한 분자당 수소결합수가 많기 때문이다.
> ④ 수소결합력은 NH_3보다 H_2O이 더 강하다.
> 따라서 NH_3 — H_2O 이 NH_3 — NH_3 보다 더 강하다.

49 다음 중 분자 사이에 작용하는 힘의 비교로 옳은 것을 모두 고른 것은?

ㄱ. HCl < O_2 ㄴ. Br_2 < ICl   ㄷ. CO < N_2

① ㄱ   ② ㄴ
③ ㄷ   ④ ㄱ, ㄴ

> **해설** 분자량이 비슷할 때는 극성분자는 무극성분자보다 인력이 더 크다.
> ㄱ. HCl > O_2
> ㄴ. Br_2 < ICl
> ㄷ. CO > N_2

50 다음 중 2주기 수소 화합물의 끓는점 순서를 옳게 비교한 것은?

① CH_4 > NH_3 > H_2O > HF
② HF > H_2O > NH_3 > CH_4
③ H_2O > HF > NH_3 > CH_4
④ H_2O > NH_3 > HF > CH_4

> **해설** 수소결합물질의 끓는점이 가장 높다. 그런데 H_2O가 한 분자당 수소결합의 수가 가장 많으므로 끓는점이 제일 높다.
> H_2O > HF > NH_3 > CH_4 순이다.

ANSWER 48 ② 49 ② 50 ③

51 수소결합을 하지 않을 것으로 예상되는 화합물을 〈보기〉에서 모두 고른 것은?

⎯● 보기 ⎯
ㄱ. NH_3 ㄴ. CH_3F ㄷ. CH_3NH_2
ㄹ. CH_3OCH_3 ㅁ. CH_3OH

① ㄱ, ㄷ
② ㄴ, ㄹ
③ ㄱ, ㄷ, ㅁ
④ ㄴ, ㄷ, ㄹ

해설 전기음성도가 큰 F, O, N에서 H가 직접 붙어 있어야 한다.
조심해야 할 보기는 ㄴ.

$CH_3F \rightarrow$ H-C-H 이므로 수소결합물질이 아니다.

수소결합물질은 ㄱ, ㄷ, ㅁ이다.

52 다음 그림은 에탄올 (가)와 다이메틸에테르 (나)의 구조식을 나타낸 것이다.

$$H-\underset{H}{\overset{H}{C}}-\underset{H}{\overset{H}{C}}-OH \qquad H-\underset{H}{\overset{H}{C}}-O-\underset{H}{\overset{H}{C}}-H$$

(가)   (나)

에탄올과 다이메틸에테르에 대한 비교로 옳은 것을 〈보기〉에서 모두 고른 것은?

⎯● 보기 ⎯
ㄱ. 끓는점은 (가) > (나)이다.
ㄴ. 분자량은 (가) > (나)이다.
ㄷ. 물에 대한 용해도는 (가) > (나)이다.

① ㄱ
② ㄴ
③ ㄷ
④ ㄱ, ㄷ

해설 (가) C_2H_5OH (나) CH_3OCH_3 ⇒ 분자량이 46으로 모두 같다.
ㄱ. 수소결합물질인 C_2H_5OH 끓는점이 높다.
ㄴ. C_2H_5CH이 OH가 직접 붙어 있고, 물 (O-H)도 OH가 직접 붙어 있다. 그리고 둘다 극성이므로 C_2H_5OH이 물과 더 잘 섞인다.

ANSWER 51 ② 52 ④

CHAPTER 04 탄소 화합물과 배위 화합물

1 탄화수소 화합물

1 탄소 화합물의 정의와 특성

(1) 정의

탄소 화합물은 탄소(C)를 골격으로 수소(H), 산소(O), 질소(N), 황(S), 인(P), 할로겐 원소 등이 결합하여 만들어진 물질이다.

(2) 특성

탄소 원자들은 서로 결합하여 사슬 모양이나 고리 모양 구조의 분자를 형성하는데 일반적으로 다음과 같은 특징을 가진다.
① 대부분의 탄소 화합물은 분자성 물질로, 일반적으로 극성이 약하고 분자 간 인력이 약해서 녹는점과 끓는점이 낮은 편이다.
② 탄소 화합물에서 원자 간의 결합은 공유결합이므로 쉽게 끊어지지 않아서 반응성이 작고 안정하며, 반응 속도가 느리다.
③ 최대 다른 원자 4개와 결합할 수 있으므로 다양한 종류의 화합물이 존재한다.

2 탄화수소 화합물 → 탄소와 수소로만 이루어진 화합물

(1) 분류

① 탄화수소의 모양에 따라 사슬형과 고리형으로 나눈다.
② 탄소 원자들의 결합 형태에 따라 포화 탄화수소와 불포화 탄화수소로 나눈다.
③ 탄화수소 화합물은 모두 무극성 분자이다.

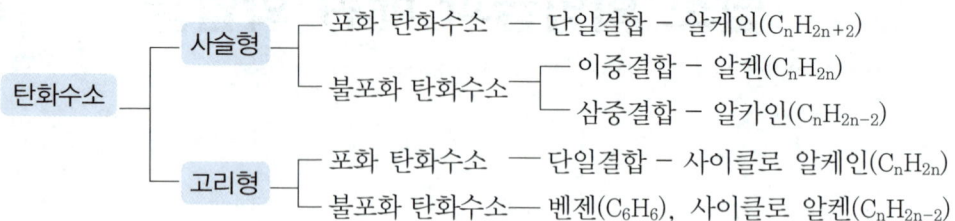

(2) 사슬형 탄화수소 화합물

① 알케인(C_nH_{2n+2})
  ㉠ 모든 원자 간의 결합은 단일결합(σ결합)이며 사슬 모양의 포화 탄화수소이다.
  ㉡ 입체 구조이며 sp^3혼성을 이루고 있으며 탄소수가 많아질수록(분자량이 클수록) 분산력이 커서 끓는점이 높아진다.
  ㉢ 가장 간단한 알케인인 메테인은 정사면체 구조이며 각도는 109.5°이다.
  ㉣ 화학적으로 안정하므로 반응성이 작으며 치환반응을 한다. Br_2수 탈색반응이 일어나지 않는다.

$$\begin{array}{c} H \\ | \\ H-C-H \quad \text{메테인} \\ | \\ H \end{array}$$

Cl₂ 치환:
$$H-\underset{|H}{\overset{|H}{C}}-\underset{|H}{\overset{|H}{C}}-H + Cl_2 \longrightarrow H-\underset{|Cl}{\overset{|H}{C}}-\underset{|H}{\overset{|H}{C}}-H + HCl \text{ (치환반응)}$$

② 알켄(C_nH_{2n}) ; 엔(-ene)
  ㉠ 탄소 원자 사이의 결합 중 1개가 이중결합(한 개의 σ결합, 한 개의 π결합)을 가지는 사슬 모양의 불포화 탄화수소이다.
  ㉡ 에텐을 제외하고 모두 입체 구조를 이루며, 에텐은 sp^2혼성을 이루고 있다.
  ㉢ 탄소수가 많아질수록 분산력이 커지면서 끓는점은 높아진다. 가장 간단한 알켄인 에텐은 평면 구조이며 결합각은 120°이다.
  ㉣ 알케인과 달리 첨가반응을 한다. 따라서 Br_2수 탈색반응을 한다.

$$\begin{array}{c} H \\ | \\ C=C \\ | \\ H \end{array} \begin{array}{c} H \\ | \\ \\ | \\ H \end{array}$$ 에텐

Cl₂ 첨가:
$C_2H_4 + Cl_2 \longrightarrow$ H-CHCl-CHCl-H (첨가반응)

③ 알카인(C_nH_{2n-2}) ; -아인(-yne)
  ㉠ 탄소 원자 사이의 결합 중 1개가 삼중결합(한 개의 σ결합, 두 개의 π결합)을 가지는 사슬 모양의 불포화 탄화수소이다. 탄화수소 중 결합력이 가장 강하며 결합 길이가 가장 짧다.
  ㉡ 에타인을 제외하고 모두 입체 구조를 이루며, 에타인은 sp혼성을 이루고 있다.
  ㉢ 탄소수가 많아질수록 분산력이 커지면서 끓는점은 높아진다. 가장 간단한 알카인인 에타인은 평면 직선형 구조이며 결합각은 180°이다.
  ㉣ 탄화수소 중 반응성이 가장 크며 알켄과 마찬가지로 첨가반응을 한다(첨가반응을 2번까지 할 수 있다). 따라서 Br_2수 탈색반응을 한다.
        H-C≡C-H 에타인
  ㉤ 알카인의 첨가반응
    → 첨가반응이 한 번 진행되면 알켄이 생성되고 2번 진행되면 알케인이 생성된다.

H₂ 첨가: H-C≡C-H $\xrightarrow{+H_2}{Ni}$ H₂C=CH₂ $\xrightarrow{+H_2}{Ni}$ H₃C-CH₃

(3) **고리형 탄화수소 화합물**
  ① 사이클로 알케인(C_nH_{2n}) ; 사이클로~에인(ane)

사이클로프로페인   사이클로부테인   사이클로펜테인   사이클로헥세인

㉠ 특징 : 모든 탄소 간 결합이 단일결합인 고리 모양의 포화 탄화수소이며 입체 구조를 이루며 sp^3혼성을 이루고 있다. 알켄과 화학식은 같고 모양과 성질이 다른 이성질체이다.

㉡ 반응 : 사이클로 알케인이 어떤 반응을 하는지는 탄소 원자 사이의 각도와 밀접한 연관이 있다. 사이클로프로페인(C_3H_6, 60°)과 사이클로부테인(C_4H_8, 90°)은 결합각이 안정한 결합각인 109.5°에 비해 매우 작아 불안정하므로 안정해지기 위해 첨가반응을, 사이클로펜테인(C_5H_{10})과 사이클로헥세인(C_6H_{12})은 결합각이 109.5°에 가까워 안정하므로 치환반응을 한다.

㉢ 사이클로헥세인 분자는 의자 모양과 배 모양이 있는데 이들은 서로 이성질체 관계이며 의자 모양이 원자들 사이의 반발력이 더 작아서 안정하다.

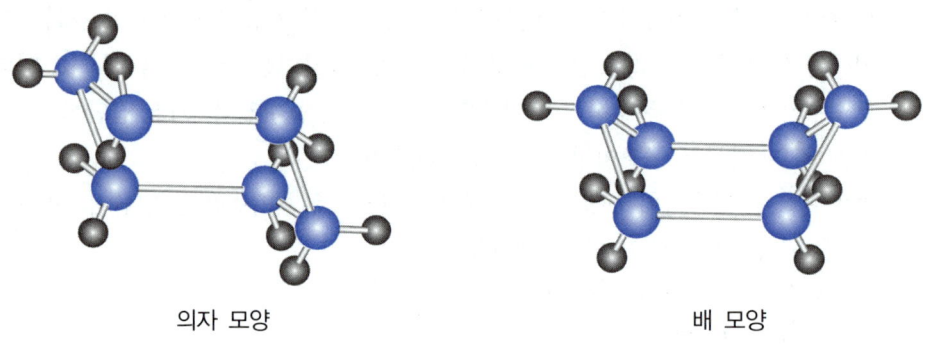

의자 모양   배 모양

② 벤젠(C_6H_6)

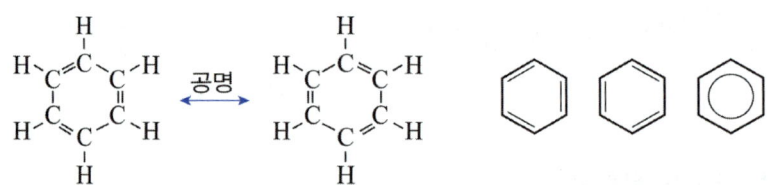

㉠ 탄소와 탄소 사이의 결합이 단일결합과 이중결합의 중간적인 결합으로 6개의 결합 길이가 모두 동일하다. 실제모양을 2가지 이상의 결합구조로 나타낼 수 있는 공명 구조이다. 공명 구조를 가지는 화합물은 매우 안정한 구조이다.

㉡ 모든 원자가 동일한 평면에 존재하는 평면 정육각형 구조로써 각도는 120°인 불포화 탄화수소이며 sp^2 혼성오비탈을 가진다.

㉢ 무극성 분자로서 물에 잘 녹지 않으며 탄소수가 많은 에테르, 케톤 등과 잘 섞인다.

㉣ 수소보다 탄소의 비율이 커서 불완전 연소되어서 그을음이 생성된다.

2 탄화수소 유도체

1 알킬기

알케인에서 H원자 1개가 빠진 원자단으로, C_nH_{2n+1}의 일반식을 가지며 'R'로 표시한다.

알케인	이름	알킬기	이름	알케인	이름	알킬기	이름
CH_4	메테인	CH_3	메틸기	C_4H_{10}	부테인	C_4H_9	부틸기
C_2H_6	에테인	C_2H_5	에틸기	C_5H_{12}	펜테인	C_5H_{11}	펜틸기
C_3H_8	프로페인	C_3H_7	프로필기	C_6H_{14}	헥세인	C_6H_{13}	헥실기

2 지방족 탄화수소 유도체

작용기	이름	유도체의 일반식과 이름		화합물의 예	
$-OH$	하이드록시기	$R-OH$	알코올	CH_3OH C_2H_5OH	메탄올 에탄올
$-CHO$	폼기 알데하이드기	$R-CHO$	알데하이드	$HCHO$ CH_3CHO	폼알데하이드 아세트알데하이드
$-COOH$	카복시기	$R-COOH$	카복시산	$HCOOH$ CH_3COOH	폼산 아세트산
$-CO-$	케톤기	$R-CO-R'$	케톤	CH_3COCH_3 $CH_3COC_2H_5$	아세톤 에틸메틸케톤
$-O-$	에터기	$R-O-R'$	에터	CH_3OCH_3 $CH_3OC_2H_5$	다이메틸에터 에틸메틸에터
$-COO-$	에스터기	$R-COO-R'$	에스터	$CH_3COOC_2H_5$ $HCOOCH_3$	아세트산에틸 폼산 메틸

(1) 알코올(R−OH)

① 제법

㉠ 포도당에 효모를 넣고 발효시켜 얻는다($C_6H_{12}O_6 \rightarrow 2C_2H_5OH + 2CO_2$).

㉡ 에텐과 물을 첨가시켜서 얻는다($C_2H_4 + H_2O \rightarrow C_2H_5OH$).

② 분류
　㉠ 하이드록시기(OH)의 개수에 따라 1가, 2가, 3가 알코올로 나눈다.

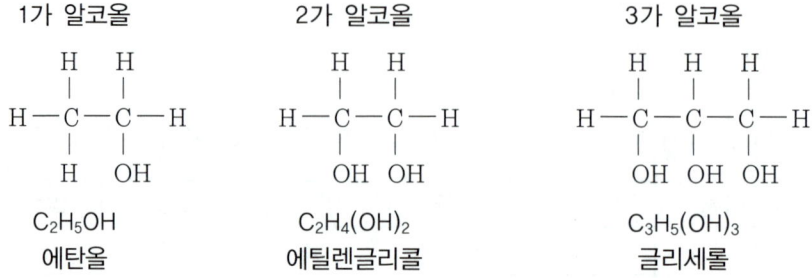

　㉡ -OH가 붙어 있는 탄소에 결합하는 알킬기(R)의 개수에 따라 1차, 2차, 3차 알코올로 나눈다.

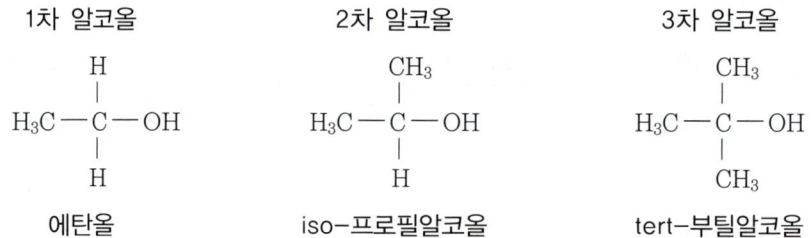

　　• 1차 알코올 : OH가 붙어 있는 탄소에 알킬기가 1개 붙어 있을 때
　　• 2차 알코올 : OH가 붙어 있는 탄소에 알킬기가 2개 붙어 있을 때
　　• 3차 알코올 : OH가 붙어 있는 탄소에 알킬기가 3개 붙어 있을 때

③ 성질

알코올	시성식	끓는점(°C)	수용성
메탄올	CH_3OH	65	∞
에탄올	C_2H_5OH	78.5	∞
프로페인올	C_3H_7OH	97.4	∞
뷰테인올	C_4H_9OH	117	7.9
펜테인올	$C_5H_{11}OH$	137	2.3

　㉠ 알코올의 OH는 물에 녹아 이온화하지 않으므로 비전해질이다. 따라서 전기 전도성이 없다. 또 이온화되지 않으므로 액성은 중성이다.
　　참고로 페놀류의 하이드록시기(OH)는 산성이다.

ⓒ 탄소의 수가 적고, 친수기인 하이드록시기(OH)가 많을수록 물에 잘 녹는다. 즉, 친수기인 하이드록시기(OH)가 차지하는 비율이 높을수록(=친유기의 비율이 작을수록) 물에 잘 녹는다.

ⓒ 수소결합을 하므로 분자량이 비슷한 탄소 화합물보다 끓는점(bp)이 높다. 알코올에서는 하이드록시기(OH)가 많을수록 수소결합의 수가 많아지므로 끓는점이 높다.

④ 반응

㉠ 산화반응

- 1차 알코올 $\underset{\text{환원}}{\overset{\text{산화}}{\rightleftharpoons}}$ 알데하이드 $\underset{\text{환원}}{\overset{\text{산화}}{\rightleftharpoons}}$ 카복시산
- 2차 알코올 $\underset{\text{환원}}{\overset{\text{산화}}{\rightleftharpoons}}$ 케톤
- 3차 알코올은 산화되지 않는다.

1차 알코올 $\underset{\text{환원}}{\overset{\text{산화}}{\rightleftharpoons}}$ 알데하이드 $\underset{\text{환원}}{\overset{\text{산화}}{\rightleftharpoons}}$ 카복시산

CH_3OH (메탄올) $\underset{\text{환원}}{\overset{\text{산화}}{\rightleftharpoons}}$ $HCHO$ (폼알데하이드) $\underset{\text{환원}}{\overset{\text{산화}}{\rightleftharpoons}}$ $HCOOH$ (폼산)

C_2H_5OH (에탄올) $\underset{\text{환원}}{\overset{\text{산화}}{\rightleftharpoons}}$ CH_3CHO (아세트알데하이드) $\underset{\text{환원}}{\overset{\text{산화}}{\rightleftharpoons}}$ CH_3COOH (아세트산)

1차 알코올은 2개의 H를 잃으면서 알데하이드로 산화가 된다. 이 알데하이드가 1개의 O를 얻으면서 카복시산으로 산화가 된다(산화가 2번 진행된다).

2차 알코올 $\underset{\text{환원}}{\overset{\text{산화}}{\rightleftharpoons}}$ 케톤

$$H_3C-\underset{H}{\overset{CH_3}{\underset{|}{\overset{|}{C}}}}-OH \quad \underset{\text{환원}}{\overset{\text{산화}}{\rightleftharpoons}} \quad H_3C-\underset{\overset{\|}{O}}{C}-CH_3$$

(iso-프로필알코올) (아세톤)

2차 알코올은 2개의 H를 잃으면서 케톤으로 산화가 된다(산화가 1번 진행된다).

㉡ 알코올에 진한 황산을 넣고 가열하면 물분자가 빠져나가는 탈수반응이 일어나는데 온도에 따라 서로 다른 화합물이 만들어진다.

ⓐ **저온탈수(분자 간 탈수)** : 에너지가 작아서 알코올 한 분자에서 물이 온전히 못 빠져 나온다.

$$C_2H_5OH + HOC_2H_5 \xrightarrow[130\sim140\,^\circ C]{\text{진한 } H_2SO_4} C_2H_5OC_2H_5(\text{다이에틸에테르}) + H_2O$$

ⓑ 고온탈수(분자 내 탈수) : 에너지가 커서 알코올 한 분자에서 물이 온전히 빠져 나온다.

$$C_2H_5OH \xrightarrow[160\sim180\,^\circ C]{\text{진한 } H_2SO_4} C_2H_4(\text{에텐}) + H_2O$$

ⓒ 알칼리 금속과 반응해서 수소기체를 발생시킨다.

$$2Na + 2C_2H_5OH \rightarrow 2C_2H_5ONa + H_2$$

ⓓ 알코올과 카복시산을 반응시키면 알코올의 -H와 카복시산의 -OH가 물이 되어 떨어져 나가면서 축합반응이 일어나는데 이것을 에스터화 반응이라고 부른다.

$$CH_3COOH + C_2H_5OH \rightleftharpoons CH_3COOC_2H_5 + H_2O$$

이 에스터화 반응의 역반응이 가수분해 반응이다.

ⓔ 아이오도폼 반응을 한다.
C_2H_5OH+아이오딘(I_2)+KOH수용액을 혼합하면 아이오오폼(CHI_3)의 노란색 앙금이 만들어진다. 에탄올 검출에 많이 이용된다.

(2) 알데하이드(R-CHO)

① 제법 : 1차 알코올을 산화시켜서 얻는다.
② 성질
  ㉠ 탄소수가 작을수록 물에 잘 용해되고, 이온화하지 않으므로 중성이다.
  ㉡ 산화되면 카복시산이 생성되고 환원되면 1차 알코올이 생성된다.

$$C_2H_5OH \underset{\text{환원}}{\overset{\text{산화}}{\rightleftharpoons}} CH_3CHO \underset{\text{환원}}{\overset{\text{산화}}{\rightleftharpoons}} CH_3COOH$$
$$(\text{에탄올}) \qquad (\text{아세트알데하이드}) \qquad (\text{아세트산})$$

  ㉢ 환원성이 커서 은거울 반응(암모니아성 질산은 용액반응)과 펠링용액 반응을 한다.
    ⓐ 은거울 반응 : 알데하이드가 암모니아성 질산은 수용액과 반응하면 Ag^+을 Ag으로 환원시킨다. 이때 생성된 은이 시험관 벽에 달라붙어 은거울을 생성한다. 이때 알데하이드는 산화가 되고 은이 환원이 된다. 따라서 알데하이드가 환원제가 된다.

$$R-CHO + 2Ag(NH_3)_2OH \rightarrow R-COOH + 4NH_3 + H_2O + 2Ag$$

    ⓑ 펠링용액 반응 : 펠링용액에 알데하이드를 가하면, Cu^{2+}가 환원되어 붉은색의 침전(Cu_2O)이 생성된다.

$$R-CHO + 2CuSO_4 + 4NaOH \rightarrow R-COOH + 2Na_2SO_4 + Cu_2O + 2H_2O$$

ⓒ 알데하이드가 아니더라도 폼기(-CHO)를 가지고 있으면 은거울 반응과 펠링용액 반응을 한다.

　　예) HCOOH, HCOOCH₃, 포도당, 과당 등

　　→ HCO로 시작되거나 CHO로 끝나는 화합물은 환원성이 커서 은거울, 펠링용액 반응을 한다.

(3) 카복시산(R-COOH)

① 제법 : 1차 알코올을 계속해서 산화시키거나 알데하이드를 산화시켜서 얻는다.

② 성질

　ⓐ 물에 녹아 H^+를 내놓으므로 산성을 띠므로 염기와 중화반응을 할 수 있다.

$$CH_3COOH + NaOH \rightarrow CH_3COONa + H_2O$$

　ⓑ 알칼리 금속과 반응해서 수소기체를 발생시킬 수 있다.

$$2Na + 2CH_3COOH \rightarrow 2CH_3OOONa + H_2$$

　ⓒ 알코올과 반응해서 에스터가 생성된다.

$$CH_3COOH + C_2H_5OH \rightarrow CH_3COOC_2H_5 + H_2O$$

　ⓓ 폼산은 폼기(-CHO)가 있어 은거울 반응과 펠링용액 반응을 한다.

　ⓔ 수소결합을 하므로 분자량이 비슷한 다른 물질보다 끓는점이 높다. 이합체를 형성할 수 있다(2분자가 붙어서 한 덩어리처럼 존재한다).

(4) 에터(R-O-R´)

① 제법 : 알코올에 진한 황산을 넣고 130~140℃에서 탈수반응을 시켜서 얻는다.

$$C_2H_5OH + HOC_2H_5 \xrightarrow[130\sim140℃]{진한 H_2SO_4} C_2H_5OC_2H_5(다이에틸에터) + H_2O$$

② 성질

　ⓐ 물과 잘 섞이지 않으며 유기화합물을 잘 녹이는 유기용매로 쓰인다(-OH가 없으므로).

　ⓑ 휘발성, 마취성, 인화성이 큰 액체이다.

　ⓒ 수소결합을 하지 않으므로 알코올에 비해 끓는점이 낮다.

　ⓓ 탄소수가 같은 알코올과 작용기 이성질체 관계이다.

　　• C_2H_5OH와 CH_3OCH_3

　　구별법 : 금속 나트륨을 넣으면 알코올만 반응한다.

(5) 케톤(R-CO-R′)

① 제법 : 2차 알코올을 산화시켜서 얻는다.

$$H_3C-\underset{\underset{H}{|}}{\overset{\overset{CH_3}{|}}{C}}-OH \underset{환원}{\overset{산화}{\rightleftarrows}} H_3C-\underset{\|}{\overset{}{C}}-CH_3$$
$$O$$
(iso-프로필알코올)   (아세톤)

② 성질
  ㉠ 향기가 있는 무색의 액체이다.
  ㉡ 친수기와 친유기를 모두 가지고 있어 물이나 기름과도 잘 섞이므로 유기용매로 이용된다.
  ㉢ 물과 수소결합을 형성할 수 있다.
  ㉣ 탄소수가 같은 알데하이드와 작용기 이성질체이다.
   • CH_3COCH_3와 C_2H_5CHO

(6) 에스터(R-COO-R′)

① 제법 : 카복시산과 알코올의 에스터화 반응으로 만든다.

알코올과 카복시산을 진한 황산을 촉매로 하여 반응시키면 알코올의 H와 카복시산의 OH가 물로 되어 떨어지는 축합 반응이 일어나는데, 이 반응을 에스터화 반응이라고 한다.

$$CH_3COOH + C_2H_5OH \rightarrow CH_3COOC_2H_5 + H_2O$$

② 성질
  ㉠ 탄소수가 적은 에스터는 과일향기가 있는 액체 상태이다.
  ㉡ 물에 잘 녹지 않는다.
  ㉢ 수소결합을 하지 않으므로 분자량이 비슷한 카복시산이나 알코올에 비해 녹는점이나 끓는점이 낮다.
  ㉣ 폼산의 에스터는 분자 내에 폼기(-CHO)를 가지고 있으므로 은거울 반응과 펠링용액 반응을 할 수 있다.
  ㉤ 탄소수가 같은 카복시산과 작용기 이성질체 관계이다.
   • $HCOOCH_3$와 CH_3COOH
   구별법 : 금속 나트륨을 넣으면 카복시산만 반응한다.

③ 반응
　㉠ 에스터화 반응의 역반응으로 가수분해 반응을 한다.

$$\text{카복시산 + 알코올} \underset{\text{가수분해}}{\overset{\text{에스터화}}{\rightleftharpoons}} \text{에스터 + 물}$$

$$CH_3COOH + C_2H_5OH \rightleftharpoons CH_3COOC_2H_5 + H_2O$$

　㉡ 비누화 반응을 한다.
　　에스터에 강한 염기를 가하고 가열하면 지방산의 염과 알코올로 분해되는데, 이 반응을 비누화(saponification)라고 한다.

$$\begin{array}{l} R_1-COO-CH_2 \\ R_2-COO-CH \\ R_3-COO-CH_2 \end{array} + 3NaOH \xrightarrow{\text{비누화}} \begin{array}{l} R_1-COO^-Na^+ \\ R_2-COO^-Na^+ \\ R_3-COO^-Na^+ \end{array} + \begin{array}{l} CH_2-OH \\ CH-OH \\ CH_2-OH \end{array}$$

3 방향족 탄화수소 유도체

(1) 벤젠의 치환반응
① 벤젠에 진한 황산과 진한 질산을 혼합하여 넣고 가열하면 향기가 있는 노란색의 니트로벤젠 생성
② 벤젠에 진한 황산을 넣고 가열하면 산성이 강한 벤젠술폰산 생성
③ 벤젠에 무수염화알루미늄($AlCl_3$)을 촉매로 하여 R-Cl(할로겐화)을 반응시키면 알킬기가 치환되어 톨루엔 생성

• 니트로화 반응: C₆H₆ + HO-NO₂ —진한 H_2SO_4→ 니트로벤젠(C₆H₅NO₂) + H_2O

• 술폰화 반응: C₆H₆ + HO-SO₃H → 벤젠술폰산(C₆H₅SO₃H) + H_2O

• 알킬화 반응: C₆H₆ + CH₃-Cl —무수$AlCl_3$→ 톨루엔(C₆H₅CH₃) + HCl

(2) **벤젠의 첨가반응** : 첨가반응은 일어나기 어렵기 때문에 특수한 촉매를 사용하여 반응시킨다.

① 벤젠의 증기와 수소의 혼합물을 300℃에서 Ni 촉매하에 반응시키면 사이클로헥세인 생성

② 햇빛 존재하에 벤젠을 염소와 반응시키면 벤젠헥사클로라이드($C_6H_6Cl_6$) 생성

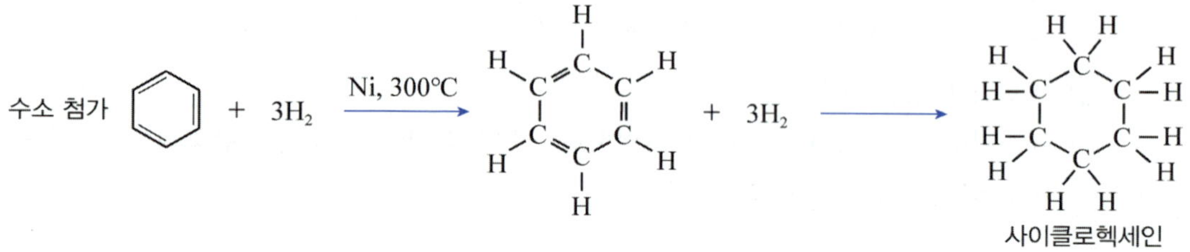
수소 첨가
+ 3H₂
Ni, 300℃
+ 3H₂
사이클로헥세인

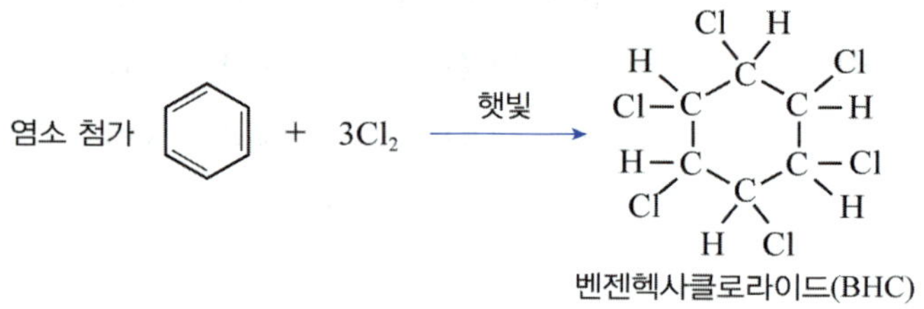
염소 첨가
+ 3Cl₂
햇빛
벤젠헥사클로라이드(BHC)

③ 톨루엔

㉠ 벤젠의 수소 원자 1개가 메틸기($-CH_3$)로 치환된 화합물이다.

㉡ **톨루엔의 치환반응** : 진한 질산과 진한 황산을 가하면 니트로화 반응에 의해 TNT가 된다.

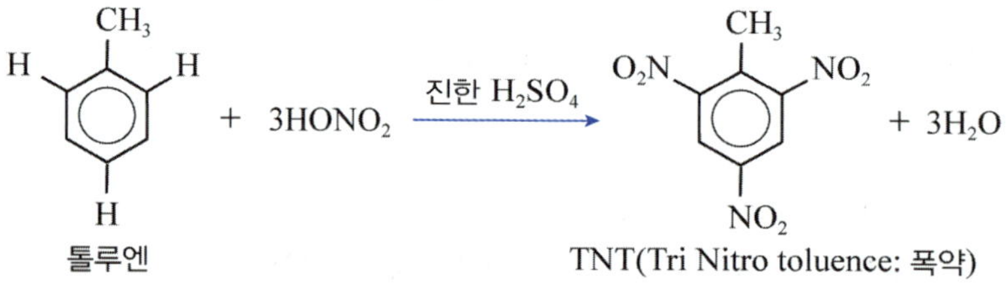
톨루엔
+ 3HONO₂
진한 H₂SO₄
+ 3H₂O
TNT(Tri Nitro toluence: 폭약)

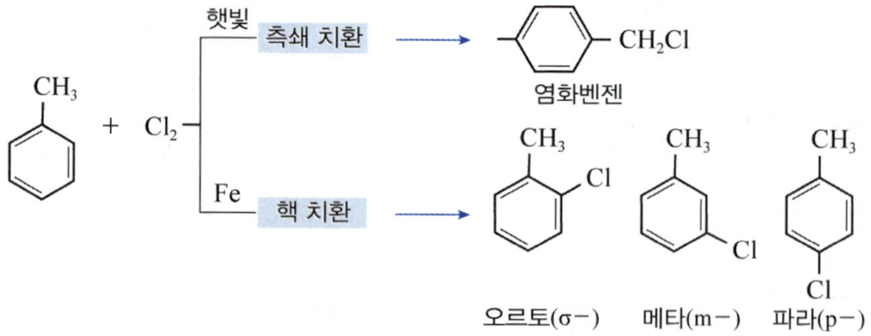
+ Cl₂
햇빛
측쇄 치환
CH₂Cl
염화벤젠
Fe
핵 치환
오르토(σ−)
메타(m−)
파라(p−)

④ 여러 가지 방향족 탄화수소
  ㉠ 크실렌 : 무색의 방향족 액체로서 "o-크실렌, m-크실렌, p-크실렌"의 3가지 이성질체를 갖는다.
  ㉡ 나프탈렌($C_{10}H_8$) : 벤젠고리가 2개 붙은 모양의 방향족 탄화수소, 승화성이 있는 흰색의 고체

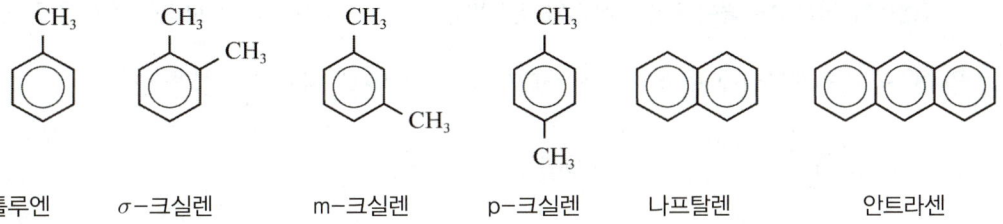

| 톨루엔 | o-크실렌 | m-크실렌 | p-크실렌 | 나프탈렌 | 안트라센 |

(3) 방향족 탄화수소 유도체
  ① 페놀 : 벤젠고리에 수소 원자가 하이드록시기(-OH)로 치환된 화합물이다.

  C_6H_5OH

  ㉠ 무색의 액체로서 강한 살균력을 가지며 피부를 부식시킨다.
  ㉡ 수소결합을 하므로(-OH가 직접 붙어 있음) 분자량이 비슷한 화합물보다 끓는점이 높다.
  ㉢ Na와 반응하여 H_2가 발생한다.
  ㉣ 카복시산(-COOH)과 반응하여 에스터가 생성된다.
  ㉤ 물에 조금 녹아서 약산성을 띤다.

  ⌬-OH + H_2O ⇌ ⌬-O^- + H_3O^+

  ㉥ 염기와 중화반응을 한다.

  ⌬-OH + NaOH ⟶ ⌬-ONa + H_2O

ⓐ FeCl₃에 의하여 보라색의 정색 반응을 한다. ⇒ 페놀류의 검출

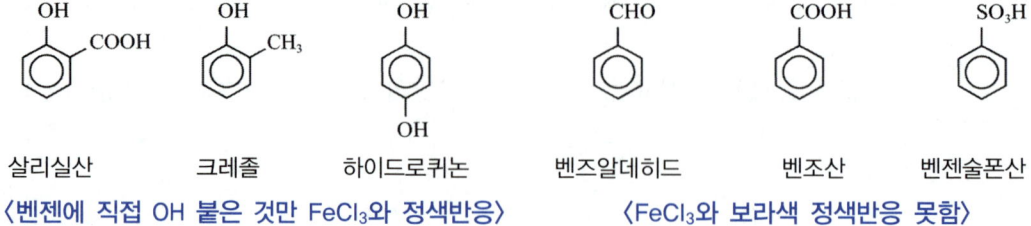

| 살리실산 | 크레졸 | 하이드로퀴논 | 벤즈알데히드 | 벤조산 | 벤젠술폰산 |

〈벤젠에 직접 OH 붙은 것만 FeCl₃와 정색반응〉　　〈FeCl₃와 보라색 정색반응 못함〉

② 벤조산 : 벤젠고리에 수소원자가 카복시기(-COOH)로 치환된 화합물이다.

C₆H₅COOH

㉠ 수소결합을 하므로(-OH가 직접 붙어 있음) 분자량이 비슷한 다른 물질에 비해 끓는점이 높다.
㉡ Na과 반응하여 H₂가 발생한다.
㉢ 알코올(-OH)과 반응해서 에스터가 생성된다.
㉣ 백색의 결정으로 물에 약간 녹아 산성을 나타낸다.
㉤ 염기와 중화반응으로 염을 생성한다.

COOH + NaOH ⟶ COONa + H₂O

③ 아닐린
㉠ 벤젠고리에 → NH₂를 가지고 있다.
㉡ 약한 염기성이며 물에 대한 용해도가 작아 물에 잘 녹지 않는다.

NH₂ + H₂O ⇌ NH₃⁺ + OH⁻

㉢ 염산과 중화반응을 한다.

NH₂ + HCl ⟶ NH₃Cl

ㄹ. 표백분(CaOCl$_2$)과 반응하여 보라색을 띤다.
　　ㅁ. 수소결합을 하므로서(-NH가 직접 붙어 있음) 분자량이 비슷한 다른 물질에 비해 끓는점이 높다.

④ 살리실산

$$\underset{\text{COOH}}{\overset{\text{OH}}{\bigcirc}}$$

　ㄱ. 수소결합을 하므로(-OH, -COOH가 직접 붙어 있음) 분자량이 비슷한 다른 물질보다 끓는점이 높다.
　ㄴ. Na과 반응해서 H$_2$가 발생한다.
　ㄷ. -OH와 -COOH를 모두 갖고 있으므로 카복시산이나 알코올과 반응하여 모두 에스터를 만든다(에스터 반응을 2번 할 수 있다).
　ㄹ. 뜨거운 물에 조금 녹아서 산성을 띠므로 염기와 중화반응을 할 수 있다.
　ㅁ. 벤젠고리에 -OH가 직접 붙어 있으므로 FeCl$_3$에 의하여 보라색의 정색 반응을 한다.

$$\underset{\text{COOH}}{\overset{\text{OH}}{\bigcirc}} + CH_3COOH \xrightarrow[\text{에스터화}]{\text{진한 } H_2SO_4} \underset{\text{COOH}}{\overset{\text{OCOCH}_3}{\bigcirc}} + H_2O$$

아세틸살리실산(아스피린) - 해열 진통제

알코올과 반응할 때

$$\underset{\text{COOH}}{\overset{\text{OH}}{\bigcirc}} + CH_3OH \xrightarrow[\text{에스터화}]{\text{진한 } H_2SO_4} \underset{\text{COOCH}_3}{\overset{\text{OH}}{\bigcirc}} + H_2O$$

살리실산메틸 - 소염 진통제

3 고분자 화합물

① 고분자 화합물의 특징

(1) 분자량이 약 10,000 이상의 화합물이며 대부분 거대분자로 존재한다. 분자량이 일정하지 않아서 녹는점이 일정하지 않다. 녹는점이 높아 상온에서 대부분 액체 또는 고체로 존재하며 가열시 기화되기 전에 분해가 된다.

(2) 열, 전기에 대해 안정하며 열이나 전기 전도성이 없으며 물이나 유기용매에 녹기 어렵다.

(3) 천연 고분자 화합물에는 녹말, 셀룰로오스, 단백질 등이 있고 합성 고분자 화합물에는 합성수지, 합성섬유, 합성고무 등이 있다.

② 합성 고분자 화합물의 생성

(1) **첨가 중합**

단위체(고분자 화합물을 구성하는 기본단위가 되는 물질)에 존재하는 이중결합이 끊어지면서 첨가 반응하여 고분자 화합물이 만들어진다. 중합반응이 진행될 때 떨어져 나가는 분자나 원자가 없다.

〈첨가 중합 반응 모형〉

$$\underset{\text{에틸렌}}{\overset{H}{\underset{H}{C}}=\overset{H}{\underset{H}{C}}} \xrightarrow{\text{첨가 중합}} \underset{\text{폴리에틸렌}}{\left[\overset{H}{\underset{H}{C}}-\overset{H}{\underset{H}{C}}\right]_n}$$

(2) **혼성 중합** : 종류가 다른 2개 이상의 단위체가 교대로 첨가 중합되는 것

$$n\text{CH}_2=\text{CH}-\text{CH}=\text{CH}_2 + n\text{CH}_2=\text{CH}-\text{C}_6\text{H}_5 \longrightarrow [-\text{CH}_2-\text{CH}=\text{CH}-\text{CH}_2-\text{CH}_2-\text{CH}(\text{C}_6\text{H}_5)-]_n$$

부타디엔 　　　 스티렌 　　　　　　　 부나 – S 고무

(3) **축합 중합**

단위체 분자 내에 있는 작용기들이 반응할 때 H_2O와 같은 간단한 분자들이 빠져 나가면서 고분자 화합물이 만들어진다. 단위체에 작용기(-OH, -COOH, -NH₂ 등이 포함되어 있다.)

⟨축합 중합 반응 모형⟩

$$n\text{HOOC}-\text{C}_6\text{H}_4-\text{COOH} + n\text{HO}-\text{CH}_2-\text{CH}_2-\text{OH}$$

테레프탈산 　　　　　　　 에틸렌글리콜

$$\xrightarrow[\text{에스터화}]{\text{축합 중합}} \left(\overset{O}{\underset{\|}{C}}-\text{C}_6\text{H}_4-\overset{O}{\underset{\|}{C}}-O-CH_2-CH_2-O \right)_n + 2n\text{H}_2\text{O}$$

테릴렌(폴리에스테르) 　　　　　 물

③ 합성 고분자 화합물의 종류

(1) **합성수지(플라스틱)**

열을 가해 모양을 변형시킬 수 있는 열가소성 수지와 열을 가해도 변형되지 않는 열경화성 수지가 있다.

① **열가소성 수지** : 가열하면 부드러워지며, 온도가 낮아지면 다시 굳어지는 수지로서, 대부분 첨가중합에 의해 만들어지는 사슬 모양의 중합체이다. 이름이 '폴리-'로 시작하는 것들이 많다.

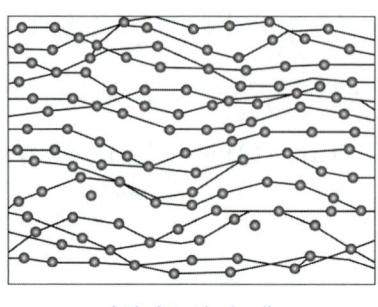
〈열가소성 수지〉

② **열경화성 수지**: 열을 가해도 변형이 안되는 수지로서, 대부분 축합 중합에 의해 만들어지는 그물 모양의 중합체이다. 페놀 수지, 요소 수지와 같이 이름이 '~수지'로 끝나는 것들이 많다. 중합과정에서 주로 HCHO가 관여한다.

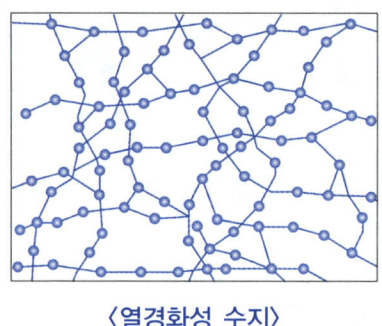
〈열경화성 수지〉

(2) 합성섬유

합성섬유는 고분자 화합물 중에서 실처럼 가늘게 뽑아 섬유로 사용할 수 있는 것이다. 합성섬유는 고분자 내에 포함된 특정한 결합에 따라 분류된다.

① **폴리아미드계 합성섬유**: 아미노기($-NH_2$)와 카복시기($-COOH$) 사이의 탈수 축합 중합 반응에 의해 들어진 펩티드 결합(아미드 결합)으로 이루어진 합성섬유이다. 헥사메틸렌다이아민과 아디프산에 의해 만들어진 나일론이 가장 대표적이다.

$$nH-N(H)-(CH_2)_6-N(H)-H + nHO-\overset{O}{\underset{\|}{C}}-(CH_2)_4-\overset{O}{\underset{\|}{C}}-OH$$

헥사메틸렌다이아민   아디프산

$$\xrightarrow{\text{축합 중합}} \left[-N(H)-(CH_2)_6-\underset{H}{\underset{|}{N}}-\overset{O}{\underset{\|}{C}}-(CH_2)_4-\overset{O}{\underset{\|}{C}}- \right]_n + 2nH_2O$$

아미드 결합

6,6 – 나일론

나일론은 질기지만 땀을 흡수하지 못하고, 정전기가 생기며 열에 약하다. 밧줄, 그물, 전선 등에 많이 이용된다.

② 폴리에스테르계 합성섬유 : 하이드록시기($-OH$)와 카복시기($-COOH$) 사이의 탈수 축합 중합 반응에 의해 만들어진 에스터 결합으로 이루어진 합성섬유이다.

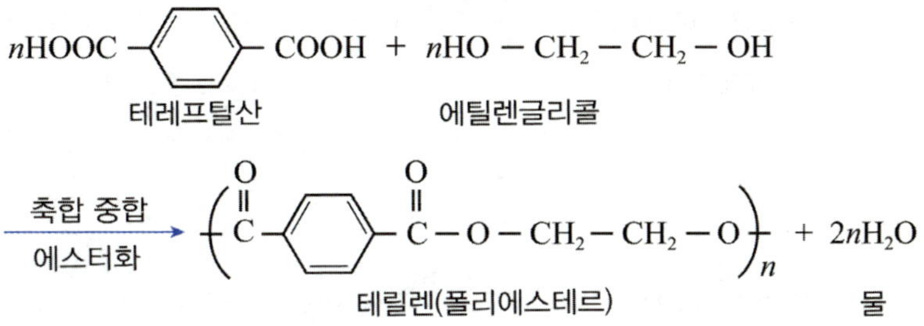

$$nHOOC-\text{◯}-COOH + nHO-CH_2-CH_2-OH$$
테레프탈산   에틸렌글리콜

축합 중합 / 에스터화 →
$$\left(\overset{O}{\underset{\|}{C}}-\text{◯}-\overset{O}{\underset{\|}{C}}-O-CH_2-CH_2-O\right)_n + 2nH_2O$$
테릴렌(폴리에스테르)   물

테릴렌은 물세탁이 가능하며 햇빛이나 약품에 강하고 구김이 잘 생기지 않는다. 의류의 소재, 사진필름, 녹음테이프 등에 많이 이용된다.

(3) 합성고무

① 부나-S(SBR)고무 : 부타디엔과 스티렌의 혼성 중합 반응체
강도와 탄력, 내마모성이 좋아 자동차의 타이어나 구두창, 벨트에 이용된다.

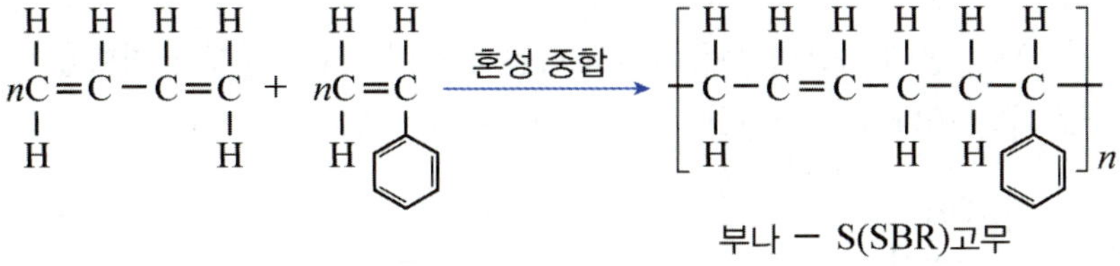

부나 - S(SBR)고무

② 부나-N(NBR) 고무 : 부타디엔과 아크릴로니트릴의 혼성 중합 반응체
기름에 잘 견디므로 기계의 부속품으로 이용된다.

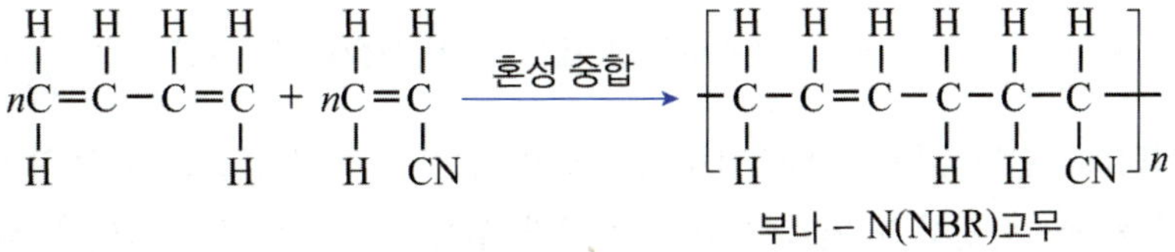

부나 - N(NBR)고무

③ 네오프렌 고무 : 클로로프렌의 첨가 중합 반응체

화학 약품, 기름, 열, 공기, 빛에 잘 견디므로 호스, 테이프, 전선의 피복, 타이어 등에 이용
⇒ 폐타이어는 환경 오염 물질이다.

$$n CH_2 = CH - \underset{Cl}{C} = CH_2 \xrightarrow{\text{첨가 중합}} \left[CH_2 - CH = \underset{Cl}{C} - CH_2 \right]_n$$

클로로프렌 　　　　　　　　　　　네오프렌 고무

④ 천연 고무

$$n CH_2 = \underset{CH_3}{C} - CH = CH_2 \xrightarrow{\text{첨가 중합}} \left[CH_2 - \underset{CH_3}{C} = CH - CH_2 \right]_n$$

이소프렌 　　　　　　　　　　　천연 고무

(4) 천연 고분자 화합물의 생성

① 탄수화물

㉠ 단당류
- 포도당 : 녹말과 셀룰로오스의 단위체로 폼기(-CHO)를 가지고 있으므로 환원성이 있어 은거울 반응과 펠링용액 반응을 할 수 있다. 물과 수소결합을 형성할 수 있어 물에 잘 녹으며, 물에 녹으면 수용액에서 다음과 같이 3가지 형태가 평형을 이루어 존재한다. 발효되면 에탄올을 생성할 수 있으며 가수분해되지 않는다.

　　　α - 포도당　　　　　　사슬 모양 포도당　　　　　　β - 포도당

〈포도당의 세 가지 이성질체의 구조〉

㉡ 다당류 : 단당류를 축합 중합하여 만들어지는 녹말, 셀룰로오스 등의 탄수화물이며, 가수분해하여 단당류가 만들어진다. 녹말과 셀룰로오스는 에터 결합을 하고 있다.
ⓐ 녹말 : 식물이 저장하고 있는 α-포도당의 축합 중합체로 가수분해되면 α-포도당이된다. 찬물에는 녹지 않으나 더운물에는 조금 녹아 들어간다.

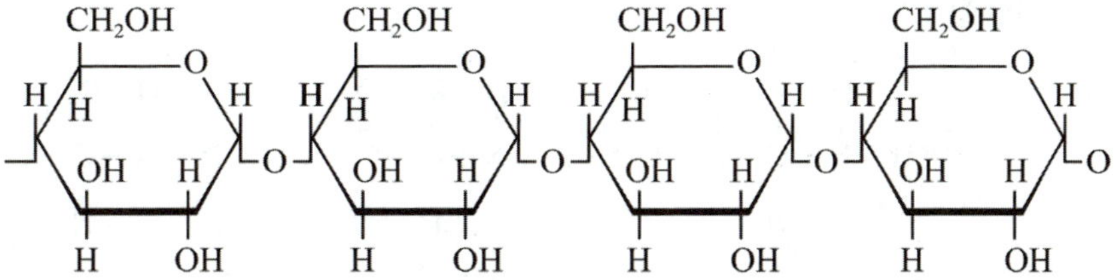

ⓑ **셀룰로오스** : β-포도당의 축합 중합체로서 섬유질의 성분이다. 식물세포벽의 주성분이며 물에는 잘 녹지 않는다. 초식동물의 경우 셀룰로오스를 분해할 수 있는 효소가 있으나 사람은 분해 효소가 없다.

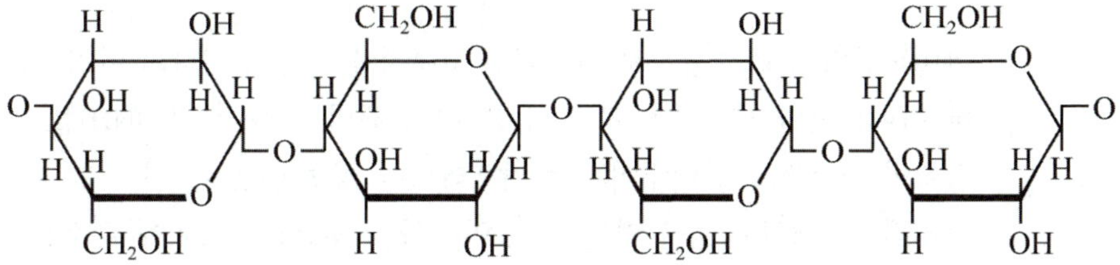

② 단백질

㉠ 아미노산

ⓐ 단백질을 만드는 단위체로 하나의 분자에 $-NH_2$(염기성)와 $-COOH$(산성)를 모두 갖고 있는 양쪽성 물질이다.

ⓑ 아미노산은 중심 탄소에 붙어 있는 R(알킬기)에 따라서 그 종류가 달라진다.

ⓒ 축합 중합으로 아미드 결합(펩티드 결합)을 만들어 단백질을 생성한다.

ⓓ 아미노산은 수용액의 액성에 따라 다른 형태의 이온으로 존재한다.

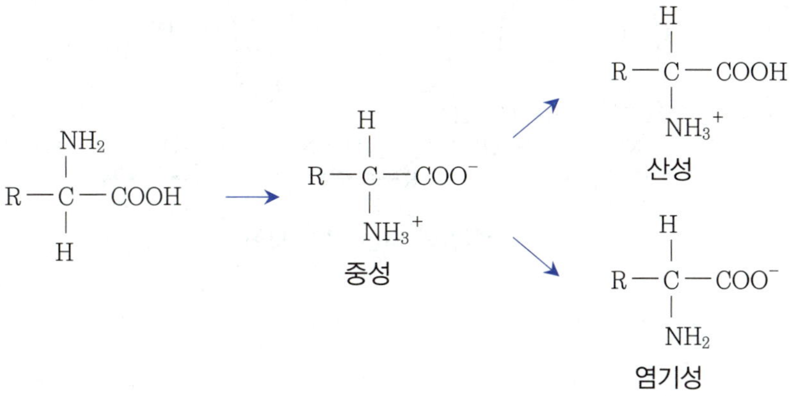

ⓛ 단백질

$$\cdots +H+\overset{H}{\underset{H}{N}}-\overset{R_1}{\underset{}{C}}-\overset{O}{\underset{}{C}}+OH+H+\overset{H}{\underset{}{N}}-\overset{R_2}{\underset{}{C}}-\overset{O}{\underset{}{C}}+OH+H+\overset{H}{\underset{}{N}}-\overset{R_3}{\underset{}{C}}-\overset{O}{\underset{}{C}}+OH+\cdots$$

$$\longrightarrow \cdots -\overset{H}{\underset{}{N}}-\overset{R_1}{\underset{}{C}}-\overset{O}{\underset{}{C}}-\overset{H}{\underset{}{N}}-\overset{R_2}{\underset{H}{C}}-\overset{O}{\underset{}{C}}-\overset{H}{\underset{}{N}}-\overset{R_3}{\underset{H}{C}}-\overset{O}{\underset{}{C}}-\cdots + 2nH_2O$$

펩티드 결합

단백질

ⓐ 아미노산의 축합 중합으로 만들어진 고분자 물질로서 하나의 아미노산 $-COOH$와 다른 아미노산의 $-NH_2$가 축합반응을 하여 펩티드 결합($-CONH$)을 만들고 이 펩티드 결합이 반복적으로 이루어져 폴리펩티드를 형성한다.
ⓑ 폴리펩티드에서 극성을 띠는 $-CO$의 O와 $-NH$의 H 사이에 수소결합이 이루어 나선형 구조를 이룬다(분자내 수소결합).
ⓒ 단백질의 변성 : 열, 산, 염기, 알코올, 중금속 등에 의해 수소결합이 끊어지면서 α 나선 구조가 변성된다.

⟨단백질의 나선 구조 모형⟩

4 배위 화합물

1 전이 금속

(1) 전이 금속의 정의와 전자배치

① 정의 : 주기율표에서 3~11족 원소로 d오비탈에 전자가 부분적으로 채워져 있는 원소들이다. $d-$block 원소라고도 한다.

② 전자배치
  ㉠ 전자가 채워질 때는 에너지 준위가 낮은 오비탈부터 전자가 채워진다. 즉, 에너지가 낮은 $4s$오비탈에 먼저 전자가 채워지고 나머지 전자가 $3d$ 오비탈에 채워진다. 따라서 가장 바깥껍질인 s오비탈에 전자를 한 개 또는 두 개를 가지고 있으며 원자번호가 증가함에 따라 안쪽껍질의 비어있는 d오비탈이나 f오비탈에 전자가 부분적으로 채워진다.

$$_{21}Sc = [Ar]_{18}3d^14s^2 \qquad _{22}Ti = [Ar]_{18}3d^24s^2$$
$$_{23}V = [Ar]_{18}3d^34s^2 \qquad _{24}Cr = [Ar]_{18}3d^54s^1$$
$$_{25}Mn = [Ar]_{18}3d^54s^2 \qquad _{26}Fe = [Ar]_{18}3d^64s^2$$
$$_{27}Co = [Ar]_{18}3d^74s^2 \qquad _{28}Ni = [Ar]_{18}3d^84s^2$$
$$_{29}Cu = [Ar]_{18}3d^{10}4s^1$$

  ㉡ 그러나 전자를 잃고 양이온이 될 때는 바깥껍질부터 잃는다. $4s$이 먼저 전자를 잃고 그 다음에 $3d$오비탈이 전자를 잃는다.
  ㉢ Cr과 Cu의 전자배치 : d오비탈에는 전자가 절반만 채우거나 모두 채웠을 때 안정해지는 효과 때문에 $4s$오비탈의 전자 1개가 $3d$오비탈에 들어가서 $_{24}Cr = [Ar]_{18}3d^54s^1$ $_{29}Cu = [Ar]_{18}3d^{10}4s^1$의 전자배치를 이룬다.

(2) 전이 금속의 특징

① 최외각인 s오비탈뿐만 아니라 d오비탈의 전자도 결합에 참여할 수 있으므로 여러 가지 산화수가 가능하다.
② 최외각 전자수는 대부분 2개 또는 1개이다. 따라서 같은 주기원소들은 화학적으로 비슷한 성질을 나타낸다.
③ 같은 주기에서 $3d$오비탈의 전자가 늘어나도 최외각 전자인 $4s$오비탈의 전자수는 변함이 없으므로 원자번호가 증가하여도 원자반지름과 이온화 에너지의 값이 비슷하다.

④ 촉매로 많이 이용된다(Fe, Pt 등).
⑤ 대부분의 전이금속은 홀전자가 존재하여 상자성을 갖는다.
⑥ 착이온을 만들기 쉽고 전이 원소의 이온이나 화합물은 특정한 파장의 가시광선을 흡수하여 다양한 색을 띤다. → d오비탈의 전자가 가시광선 부분에서 빛에너지를 흡수하여 보다 높은 에너지 준위로 전이하기 때문이다.

2 배위 화합물

(1) 정의
금속 이온을 중심에 두고 분자나 이온이 배위결합하여 형성된 새로운 이온을 착이온이라고 하며, 착이온과 반대이온으로 구성된 이온결합물질을 배위 화합물(착화합물)이라고 한다.

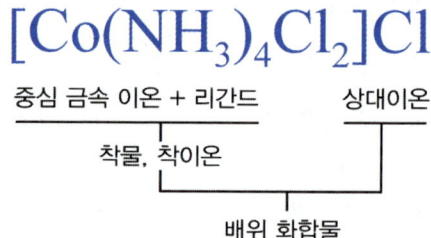

(2) 착이온의 구성성분
① 중심 금속 이온 : 주로 전이 원소의 양이온이 사용된다.
② 리간드(ligand)
  ㉠ 중심 금속 이온에 비공유 전자쌍을 제공하여 배위결합을 형성하는 분자나 음이온으로 반드시 비공유 전자쌍을 가지고 있어야 한다. 중심 금속 이온에 결합한 분자나 음이온은 배위결합으로 결합하였기 때문에 이온화되지 않는다.
  ㉡ 킬레이트 리간드 : 중심 금속 이온과 배위결합할 수 있는 비공유 전자쌍을 가진 원자가 2개 이상 들어 있는 리간드이다.

Ligand Type	Examples
한 자리 리간드	:F:⁻ :Cl:⁻ :NH₃ H₂O: :Ö—H ⁻:C≡N: :C≡O: ⁻:Ö—N=Ö: :S=C=N:⁻
두 자리 리간드	en, gly, Oxalate, Bipyridine(bipy), Ortho-phenanthroline(O-phen)
여러 가지 리간드	Diethylenetriamine, Ethylenediaminetetraacetate (EDTA⁴⁻)⁴⁻

③ 배위수 : 리간드와 중심 금속 이온 간에 이루어진 배위결합의 수. 배위수는 2, 4, 6의 값을 갖는다. 금속 이온의 종류에 따라 달라지며 배위수에 따라 착이온의 구조도 달라진다.

(3) 착이온의 구조

① 선형 구조
  ㉠ 배위수가 2인 착이온은 모두 선형이다.
  ㉡ 2개의 리간드가 sp혼성화로 결합되어 있는 착이온이다.
  ㉢ 중심 금속 이온이 Ag^+나 Au^+인 경우는 모두 선형 구조를 갖는다.

② 평면사각형 구조
  ㉠ 배위수가 4인 착이온 중에서 중심 금속 이온이 Cu^{2+}, Ni^{2+}, Pt^{2+}인 경우는 모두 평면사각형이다.

ⓛ sp^2d혼성화로 결합되어 있는 착이온이다.
ⓒ 시스, 트랜스 2가지 이성질체를 갖는다.

③ **사면체형 구조**
  ㉠ 배위수가 4인 착이온 중에서 중심 금속 이온이 Zn^{2+}, Cd^{2+}인 경우는 모두 사면체형이다.
  ⓛ sp^3혼성화로 결합되어 있는 착이온이다.
  ⓒ 이성질체가 존재하지 않는다.

④ **팔면체형**
  ㉠ 배위수가 6인 착이온 중에서 중심 금속 이온이 Co^{3+}, Fe^{3+}, Cr^{3+}, Fe^{2+} 등은 모두 팔면체형이다.
  ⓛ sp^3d^2혼성화로 결합되어 있는 착이온이다.

배위수	2	4	4	6
금속 이온	Ag^+, Au^+	Cu^{2+}, Ni^{2+}, Pt^{2+}	Zn^{2+}, Cd^{2+}	CO^{3+}, Fe^{3+}, Cr^{3+}, Fe^{2+}
입체 구조	선형	평면사각형	사면체	팔면체
착이온의 예	$[Ag(CN)_2]^-$	$[Cu(NH_3)_4]^{2+}$	$[Zn(NH_3)_4]^{2+}$	$[Fe(CN)_6]^{3-}$
	$[Ag(NH_3)_2]^+$	$[Ni(CN)_4]^{2-}$	$[Cd(NH_3)_4]^{2+}$	$[Co(NH_3)_6]^{3+}$

⑤ 착이온의 입체 구조

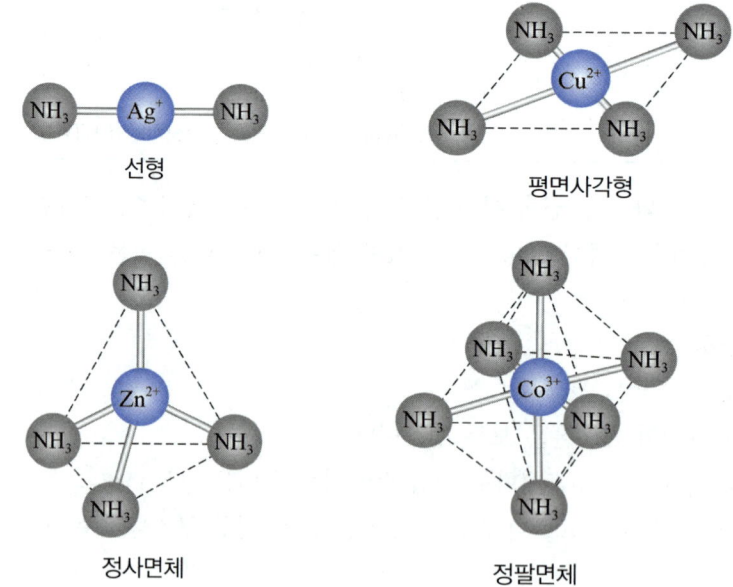

3 이성질체

(1) 기하 이성질체

착이온이나 배위 화합물의 조성은 같으나 기하학적 모양과 성질이 서로 다른 물질이다.

① 배위수 : 2 → 이성질체가 존재하지 않는다.

② 배위수 : 4 → 평면사각형과 사면체 구조

　㉠ 평면사각형 구조는 기하 이성질체가 존재한다.
　　• MA_2B_2

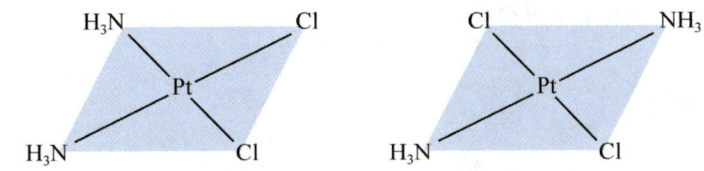

　㉡ 사면체 구조는 기하 이성질체가 존재하지 않는다.

③ 배위수 : 6 → 팔면체 구조

　㉠ MA_4B_2

　　리간드 → A, B / 배위수 → 6

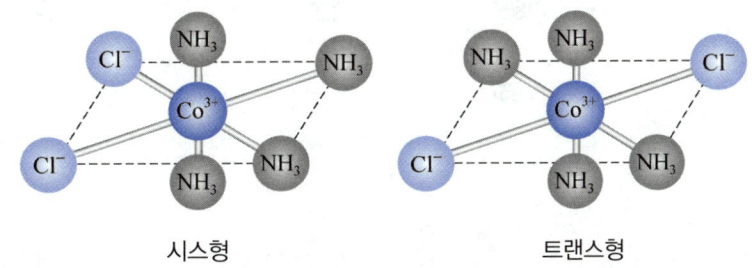

시스형　　　　　트랜스형

⟨$[Co(NH_3)_4Cl_2]^+$의 이성질체⟩

　㉡ MA_3B_3

　　리간드 → A, B / 배위수 → 6

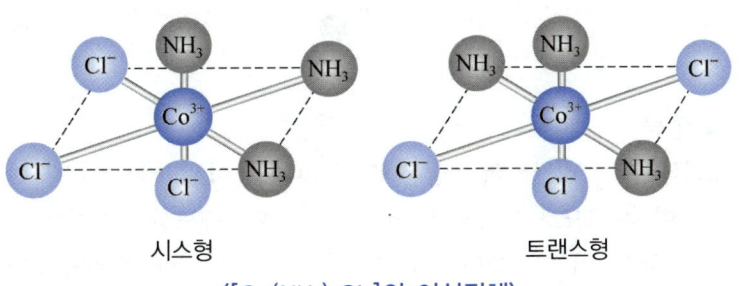

시스형　　　　　트랜스형

⟨$[Co(NH_3)_3Cl_3]$의 이성질체⟩

④ 결정장 이론

(1) 정의
리간드가 중심 금속 이온에 접근할 때 d오비탈의 공간적 방향에 따라 반발력의 크기가 달라져 d오비탈의 에너지 준위가 달라진다는 이론이다.
→ 배위 화합물은 전이 금속 이온의 d오비탈과 리간드의 비공유 전자쌍이 배위결합을 한다. 리간드와 결합하기 전에는 전이 금속 이온의 d오비탈 5개의 에너지 준위는 같다. 그런데 리간드가 다가오면 리간드의 비공유 전자쌍(−전하)과 d오비탈 간에 반발력이 작용하여 d오비탈의 에너지 준위가 높아진다.

(2) d오비탈 모양

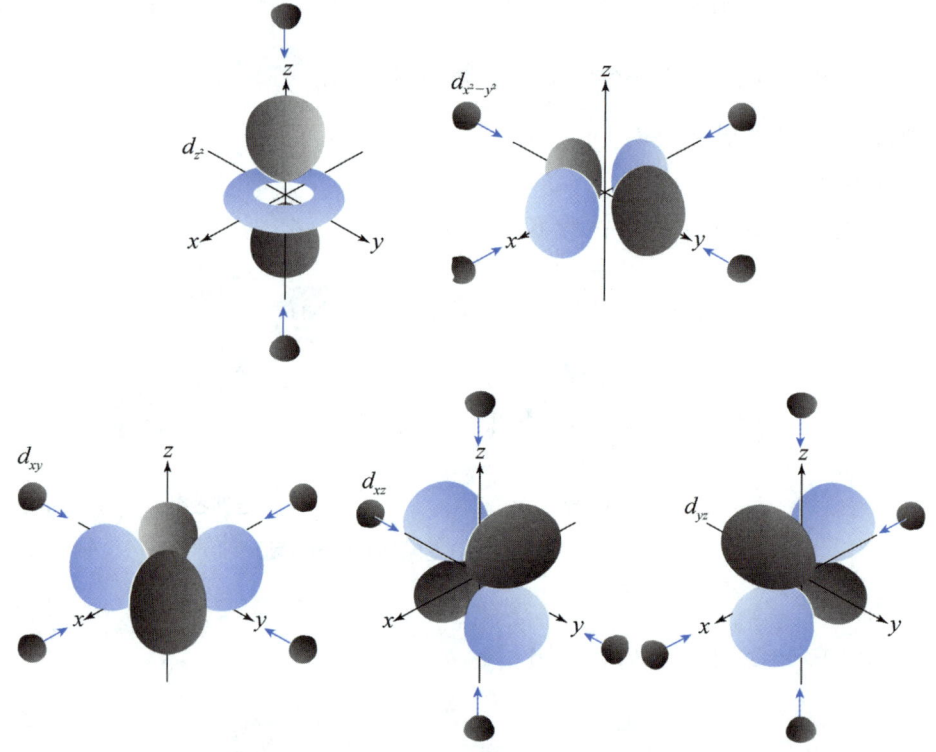

(3) 결정장 분리의 종류
- 팔면체에서 결정장 분리 : 리간드의 접근은 축으로 다가온다. 따라서 리간드와의 반발력은 축상에 있는 d오비탈이 더 크므로 에너지가 높아진다. 이때 d궤도함수의 에너지 차이를 결정장 갈라짐 에너지라고 하고, 이것은 착이온의 자기적 성질과 색깔에 영향을 준다.

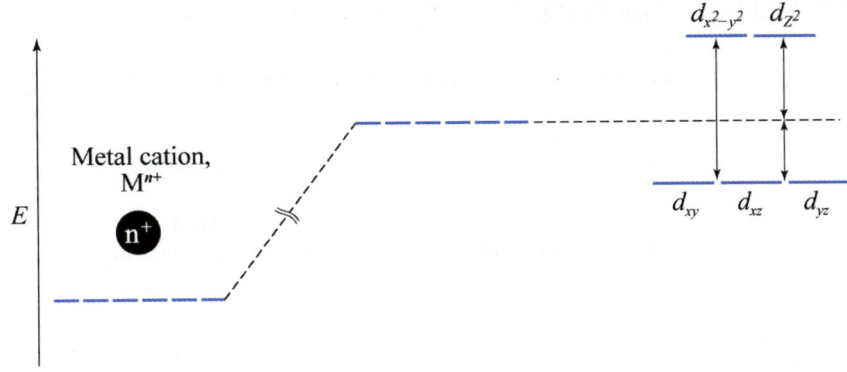

(4) 팔면체 배위 화합물에서의 결정장 안정화 에너지(CFSE)
① 약한장

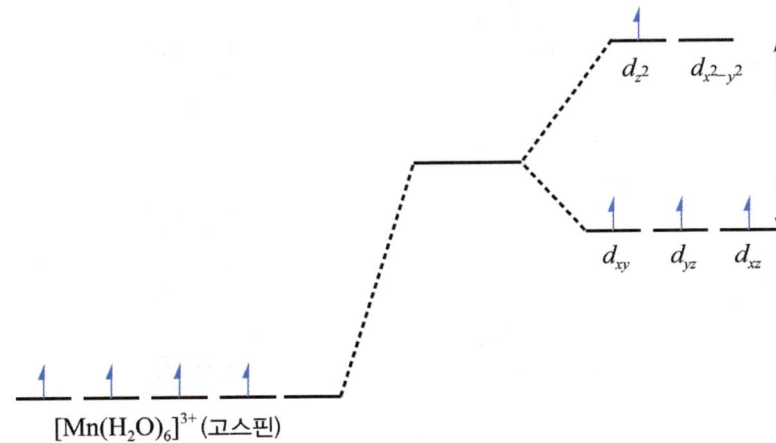

[Mn(H$_2$O)$_6$]$^{3+}$ (고스핀)

② 강한장

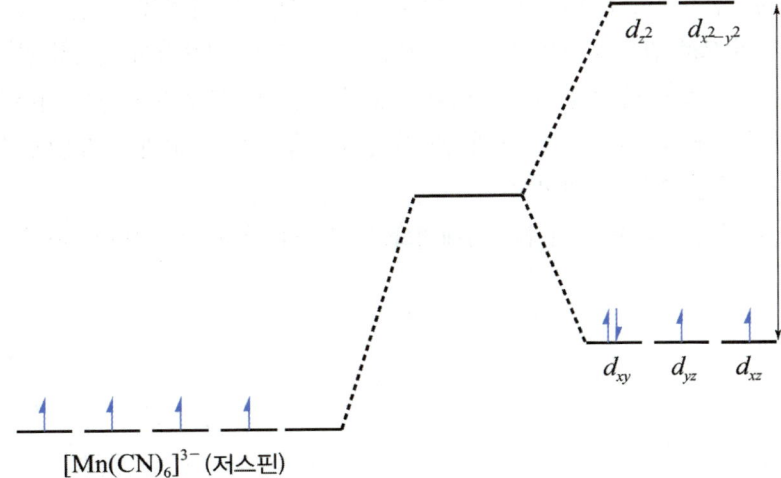

[Mn(CN)$_6$]$^{3-}$ (저스핀)

③ 결정장 갈라짐 에너지에 영향을 주는 요인 : 리간드의 종류에 따라 다르다.

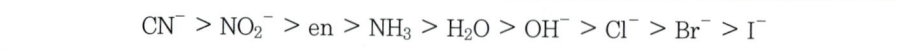

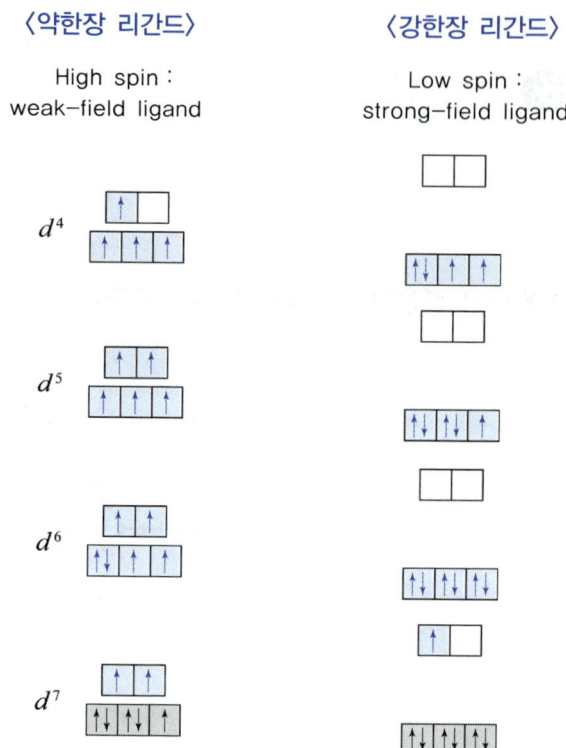

할로겐 이온은 약한장 리간드로 작용하여 결정장 갈라짐 에너지가 작다. 따라서 훈트의 규칙을 따르는 전자배치가 이루어져 홀전자가 많아지므로 상자성을 띤다.

H_2O를 기준으로 왼쪽에 있는 리간드는 강한장 리간드로 작용하여 결정장 갈라짐 에너지가 크다. 따라서 훈트의 규칙을 따르지 않아서 홀전자가 적으므로 반자성을 띠는 경우가 많다. 결정장 에너지가 작아서 홀전자가 많아져서 상자성을 강하게 띠면 자기장에 더 강하게 끌리게 되는데 이것을 고스핀이라고 한다.

결정장 에너지가 커서 홀전자가 상대적으로 적어서 반자성을 강하게 띠면 저스핀 착이온이 된다.

5 분광화학적 계열

배위 화합물에서의 결정장 이론을 이용하여 배위 화합물의 색을 결정할 수 있다.

(1) 색을 띠는 원리(보색의 원리)

① 결정장 갈라짐 에너지(Δ)와 연관이 있다. 낮은 에너지의 d오비탈과 높은 에너지의 d오비탈 사이에서 일어나는 전자전이 때문이다. 즉, 분리된 d궤도함수 사이를 d오비탈의 전자가 이동하기 때문이다. 결정장 갈라짐 에너지(Δ)는 빛의 스펙트럼에서 가시광선 영역의 파장에 해당하며, 그 에너지만큼의 빛을 흡수하면 보색이 보인다. 낮은 에너지 준위에 있던 전자가 위로 들뜰 때 결정장 갈라짐 에너지가 클수록 흡수하는 에너지는 커진다.

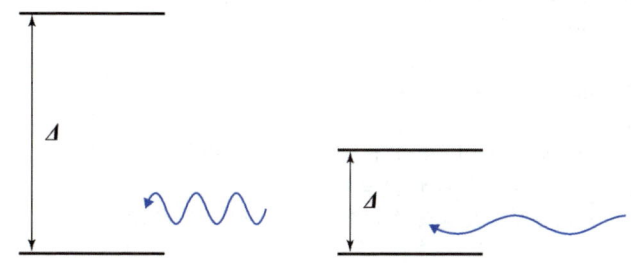

② 착물에서 관찰되는 빛은 흡수한 빛의 보색이다.

결정장 갈라짐 에너지가 클수록 흡수하는 에너지는 커지므로 강한장 리간드가 결합하면 보라색 계통의 빛을 흡수하여 노란색 계통이 나타나며, 약한장 리간드가 결합하면 붉은색 계통의 빛을 흡수하여 녹색 계통이 나타난다.

같은 원리로 푸른색 계통을 흡수하면 주황색 계통이 나타난다.

(2) 정리

$$CN^- > NO_2^- > en > NH_3 > H_2O > OH^- > Cl^- > Br^- > I^-$$

〈강한장 리간드〉

=저스핀
=주로 반자성
→ 고에너지 흡수
   : 푸른색 계통 흡수
→ 붉은색 계통 관찰

〈약한장 리간드〉

=고스핀
=상자성
→ 저에너지 흡수
   : 붉은색 계통 흡수
→ 푸른색 계통 관찰

SUMMARY NOTE

(1) 지방족 탄화수소
  ① 알케인(C_nH_{2n+2})
    ㉠ 단일결합, 포화 탄화수소
    ㉡ 입체 구조를 이루며 치환반응을 한다.
  ② 알켄(C_nH_{2n})
    ㉠ 이중결합, 불포화 탄화수소
    ㉡ 에텐을 제외하고 모두 입체 구조를 이루며 첨가반응을 한다.
  ③ 알카인(C_nH_{2n-2})
    ㉠ 삼중결합, 불포화 탄화수소
    ㉡ 에타인을 제외하고 모두 입체 구조를 가지며 첨가반응을 한다.
  ④ 사이클로 알케인(C_nH_{2n})
    ㉠ 고리 모양의 단일결합, 포화 탄화수소, 입체 구조를 이룬다.
    ㉡ 알켄과 이성질체이다.

(2) 지방족 탄화수소 유도체
  ① 알코올
    ㉠ 알코올의 OH는 물에 녹아 이온화하지 않으므로 중성이다.
    ㉡ 친수기(OH)의 %가 높을수록 물에 잘 녹는다.
    ㉢ 수소결합을 하므로 분자량이 비슷한 탄소 화합물보다 끓는점(bp)이 높다.
  ② 산화반응

   1차 알코올   알데하이드   카복시산

   CH_3OH $\underset{환원}{\overset{산화}{\rightleftharpoons}}$ $HCHO$ $\underset{환원}{\overset{산화}{\rightleftharpoons}}$ $HCOOH$

   C_2H_5OH $\underset{환원}{\overset{산화}{\rightleftharpoons}}$ CH_3CHO $\underset{환원}{\overset{산화}{\rightleftharpoons}}$ CH_3COOH

  ③ 에스터화 반응

   카복시산 + 알코올 $\underset{가수분해}{\overset{에스터화}{\rightleftharpoons}}$ 에스터 + 물

   $$RCOOH + R'OH \rightleftharpoons RCOOR' + H_2O$$

  ④ 환원성을 가지는 물질

   ∴ $\left.\begin{array}{l}HCO\sim \\ \sim CHO\end{array}\right\rangle \rightarrow \left.\begin{array}{l}\text{은거울} \\ \text{펠링용액}\end{array}\right)$ 반응 ○ → 환원성이 크다.

  ⑤ 탈수반응 : 에탄올을 진한 황산과 함께 가열하면 온도에 따라 에틸렌과 에터가 생성된다.

(3) 방향족 탄화수소
  ① 벤젠

   ㉠ 평면 정육각형 공명 구조(120°), 불포화 탄화수소
   ㉡ 안정한 구조이므로, 주로 치환반응을 잘한다(단일결합 특징).

(4) 방향족 탄화수소 유도체
① 페놀 ⌬-OH, C_6H_5OH ② 벤조산 ⌬-COOH, C_6H_5COOH
③ 살리실산 ⌬-OH, -COOH   ④ 아닐린 ⌬-NH_2

(5) 지방족 및 방향족 탄화수소 유도체의 공통점
① −OH를 가지고 있는 경우
㉠ 수소결합을 해서 끓는점이 높다.
㉡ 나트륨과 반응해서 수소기체를 발생한다.
㉢ R−COOH와 에스터화 반응을 한다.
※ −COOH는 R−OH와 에스터화 반응을 한다.

(6) 고분자 화합물의 합성
① 첨가 중합 : 단위체에 존재하는 이중결합이 끊어지면서 계속해서 첨가 반응하여 고분자 화합물이 만들어진다.
② 혼성 중합 : 2종류 이상의 단위체가 교대로 첨가 중합하는 반응이다.
③ 축합 중합 : 단위체 분자 내에 있는 작용기들이 반응할 때 H_2O와 같은 간단한 분자들이 빠져 나가면서 고분자 화합물이 만들어진다.

(7) 탄수화물
① 포도당
㉠ 환원성이 있다.
㉡ 물과 수소결합을 형성할 수 있어 물에 잘 녹는다.
㉢ 수용액에서 α-포도당, β-포도당, 사슬 모양 포도당의 3가지 형태가 평형을 이루고 있다.
② 녹말 : α-포도당의 축합 중합체로 가수분해되면 α-포도당이 된다.
③ 셀룰로오스 : β-포도당의 축합 중합체로서 섬유질의 성분이다.
④ 녹말, 셀룰로오스의 공통점
㉠ 환원성이 없고 분자 내 수소 결합으로 나선형 구조를 이룬다.
㉡ 가수분해하여 단당류가 만들어진다.
㉢ 에터 결합을 하고 있다.

(8) 단백질
① 아미노산
㉠ 단백질을 만드는 단위체로 하나의 분자에 −NH_2와 −COOH를 모두 갖고 있는 양쪽성 물질이다.
㉡ 아미노산은 중심 탄소에 붙어있는 R(알킬기)에 따라서 그 종류가 달라진다.
㉢ 축합 중합으로 아미드 결합(펩티드 결합)을 만들어 단백질을 생성한다.
② 단백질
㉠ 아미노산의 축합 중합으로 만들어진 고분자 물질로 아미드 결합(펩티드 결합)을 기본으로 하며 가수분해하면 아미노산이 된다.
㉡ 분자 내 수소결합으로 나선형 구조를 이룬다.

(9) 배위 화합물의 구조

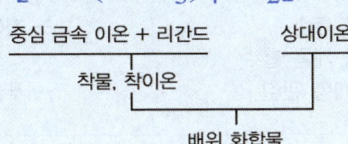

배위 화합물의 구조는 배위수와 중심 이온, 리간드의 종류에 따라 결정된다.

배위수	2	4	4	6
금속 이온	Ag^+, Au^+	Cu^{2+}, Ni^{2+}, Pt^{2+}	Zn^{2+}, Cd^{2+}	CO^{3+}, Fe^{3+}, Cr^{3+}, Fe^{2+}
입체 구조	선형	평면사각형	사면체	팔면체

⑽ 결정장 이론
  • 팔면체에서 결정장 분리 : 리간드와의 반발력은 축상에 있는 d오비탈이 더 크므로 에너지가 높아진다.

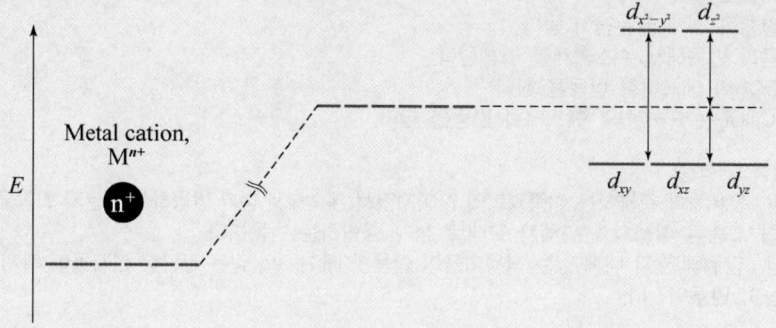

⑾ 분광화학적 계열
  ① 배위 화합물이 색을 띠는 원리(보색의 원리)
    ㉠ 분리된 d궤도함수 사이를 d오비탈의 전자가 이동하기 때문이다.
    ㉡ 전자가 이동할 때 특정 파장의 가시광선을 흡수한다.
    ㉢ 낮은 에너지 준위에 있던 전자가 위로 들뜰 때 결정장 분리가 클수록 흡수하는 에너지는 커진다.

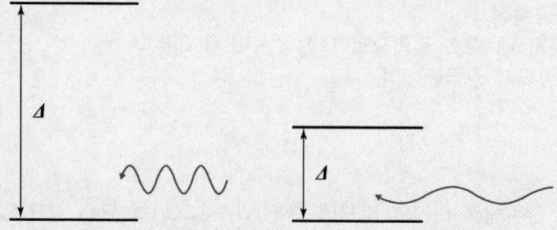

    ㉣ 착물에서 관찰되는 빛은 흡수한 빛의 보색이다.
  ② 주어진 파장의 빛이 화합물이 필요로 하는 에너지와 같을 때에만 그 빛이 흡수

$$CN^- > NO_2^- > en > NH_3 > H_2O > OH^- > Cl^- > Br^- > I^-$$

〈강한장 리간드〉   〈약한장 리간드〉
=저스핀   =고스핀
=주로 반자성   =상자성
→ 고에너지 흡수   → 저에너지 흡수
  : 푸른색 계통 흡수   : 붉은색 계통 흡수
→ 붉은색 계통 관찰   → 푸른색 계통 관찰

01 다음 중 수소결합을 하지 않는 물질은?
① HCOOH
② CH_3COCH_3
③ CH_3COOH
④ C_6H_5OH

02 다음 중 평면 구조가 아닌 것은?
① 벤젠
② 에타인
③ 에텐
④ 에테인

03 단백질에 대한 설명으로 틀린 것은?
① 단위체인 아미노산은 양쪽성 물질이다.
② 아미노산의 첨가 중합으로 단백질을 합성한다.
③ 펩티드 결합을 이루고 있다.
④ 분자 내 수소결합으로 나선형 구조를 이루고 있다.

04 나트륨과 반응해서 수소기체를 발생시키지 못하는 물질은?
① CH_3COOH
② H_2O
③ CH_3CHO
④ HCOOH

05 다음 중 액성이 다른 하나는?
① CH_3COOH
② C_6H_5OH
③ C_6H_5COOH
④ C_2H_5OH

BASIC CHECK

01 ②
수소결합을 하려면 구조식에서 수소와 산소가 직접 붙어 있어야 한다.

02 ④
에테인은 알케인(C_nH_{2n+2})으로 입체구조이다.

03 ②
아미노산을 축합 중합으로 만든다.

04 ③
구조식에서 수소와 산소가 직접 붙어 있어야 한다.

05 ④
알코올은 중성이다.

BASIC CHECK

06 ③
벤젠고리가 있어야 방향족 화합물이다.

06 다음 중 방향족 화합물이 아닌 것은?
① 페놀　　　　　② 살리실산
③ 사이클로 뷰테인　④ 벤조산

07 ④
중심 금속에 결합하려면 리간드는 비공유 전자쌍을 가지고 있어야 한다.

07 다음 질소 화합물들 중에서 금속과 착화합물을 만들 수 있는 것을 모두 고르면?

a. NH_4^+　　b. NH_3　　c. NH_2^-

① a, b　　　　　② a, b, c
③ a, c　　　　　④ b, c

08 [　Pt　(NH$_2$CH$_2$CH$_2$NH$_2$)$_3$]$^{4+}$
　　　+4　　　0
① +4
② 두 자리 리간드가 3개이다.
③ 총 6자리에 결합하고 있다.

08 [Pt(NH$_2$CH$_2$CH$_2$NH$_2$)$_3$]$^{4+}$의 중심 금속 이온에 대하여 물음에 답하시오.
① 산화수는?
② 중심 금속 주위의 리간드의 수는?
③ 배위수는?

실전 유형문제

01 2023년 지방직9급

다음 분자에 대한 설명으로 옳지 않은 것은?

① 카복실산 작용기를 가지고 있다.
② 에스터화 반응을 통해 합성할 수 있다.
③ 모든 산소 원자는 같은 평면에 존재한다.
④ sp^2혼성을 갖는 산소 원자의 개수는 2이다.

해설 꼭지점은 탄소가 들어간다.

① -COOH : 카복실기
② -COO : 에스터기
③ sp^3, sp^2의 산소가 모두 존재하므로 같은 평면에 있지 않다.
④ 이중결합을 하고 있는 산소는 sp^2이다. 따라서 2개이다.

02 2023년 경남9급

다음 탄화수소 (가)~(다)에 대한 설명으로 옳지 않은 것은?

| (가) C_2H_6 | (나) C_2H_4 | (다) C_2H_2 |

① 공유전자쌍의 수는 (다)가 가장 작다.
② (나)에는 이중결합이 존재한다.
③ 결합각(∠HCC)의 크기는 (가) > (나)이다.
④ (다)를 구성하는 모든 원자는 직선상에 존재한다.

해설

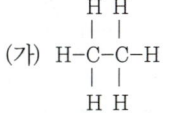

(가) H-C-C-H (나) C=C (다) H-C≡C-H

① 공유전자쌍 : (가)=7 (나)=6 (다)=5
③ 결합각 : (가) 약 109.5° (나)=120° (다)=180°

ANSWER 01 ③ 02 ③

03 [2023 지방직9급]

다음 각 0.1M 착화합물 수용액 100mL에 0.5M AgNO₃ 수용액 100mL씩을 첨가했을 때, 가장 많은 양의 침전물이 얻어지는 것은?

① $[Co(NH_3)_6]Cl_3$
② $[Co(NH_3)_5Cl]Cl_2$
③ $[Co(NH_3)_4Cl_2]Cl$
④ $[Co(NH_3)_3Cl_3]$

해설 $Ag^+ + Cl^- \rightarrow AgCl(s)$의 원리를 이용한다.

① $\dfrac{[Co(NH_3)_6]Cl_3}{0.01몰} \rightarrow \dfrac{[Co(NH_3)_6]^{3+}}{0.01몰} + \dfrac{3Cl^-}{0.03몰}$ 에 Ag^+ 0.05몰을 넣어준다.

$\dfrac{Ag^+}{0.03몰} + \dfrac{Cl^-}{0.03몰} \rightarrow \dfrac{AgCl(s)}{0.03몰}$ 생성

② AgCl(s) 0.02몰 생성
③ AgCl(s) 0.01몰 생성
④ 앙금이 생성되지 않는다.

04 [2019년 지방직9급]

고분자(중합체)에 대한 설명으로 옳은 것만을 모두 고르면?

ㄱ. 폴리에틸렌은 에틸렌 단위체의 첨가 중합 고분자이다.
ㄴ. 나일론 −66은 두 가지 다른 종류의 단위체가 축합 중합된 고분자이다.
ㄷ. 표면 처리제로 사용되는 테플론은 C−F 결합 특성 때문에 화학약품에 약하다.

① ㄱ
② ㄱ, ㄴ
③ ㄴ, ㄷ
④ ㄱ, ㄴ, ㄷ

해설 테플론은 C−F의 강한 결합으로 화학약품에 강하고, 반응성이 없으며 질긴 불용성물질

05 [2019년 지방직9급]

팔면체 철 착이온 $[Fe(CN)_6]^{3-}$, $[Fe(en)_3]^{3+}$, $[Fe(en)_2Cl_2]^+$에 대한 설명으로 옳은 것만을 모두 고르면? (단, en은 에틸렌다이아민이고 Fe는 8족 원소이다.)

ㄱ. $[Fe(CN)_6]^{3-}$는 상자기성이다.
ㄴ. $[Fe(en)_3]^{3+}$는 거울상 이성질체를 갖는다.
ㄷ. $[Fe(en)_2Cl_2]^+$는 3개의 입체 이성질체를 갖는다.

① ㄱ
② ㄴ
③ ㄷ
④ ㄱ, ㄴ, ㄷ

ANSWER 03 ① 04 ② 05 ④

해설 ㄱ. - -
      ㄴ. M(en)₃ : 거울상이성질체를 갖는다(1개). M(en)₂A₂ : 트랜스+시스+광학이성질체 : 총 3개

06 [2018년 지방직9급]

분자식이 C_5H_{12}인 화합물에서 가능한 이성질체의 총 개수는?

① 1   ② 2
③ 3   ④ 4

해설

C-C-C-C-C   C-C-C-C   C-C-C
              | |
              C   C
                         |
                         C

07 [2017년 지방직9급]

다음 알코올 중 산화 반응이 일어날 수 없는 것은?

①   OH
         |
    H - C - CH₃
         |
         H

②   OH
         |
    H₃C - C - CH₃
         |
         H

③   OH
         |
    H₃C - C - OH
         |
         H

④   OH
         |
    H₃C - C - CH₃
         |
         CH₃

해설 3차 알코올(-OH가 붙어 있는 탄소에 알킬기가 3개 붙어 있음)은 산화가 일어나지 않는다.

08

C_6H_{14}의 구조 이성질체는 몇 개인가?

① 4개   ② 5개
③ 6개   ④ 7개

해설 C_6H_{14}

C-C-C-C-C-C   C-C-C-C   C-C-C-C   C   C
              | | | |
              C   C   C-C-C-C   C-C-C-C
                                  | |
                                  C   C

모두 5개의 이성질체를 갖는다.

ANSWER 06 ③ 07 ④ 08 ②

09 다음 유기 화합물 중 끓는점이 가장 높은 것은?

① CH_3COCH_3
② $CH_3CH_2OCH_2CH_3$
③ $CH_3CH_2CH_2OH$
④ $CH_3CH_2CH_2CH_3$

해설 OH가 직접 붙어 있는 수소결합물질인 $CH_3CH_2CH_2OH$가 분자간 인력이 가장 강하므로 끓는점이 가장 높다.

10 페놀과 알코올의 특성에 대한 설명으로 옳은 것만을 모두 고르면?

> ㄱ. 페놀과 알코올은 모두 -OH 작용기를 가지고 있다.
> ㄴ. 알코올의 끓는점은 분자량이 비슷한 에터나 탄화수소보다 훨씬 더 높다.
> ㄷ. 알코올은 소듐(Na)과 반응하여 수소 기체를 발생시킨다.
> ㄹ. 페놀은 산화를 촉진시킨다.

① ㄱ, ㄴ
② ㄴ, ㄷ
③ ㄱ, ㄴ, ㄷ
④ ㄱ, ㄴ, ㄷ, ㄹ

해설 ㄱ. 페놀, 알코올(에탄올)

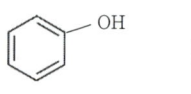 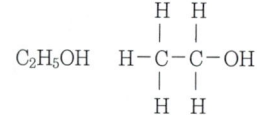

ㄴ. 알코올은 수소결합물질이므로 분자량이 비슷한 다른 물질보다 끓는점이 높다.
ㄷ. $2Na + 2C_2H_5OH \rightarrow 2C_2H_5ONa + H_2$
ㄹ. 페놀은 자신이 산화가 된다.

11 화합물 a, b, c는 분자식이 모두 C_3H_8O이다. a와 b는 소듐(Na)과 반응하여 수소를 발생시키지만, c는 그러한 성질이 없다. a를 산화시키면 알데하이드가 생성되고, b를 산화시키면 케톤이 생성된다. a, b, c의 화학식으로 옳은 것은?

	a	b	c
①	$CH_3CH_2OCH_3$	$CH_3CH(OH)CH_3$	$CH_3CH_2CH_2OH$
②	$CH_3CH_2CH_2OH$	$CH_3CH(OH)CH_3$	$CH_3CH_2OCH_3$
③	$CH_3CH(OH)CH_3$	$CH_3CH_2CH_2OH$	$CH_3CH_2OCH_3$
④	$CH_3CH_2OCH_3$	$CH_3CH_2CH_2OH$	$CH_3CH(OH)CH_3$

ANSWER 09 ③ 10 ③ 11 ②

해설 ① 1차 알코올 $\xrightarrow{산화}$ 알데히드, 2차 알코올 $\xrightarrow{산화}$ 케톤
② OH가 붙어 있는 탄소에 알킬기가 1개 붙어 있으면 1차 알코올, OH가 붙어 있는 탄소에 알킬기가 2개 붙어 있으면 2차 알코올
③ $CH_3CH_2CH_2OH$가 1차 알코올(a)
   $CH_3CH(OH)CH_3$는 2차 알코올이다(b).

12 모든 원자들이 같은 평면상에 있는 분자를 모두 고른 것은?

| ㄱ. 에테인 | ㄴ. 에틸렌 | ㄷ. 아세틸렌 |
| ㄹ. 사이클로헥세인 | ㅁ. 벤젠 | |

① ㄱ, ㄴ
② ㄱ, ㄹ
③ ㄴ, ㄷ, ㅁ
④ ㄷ, ㄹ, ㅁ

해설 에테인과 시클로헥세인은 탄소 1개당 원자가 4개가 붙어있는 입체구조이다.
에틸렌(C_2H_4), 아세틸렌(C_2H_2), 벤젠(C_6H_6)은 탄소 1개당 수소원자가 2개 또는 3개가 붙어 있는 평면구조이다.

13 다음 그림에 나타낸 테트라시아노에틸렌 분자에서 파이 결합 개수와 시그마 결합의 개수는?

$$\begin{array}{c} N\equiv C \\ \\ N\equiv C \end{array} \!\!\! \begin{array}{c} \\ C=C \\ \end{array} \!\!\! \begin{array}{c} C\equiv N \\ \\ C\equiv N \end{array}$$

	파이 결합	시그마 결합
①	5	4
②	5	9
③	9	4
④	9	9

해설 시그마 결합은 분자의 골격을 이루는 결합이고, 파이 결합은 시그마 결합을 구름처럼 감싸는 구조이다. 단일결합이 σ-결합이다. 이중결합은 σ-결합 1개에 π-결합 1개, 삼중결합은 σ-결합 1개에 π-결합 2개까지 있다.

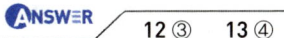
12 ③　13 ④

14 표는 탄소 화합물을 구별하기 위한 실험 방법을 나타낸 것이다.

구분	탄소 화합물	실험 방법
(가)	에테인, 에텐	브롬수에 통해 준다.
(나)	에탄올, 디에틸에터	금속 나트륨을 떨어뜨린다.
(다)	메탄올, 폼산	BTB 용액을 떨어뜨린다.
(라)	폼산, 아세트산	암모니아성 질산은 수용액과 반응시킨다.
(마)	폼산메틸, 아세트알데히드	펠링 용액을 넣고 가열한다.

위 탄소 화합물들을 구별할 수 있는 실험 방법으로 옳지 않은 것은?

① (가) ② (나)
③ (다) ④ (마)

해설 (가) 단일결합(에테인)은 브로민수(Br_2) 탈색반응을 하지 않고, 이중, 삼중결합(에타인)은 브로민수(Br_2) 탈색반응을 한다.
(나) 에탄올(C_2H_5OH)은 OH가 직접 붙어 있으므로 나트륨과 반응해서 수소기체를 발생시킨다.
(다) 메탄올은 중성이므로 BTB를 떨어뜨리면 녹색이 되고, 폼산은 산성이므로 BTB를 떨어뜨리면 노란색이 된다.
(라) 폼산은 암모니아성 질산은 용액과 반응한다(은거울 반응).
아세트산은 은거울 반응을 하지 않는다.
(마) 폼산메틸과 아세트알데히드는 모두 펠링용액 반응을 한다.

15 다음과 같은 성질을 갖고 있는 탄소 화합물은?

- 수용액은 산성이다.
- 암모니아성 질산은 용액을 환원시킨다.
- 알코올과 에스터화 반응을 한다.

① HCOOH ② CH_3COOH
③ HCHO   ④ C_2H_5OH

해설 수용액이 산성이면 폼산(HCOOH)과 아세트산(CH_3COOH)이다.
모두 COOH를 가지고 있으므로 알코올(OH)과 에스터화 반응을 한다.
그런데 폼산(HCOOH)는 암모니아성 질산은 용액과 반응하고 아세트산(CH_3COOH)은 암모니아성 질산은 용액과 반응하지 않는다.

ANSWER 14 ④   15 ①

16 C_4H_{10}에서 H원자 1개를 OH로 치환시켰을 때 생성되는 치환기 이성질체수는?

① 3개 ② 4개
③ 5개 ④ 7개

해설 C_4H_9OH이다.

```
C-C-C-C        C             C-C-C-C-OH      C-C-C-OH
    |          |                                  |
    OH      C-C-C                                 C
            |
            OH
```

총 4개이다.

17 알데히드와 케톤을 비교 설명한 것으로 옳지 않은 것은?

① 알데히드와 케톤은 은거울 반응을 통해 구별할 수 있다.
② 알데히드는 환원력이 있으나 케톤은 그렇지 않다.
③ 알데히드와 케톤 모두 $Na_2Cr_2O_7$에 의해 산화된다.
④ 알데히드와 케톤 모두 염기 조건에서 알코올 축합반응을 할 수 있다.

해설 알데히드는 $Na_2Cr_2O_7$에 의해 카복시산으로 산화될 수 있지만 케톤은 산화될 수 없다.

18 다음 중 단일결합만으로 이루어질 수 있는 화합물은 몇 개인가?

C_2H_4 C_2H_6 C_3H_6 C_3H_8 C_4H_8 C_4H_{10}

① 3개 ② 4개
③ 5개 ④ 6개

해설 단일결합만으로 되어 있는 것은 C_2H_6, C_3H_8, C_4H_{10}이다.
위 3가지는 모두 단일결합만으로 되어 있는 알케인이다.
C_3H_6, C_4H_8은 사이클로알케인으로 고리형의 단일결합을 이루지만, 이중결합을 가지고 있는 알켄으로도 존재한다.

ANSWER 16 ② 17 ③ 18 ①

19 에탄올을 산화시키면 아세트알데히드를 거쳐 아세트산이 만들어진다. 아세트알데히드와 아세트산에 대한 설명으로 옳지 않은 것은?

① 아세트알데히드를 환원시켜 에탄올을 만들 수 있다.
② 아세트산이 갖는 작용기는 아미노산에서도 발견된다.
③ 술을 마시면 에탄올은 몸 속에서 아세트알데히드로 산화된다.
④ 아세트산은 산 촉매 조건에서 에탄올과 반응하여 에터를 생성한다.

해설 ① 에탄올은 산화시켜서 알데히드를 만들므로 알데히드를 환원시켜서 에탄올을 만들 수 있다.
② 아세트산(CH_3COOH)의 COOH는 아미노산에도 존재한다.
④ 아세트산은 에탄올과 반응해서 에스테르를 생성한다.

20 다음 중 광학 이성질체(stereo isomer)가 존재하는 것은?

① $CH_3CH_2CH_2OH$
② $(CH_3)_3COH$
③ $CH_3CH_2CH_2COOH$
④ $CH_3CH_2CH(OH)CH_3$

해설 빨리 구별할 수 있는 방법은 탄소 주위에 붙어 있는 원자나 원자단이 모두 달라야 한다.

$$H-\underset{\underset{H}{|}}{\overset{\overset{H}{|}}{C}}-\underset{\underset{H}{|}}{\overset{\overset{H}{|}}{C}}-\underset{\underset{OH}{|}}{\overset{\overset{*}{|}}{C}}-\underset{\underset{H}{|}}{\overset{\overset{H}{|}}{C}}-H$$

*C가 카이랄센터로서 광학이성질체를 만든다.

21 카복시산의 일반적인 화학식을 $CH_3(CH_2)_nCOOH$(n은 양의 정수)로 나타낼 때 n의 크기가 증가함에 따라 카복시산의 용해도에 대한 다음 설명 중 옳은 것은?

① 물과 사염화탄소 모두에서 용해도는 증가한다.
② 물과 사염화탄소 모두에서 용해도는 감소한다.
③ 물에서는 용해도가 증가하고 사염화탄소에서는 감소한다.
④ 물에서는 용해도가 감소하고 사염화탄소에서는 증가한다.

해설 탄소와 수소로만 되어 있으면 모두 무극성을 띠고 있으므로 n이 증가하면 탄소와 수소, 즉 무극성 부분의 비율이 커지므로 극성인 물에서의 용해도가 감소하고, 사염화탄소에서 용해도가 증가한다.

19 ④ 20 ④ 21 ④

22 그림은 프로펜과 사이클로헥세인의 구조식을 나타낸 것이다. 두 화합물을 비교하여 설명한 것으로 옳은 것을 〈보기〉에서 모두 고른 것은?

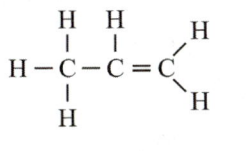
프로펜

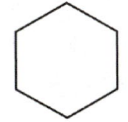
사이클로헥세인

보기
ㄱ. 두 화합물 모두 탄소와 수소의 원자수의 비는 1 : 2이다.
ㄴ. 프로펜과 사이클로헥세인 분자의 상대적 질량비는 1 : 2이다.
ㄷ. 1g이 완전 연소되기 위해 필요한 산소의 양은 서로 같다.

① ㄱ
② ㄱ, ㄴ
③ ㄱ, ㄷ
④ ㄱ, ㄴ, ㄷ

해설
$2C_3H_6 + 9O_2 \rightarrow 6CO_2 + 6H_2O$
$C_6H_{12} + 9O_2 \rightarrow 6CO_2 + 6H_2O$
⇒ 1g을 연소시키는데 필요한 O_2의 양은 같다.

23 아래 화합물로 가장 적절한 것은?

- 물에 잘 녹지 않는다.
- 염소와 치환반응을 한다.
- 한 분자가 완전히 연소되었을 때 생성되는 이산화탄소는 한 분자이다.

① 메테인
② 에테인
③ 에텐
④ 메탄올

해설 물에 녹지 않으려면 탄소와 수소로만 구성되어 있는 무극성분자이어야 한다.
치환반응을 하려면 탄소와 탄소가 단일결합을 하고 있는 알케인, 즉 메테인과 에테인이다.
$CH_4 + 2O_2 \rightarrow CO_2 + 2H_2O$
연소시켰을 때, 이산화탄소가 한 분자가 나오는 것은 메테인이다.

ANSWER 22 ④ 23 ①

24 페놀에 관한 설명으로 옳지 않은 것은?

① Na과 반응하여 수소를 발생한다.
② 수소결합 물질이므로 다른 분자결정 물질보다 끓는점이 높은 편이다.
③ 수용액의 액성은 알코올과 마찬가지로 중성이다.
④ 카복시산과 반응하여 에스터를 생성한다.

해설 페놀의 액성은 산성이다. 염기와 중화반응을 한다.

C₆H₅-OH + NaOH → C₆H₅-ONa + H₂O

25 그림은 탄화수소 (가)~(다)의 구조식을 나타낸 것이다.

(가) 벤젠 (나) 사이클로헥세인 (다) 헥세인

이에 대한 설명으로 옳지 않은 것은?

① (가)에서 모든 원자는 동일 평면에 있다.
② 결합각 α와 β는 같다.
③ 1g에 있는 탄소 원자의 전체 질량은 (나) > (다)이다.
④ 1몰을 완전 연소시켰을 때 생성되는 H_2O의 분자 수는 (나)와 (다)가 같다.

해설 벤젠의 결합각은 120°이다. 사이클로헥세인의 각도는 120°라고 생각할 수 있지만 109.5°이다.

26 다음은 페놀이 관여하는 반응들이다. 이들 중 실제로 일어나기 어려운 반응은?

① $C_6H_5OH + H_2O \rightarrow C_6H_5O^- + H_3O^+$
② $C_6H_5OH + HCl \rightarrow C_6H_5Cl + H_2O$
③ $2C_6H_5OH + 2Na \rightarrow 2C_6H_5ONa + H_2$
④ $C_6H_5OH + NaOH \rightarrow C_6H_5ONa + H_2O$

해설 페놀은 산성이므로 염기와는 반응하지만 산과는 반응하기 어렵다.

ANSWER 24 ③ 25 ② 26 ②

27 다음은 서로 다른 세 가지 유기화합물의 화학식을 나타낸 것이다.

C₂H₅OH	CH₃COOH	C₆H₅OH
(가)	(나)	(다)

화합물 (가), (나), (다)에 대한 설명으로 옳은 것은?

① (가), (나), (다)는 모두 산성이다.
② (나), (다)는 방향족 화합물이다.
③ (가), (나), (다)는 모두 Na과 반응해서 수소기체를 발생한다.
④ (가), (나), (다) 중 몰질량이 가장 큰 것은 (가)이다.

> **해설** ① C₂H₅OH는 중성, CH₃COOH, C₆H₅OH
> 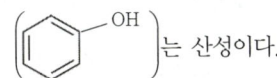 는 산성이다.
> ② 벤젠고리가 포함되어 있는 것이 방향족 화합물이다. (다)만 방향족 화합물이다.
> ③ 모두 -OH가 직접 붙어 있으므로 Na과 반응해서 수소기체를 발생시킨다.
> ④ 분자량 → C₂H₅OH : 46, CH₃COOH : 60, C₆H₅OH : 94
>   가장 큰 것은 (다)이다.

28 다음은 탄소 화합물 (가)와 (나)의 화학식을 나타낸 것이다.

CH₂CH₂   ⬡
(가)   (나)

이에 대한 설명으로 옳은 것만을 〈보기〉에서 있는 대로 고른 것은?

보기
ㄱ. (가)의 탄소 원자 간 결합은 이중결합이다.
ㄴ. H-C-C의 결합각은 (가)와 (나)가 같다.
ㄷ. (나)를 구성하는 원자들은 모두 동일 평면에 존재한다.

① ㄱ   ② ㄴ
③ ㄱ, ㄴ   ④ ㄱ, ㄷ

ANSWER 27 ③ 28 ①

해설 ㄱ. C_2H_4로써 C=C 사이에 이중결합이 존재한다.
ㄴ. C_2H_2와 C_2H_4는 사슬형탄화수소 중 유일한 평면구조이다. C_2H_2는 직선형 180°이고, C_2H_4는 삼각형 120°이다. 시클로헥세인은 다각형의 내각의 합을 구하는 공식으로 따지면 120°이지만, 120°가 너무 큰 각도라 유지하지 못하고 틀어져서 의자모양과 배모양이 되면서 실제론 109.5°이다.
ㄷ. 사이클로헥세인은 탄소 주위에 원자가 4개 붙어 있으므로 모두 입체구조이다. 탄소 주위에 4개가 붙어 있으면 무조건 입체구조, 포화탄화수소이다.

29 다음과 같은 화합물이 있다고 할 때 구성 원자들이 각각 갖는 형식전하의 총합은?

① −4 ② −2
③ 0   ④ 2

해설 이온성화합물의 형식 전하의 총합은 자신의 전하와 같다. −2가 된다.

30 고분자 물질의 구조식을 나타낸 것이다.

위의 고분자 물질들을 만들기 위해 필요한 단위체가 아닌 것은?

ANSWER 29 ② 30 ①

①
$$\text{HO-C(=O)-CH}_2\text{CH}_2\text{-C(=O)-OH}$$

② $CH_2=CH-CH=CH_2$

③ $HO-CH_2CH_2-OH$

④ $\text{HO-C(=O)-}\bigcirc\text{-C(=O)-OH}$

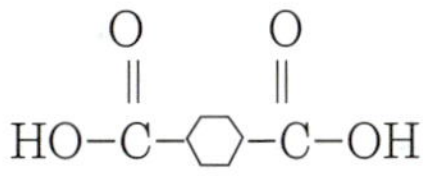

해설

① $HO-CH_2CH_2-\overset{O}{\underset{\|}{C}}-OH$가 단위체가 된다.

중합체가 $-\overset{O}{\underset{\|}{C}}-O-$를 가지고 있는 에스테르이다.

에스테르는 COOH와 OH가 결합하는 것이지, COOH와 COCH가 결합하는 것이 아니다.

---

31 다음은 선형 탄화수소 계열의 화합물들의 화학식을 나타낸 것이다.

화합물	화학식
A	$CH_3CH_2CH_2CH_3$
B	$CH_3CH(CH_3)CH_3$
C	$CH_2CHCHCH_2$
D	CH_2CH_2

이에 대한 설명으로 옳은 것만을 〈보기〉에서 있는 대로 고른 것은?

─● 보기 ┃
ㄱ. 화합물 A의 구조 이성질체인 B는 A에 비해 끓는점이 높다.
ㄴ. 화합물 A, C, D에서 탄소 사이의 결합길이는 A > D > C이다.
ㄷ. 화합물 C의 모든 탄소는 동일한 혼성궤도함수를 만든다.

① ㄱ   ② ㄴ
③ ㄷ   ④ ㄱ, ㄷ

ANSWER 31 ③

해설

A: H-C-C-C-C-H (구조식, 부탄)

B: H-C-C-C-H with H-C-H branch (이소부탄)

C: C=C-C=C (1,3-부타디엔)

D: C=C (에틸렌)

ㄱ. A는 B보다 표면적이 커서 끓는점이 높다.
ㄴ. 결합길이는 A > C > D(D는 완전한 이중결합, C는 단일결합이 포함되어 있다.)
ㄷ. C의 모든 탄소는 모두 sp^2 혼성오비탈이다.

32 세 가지 의약품의 구조식을 나타낸 것이다.

아스피린 (해열제)   페니실린 (항생제)   4-헥실레조시놀 (구충제)

이에 대한 설명으로 옳지 않은 것은?

① 아스피린은 가수분해된다.
② 페니실린은 펩티드 결합을 가지고 있다.
③ 세 가지 의약품 모두 에스터를 만들 수 있다.
④ 아스피린과 4-헥실레조시놀은 브롬과 첨가반응을 한다.

해설 ① 아스피린은 "-OCO-" 에스테르기를 가지고 있어서 COOH과 OH로 가수분해된다.
② "-C(=O)-NH" 펩타이드결합을 가지고 있다.
③ 아스피린과 페니실린은 COOH를 가지고 있으므로 OH와 반응해서 에스테르를 만들 수 있고, 4-헥실레조시놀은 OH를 가지고 있으므로 COOH와 반응해서 에스테르를 만들 수 있다.
④ 브로민수(Br_2) 탈색반응은 탄소-탄소 사이에 이중, 삼중결합이 있을 때 일어나지 무조건 이중, 삼중결합이 있다고 일어나지 않는다.

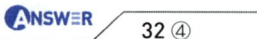

32 ④

33 1,2-Dichloroethene의 두 기하 이성질체 중에서 시스(cis)-이성질체(A, 끓는점=60°C)가 트랜스(trans)-이성질체(B, 끓는점=48°C)보다 끓는점이 높은 이유를 가장 적절히 설명한 것은?

① 시스-이성질체가 더 강한 수소결합을 하기 때문에
② 시스-이성질체가 분자 내 화학결합이 더 강하기 때문에
③ Dalton의 법칙과 Avogadro 원리 때문에
④ 시스-이성질체의 극성이 트랜스-이성질체의 극성보다 크기 때문에

해설 시스형은 비대칭 구조라서 극성분자, 트랜스형은 대칭 구조이므로 무극성분자이다.
분자량이 같을 때 극성분자가 무극성분자보다 끓는점이 더 높다.

34 벤젠(benzene, C_6H_6)에 대한 설명으로 옳지 않은 것은?
① 모든 구성 원소들이 동일 평면상에 위치한다.
② C-C 사이의 결합길이는 모두 같다.
③ C-C-C 간의 결합각은 120°이다.
④ 탄소수가 같은 포화 탄화수소보다 6개의 수소가 부족하다.

해설 C_6H_6가 벤젠인데, C_nH_{2n+2}가 일반식인 단일결합을 하고 있는 알케인은 포화탄화수소이다. 탄소수가 6개인 화합물은 C_6H_{14}이므로 수소의 수가 8개가 부족하다.

35 배위 화합물 $K[Pt(NH_3)Cl_5]$에서 백금(Pt)의 산화수는?
① +3   ② +4
③ -4   ④ -3

해설 $K^+ \left[\dfrac{P_t}{+4} \dfrac{(NH_3)}{0} \dfrac{Cl_5}{-1} \right]^-$ 가 되어야 한다.

33 ④ 34 ④ 35 ②

36 다음 특성을 모두 가지는 금속 착이온은?

- 금속의 산화수는 +2이다.
- 금속의 d오비탈 전자수는 6개이다.
- 상자기성(paramagnetic) 착이온이다.

① $[MnF_6]^{3-}$ 　　　　　② $[Fe(CN)_6]^{4-}$
③ $[Fe(H_2O)_6]^{2+}$ 　　　④ $[Co(H_2O)_6]^{2+}$

해설 금속의 산화수가 +2이고, d오비탈에 전자가 6개인 이온은 Fe^{2+}이다.
CN^-는 강한장 리간드이므로 반자성
H_2O는 상대적으로 약한장 리간드이므로 상자성

37 평면 사각형 구조의 착화합물 $Pt(NH_3)_2Cl_2$와 사면체 구조의 착화합물 $Zn(NH_3)_2Cl_2$가 가질 수 있는 모든 구조의 개수의 합은?

① 1 　　　　　② 2
③ 3 　　　　　④ 4

해설 $Pt(NH_3)_2Cl_2$는 사각형이므로 시스, 트랜스 2가지 이성질체를 가지지만, $Zn(NH_3)_2Cl_2$는 이성질체가 1개이다.

38 다음의 착화합물 중 가능한 기하 이성질체의 수가 다른 것은? (거울상 이성질체는 무시한다.)

① $Co(NH_3)_4Cl_2$ 　　　② $PtBrCl(NH_3)_2$
③ $Co(NH_3)_3Cl_3$ 　　　④ $Co(NH_2CH_2CH_2NH_2)(CO)_2Cl_2$

해설 $Co(NH_2CH_2CH_2NH_2)(CO)_2Cl_2$에서 $NH_2CH_2CH_2NH_2$는 두 자리 리간드이다.
3가지 기하이성질체를 갖는다. 나머지는 모두 2가지 이성질체를 갖는다.

ANSWER 36 ③　37 ③　38 ④

39 착이온(complex ion) [Co(NH₃)₄Br₂]⁺에 관한 다음 설명 중 옳지 않은 것은?

① 팔면체 구조이다.
② 리간드는 모두 루이스 염기이다.
③ 중심원자의 산화수는 +2이다.
④ 기하 이성질체를 갖는다.

해설 ① 배위수가 6개이므로 팔면체 구조이다.
② 리간드는 비공유전자쌍을 내놓으므로 루이스의 염기이다.
③ 중심원자의 산화수는 +3이다.
④ 2개의 기하 이성질체를 갖는다.

40 배위 화합물 [Zn(H₂O)₃Cl] Cl에 대한 설명으로 옳은 것만을 〈보기〉에서 있는 대로 고른 것은? (단, Zn은 12족 원소이고, 물의 어는점 내림 상수는 K_f=1.9℃·kg/mol이다.)

─ 보기 ─
ㄱ. 배위수는 4이다.
ㄴ. 착이온의 구조는 평면 사각형이다.
ㄷ. 1.0몰랄(m)농도 수용액의 어는점은 −1.9℃이다.
ㄹ. 1몰이 녹아 있는 수용액에 과량의 AgNO₃을 녹이면 1몰의 AgCl(s)이 석출된다.

① ㄱ, ㄹ
② ㄴ, ㄷ
③ ㄷ, ㄹ
④ ㄱ, ㄷ, ㄹ

해설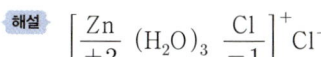

ㄱ. Zn²⁺에 결합하는 리간드수는 4개이다.
ㄴ. 구조는 정사면체이다.
ㄷ. $\Delta T_f = K_f \cdot m$
  1.9×1×2 → 이온화되는 값까지 대입해서 풀어야 한다.
  즉, −3.8℃가 된다.
ㄹ. Cl⁻가 1몰이 있으므로 AgNO₃을 넣으면, 1몰의 AgCl이 생성된다.

41 화합물 Na[Co(CO₃)(H₂O)₂Cl₂]에서 중심 금속 원자 Co의 산화수는?

① +1
② +2
③ +3
④ +4

해설 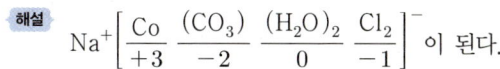 이 된다.

 39 ③　40 ①　41 ③

실전 유형문제

42 다음 화합물 중 무색일 것으로 예상되는 화합물은?

① $K_2[Co(NSC)_4]$ ② $Zn(NO_3)_2$
③ $[Cu(NH_3)_4]Cl_2$ ④ $Cr(NO_3)_2$

해설 Zn은 d오비탈에 전자가 꽉 차 있으므로 전자 전이가 없어서 무색이 된다.

43 다음 중 착이온의 입체 구조가 옳지 않은 것은?

① $[Ag(NH_3)_2]^+$: 선형 ② $[Cu(NH_3)_4]^{2+}$: 정사면체
③ $[Zn(NH_3)_4]^{2-}$: 정사면체 ④ $[Ni(CN_4)]^{2-}$: 평면사각형

해설 Cu^{2+}은 평면사각형 구조를 갖는다.

44 다음 착화합물에서 코발트 금속의 산화상태(oxidation state)는?

$$[Co(NH_3)_4Br_2](NO_3)$$

① I ② II
③ III ④ IV

해설 $\left[\underset{+3}{Co}\ \underset{0}{(NH_3)_4}\ \underset{-1}{Br_2} \right]^+ NO_3^-$

ANSWER 42 ② 43 ② 44 ③

CHAPTER 05 화학의 기본 언어

1 화학식량

1 원자량

원자의 크기와 질량은 매우 작기 때문에 원자 1개의 실제질량을 그대로 이용하는 사용하는 것은 불편하다. 그래서 원자의 상대적인 질량값을 사용한다.

(1) 원자들의 질량비를 의미한다.

(2) 탄소원자(^{12}C)의 질량을 12로 정하고, 그것을 기준으로 나머지 원자들의 질량을 비례적인 값으로 표현한 것(비례값이므로 단위가 없다.)

원자	실제 1개의 질량	원자량
H	1.67×10^{-24}g	1
C	2×10^{-23}g	12(기준)
O	2.7×10^{-23}g	16

(3) 평균 원자량 : 동위원소의 존재비율을 고려하여 구한 원자량이다.

$$평균원자량 = \frac{원자량 \times 존재백분율 + 원자량 \times 존재백분율}{100}$$

예 자연계에는 ^{35}Cl : 75% ^{37}Cl : 25% 존재한다.

$$평균원자량 = \frac{35 \times 75 + 37 \times 25}{100} ≒ 35.5$$

2 분자량

원자가 결합하여 이루어진 분자는 질량이 작아서 실제질량을 그대로 이용하는 것은 불편하다. 따라서 원자량과 같이 상대적인 질량값으로 나타낸다.

(1) 분자를 구성하는 원자량의 합이며 원자량과 같이 비례값이므로 역시 단위가 없다.
분자를 구성하는 동위원소에 따라 같은 분자이지만 분자량이 다른 분자가 존재한다.

예) $C_2H_4 = 12 \times 2 + 1 \times 4 = 28$
$NH_3 = 14 + 1 \times 3 = 17$
$CO_2 = 12 + 16 \times 2 = 44$

(2) **평균분자량**
공기와 같은 혼합기체는 각 기체의 분자량과 그 조성비로부터 평균분자량을 계산하여 기체의 분자량으로 정한다.

예) 질소 : 79%, 산소 : 21%일 때
$$28 \times \frac{79}{100} + 32 \times \frac{21}{100} ≒ 29$$

3 실험식량

(1) 실험식을 구성하고 있는 원자들의 원자량을 합하여 구한다.

(2) 실험식으로만 나타낼 수 있는 물질에는 대표적으로 이온결정($NaCl$, $BaCl_2$)이 있다.

(3) 이온은 분자 개념 없이 양이온과 음이온이 +, − 간의 정전기적 인력으로 끊임없이 결합한 형태이다. 따라서 이온과 분자는 다른 개념이다. 그러나 이온식량을 계산할 때는 분자량과 같은 방법으로 계산한다.
$NaCl = 23 + 35.5 = 58.5$

2. 몰과 아보가드로의 수

▶ **몰** : 원자, 분자, 이온 등과 같이 매우 작은 입자의 묶음을 세는 단위이다.

원자량, 분자량은 간단한 숫자로 표현되어 계산하기에는 편하지만 비례값이라서 단위를 붙일 수 없다. 단위를 붙여서 표현하려면 1몰 개념이 필요하다.

예 탄소원자량 12를 12g으로 나타내려면 실제 1개 질량 2×10^{-23}g을 6×10^{23}개를 모아야 한다. 이때 6×10^{23}개를 1몰이라고 정의한다.

$$C = 2 \times 10^{-23}g \times \frac{6 \times 10^{23}개}{1몰} = 12g$$

1 1몰의 개수, 질량, 부피

(1) **1몰의 개수** : 6×10^{23}개 입자(원자, 분자, 이온, 전자)의 집단으로 아보가드로의 수라고도 한다.

(2) **1몰의 질량** : 원자, 분자, 이온의 화학식량(원자량, 분자량, 이온식량)에 g을 붙인 값이다.

① $C = 2 \times 10^{-23}g \times \frac{6 \times 10^{23}개}{1몰} = 12g$ 에서 10^{-23}과 10^{23}이 지워지면 탄소 1몰의 질량은 12g이 된다.

몰수	질량(g)	입자수	입자수
원자 1몰	원자량(g)	6.02×10^{23}개의 원자	C 1몰=12g
분자 1몰	분자량(g)	6.02×10^{23}개의 분자	H_2O 1몰=18g
이온 1몰	이온식량(g)	6.02×10^{23}개의 이온	Na^+ 1몰=23g

② 분자나 원자 1몰의 질량을 알면 그 분자나 원자 1개의 실제 질량도 알 수 있다.
  예 H_2O 1개의 질량은 3×10^{-23}g이다.
  예 H_2O 4몰 속에 포함되어 있는 수소원자의 개수는 48×10^{23}개이다.

(3) **1몰의 부피**
① 기체일 때만 적용이 된다.
② 온도와 압력이 같을 때 기체 1몰의 부피는 기체의 종류와 관계없이 서로 같다.
③ 0℃, 1기압에서 기체의 종류에 관계 없이 모든 기체 1몰의 부피는 22.4L이며, 그 속에는 6×10^{23}개의 기체분자가 포함되어 있다.

2 1몰의 개수, 질량, 부피의 양적 관계

(1) 0℃, 1기압에서 기체 1몰의 부피, 분자수, 질량

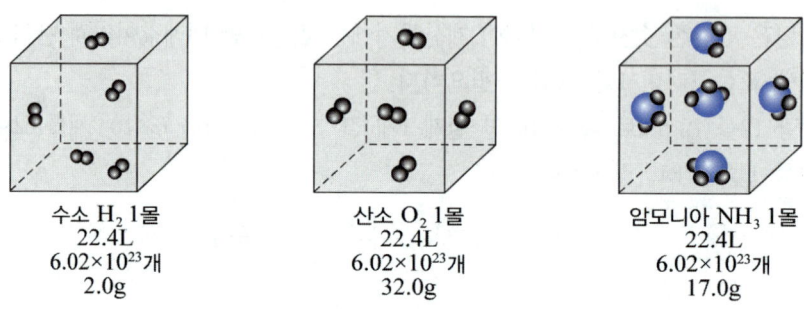

⟨0℃, 1기압에서 기체 1몰의 부피, 분자수, 질량 관계⟩

(2) $H_2O(g)$ = 1몰 = 6×10^{23}개 = 18g = 22.4L (0℃, 1기압에서)
= 0.5몰 = 3×10^{23}개 = 9g = 11.2L (0℃, 1기압에서)

결론

(1) 1몰 = $\begin{bmatrix} 분자량g \\ 원자량g \end{bmatrix}$ = 6×10^{23}개 = 22.4L (0℃, 1기압, 기체)

(2) 몰수 = $\dfrac{질량}{분자량(원자량)}$ = $\dfrac{분자수(원자수)}{6 \times 10^{23}}$ = $\dfrac{기체의 부피(L)}{22.4}$ (0℃, 1기압)

(3) 원자량의 기준이 달라지면 여러 가지 변화가 나타난다.

$C = 2 \times 10^{-23}g \times \dfrac{6 \times 10^{23}개}{1몰} = 12g$

$C = 2 \times 10^{-23}g \times \dfrac{9 \times 10^{23}개}{1몰} = 18g$

만약에 원자량을 18로 잡으면
이때는 9×10^{23}개가 1몰이 된다.
① 기준을 무엇으로 잡느냐에 따라 1몰의 질량, 1몰의 개수(아보가드로의 수)가 변한다.
② 단, 원자 1개의 질량, 밀도, 부피는 변하지 않는다.

BASIC CHECK

01 C_3H_8 3몰 속에 포함되어 있는 수소원자의 개수는?

01 144×10^{23}개
C_3H_8 3몰 속에는 H원자는 24몰이 존재한다. 문제의 핵심은 몰수를 묻는 것이 아니라 개수를 물었으므로 1몰의 개수는 6×10^{23}개 24몰의 개수는 144×10^{23}개이다.

02 C_3H_8 2몰 속에 포함되어 있는 탄소원자의 질량은?

02 72g
C_3H_8 2몰 속에는 C원자가 6몰이 있다. 1몰의 질량이 12g이므로 6몰 질량은 72g이다.

03 C_3H_8 3몰 속에 포함되어 있는 H_2의 부피는?

03 268.8L
C_3H_8 3몰 속에는 H_2는 12몰이 존재한다. 1몰의 부피가 22.4L이므로 12몰의 부피는 268.8L이다.

04 C_3H_8 4몰 속에 포함되어 있는 탄소원자의 몰수는?

04 12몰
C_3H_8 4몰 속에는 C원자는 12몰 존재한다.

05 C_3H_8 5몰의 부피는?

05 112L
1몰의 부피가 22.4L이므로 C_3H_8 5몰의 부피는 112L이다.

06 C_3H_8 22g 속에 있는 탄소원자의 개수는?

06 9×10^{23}개
C_3H_8 22g은 C_3H_8 0.5몰의 질량이다. C_3H_8 0.5몰 속에 C원자는 1.5몰 존재, 1몰의 개수가 6×10^{23}개이므로 1.5몰의 개수는 9×10^{23}개이다.

3 화학식

1 화학식의 종류

(1) 시성식
① 어떤 물질을 이루는 분자의 특성을 알 수 있도록 작용기를 따로 구분하여 나타낸 화학식을 시성식이라고 한다.
② 에탄올(C_2H_5OH)와 물($H \cdot OH$)의 경우를 보면 모두 OH가 직접 붙어 있어 두 물질이 잘 섞인다는 성질을 알 수 있다. 이와 같이 특정 작용기를 통해 화합물의 전체의 성질을 볼 수 있는 식을 시성식이라고 한다.

(2) 분자식
① 분자 1개를 이루는 원자들의 수를 모두 나타낸 식을 분자식이라고 한다.
② 시성식으로부터 분자식을 구할 수 있다.

(3) 실험식
① 물질을 이루는 원자나 이온들의 수를 가장 간단한 정수의 비로 나타낸 식을 실험식이라고 한다.
② 여러 가지 방법으로 실험식을 구할 수 있는데 화합물을 분석해서 가장 먼저 구할 수 있는 식이다.
③ 분자량을 알면 실험식으로부터 분자식을 구할 수 있다.
④ 원자량을 알면 분자식으로부터 실험식과 실험식량을 구할 수 있다.

(4) 구조식
분자를 이루는 원자 사이의 결합 모양 및 배열을 결합선을 사용하여 나타낸 식을 구조식이라고 한다.
탄소는 결합을 4개까지, 질소는 3개까지, 산소는 결합을 2개까지, 수소는 결합을 1개까지 하고 있다.

2 물질의 종류에 따른 화학식

물질명	시성식	분자식	실험식
아세트산	CH_3COOH	$C_2H_4O_2$	CH_2O
에탄올	C_2H_5OH	C_2H_6O	C_2H_6O

3 화학식 구하기

(1) 앙금생성반응 이용

① 앙금생성 여부와 앙금의 색깔로부터 이온의 종류와 원소의 종류 확인

$AgNO_3(aq)$ + $NaCl(aq)$ → $\underline{AgCl(s)}$ + $NaNO_3(aq)$
　　　　　　　　　　　　　흰색 앙금

② $AgNO_3(aq)$ + $NaI(aq)$ → $\underline{AgI(s)}$ + $NaNO_3(aq)$
　　　　　　　　　　　　노란색 앙금

미지의 이온들이 녹아 있는 용기 속에 질산은 수용액을 넣었을 때 노란색 앙금이 석출되면 용기속에는 아이오딘이온(I^-)이 포함되어 있다는 것을 알 수 있다.

(2) 불꽃반응 이용

① 금속원소나 금속이온을 포함한 물질을 겉불꽃에 넣었을 때 원소의 종류에 따라 독특한 불꽃색을 나타내는 반응

원소	리튬(Li)	나트륨(Na)	칼륨(K)	구리(Cu)	칼슘(Ca)	바륨(Ba)
불꽃색	빨간색	노란색	보라색	청록색	주황색	황록색

② 소량만 존재해도 쉽게 성분원소나 이온의 종류를 알 수 있다.

　예) 가는 막대에 수용액을 살짝 찍어서 겉불꽃에 넣었을 때 보라색 불꽃을 나타내면 수용액 속에는 칼륨(K^+)이온이 녹아 있다는 것을 알 수 있다.

(3) 실험장치를 이용한 화학식 구하기

① 실험 장치의 성질

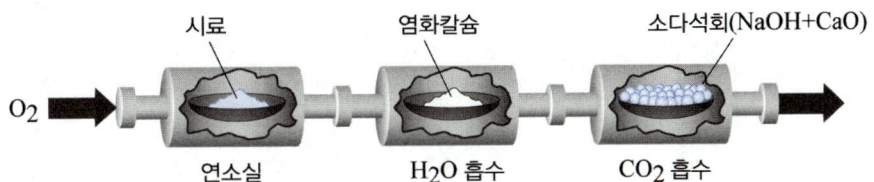

㉠ **연소실** : 시료를 태운다.
㉡ **염화칼슘**($CaCl_2$) : H_2O를 흡수하므로 건조제로 이용된다.
㉢ **소다석회**(NaOH+CaO) : 모두 염기성 물질이므로 산성인 CO_2를 흡수한다.

② **탄소화합물**($C_xH_yO_z$)**의 실험식 결정**
㉠ 탄소화합물($C_xH_yO_z$)을 완전연소시키면 H_2O과 CO_2가 생성된다.
㉡ H_2O의 질량으로부터 H의 질량을 계산한다.
㉢ CO_2의 질량으로부터 C의 질량을 계산한다.
㉣ 연소전($C_xH_yO_z$)의 질량에서 C와 H의 질량을 빼서 O의 질량을 구한다.
㉤ 위에서 구한 C, H, O의 질량을 각각의 원자량으로 나누어서 몰수를 구한다.
㉥ 몰수비를 이용하여 실험식을 계산한다.

③ **화학식 구하기** : 다음은 C, H, O로 이루어진 화합물의 화학식을 구하는 장치이다.

실험과정

(가) 그림과 같은 장치에 물질 X 46mg을 넣고 산소를 충분히 공급하면서 가열하면 완전연소가 된다.
(나) 반응 후 A관과 B관의 증가한 질량을 구한다.

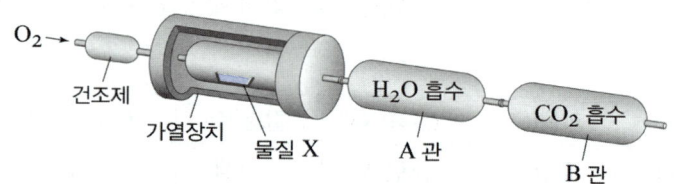

실험결과

• A관의 증가한 질량 : 54mg
• B관의 증가한 질량 : 88mg

화학식 구하기

① 실험식을 구하려면 탄소, 수소, 산소의 몰수비를 알아야 한다. 몰수는 $\frac{질량}{원자량}$ 인데 탄소, 수소, 산소의 원자량은 알고 있기 때문에 각각의 질량만 구하면 된다.

$$C_xH_yO_z = \frac{C}{12} : \frac{H}{1} : \frac{O}{16}$$

② 탄소, 수소, 산소가 섞여 있으므로 연소반응을 이용한다. $C_xH_yO_z + O_2 \rightarrow CO_2 + H_2O$ 완전연소가 되면 CO_2와 H_2O가 생성되므로 CO_2의 질량을 이용해서 탄소의 질량을 구하고 H_2O의 질량을 이용해서 수소의 질량을 구한다.

③ 수분이 들어 있는 관의 질량이 54mg이 증가했으므로 H_2O는 54mg이 생성되었다는 것을 알 수 있다. H_2O 1몰 18g 속에 H가 2g 포함되어 있으므로 비례식을 이용한다.
18 : 2 = 54 : H를 풀면 H=6mg이 포함되어 있다.

④ CO_2가 들어 있는 관의 질량이 88mg이 증가한 것으로 보아 CO_2가 88mg이 생성되었다는 것을 알 수 있다. CO_2 1몰 44g 속에 C가 12g 포함되어 있으므로 비례식을 이용한다.
44 : 12 = 88 : C를 풀면 C=24mg이 포함되어 있다.

⑤ 산소의 질량은 전체질량에서 탄소와 수소의 질량을 빼주면 된다.
46−30=16이므로 O=16mg이 나온다.

$$C_xH_yO_z = \frac{C}{12} : \frac{H}{1} : \frac{O}{16}$$ 에 대입하면

$$x : y : z = \frac{24}{12} : \frac{6}{1} : \frac{16}{16}$$ 이므로 몰수비는

2 : 6 : 1이 된다.

실험식은 C_2H_6O이고 실험식량은 46이 된다.
분자량이 138이라면 각각의 몰수비에 3을 곱해야 한다.
따라서 분자식은 $C_6H_{18}O_3$이 된다.

4 화학반응식과 양

1 물리적 변화와 화학적 변화

(1) 물리적 변화
① 물리적 변화란 물질의 특성은 변하지 않고 물질의 상태나 모양이 변하는 현상이다.
② 물리적 변화가 일어날 때는 분자나 원자가 달라지지 않으므로 물질의 본래의 성질은 변하지 않는다.

(2) 화학적 변화
① 화학적 변화란 반응물질과 성질이 전혀 다른 새로운 물질이 생성되는 현상이다.
② 화학적 변화가 일어나면 원자의 종류와 수는 달라지지 않지만 분자의 종류가 달라지므로 본래의 물질과는 전혀 다른 물질이 생성된다.

2 화학반응의 종류

(1) 화합 : 두 종류 이상의 물질이 반응하여 한 가지 물질로 되는 반응이다.

$$A + B \rightarrow AB$$

예 $C + O_2 \rightarrow CO_2$

(2) 분해 : 한 가지 물질이 두 종류 이상의 물질로 변하는 반응이다.

$$AB \rightarrow A + B$$

예 $2H_2O_2 \rightarrow 2H_2O + O_2$

(3) 치환 : 화합물을 구성하는 성분 원소 중 일부가 다른 원자로 바뀌는 반응이다.

$$AB + C \rightarrow AC + B$$

예 $2Al + 6HCl \rightarrow 2AlCl_3 + 3H_2$

(4) 복분해 : 두 종류의 화합물이 서로 성분의 일부를 바꾸어 두 종류의 새로운 화합물을 생성하는 반응이다.

$$AB + CD \rightarrow AD + BC$$

예 $AgNO_3 + NaCl \rightarrow AgCl + NaNO_3$

3 화학반응식의 분석

(1) 화학반응식 만들기

① 반응물질의 화학식을 왼쪽에 생성물질의 화학식을 오른쪽에 쓰고 "+"와 "→"로 나타낸다.

② 계수를 맞출 때는 원자의 총수가 같아지도록 맞추는데 화합물 앞의 수는 그 화합물 전체 개수를 의미하고 아래첨자는 원자의 개수만을 나타낸다.

　예) $5H_2O$는 물분자 5개, H_2O 속에는 H원자가 2개가 존재한다.

　예) $5H_2O$ 속에 H원자는 10개, O원자는 5개가 존재한다.

③ 반응물질과 생성물질의 원자의 총수가 같도록 계수를 조정한다. 이때 계수는 정수로 나타내고 1이면 생략한다.

④ 반응물질과 생성물질을 상태까지 표시를 해야 할 경우에는 ( ) 안에 기호를 이용해서 표시한다.

　예) $C_3H_8(g) + 5O_2(g) → 3CO_2(g) + 4H_2O(g)$

　　$C_2H_5OH(l) + 3O_2(g) → 2CO_2(g) + 3H_2O(g)$

　　$2C_4H_{10}(g) + 13O_2(g) → 8CO_2(g) + 10H_2O(g)$

(2) 화학반응식을 통해 알 수 있는 내용

① 반응물질과 생성물질의 종류와 상태

② 반응 전후에 원자의 개수가 변화되지 않으므로 질량보존의 법칙이 성립

③ 반응식의 계수비=분자수비=몰수비=기체일 경우 부피비≠질량비

(3) 의미

반응물		생성물
$CH_4(g) + 2O_2(g)$	➡	$CO_2(g) + 2H_2O(g)$
1분자 + 2분자	➡	1분자 + 2분자
1mol + 2mol	➡	1mol + 2mol
$6×10^{23}$개의 분자 + $2(6×10^{23}$개의 분자)	➡	$6×10^{23}$개의 분자 + $2(6×10^{23}$개의 분자)
16g + 2(32)g	➡	44g + 2(18)g
반응물 80g	➡	생성물 80g

① 계수비는 몰수비=분자수의 비이므로 $CH_4(g) + 2O_2(g) → CO_2(g) + 2H_2O(g)$에서 반응물과 생성물의 몰수비와 분자수의 비는 1 : 2 : 1 : 2라는 것을 알 수 있다.

② 1몰이 $6×10^{23}$개이므로 $6×10^{23} : 12×10^{23} : 6×10^{23} : 12×10^{23}$도 성립한다.

③ 반응물과 생성물의 질량이 모두 80g이므로 질량보존의 법칙도 성립한다.

(4) 알짜이온 반응식 : 반응에 직접 참여하는 이온들의 반응식

$$MgCl_2(aq) + 2AgNO_3(aq) \rightarrow 2AgCl(s) + Mg(NO_3)_2(aq)$$

- 알짜이온 반응식 : $Ag^+ + Cl^- \rightarrow AgCl(s)$
- 구경꾼 이온 : Mg^{2+}, NO_3^-

4 한계시약과 수득률

(1) 한계시약과 과잉시약
① 한계시약 : 반응에서 먼저 소모되는 반응물이다. 반응 후에 남아있지 않는 반응물
② 과잉시약 : 한계 시약과 반응할 때 필요한 양보다 훨씬 더 많은 양이 존재하는 반응물이다. 반응이 끝나면 남아 있어야 한다.

$$2NO(g) + O_2(g) \rightarrow 2NO_2(g)$$

	2NO(g)	O₂(g)	2NO₂(g)
처음	8몰	7몰	0
반응	−8몰	−4몰	+8몰
	0	3몰	8몰
	한계시약	과잉시약	

(2) 반응 수득률
① 이론적 수득률 : 반응 초기에 존재하는 모든 한계시약이 완전히 반응했을 때 얻을 수 있는 생성물의 양이다.

② 실제 수득률 : 실제 반응을 통해서 얻은 생성물의 양이다.
⇒ 실험 또는 공정 과정에서는 여러 가지 이유로 오차가 발생하므로
  항상 실제 수득률 < 이론적 수득률이 성립한다.

③ 반응의 효율성(%수득률) : 반응이 얼마나 효과적인지 판단하기 위해 사용하는 방법으로 이론적 수득률에 대한 실제 수득률의 비율을 퍼센트 수득률이라고 한다.

$$\%수득률 = \frac{실제\ 수득률}{이론적\ 수득률} \times 100$$

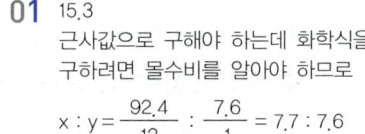

01 분자식이 C_xH_y인 기체의 질량구성비는 C=92.4%, H=7.6%이다. x+y값은? (단, C와 H의 원자량은 각각 12.0과 1.0이다.)

01 15.3
근사값으로 구해야 하는데 화학식을 구하려면 몰수비를 알아야 하므로
$x : y = \frac{92.4}{12} : \frac{7.6}{1} = 7.7 : 7.6$

02 메테인의 연소반응식은?

02 $CH_4(g) + 2O_2(g) \rightarrow CO_2(g) + 2H_2O(g)$

03 메테인 8g을 연소시켰을 때 생성되는 CO_2의 질량은?

03 22g
CH_4 1몰(16g)이 연소하면 CO_2 1몰(44g)이 생성, CH_4 8g이 연소하면 CO_2는 22g이 생성된다.

04 CH_4 분자 1개가 연소할 때 필요한 O_2 분자 개수는?

04 2개
CH_4 1개가 연소가 되려면 O_2는 당연히 2개가 필요하다.

05 0°C, 1기압의 CH_4 11.2L를 연소시키면 생성되는 H_2O 분자의 개수는?

05 6×10^{23}개
0°C, 1기압, 11.2L는 0.5몰이다.
CH_4 1몰이 연소가 되면 H_2O는 2몰 생성된다.
따라서 0.5몰이 연소되면 H_2O는 1몰이 생성, 즉 6×10^{23}개

CHAPTER 5 화학의 기본 언어

01 2024년 경기도9급

구리 광석인 황동광(CuFeS₂) 1835kg에서 얻을 수 있는 구리(Cu)의 최대 질량은? (단, 화학식량은 구리(Cu) : 63.55, 황동광(CuFeS₂) : 183.5이다.)

① 63.55kg
② 635.5kg
③ 31.78kg
④ 127.1kg

해설 $CuFeS_2$ 1몰 속에 Cu가 1몰이 포함되어 있다.
$183.5 : 63.55 = 1835 : x$
$\therefore x = 635.5$

02 2022년 지방직9급

수소(H_2)와 산소(O_2)가 반응하여 물(H_2O)을 만들 때, 1 mol의 산소(O_2)와 반응하는 수소의 질량[g]은? (단, H의 원자량은 1이다.)

① 2
② 4
③ 8
④ 16

해설 $2H_2 + O_2 \rightarrow 2H_2O$
1몰의 O_2와 반응하는 H_2의 몰수는 2몰, 즉 4g이다.

03 2022년 경북9급

미지의 물질 X_2Y의 질량비는 X가 60%, Y가 40%이다. 이때 XY_3의 경우 X와 Y의 질량비는 얼마인가?

① 25% X, 75% Y
② 20% X, 80% Y
③ 30% X, 70% Y
④ 33% X, 67% Y

해설

	X : Y		X : Y	질량비 1 : 4이므로 X는 20%, Y는 80%이다.
몰수비	2 : 1	몰수비	1 : 3	
질량비	6 : 4	원자량의 비	3 : 4	
원자량의 비	3 : 4	질량비	3 : 12	

ANSWER 01 ② 02 ② 03 ②

04 2022년 환경직9급

다음 화학반응식에 대한 설명으로 옳은 것은? (단, 원자량은 H=1, O=16)

$$2H_2(g) + O_2(g) \rightarrow 2H_2O(g)$$

① 수소 1L는 산소 8L와 반응한다.
② 수소 1g는 산소 16g과 반응한다.
③ 수소 1몰은 산소 2몰과 반응한다.
④ 3몰의 수소와 1몰의 산소를 반응시킬 경우 최대 2몰의 수증기가 생성된다.

> **해설** ① 반응한 수소 : 산소의 부피비 = 2:1 이므로 수소 1L는 산소 0.5L와 반응한다.
> ② 수소 1g은 산소 8g과 반응한다.
> ③ 수소 1몰은 산소 0.5몰과 반응한다.
> ④ $2H_2$ + O_2 → $2H_2O$
>
> | | $2H_2$ | O_2 | $2H_2O$ |
> |---|---|---|---|
> | 반응전 | 3 | 1 | 0 |
> | 반응 | −2 | −1 | +2 |
> | 반응후 | 1 | | 2 |

05 2021년 지방직9급

다음은 일산화탄소(CO)와 수소(H_2)로부터 메탄올(CH_3OH)을 제조하는 방식이다.

$$CO(g) + 2H_2(g) \rightarrow CH_3OH(l)$$

일산화탄소 280g과 수소 50g을 반응시켜 완결하였을 때, 생성된 메탄올의 질량[g]은? (단, C, H, O의 원자량은 각각 12, 1, 16이다.)

① 330   ② 320
③ 290   ④ 160

> **해설**
> | | CO | + $2H_2$ | → CH_3OH |
> |---|---|---|---|
> | 처음 | 10 | 25 | 0 |
> | 반응 | −10 | −20 | +10 |
> | 나중 | | | 10 |
>
> 메탄올 1몰=32g   10몰=320g

ANSWER 04 ④ 05 ②

06 2020년 지방직9급

32g의 메테인(CH_4)이 연소될 때 생성되는 물(H_2O)의 질량[g]은? (단, H의 원자량은 1, C의 원자량은 12, O의 원자량은 16이며 반응은 완전연소로 100% 진행된다.)

① 18
② 36
③ 72
④ 144

해설 $CH_4 + 2O_2 \rightarrow CO_2 + 2H_2O$
  CH_4 16g 연소 → H_2O 36g 생성
  CH_4 32g 연소 → H_2O 72g 생성

07 2020년 지방직9급

화합물 A_2B의 질량 조성이 원소 A 60%와 원소 B 40%로 구성될 때, AB_3를 구성하는 A와 B의 질량비는?

① 10%의 A, 90%의 B
② 20%의 A, 80%의 B
③ 30%의 A, 70%의 B
④ 40%의 A, 60%의 B

해설 질량비 → A : B = 6 : 4
  질량비 → A : B = 1 : 4

08 2020년 지방직9급

프로페인(C_3H_8)이 완전연소할 때, 균형 화학반응식으로 옳은 것은?

① $C_3H_8(g) + 3O_2(g) \rightarrow 4CO_2(g) + 2H_2O(g)$
② $C_3H_8(g) + 5O_2(g) \rightarrow 4CO_2(g) + 3H_2O(g)$
③ $C_3H_8(g) + 5O_2(g) \rightarrow 3CO_2(g) + 4H_2O(g)$
④ $C_3H_8(g) + 4O_2(g) \rightarrow 2CO_2(g) + H_2O(g)$

해설 $C_3H_8(g) + 5O_2(g) \rightarrow 3CO_2(g) + 4H_2O(g)$

09 2019년 지방직9급

4몰의 원소 X와 10몰의 원소 Y를 반응시켜 X와 Y가 일정비로 결합된 화합물 4몰을 얻었고, 2몰의 원소 Y가 남았다. 이때, 균형 맞춘 화학반응식은?

① $4X + 10Y \rightarrow X_4Y_{10}$
② $2X + 8Y \rightarrow X_2Y_8$
③ $X + 2Y \rightarrow XY_2$
④ $4X + 10Y \rightarrow 4XY_2$

ANSWER 06 ③ 07 ② 08 ③ 09 ③

해설
$$X + 2Y \rightarrow XY_2$$

	X	Y	XY$_2$
처음	4	10	0
반응	-4	-8	+4
나중	0	2	4

10 2018년 지방직9급

다음에서 실험식이 같은 쌍만을 모두 고르면?

ㄱ. 아세틸렌(C_2H_2), 벤젠(C_6H_6)
ㄴ. 에틸렌(C_2H_4), 에테인(C_2H_6)
ㄷ. 아세트산($C_2H_4O_2$), 글루코스($C_6H_{12}O_6$)
ㄹ. 에탄올(C_2H_6O), 아세트알데하이드(C_2H_4O)

① ㄱ, ㄷ
② ㄱ, ㄹ
③ ㄴ, ㄷ
④ ㄷ, ㄹ

해설 ㄱ. CH
ㄷ. CH_2O

11 2018년 지방직9급

분자수가 가장 많은 것은? (단, C, H, O의 원자량은 각각 12.0, 1.00, 16.0이다.)

① 0.5mol 이산화탄소 분자수
② 84g 일산화탄소 분자수
③ 아보가드로수 만큼의 일산화탄소 분자수
④ 산소 1.0mol과 일산화탄소 2.0mol이 정량적으로 반응한 후 생성된 이산화탄소 분자

해설 ① CO_2는 0.5몰
② 몰수 = $\dfrac{질량}{분자량} = \dfrac{84}{28} = 3$몰
③ CO = 1몰
④ $\underset{2몰}{2CO} + \underset{1몰}{O_2} \rightarrow \underset{2몰}{2CO_2}$

ANSWER 10 ① 11 ②

12 | 2018년 지방직9급

0.30M Na_3PO_4 10mL와 0.20M $Pb(NO_3)_2$ 20mL를 반응시켜 $Pb_3(PO_4)_2$를 만드는 반응이 종결되었을 때, 한계 시약은?

$$2Na_3PO_4(aq) + 3Pb(NO_3)_2(aq) \rightarrow 6NaNO_3(aq) + Pb_3(PO_4)_2(s)$$

① Na_3PO_4
② $NaNO_3$
③ $Pb(NO_3)_2$
④ $Pb_3(PO_4)_2$

해설 $MV(L)$ = 몰수

$$2Na_3PO_4 + 3Pb(NO_3)_2 \rightarrow 6NaNO_3 + Pb_3(PO_4)_2$$

처음	0.003	0.004	
반응	-0.0026	-0.004	
나중	0.0004	0	

따라서, $Pb(NO_3)_2$

13 | 2017년 지방직9급

Al과 Br_2로부터 Al_2Br_6가 생성되는 반응에서, 4mol의 Al과 8mol의 Br_2로부터 얻어지는 Al_2Br_6의 최대 몰수는? (단, Al_2Br_6가 유일한 생성물이다.)

① 1
② 2
③ 3
④ 4

해설
$$2Al + 3Br_2 \rightarrow Al_2Br_6$$

처음	4	8	0
반응	-4	-6	+2
나중	0	2	2

14 | 2017년 지방직9급

다음 화학반응식을 균형 맞춘 화학반응식으로 만들었을 때, 얻어지는 계수 a, b, c, d의 합은? (단, a, b, c, d는 최소 정수비를 가진다.)

$$aC_8H_{18}(l) + bO_2(g) \rightarrow cCO_2(g) + dH_2O(g)$$

① 60
② 61
③ 62
④ 63

ANSWER 12 ③ 13 ② 14 ②

해설 화학반응식은 정수비가 되어야 한다.
$2C_8H_{18}(l) + 25O_2(g) \rightarrow 16CO_2(g) + 18H_2O(g)$

15 2017년 지방직9급

몰질량이 56g/mol인 금속 M 112g을 산화시켜 실험식이 M_xO_y인 산화물 160g을 얻었을 때, 미지수 x, y를 각각 구하면? (단, O의 몰질량은 16g/mol이다.)

① x=2, y=3
② x=3, y=2
③ x=1, y=5
④ x=1, y=2

해설 O의 질량 → 48, O의 몰수 = $\frac{48}{16}$ = 3몰

M의 질량 → 112g, M의 몰수 = $\frac{112}{56}$ = 2몰

16 2016년 서울시

질량이 222.222g이고 부피가 20.0cm³인 물질의 밀도를 올바른 유효숫자로 표시한 것은?

① 11.1111g/cm³
② 11.111g/cm³
③ 11.11g/cm³
④ 11.1g/cm³

해설 밀도 = $\frac{질량}{부피}$, 밀도 = $\frac{222.222}{20.0}$ = 11.1
나눗셈은 유효숫자가 최소 3개이다.

17

벤젠 분자(C_6H_6) 하나의 질량과 가장 가까운 값은? (원자량 C = 12, H = 1)

① 10^{-20}g
② 10^{-21}g
③ 10^{-22}g
④ 10^{-23}g

해설 1몰=6×10²³개, 1몰 질량=분자량g or 원자량g
벤젠 1몰=78g=6×10²³개
양변을 6×10²³으로 나누면 13×10⁻²³g
따라서 10⁻²²g이 나온다.

ANSWER 15 ① 16 ④ 17 ③

18 어떤 기체 A의 분자량이 M이고 같은 온도, 같은 압력, 같은 부피의 질량이 A기체는 $a(g)$, B기체는 $b(g)$라면 기체 B의 분자량은?

① M
② $\dfrac{bM}{a}$
③ $\dfrac{a}{bM}$
④ bM

해설 같은 온도, 압력, 부피에서 기체의 분자량의 비＝질량비＝밀도비를 이용한다.
A → ag   A분자량 → M $a:b=M:x$ ∴ $x=\dfrac{bM}{a}$
B → bg

19 어떤 금속 M의 황화물 MS에서 M과 S의 질량비가 2 : 1이면 이 금속 M의 원자량은 얼마인가? (원자량 S = 32)

① 8
② 16
③ 32
④ 64

해설 M : S의 질량비 → 2 : 1이면 원자량의 비도 2 : 1이 되어야 한다.
S의 원자량이 32이므로 M은 64이다.

20 비중이 d인 어떤 물질 VmL에 a개의 원자가 포함되어 있다. 아보가드로의 수를 N이라고 할 때 이 원자의 원자량을 옳게 표현한 것은?

① $\dfrac{Vda}{N}$
② $\dfrac{aV}{dN}$
③ $\dfrac{VN}{ad}$
④ $\dfrac{VdN}{a}$

해설 1몰당 질량, 즉 아보가드로수(N)의 질량이 분자량이다.
질량＝부피×밀도 a개의 질량＝dV 따라서 N의 질량을 구하면
$a:dV$＝N : x ∴ $x=\dfrac{dVn}{a}$ 이다.

ANSWER   18 ②   19 ④   20 ④

21 석탄의 연소시 발생하는 이산화황은 탄산칼슘을 이용한 아래 반응을 통해 제거할 수 있다. 48g의 이산화황을 완전히 제거하기 위하여 주성분이 탄산칼슘인 석회석 100g 사용되었다면 이 석회석에 포함된 탄산칼슘의 함량은 질량 %로 얼마인가? (화학식량 $CaCO_3 = 100$, $SO_2 = 64$이다.)

$$2CaCO_3(s) + 2SO_2(g) + O_2(g) \rightarrow 2CaSO_4(s) + 2CO_2(g)$$

① 10%   ② 25%
③ 50%   ④ 75%

해설 $2CaCO_3(s) + 2SO_2(g) + O_2(g) \rightarrow 2CaSO_4(s) + 2CO_2(g)$
1몰(64g)의 SO_2를 제거하려면 순수한 $CaCO_3$ 1몰(100g)이 있어야 한다.
48g을 제거하려면 순수한 $CaCO_3$이 75g이 있어야 한다.
그런데 48g을 제거하기 위해 석회석 100g이 이용되었다면 그 100g 안에 $CaCO_3$ 75g이 들어 있다. 따라서 $CaCO_3$의 함량은 75%이다.

22 마그네슘 금속을 묽은 황산과 반응시키면 다음 반응과 같이 수소기체가 발생한다.

$$Mg(s) + H_2SO_4(aq) \rightarrow MgSO_4(aq) + H_2(g)$$

STP에서 5L의 수소기체를 얻기 위해 필요한 마그네슘의 질량과 가장 가까운 값은? (원자량 Mg = 24)

① 1.08g   ② 2.43g
③ 2.76g   ④ 5.4g

해설 $Mg(s) + H_2SO_4(aq) \rightarrow MgSO_4(aq) + H_2(g)$
1몰 반응   1몰 생성
H_2 1몰, 즉 22.4L를 얻기 위해 Mg은 1몰, 즉 24g이 반응해야 한다.
5L를 얻기 위해 Mg이 몇 g이 필요한지 구해야 한다.
$22.4 : 24 = 5 : x$ $x = 5.4g$이 나온다.

23 다음 중 그 수가 가장 많은 것은? (원자량 H = 1, O = 16, Na = 23, Cl = 35.5)

① 수소 기체 1g 중의 수소원자 수
② 산소 기체 16g 중의 산소분자 수
③ 물 18g 중의 산소원자 수
④ 염화나트륨 58.5g 중의 이온의 총 수

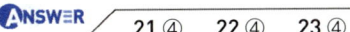
21 ④   22 ④   23 ④

> **해설** ① H_2 2g이 1몰, 1g은 H_2 0.5몰이다. H_2 0.5몰 속에 H원자는 1몰이 있다.
> ② O_2 32g이 1몰, 16g의 O_2는 0.5몰이다.
> ③ H_2O 18g 1몰, H_2O 1몰 속에 산소(O) 원자는 1몰이다.
> ④ NaCl 58.5g은 1몰이다. 1몰의 NaCl 속에는 Na^+ 1몰 Cl^- 1몰 총 2몰의 이온이 존재

24 염소원자의 평균 원자량은 35.5이다. 단 한 개의 염소를 취할 수 있다고 가정하면, 35.5의 질량을 갖는 염소를 얻는 확률은?

① 0%
② 0.011%
③ 12%
④ 50% 이상

> **해설** 지구상에 Cl는 원자량 35, 37만 존재한다. 평균 원자량이 35.5라는 것이지 지구상에 35.5인 원자량을 갖고 있는 Cl는 없다.

25 아드레날(adrenal)세포(cell)는 에피네프린(epinephrine)이라는 호르몬을 포함하는 3.0×10^4개의 작은 주머니(vesicle)로 이루어져 있다. 만일 하나의 주머니에 3.8×10^6개의 에피네프린을 포함하고 있다면 주머니와 세포 전체에서의 에피네프린 몰수로 각각 맞는 것은? (1amol = 1×10^{-18}mol, 1fmol = 1×10^{-15}mol)

① 6.3fmol/vesicle과 190amol/cell
② 6.3fmol/vesicle과 190fmol/cell
③ 6.3amol/vesicle과 190fmol/cell
④ 6.3amol/vesicle과 190amol/cell

> **해설** 주머니 → $6 \times 10^{23} : 1 = 3.8 \times 10^6 : x$
> $x = 6.3 \times 10^{-18}$mol, 즉 6.3amol이다.
> 세포 전체 → $6 \times 10^{23} : 1 = 11.4 \times 10^{10} : x$
> $x = 1.9 \times 10^{-13}$, 즉 190fmol이다.

26 다음 그림은 원소 X와 Y의 화학반응을 모형으로 나타낸 것이다. (단, X, Y는 임의의 원소의 기호이다.)

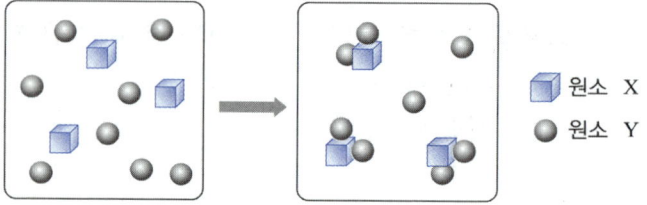

24 ① 25 ③ 26 ②

이 반응을 나타낸 화학 반응식으로 옳은 것은?

① X + Y → XY
② X + 2Y → XY$_2$
③ 3X + 6Y → 3X$_2$Y
④ 3X + Y → XY$_2$

해설 화학반응식에서 계수비는 반응한 몰수비이다.

	X	+	Y	→	XY$_2$
처음	3		8		0
반응	-3		-6		+3
나중	0		2		3

반응한 몰수비가 1 : 2 : 1이므로 X + 2Y → XY$_2$이다.

27 다음은 LPG의 주성분인 프로페인(C$_3$H$_8$)과 부테인(C$_4$H$_{10}$)의 연소반응을 화학반응식으로 나타낸 것이다.

$$C_3H_8(g) + 5O_2(g) \rightarrow 3CO_2(g) + 4H_2O(g)$$
$$2C_4H_{10}(g) + 13O_2(g) \rightarrow 8CO_2(g) + 10H_2O(g)$$

위 연소반응식에 대한 설명으로 옳지 않은 것은?

① 프로페인과 부테인의 연소 생성물은 서로 같다.
② 50개의 프로페인을 연소시키는 데 필요한 공기는 250개이다.
③ 4L의 부테인이 연소되면 같은 조건에서 16L의 CO$_2$가 생성된다.
④ 같은 수의 프로페인과 부테인이 연소될 때 생성되는 H$_2$O 분자수는 부테인이 더 많다.

해설 C$_3$H$_8$ 1개가 연소가 되려면 O$_2$는 5개가 필요하다.
그럼 50개가 연소가 되려면 O$_2$는 250개가 필요하다.
그런데 필요한 O$_2$의 갯수를 묻는게 아니라 공기의 개수를 묻고 있다.
O$_2$는 공기 중 $\frac{1}{5}$이므로 250개의 O$_2$가 필요하려면 공기는 1,250개가 필요하다.

28 다음 기체 중 0°C, 1기압에서 밀도(g/L)가 가장 큰 것은? (원자량 H = 1, C = 12, N = 14, O = 16)

① H$_2$
② N$_2$
③ O$_2$
④ NO$_2$

해설 온도와 압력이 일정하면 분자량과 밀도가 비례하므로 분자량이 가장 큰 NO$_2$가 밀도가 가장 크다.

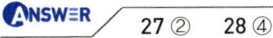

27 ② 28 ④

29 다음 반응식을 보고 물음에 답하시오.

$$2H_2O_2(l) \rightarrow 2H_2O(l) + O_2(g)$$

STP조건에서 H_2O_2 10g이 분해될 때 생성되는 O_2의 부피와 가장 가까운 값은? (원자량 H = 1, O = 16)

① 460mL ② 920mL
③ 1740mL ④ 3300mL

해설 $2H_2O_2(l) \rightarrow 2H_2O(l) + O_2(g)$
2몰의 H_2O_2가 분해될때 1몰의 산소가 생성된다. H_2O_2 1몰은 34g이다. 10g은 약 0.3몰이다. (34 : 1 = 10 : x) 따라서 0.3몰의 H_2O_2가 분해되면 0.15몰의 O_2가 발생한다. 비례식을 풀면 1몰이 22.4L이므로 1 : 22.4 = 0.15 : x, x = 약 3.3L = 3300mL

30 다음 중 0℃, 1atm에서 공기 2.24L 속에 포함되어 있는 산소분자의 개수는? (단, 공기는 질소와 산소가 4 : 1의 분자수의 비로 섞인 혼합물이다.)

① 1.2×10^{21}개 ② 2.4×10^{21}개
③ 4.8×10^{21}개 ④ 1.2×10^{22}개

해설 0℃, 1atm에서 공기 2.24L는 0.1몰이므로 6×10^{22}개이다.
그런데 여기선 산소의 개수를 묻고 있다. 산소는 공기 중에 $\frac{1}{5}$을 차지하고 있으므로, 1.2×10^{22}이 된다.

31 STP에서 10g짜리 철제 용기에 산소기체만을 채웠더니 11g이 되었고, 같은 조건에서 X_2O 기체를 가득 채운 경우 11.375g이었다. 이 경우 기체 X_2O 0.5몰의 질량은 얼마인가?

① 5.5g ② 11g
③ 16.5g ④ 22g

해설 질량비가 나와 있다.
$O_2 \rightarrow$ 1g $X_2O \rightarrow$ 1.375g. O_2의 분자량은 32이다.
"0℃, 1기압에서 질량비 = 분자량의 비"이므로 1 : 1.375 = 32 : x x = 44 X_2O 1몰 = 44g이다.
그런데 0.5몰의 질량을 묻고 있으므로 22g이다.

ANSWER 29 ④ 30 ④ 31 ④

32 원소 A와 B로 이루어진 화합물에서 원소 A와 B의 질량비는 3 : 1이고, 원소 A의 원자량은 원소 B의 12배이다. 다음 중 이 화합물의 화학식으로 옳은 것은?

① AB
② A₂B
③ AB₂
④ AB₄

해설 질량비 → A : B = 3 : 1
원자량의 비 → A : B = 12 : 1
화학식은 몰수비로 알아야 하고 "몰수 = $\frac{질량}{분자량}$"을 이용한다.
A : B = $\frac{3}{12}$: $\frac{1}{1}$ → $\frac{1}{4}$: 1 ⇒ $A_{\frac{1}{4}}B_1$ ∴ AB₄

33 다음 표는 0°C, 1기압에서 기체 (가)~(다)의 부피를 측정한 것이다.

구분	기체의 종류	부피(L)
(가)	메테인(CH_4)	5.6
(나)	헬륨(He)	11.2
(다)	산소(O_2)	44.8

기체 (가)~(다)의 총 원자 수를 옳게 비교한 것은?

① (가) < (나) < (다)
② (나) < (가) < (다)
③ (나) < (다) < (가)
④ (다) < (가) < (나)

해설 (가) CH_4 5.6L는 $\frac{1}{4}$몰. CH_4 1몰 속에 원자수는 5몰이므로 총원자수는 $\frac{5}{4}$몰

(나) He 11.2L은 0.5몰 $\left(\frac{1}{2}몰\right)$

(다) O_2 44.8L는 2몰. O_2 1몰 속에 원자수는 2몰이므로 총원자수는 4몰
따라서 (다) > (가) > (나)

ANSWER 32 ④ 33 ②

34 다음 중 몰(mole)에 대한 설명으로 옳은 것은? (원자량 C = 12, H = 1, N = 14)

① 질소분자 1몰의 질량은 14g이다.
② 메테인 1몰에는 4g의 수소원자가 들어 있다.
③ 수소기체 1g 속에는 3.01×10^{23}개의 수소원자가 들어 있다.
④ 표준상태에서 암모니아기체 22.4L에는 1몰의 수소원자가 들어 있다.

해설
① N_2 1몰의 질량은 28g이다.
② CH_4 1몰 속에, H원자는 4몰. H원자 1몰이 1g이므로 4몰은 4g이다.
③ H_2(수소기체) 1g은 0.5몰이다. 이 속에는 H원자는 1몰, 즉 6×10^{23}가 들어 있다.
④ NH_3 1몰 속에 H원자는 3몰이 들어 있다.

35 0°C, 1기압에서 XO_2 기체 11.2L의 질량을 측정하였더니 22g이었다. X의 원자량과 기체 XO_2의 분자량을 옳게 짝지은 것은? (원자량 O = 16)

	원자량	분자량
①	6	16
②	6	38
③	12	38
④	12	44

해설 XO_2 11.2L, 즉 0.5몰의 질량은 22g. 1몰 질량=44g. 분자량은 44이다.
XO_2 44g 속에 O_2 32g이 포함되어 있으니까 X의 원자량은 12이다.

36 시속 60km로 달리는 자동차는 1km당 0.350kg의 CO 기체를 발생한다. 이 운행 조건에서 매분 발생하는 CO 기체의 몰수는?

① 12.5
② 0.125
③ 1.25×10^{-2}
④ 29.1

해설 $\dfrac{1km}{분}$ 이고, $\dfrac{350g}{1km}$의 CO 발생. 따라서 $\dfrac{350g}{분}$ 발생

몰수 = $\dfrac{질량}{분자량}$ → $\dfrac{350}{28}$ = 12.5

ANSWER 34 ② 35 ④ 36 ①

※ 뷰테인(C_4H_{10})의 완전연소반응에 대한 다음 물음에 답하시오. (37~38)

37 0°C, 1기압의 뷰테인 11.2L가 연소될 때 생성되는 이산화탄소분자의 개수는?

① 1.2×10^{22}개
② 1.2×10^{23}개
③ 1.2×10^{24}개
④ 1.2×10^{25}개

해설 $2C_4H_{10}(g) + 13O_2(g) \rightarrow 8CO_2(g) + 10H_2O(g)$
C_4H_{10} 11.2L, 즉 0.5몰이 연소되면 CO_2는 2몰 생성된다. 즉, 1.2×10^{24}개

38 뷰테인 29g을 완전히 연소시킬 때 필요한 산소기체의 부피(표준 상태)는? (원자량 C = 12, H = 1, O = 16)

① 44.8L
② 67.2L
③ 72.8L
④ 89.6L

해설 $2C_4H_{10}(g) + 13O_2(g) \rightarrow 8CO_2(g) + 10H_2O(g)$
C_4H_{10} 29g은 0.5몰이다.
C_4H_{10} 0.5몰이 완전연소되면 O_2는 $\frac{13}{4}$몰, 3.25몰이 필요하다.
3.25몰의 부피를 구하면 된다.
$1 : 22.4 = 3.25 : x$ ∴ 72.8L가 필요하다.

39 다음 중 표준 상태의 이산화탄소(CO_2)기체 88g에 대한 설명으로 옳지 않은 것은? (원자량 C = 12, O = 16)

① 포함된 탄소원자는 2몰이다.
② 포함된 이산화탄소분자는 2몰이다.
③ 포함된 산소원자의 질량은 64g이다.
④ 이산화탄소의 부피는 22.4L이다.

해설 CO_2 2몰에 대해 답하는 문제이다.
2몰의 부피는 44.8L이다.

ANSWER 37 ③ 38 ③ 39 ④

40 0°C, 1기압에서 부피가 11.2L인 C_3H_8의 mol수, 질량 및 H원자수는? (원자량 C = 12, H = 1)

① 0.5몰, 44g, 12×10^{23}개
② 0.5몰, 22g, 6×10^{23}개
③ 0.5몰, 22g, 24×10^{23}개
④ 0.5몰, 44g, 24×10^{23}개

해설 C_3H_8 0.5몰에 대해 답하는 문제이다.
1몰의 질량이 44g이므로 0.5몰의 질량은 22g이다.
C_3H_8 0.5몰 속에 H원자는 4몰이 있어서 24×10^{23}개이다.

41 다음은 암모니아와 염화수소가 반응하여 염화암모늄이 생성되는 반응식을 나타낸 것이다.

$$NH_3(g) + HCl(g) \rightarrow NH_4Cl(s)$$

위 반응에 대한 설명으로 옳은 것을 〈보기〉에서 모두 고르면? (단, 원자량은 H : 1, N : 14, Cl : 35.5 이다.)

보기
ㄱ. 암모니아 1.7g과 염화수소 3.65g이 반응하면 염화암모늄 0.2몰이 생성된다.
ㄴ. 표준 상태에서 암모니아 11.2L와 염화수소 11.2L가 반응하면 염화암모늄 0.5몰이 생성된다.
ㄷ. 표준 상태에서 암모니아 1몰과 염화수소 1몰이 반응하여 생성된 염화암모늄이 차지하는 부피는 22.4이다.

① ㄱ
② ㄴ
③ ㄷ
④ ㄴ, ㄷ

해설 $NH_3(g) + HCl(g) \rightarrow NH_4Cl(s)$
몰수비   1몰   1몰   1몰

NH_3의 분자량(1몰의 질량) : 17
HCl의 분자량(1몰의 질량) : 36.5
0°C, 1기압에서 기체 1몰의 부피는 22.4L이다.
ㄱ. NH_3 1.7g은 0.1몰, HCl 3.65g도 0.1몰 : 따라서 생성되는 NH_4Cl도 0.1몰이어야 한다.
ㄴ. 11.2L는 0.5몰이므로 NH_3 0.5몰, HCl 0.5몰 : 따라서 생성되는 NH_4Cl도 0.5몰이 생성
ㄷ. (실수 조심) : NH_4Cl 1몰이 생성되는 것은 맞지만 22.4L는 기체 1몰의 부피이다. $NH_4Cl(s)$은 고체 1몰이므로 22.4L로 정의할 수 없다.

ANSWER 40 ③ 41 ②

CHAPTER 06 다양한 모습의 물질

1 기체

1 기체의 온도, 압력, 부피

(1) 기체의 부피

기체 자체의 부피는 무시할 정도로 작다. 따라서 부피는 기체가 차지하는 공간이고, 기체분자 간 평균거리와도 연결된다.

(2) 기체의 압력

① 정의 : 용기 속의 기체분자들이 용기벽에 충돌할 때 단위면적당 용기벽이 받는 힘이다.
② 자유롭게 크기가 변할 수 있는 용기(주사기 피스톤, 풍선) 속 기체의 압력은 외부압력과 같다.
③ 단위시간당 기체분자가 용기벽면에 충돌하는 횟수가 많을수록, 속도가 빠를수록 압력이 크다.

▶ 부피 감소 → 압력 증가

$$\therefore V \propto \frac{T}{P} \qquad \therefore V = K\frac{T}{P}$$

④ 대기압(1기압) 측정

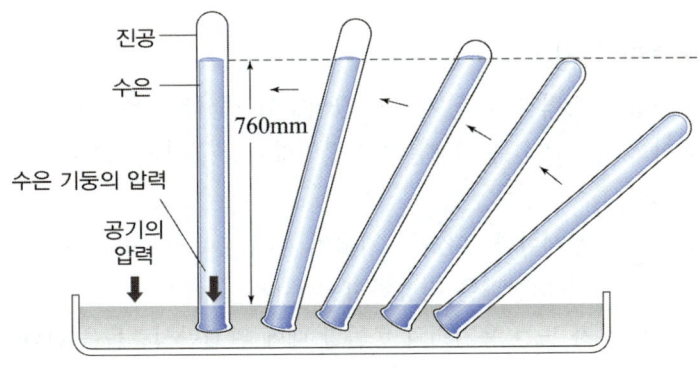

〈수은 기둥의 높이 측정〉

1기압 : 해수면상에서 수은기둥 760mm가 누르는 압력이다.

　　　: 760mmHg, 760torr

　　　: 1013hPa (1hPa=100Pa)

　　　: 1.013×10^5 Pa

cf $1Pa = \dfrac{N}{m^2}$ ($1m^2$ 면적에 1N의 힘이 작용할 때의 압력을 의미한다.)

⑤ 압력측정실험

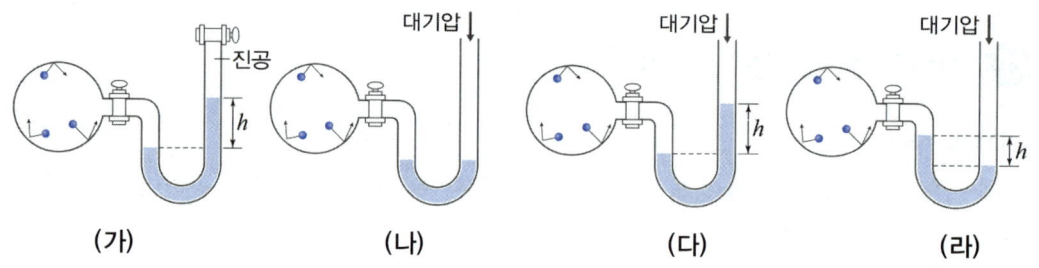

	(가)	(나)	(다)	(라)
기체의 압력	h	대기압	대기압$+h$	대기압$-h$

❷ 기체분자 운동론

(1) 정의

기체분자는 종류에 관계없이 빈 공간을 빠른 속도로 운동하며 온도에 의해 분자의 운동에너지가 변한다. 이와 같이 기체분자의 자유로운 운동에 의해 기체의 성질을 설명하는 이론이다.

(2) 기체분자 운동론의 가정

① 기체분자는 다양한 속력 분포를 가지고 끊임없이 직선운동을 한다.
② 기체의 압력이 생기는 원인은 기체분자가 끊임없이 무질서한 직선운동을 하면서 용기벽과 충돌하기 때문이다.
③ 기체자체의 부피는 무시한다. 따라서 기체의 부피는 텅 빈 공간이다.
④ 기체분자 간 인력이나 반발력은 작용하지 않는다.
⑤ 기체분자는 다른 분자 또는 용기벽과 충돌할 때에 완전탄성충돌을 한다. 따라서 충돌을 하더라도 에너지 손실이 없다.
⑥ 기체분자의 운동에너지는 온도에 의해서 결정된다.

$$E_k = \frac{3}{2}RT$$

→ 기체분자 운동론을 만족하는 기체를 이상기체라고 한다.

③ 기체에 관한 법칙

(1) 보일법칙
① 온도와 몰수가 일정할 때 기체의 부피는 압력에 반비례한다.
② 기체의 온도와 몰수가 일정할 때 기체의 압력과 부피의 곱은 항상 일정하고 압력과 부피는 반비례관계에 있다.

$$압력(P) \times 부피(V) = k$$

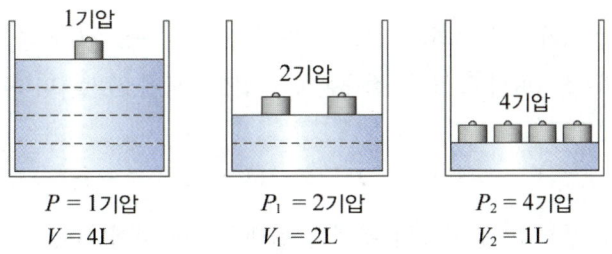

온도와 몰수가 일정하면 압력과 부피가 아무리 변해도 PV는 항상 일정하다. 따라서 다음 식이 성립한다.

$$P_1V_1 = P_2V_2 = k$$

③ 보일법칙과 그래프

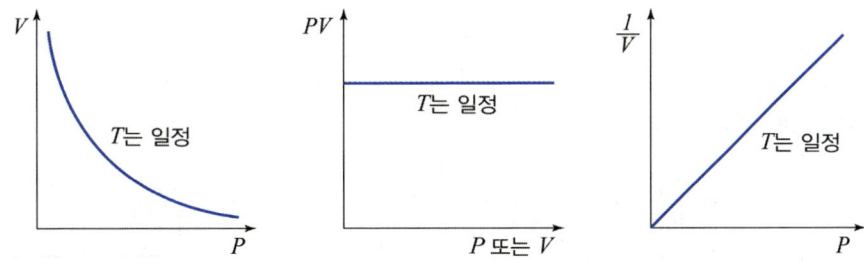

㉠ 첫 번째 그래프는 온도와 몰수가 일정할 때 압력과 부피가 반비례한다는 것을 보여주는 그래프이다.
㉡ 두 번째 그래프는 압력 또는 부피가 아무리 변해도 PV는 항상 일정하다는 것을 보여주는 그래프이다.

ⓒ 세 번째 그래프는 압력과 부피는 반비례하지만 압력과 부피의 역수는 비례한다는 것을 보여주는 그래프이다.

④ 보일의 법칙과 기체분자 운동론 : 기체의 몰수와 온도가 일정할 때 용기의 부피가 감소하면 기체분자가 용기벽에 더 자주 충돌하므로 압력이 증가한다.

(2) 샤를법칙

① 압력이 일정할 때 일정량의 기체의 부피는 온도가 1℃ 오를 때마다 0℃ 때 부피의 $\frac{1}{273}$씩 증가한다.

$$V_t = V_0 + V_0 \frac{t}{273} = V_0\left(1 + \frac{t}{273}\right) \quad (V_0 = 0℃일 \ 때의 \ 부피, \ V_t = t℃일 \ 때의 \ 부피)$$

샤를법칙에 의해 기체의 부피가 0이 될 때의 온도는 −273℃이다.
이 온도를 절대온도 0K라고 한다. 절대온도는 섭씨온도에 273을 더하면 되고 단위는 K(Kelvin)을 사용한다.

$$T(K) = t(℃) + 273$$

② 압력과 몰수가 일정할 때 기체의 부피는 절대온도에 비례한다.

$$V = kT, \ \frac{V}{T} = k$$

압력과 몰수가 일정할 때는 부피와 온도가 아무리 변해도 $\frac{V}{T}$는 항상 일정하다.
따라서 다음 식이 성립한다.

$$\frac{V_1}{T_1} = \frac{V_2}{T_2} = k$$

③ 샤를법칙과 그래프

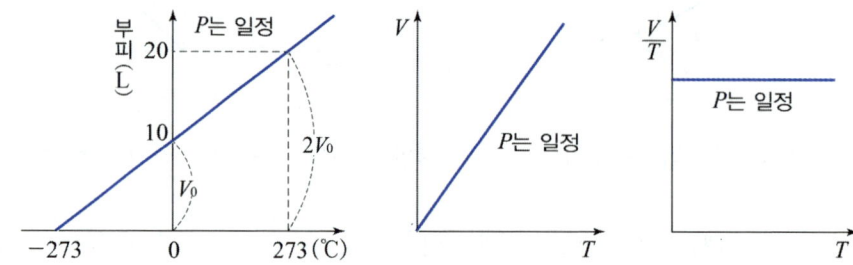

㉠ 첫 번째 그래프는 몰수와 압력이 일정할 때 기체의 부피는 온도가 1℃ 오를 때마다 0℃ 때 부피의 $\frac{1}{273}$씩 증가한다는 것을 보여주는 그래프이다.
  ㉡ 두 번째 그래프는 몰수와 압력이 일정할 때 온도와 부피가 비례한다는 것을 보여주는 그래프이다.
  ㉢ 세 번째 그래프는 몰수와 압력이 일정할 때 부피와 온도가 변해도 $\frac{V}{T}=k$라는 것을 보여주는 그래프이다.
 ④ 샤를법칙과 기체분자 운동론 : 일정량의 기체에서 외부압력에 변화가 없다면 온도가 올라가면 처음 압력과 같아질 때까지 부피가 증가하게 된다.

(3) 보일-샤를법칙

몰수와 온도가 일정할 때 압력에 따른 기체의 부피변화는 보일의 법칙으로부터 알 수 있고, 몰수와 압력이 일정할 때 온도에 따른 부피변화는 샤를의 법칙으로부터 알 수 있다.
즉, 일정량의 기체에 대해 온도와 압력이 동시에 변할 때 보일의 법칙과 샤를의 법칙을 종합해보면 일정량의 기체의 부피는 압력에 반비례하고 절대온도에 비례한다는 것을 알 수 있다.

$$\frac{PV}{T}=k, \qquad \frac{P_1V_1}{T_1}=\frac{P_2V_2}{T_2}=k$$

(4) 아보가드로의 법칙
 ① 온도와 압력이 같을 때 기체의 종류에 관계없이 같은 부피의 기체는 같은 수의 입자를 갖는다.
 ② 일정한 온도와 압력에서 기체의 부피는 몰수에 정비례한다.

4 이상기체 상태방정식

보일-샤를법칙 $\frac{PV}{T}=k$를 이용하여 k를 구해보자.

| 기체 1몰
0℃, 1기압
22.4L | ⇒ $\frac{PV}{T}$에 대입하면 $\frac{1\times 22.4}{273}=0.082=R$ |

0℃, 1기압, 1몰의 부피가 22.4L이므로 위 보일-샤를법칙에 대입했을 때의 값 0.082를 R이라고 한다. 같은 조건하에서 2몰일 때는 $2R$, 3몰일 때는 $3R$이 된다. 일반화시켜서 n몰일 때는 nR이 된다. 따라서 다음 식이 유도된다.

| 기체 n몰
0℃, 1기압
$n \times 22.4$L | $\Rightarrow \dfrac{PV}{T}$에 대입하면 $\dfrac{1 \times n \times 22.4}{273} = n \times 0.082 = nR$

즉, $\dfrac{PV}{T} = nR$ ∴ $PV = nRT$ |

이 식을 이상기체 상태방정식이라고 한다.

$$PV = nRT \text{ 또는 } V = \dfrac{nRT}{P}$$

P : 기체의 압력(atm), V : 기체의 부피(L), n : 기체의 몰수(mol)
R : 기체상수(0.082atm·L/mol·K), T : 절대온도(K)

5 이상기체와 실제기체

(1) 이상기체
① 이상기체 상태방정식에 정확하게 적용되는 기체로 실제로는 존재하지 않는 가상적인 기체이다.
② 이상기체는 분자간 인력이 없으므로 온도가 낮아져도 계속 기체로만 존재하면서 부피만 작아진다.
③ 이상기체는 자체 크기가 없으므로 절대온도 0K가 되면 부피가 0이 된다.

(2) 실제기체
① 실제기체는 분자의 자체 크기(부피)가 존재하고, 분자 사이에 인력이나 반발력이 작용한다.
② 실제기체는 분자간 인력이 작용하므로 온도가 낮아지면 인력으로 점점 가까워지면서 액체가 되고 고체로 변한다.

(3) 비교

구분	이상기체	실제기체
분자의 크기	0	기체의 종류에 따라 다르다.
분자의 질량	있다.	있다.
0K에서의 부피	0	0K 이전에 고체나 액체로 된다.
기체에 관한 법칙	완전히 일치한다.	고온·저압에서 거의 일치한다.
분자 사이의 인력·반발력	없다.	있다.

(4) 실제기체가 이상기체처럼 행동하기 위한 조건

① 한 가지 기체일 때 : 온도는 높고 압력은 낮아야 한다.
　온도가 높으면 분자운동에너지가 커지고 분자 간 거리가 멀어지면서 분자 간 인력이 약해진다.
　또 압력이 낮으면 분자 간의 거리가 멀어지므로 분자 사이의 인력이 약해지게 된다.

② 서로 다른 기체일 때 : 분자량, 분자의 크기가 작아야 한다.
　분자량이 작으면 분자 간 인력(분산력)이 작아서 끓는점이 낮다는 것을 생각해야 한다.
　분자량이 작고 크기까지 작은 수소기체가 이상기체에 가깝다.

〈온도와 기체의 종류에 따른 Z의 변화〉

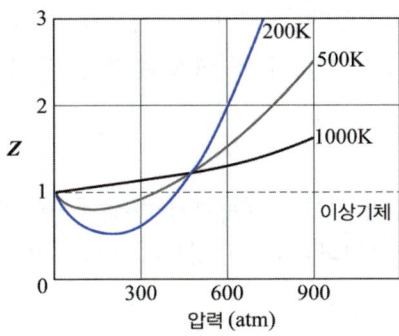

온도가 높아질수록 Z가 이상기체에 가까워진다.
온도가 높아질수록 부피가 증가하여 분자간 거리가 증가하게 되고 분자간 인력이 작아진다.

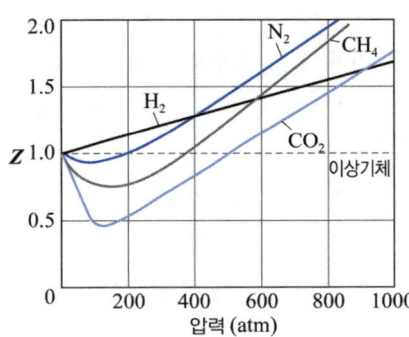

기체의 분자량이 작을수록 인력이 작아져서 이상기체에 가까워진다.
또한 분자량이 비슷할 때는 분자의 크기(표면적)가 작을수록 인력이 작아져서 이상기체에 가깝다.

6 개념심화 압축인자 $Z\left(\dfrac{PV}{nRT}\right)$를 이용한 이상기체와 실제기체의 비교

(1) 실제기체는 이상기체보다 압력이 작게 측정되어지고, 부피는 크게 측정되어진다.

$$\dfrac{\text{분자 간 인력 때문} \downarrow \; \textcircled{P}\,\textcircled{V} \uparrow \text{자체 크기 때문}}{nRT}$$

① 용기 속 기체입자가 용기벽에 충돌할 때 단위면적당 벽이 받는 힘이 기체의 압력인데 실제기체는 분자가 벽에 충돌하려고 해도 옆 분자가 인력으로 당기고 있어서 벽에 세게 충돌할 수 없다. 따라서 이상기체보다 압력이 작게 측정되어진다.

② 이상기체는 자체 크기가 없고 실제기체는 자체 크기가 있다. 실제기체는 기체가 차지하는 공간에 기체자체의 부피를 더 해야 하므로 이상기체보다 부피가 더 크게 측정되어진다.

③ 낮은 압력 : $\dfrac{PV}{nRT} < 1$: 분자 간 인력 때문이다.

   낮은 압력에서는 기체 자체의 부피가 차지하는 비율이 기체 전체부피에 비해 무시할 정도로 작으므로 기체 자체의 부피 때문에 전체부피가 크게 측정되어지는 영향보다 인력에 의해 압력이 작게 측정되어지는 영향이 더 크다.

④ 높은 압력 : $\dfrac{PV}{nRT} > 1$: 기체 자체 크기 때문이다.

   높은 압력에서는 기체 자체 부피가 차지하는 비율이 기체 전체부피에 비해 무시할 수 없을 정도로 크다. 따라서 인력에 의해 압력이 작게 측정되어지는 영향보다 기체 자체 부피 때문에 전체 부피가 크게 측정되어지는 영향이 더 크다.

(2) **반데르 발스식(실제기체의 이상기체화)**
① 실제기체는 이상기체에 비해 압력이 작게 측정되어지고, 부피는 크게 측정되어지므로 압력과 부피를 보정해야 한다.

② **압력보정** : 실제기체는 이상기체보다 분자간 인력 때문에 압력이 작게 측정되어진다. 그 인력항만큼 더해주면 이상기체와 비슷해진다.

③ **부피 보정** : 실제기체는 기체 자체 부피가 존재하므로 이상기체보다 부피가 크게 측정되어진다. 그 자체부피항만큼 빼주면 이상기체와 비슷해진다.

   두 개념을 종합하면 아래와 같은 식이 유도된다.

   $\therefore \left(P + a\dfrac{n^2}{V^2}\right)(V - nb) = nRT$

7 돌턴의 분압법칙

(1) 돌턴의 부분압력법칙

일정한 온도 T에서 n_A몰의 기체 A를 VL의 용기에 넣었을 때의 압력을 P_A라고 하고 n_B몰의 기체 B를 VL의 용기에 넣었을 때의 압력을 P_B라고 하면 이상기체 상태방정식으로부터 다음 식이 성립한다.

$$P_A = \frac{n_A RT}{V}, \quad P_B = \frac{n_B RT}{V}$$

또 같은 온도에서 n_A몰의 기체 A와 n_B몰의 기체 B를 VL의 용기에 넣으면 온도와 부피가 일정하기 때문에 P_A는 n_A, P_B는 n_B에 비례한다. 따라서 혼합기체의 전체 압력 P_T는 전체 몰수($n_A + n_B$)에 비례한다.

$$P_T = (n_A + n_B) \frac{RT}{V}$$

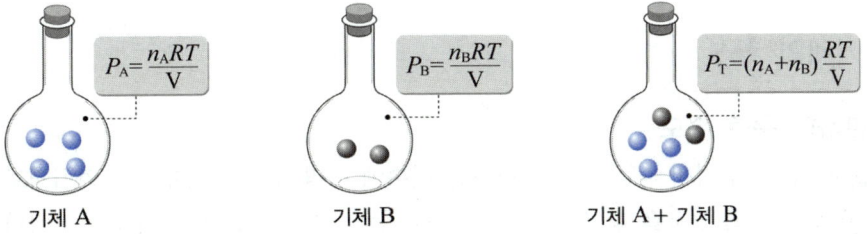

기체 A   기체 B   기체 A + 기체 B

결국 $P_t = P_A + P_B$임을 알 수 있다.

(2) 돌턴의 부분압력의 법칙

온도, 부피가 일정할 때 용기 속에 들어 있는 각 성분 기체의 부분압력의 합은 전체 압력과 같다.

$$P_{전체} = P_A + P_B + P_C + \cdots\cdots$$

$\begin{bmatrix} P_{전체} : 전체\ 압력 \\ P_A,\ P_B,\ P_C : 각\ 성분\ 기체의\ 부분압력 \end{bmatrix}$

(3) 부분압력을 구하는 방법

온도, 부피일정

H₂ 1몰
O₂ 2몰
N₂ 3몰

1L, 24기압

$P_{H_2} \rightarrow 24 \times \dfrac{1}{6} = 4$ 기압

$P_{O_2} \rightarrow 24 \times \dfrac{2}{6} = 8$ 기압

$P_{N_2} \rightarrow 24 \times \dfrac{3}{6} = 12$ 기압

예를 들어 수소의 경우 부분압력은 전체압력 24기압에서 전체 6몰 중에 1몰이 차지하는 압력이다. 산소는 전체 24기압에서 전체 6몰 중에 2몰이 차지하는 압력이다. 질소는 전체 24기압에서 전체 6몰 중에 3몰이 차지하는 압력이다. 여기에서 전체 몰수당 각 성분이 차지하는 몰수를 그 기체의 몰분율이라고 한다. 따라서 아래와 같은 공식이 성립한다.

$$\text{부분압력} = \text{전체압력} \times \text{몰분율}\left(= \dfrac{\text{각 성분의 몰수}}{\text{전체몰수}}\right)$$

혼합기체 중의 한 성분기체의 부분압력은 그 기체의 몰분율에 비례한다.

8 기체의 확산

(1) 기체분자의 운동 속도

기체분자들은 끊임없이 충돌하며, 충돌하는 횟수에 따라 분자의 속도는 느려지기도 하고 빨라지기도 한다. 이들의 평균을 평균속도라고 한다. 기체분자 운동론의 가정에서 기체의 평균 운동에너지 $\dfrac{1}{2}Mv^2 = \dfrac{3}{2}RT$가 성립하므로 다음과 같은 식이 유도된다.

$$v = \sqrt{\dfrac{3RT}{M}} \text{ (근평균제곱속력)}$$

① 한 가지 기체일 때 : 온도가 높아지면 분자의 평균속도는 증가한다. 한 가지 기체이면 분자량이 일정하므로 $v \propto \sqrt{T}$ 관계가 성립한다. 예를 들어, 절대온도가 2배이면 속도는 $\sqrt{2}$ 배가 된다.

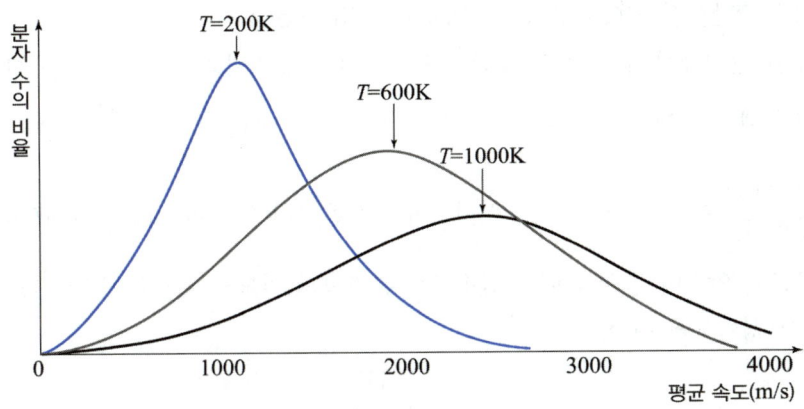

〈헬륨기체의 속도 분포〉

그래프의 전체면적은 모두 같다. 온도가 높아지면 기체들의 분포가 빠른 속도 쪽으로 이동하면서 그래프가 완만한 곡선을 나타낸다. 온도가 높아지면 빠른 속도를 갖는 기체들의 비율이 증가하면서 평균속도도 원래대로 "증가하기 때문이다."

② 여러 가지 기체일 때 : 기체의 분자량이 커지면 기체의 평균속도는 느려진다.

$v = \sqrt{\dfrac{3RT}{M}}$ 에서 여러 가지 기체를 비교할 때는 온도가 일정하다는 조건이 있어야 한다.

온도가 일정할 때 기체의 평균속도는 분자량의 제곱근에 반비례한다. $v \propto \dfrac{1}{\sqrt{M}}$

분자량이 작은 기체가 분자량이 큰 기체보다 항상 속도가 빠른 것은 아니다. 분자량이 작더라도 충돌을 많이 하면서 운동하기 때문에 평균속도는 느려지기 때문이다.

〈0°C에서 분자량이 다른 기체들의 평균속도〉

기체	수소	헬륨	수증기	질소	산소
분자량	2	4	18	28	32
평균속도(m/s)	1,928	1,363	643	515	482

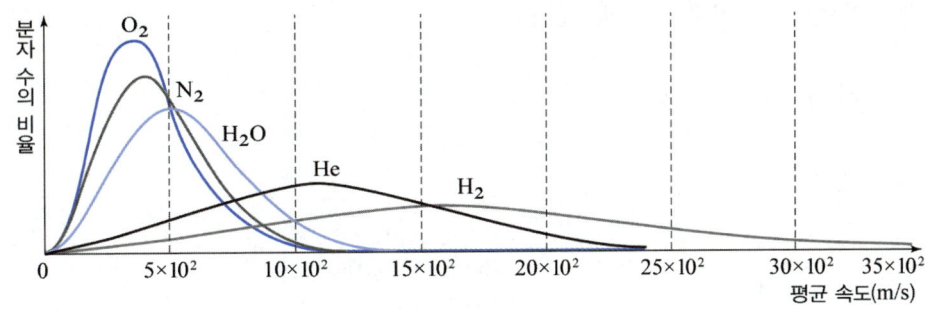

〈여러 가지 기체분자의 속도에 따른 분자수의 분포 곡선〉

(2) 그레이엄의 확산 법칙(Grapham's law of diffusion)

같은 온도와 압력에서 두 기체의 확산속도는 기체의 분자량과 밀도의 제곱근에 반비례한다.

$PV = nRT$에서 기체분자량 구하는 공식은 $PV = \dfrac{m}{M}RT$, $M = \dfrac{mRT}{PV}$이다.

밀도 $= \dfrac{질량(m)}{부피(V)}$ 이므로 $M = \dfrac{dRT}{P}$ 이다. 여기서 온도와 압력이 일정하면 $M \propto d$가 된다.

따라서 온도와 압력이 일정할 때 확산속도는 분자량과 밀도의 제곱근에 반비례하는 그레이엄의 확산법칙이 성립하게 된다.

$$\dfrac{v_A}{v_B} = \sqrt{\dfrac{M_B}{M_A}} = \sqrt{\dfrac{d_B}{d_A}}$$

$\begin{bmatrix} v_A,\ v_B & : 기체\ A,\ B의\ 확산\ 속도 \\ M_A,\ M_B & : 기체\ A,\ B의\ 분자량 \\ d_A,\ d_B & : 기체\ A,\ B의\ 밀도 \end{bmatrix}$

SUMMARY NOTE

(1) 압력(P) × 부피$(V) = k$,　　$P_1 V_1 = P_2 V_2 = k$

(2) $V = kT$,　　$\dfrac{V_1}{T_1} = \dfrac{V_2}{T_2} = k$

(3) $\dfrac{PV}{T} = k$,　　$\dfrac{P_1 V_1}{T_1} = \dfrac{P_2 V_2}{T_2} = k$

(4) 부분압력 = 전체압력 × 몰분율 $\left(= \dfrac{각\ 성분의\ 몰수}{전체\ 몰수} \right)$

(5) 이상기체와 실제기체

구분	이상기체	실제기체
분자의 크기	0	기체의 종류에 따라 다르다.
분자 사이의 인력·반발력	없다.	있다.

$$\underset{nRT}{\underline{\text{분자 간 인력때문} \downarrow \ \textcircled{P}\ \textcircled{V}\ \uparrow\ \text{자체 크기 때문}}}$$

$$\left(P + a\dfrac{n^2}{V^2} \right)(V - nb) = nRT$$

(6) $\dfrac{1}{2}Mv^2 = \dfrac{3}{2}RT$

(7) $\dfrac{v_A}{v_B} = \sqrt{\dfrac{M_B}{M_A}} = \sqrt{\dfrac{d_B}{d_A}}$　　$\begin{bmatrix} v_A,\ v_B & : 기체\ A,\ B의\ 확산\ 속도 \\ M_A,\ M_B & : 기체\ A,\ B의\ 분자량 \\ d_A,\ d_B & : 기체\ A,\ B의\ 밀도 \end{bmatrix}$

BASIC CHECK

01 밀봉된 용기에 고체탄소와 산소기체가 들어 있다. 표준상태에서 스파크를 일으켰더니 모든 탄소가 1.25g/L의 밀도를 갖는 기체로 변했다. 그 기체는?

① CO
② CO_2
③ NH_3
④ HCl

01 ①
기체의 분자량을 묻는 문제이다.
$M = \dfrac{mRT}{PV} = \dfrac{dRT}{P}$ 에 대입하면 된다.
표준상태(0°C, 1기압)이므로
$M = 1.25 \times 0.082 \times 273 ≒ 28$
즉, CO 기체이다.

02 25°C, 1기압에서 부피가 5L인 산소기체를 같은 온도에서 압력을 1.25기압으로 높였을 때 산소기체의 부피는 얼마인가?

02 보일의 법칙에 관한 문제이다.
산소기체의 부피와 압력만 바뀌었고 온도와 몰수는 일정하다. 따라서
$P_1V_1 = P_2V_2$에 대입한다.
$1 \times 5 = 1.25 \times V$ ∴ $V = 4L$

03 온도가 일정할 때 전체압력과 O_2 기체의 부분압력은?

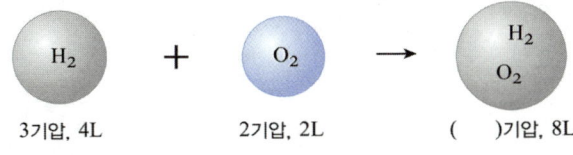

• 전체압력 =
• O_2의 부분압력 =

03 • 전체압력 = 2기압
• 부분압력 = 1/2기압
$PV = nRT$에서 온도가 일정하므로
$PV \propto n$로 푸는 문제이다.
H_2의 몰수 + O_2의 몰수가 전체 몰수인데 몰수가 PV이므로
$\dfrac{12}{H_2 \text{몰수}} + \dfrac{4}{O_2 \text{몰수}} = P_t \times 8$
전체압력 2기압
O_2 부분압력 = 전체압력 × 몰분율
= $2 \times 4/16$ = 1/2기압

BASIC CHECK

04 ③
실제기체가 이상기체처럼 작용하려면 분자량이 작아서 인력이 작아야 한다. 따라서 분자량이 가장 작은 Ne이 이상기체와 가장 가깝다.

04 표준온도와 압력조건에서 이상기체 상태방정식을 잘 만족시키는 기체는?

① H_2O
② HCl
③ Ne
④ Cl_2

05 ③
기체의 확산속도는 분자량과 밀도의 제곱근에 반비례한다. 따라서 H_2기체 분자량 2보다 16배가 더 큰 O_2이다.

05 어떤 기체 X의 확산속도와 수소기체의 확산속도를 비교하였더니 수소기체의 확산속도가 4배 더 빨랐다. 이 기체로 예상되는 것은? (원자량 H=1, C=12, N=14, O=16, S=32)

① H_2O
② NH_3
③ O_2
④ CO_2

2 액체와 고체

1 액체

(1) 물
① 2개의 수소원자는 각각 산소원자와 굽은 형태로 공유결합을 하고 있다.

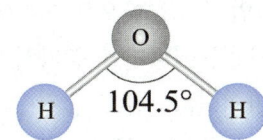

② 물분자는 공유전자쌍 2개와 비공유전자쌍 2개가 반발력이 최소가 되려고 104.5°의 결합각을 갖는 굽은형의 모양을 하고 있다.
③ (-)전하를 띤 전자쌍이 산소쪽에 더 가깝게 있으므로 부분적으로 산소는 (-)전하를 띠고 수소는 (+)전하를 띤다. 이처럼 분자가 부분적인 전하를 띠는 것을 극성이라고 한다. 물은 두 개의 극을 띠고 있으므로 극성분자이다.
④ 극성분자이므로 전기장 내에서 일정 방향으로 배열된다. 또 극성물질을 잘 녹이며 전기막대(대전체)를 가까이 하면 물줄기가 전기막대 쪽으로 휜다.

(2) 물이 수소결합을 하기 때문에 나타나는 특성

▶ **수소결합** : 공유결합에서 전자쌍을 잘 잡아당기는(전기 음성도가 큰) F, O, N과 직접 결합하고 있는 H와 옆 분자의 F, O, N 사이에 작용하는 인력이다. 수소결합은 분자 간의 인력 중에서는 가장 강하다.

① 녹는점과 끓는점이 높다.
물은 분자 사이에 수소결합을 형성하므로 인력이 강하여 그 강한 인력을 끊고 액체나 기체로 만들기 위해 높은 온도를 가해주어야 한다. 따라서 다른 물질들에 비해 녹는점과 끓는점이 높다.

〈몇 가지 물질의 녹는점과 끓는점〉

화합물	화학식	분자량	녹는점(°C)	끓는점(°C)
메탄	CH_4	16	-183	-161.5
암모니아	NH_3	17	-77.7	-33.4
물	H_2O	18	0	100
플루오르화수소	HF	20	-83	19.5

② 비열이 크다.
　㉠ 비열 : 어떤 물질 1g의 온도를 1℃ 높이는 데 필요한 열량
　㉡ 비열이 크다(4.2J/g·℃) → 온도가 잘 안 올라감(온도변화가 작다.)
　　비열이 작다(0.01J/g·℃) → 온도가 잘 올라감(온도변화가 크다.)
　㉢ 물은 분자 간의 강력한 인력인 수소결합으로 이루어져 있으므로 다른 물질보다 비열이 커서 온도변화가 작다.
　　온도가 높아진다는 것은 분자운동에너지가 증가한다는 것을 의미한다.
　　물은 분자 간 강력한 인력인 수소결합으로 이루어져 있어서 가해진 열이 수소결합을 끊는 데 많이 이용이 되고 분자운동에너지를 증가시켜서 온도를 높이기 위해서는 상대적으로 열이 조금 가해진다. 따라서 물은 온도가 잘 올라가지 않는다.
　㉣ 물의 비열이 크기 때문에 나타나는 현상
　　ⓐ 낮에 해풍이 불고 밤에는 육풍이 분다.
　　ⓑ 해안지방은 내륙지방보다 일교차가 작다.
　　ⓒ 사람의 체액은 물로 되어 있어서, 체온이 쉽게 올라가거나 내려가지 않는다.
　　ⓓ 사막의 밤, 낮의 기온차가 크다.

③ 온도에 따른 물의 밀도와 부피 변화

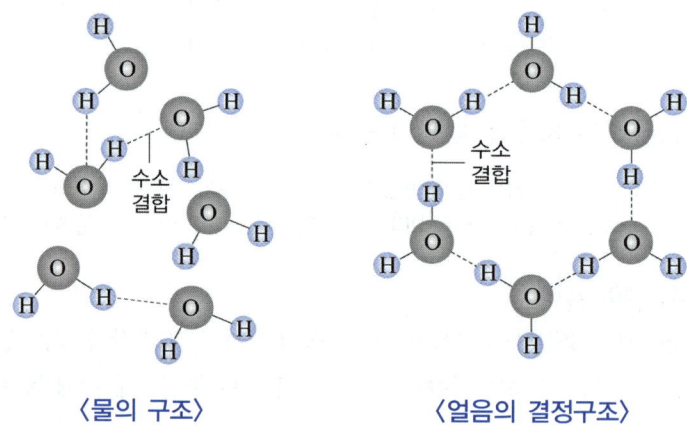

〈물의 구조〉　　〈얼음의 결정구조〉

물의 온도가 내려가면 분자운동에너지가 감소하면서 분자들이 점점 가까이 오게 되어 부피가 감소한다. 이런 현상은 4℃가 될 때까지 일어난다.
4℃에서 온도가 낮아지면 분자 간 평균거리는 감소하고 수소결합에 의해 부분적으로 육각형의 고리 모양으로 바뀌면서 부피가 증가하게 된다. 두 가지 요인이 동시에 존재하지만 수소결합에 의해 부피가 증가하는 영향이 더 크면서 0℃가 될 때까지 부피가 증가하게 된다.
0℃에서 물이 얼음이 될 때는 모든 물분자가 육각형 고리구조로 바뀌면서 결정화되므로 빈 공간이 많이 생기면서 부피가 급격히 증가하여 밀도가 작아진다.

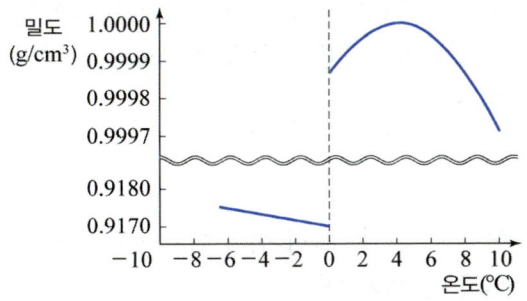
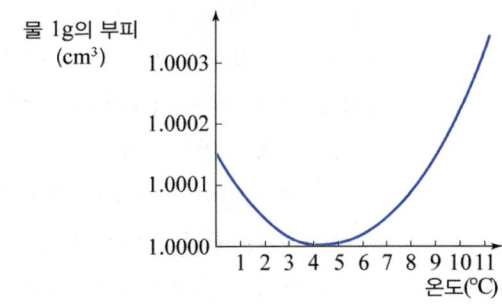

㉠ 물은 4℃일 때 부피가 가장 적고 밀도는 가장 크다.

얼음에서 0℃ 이하, 물에서 4℃ 이상에서는 온도가 내려가면 분자가 가까이 다가오면서 부피가 감소하게 된다.

㉡ 부피 : 물 < 얼음

밀도 : 물 > 얼음

㉢ 물과 얼음의 부피와 밀도 차이로 인해 나타난 현상들
- 얼음이 물위에 뜬다. (= 빙산이 바다에 뜬다.)
- 물이 표면부터 얼기 때문에 물 속의 온도가 일정하게 유지되고 수중생태계가 보호된다.
- 병에 물을 채우고 얼리면 병이 깨진다. (= 겨울철 독 안의 물이 얼면 독이 깨진다.)

④ **표면장력이 크다.**

㉠ **표면장력** : 표면에 있는 액체분자들을 안쪽으로 끌어당겨서, 표면적을 작게 만들려는 힘

㉡ **표면장력의 원인** : 액체 내부의 분자들은 그림과 같이 이웃한 분자에 의해 상하좌우 대칭적인 방향으로 인력이 작용하여 힘의 균형을 이룬다. 반면 액체 표면의 분자들은 위쪽에서 당기는 힘이 없으므로 아래쪽 안쪽으로 잡아당겨지는 힘만 받아서 안쪽으로 뭉치면서 표면적이 작아지게 된다.

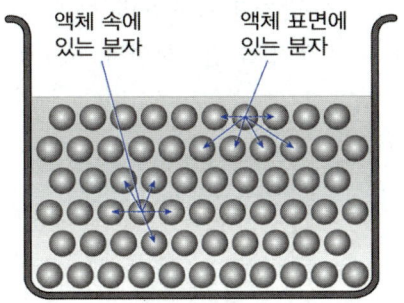
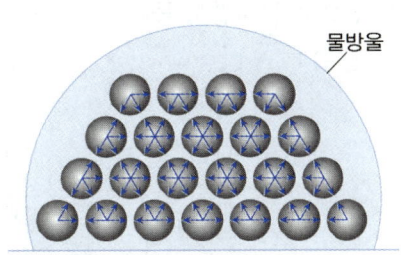

ⓒ 물은 분자 간에 강력한 인력인 수소결합으로 이루어져 있기 때문에, 아래쪽, 안쪽으로 당겨지는 표면장력이 커서 다른 액체들보다 표면적이 작은 구형을 이루고 있다.

ⓓ 물이 표면장력이 크기 때문에 나타나는 현상들
  ⓐ 유리창에 물방울이 동글동글하게 맺혀 있다.
  ⓑ 풀잎에 이슬이 동그랗게 맺혀 있다.
  ⓒ 물이 가득 담긴 유리컵에 동전이나 클립을 넣어도 물이 쉽게 넘치지 않는다.
  ⓓ 소금쟁이가 물에 빠지지 않고 물에 떠서 돌아다닌다.
  ⓔ 물 위에 바늘을 살짝 올려 놓으면 뜬다.

비누

물에 비누를 풀면 비누 분자가 물 분자 사이로 끼어 들어가서 물 분자 간의 인력을 약화시킨다. 즉, 물분자 간의 표면장력을 약화시킨다. 따라서 물 위에 떠 있는 바늘 등이 물 속으로 가라앉게 된다.

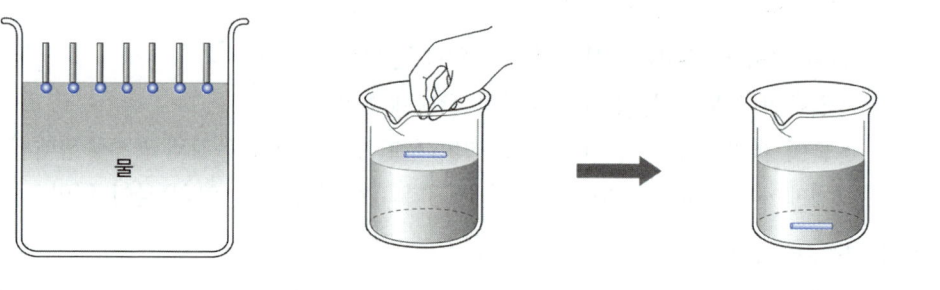

⑤ 모세관 현상이 크다.
  ㉠ 모세관 현상 : 액체가 물질의 미세한 틈 사이로 올라가거나 내려가는 현상으로 액체와 물질 사이의 부착력과 액체의 표면장력(=응집력)에 의해 나타난다.

  용기에 물을 넣고 가는 유리관을 넣으면 물과 유리관 사이의 부착력으로 물이 위로 올라가면서 표면적이 넓어진다. 그러면 표면적을 작게 만들기 위해 표면장력이 작용하여 다시 안으로 뭉치면서 물이 위로 올라가게 된다. 같은 과정을 반복하면서 물이 높이 올라가게 된다.

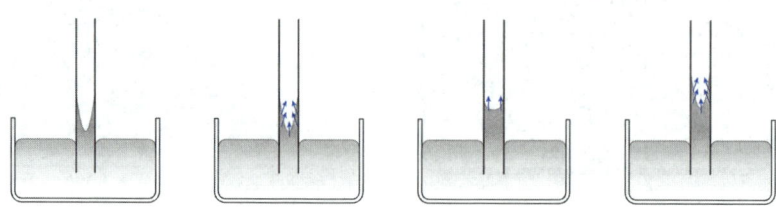

〈모세관 현상〉

ⓒ 모세관 현상으로 인해 나타나는 현상
ⓐ 나무의 뿌리에서 잎으로 물이 이동될 때 물관이라는 모세관을 따라 물이 올라온다.
ⓑ 수건이나 휴지의 한쪽 끝을 물에 대면 물이 스며 올라온다.
ⓒ 젖은 손이나 물을 닦을 때 사용하는 수건은 물을 잘 흡수한다.
ⓓ 양초나 알코올 램프에서는 심지를 통해 각 액체가 올라가서 연소한다.
ⓒ 물은 분자 간에 강력한 인력인 수소결합으로 이루어져 있어서 표면장력이 강하게 작용하므로 다른 액체보다 위로 올라가는 모세관현상이 잘 일어난다.
예외적으로 수은은 액체 금속이다. 수은은 금속양이온과 자유전자 간의 잡아당겨지는 인력, 즉 안으로 뭉쳐지는 응집력이 더 커서 아래로 내려가게 된다.

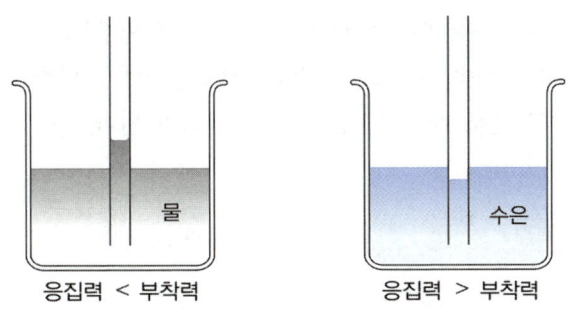

ⓔ 모세관 현상시 액체가 올라가는 높이(h)에 영향을 주는 요인
표면장력 ↑
부착력 ↑   ⟶ h ↑
관의 지름 ↓
액체의 밀도 ↓

(3) 액체의 증기압

① 증기압력(vapor pressure)
㉠ **증발(evaporation)** : 액체 표면의 분자들이 분자들의 인력을 이기고 공간으로 떠나는 현상
㉡ **증기압의 정의** : 일정한 온도에서 밀폐된 용기에 들어 있는 액체의 증발속도와 응축속도가 같을 때, 즉 액체와 그 증기가 동적 평형상태에 있을 때 증기가 나타내는 압력을 증기압력이라고 한다.

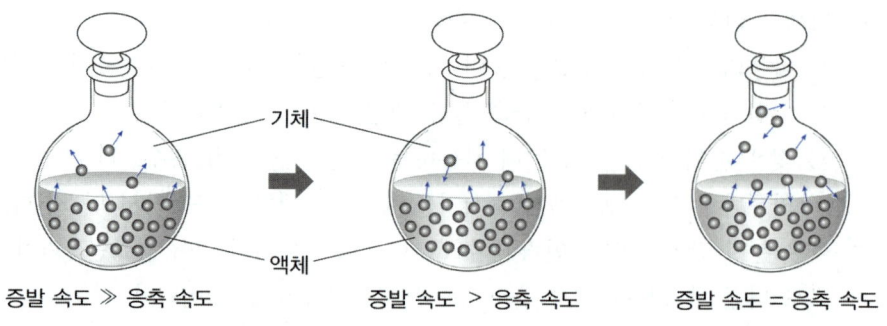

⟨상평형(동적 평형상태)⟩

ⓒ **증기압력의 측정** : 진공 펌프를 이용해서 밀폐된 플라스크에서 공기를 뽑아내면 플라스크 내부의 압력이 0이 된다. 여기에 액체물질을 주입하면 액체가 증발하면서 기압이 높아지다가 증발속도와 응축속도가 같아지면 일정한 압력에 도달하게 된다(동적평형상태). 이때의 압력이 그 온도에서 그 액체의 증기압력이 된다.

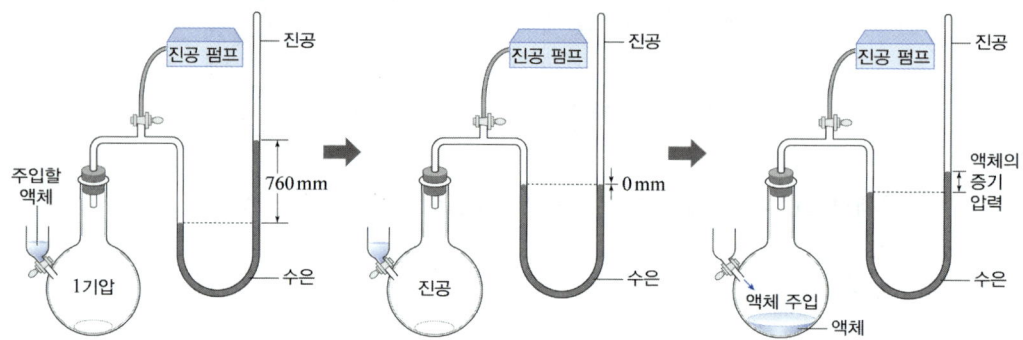

② 증기압력곡선
　㉠ 증기압에 영향을 주는 요인
　　ⓐ 한 가지 액체일 때 : 온도가 높을수록 증발할 수 있는 분자수가 증가하여 증기압이 크다. 증기압은 온도에 의해서만 변화하고, 액체의 양과 용기의 부피나 외부압력에 따라 변화하지 않는다.
　　ⓑ 여러 가지 액체일 때(온도가 일정하다는 조건이 있어야 한다.)

> 증기압이 크다(증발이 잘 된다).
> = 분자 간 인력이 작다.
> = 끓는점이 낮다.
> = 몰증발열이 작다.
> = 휘발성이 크다.

ⓒ **증기압곡선** : 온도에 따라서 액체의 증기압력이 변하는 것을 나타낸 곡선

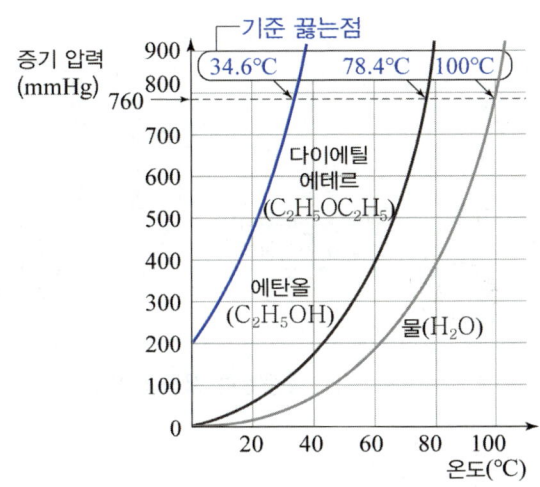

ⓐ **증기압력 비교** : 한 가지 액체일 때는 온도가 높을수록 증기압이 증가한다. 여러 가지 물질의 증기압을 비교할 때는 반드시 같은 온도에서 비교한다. 특정온도에서 세로로 직선을 연결하였을 때 증기압력곡선과 만나는 점이 각 액체의 증기압력이다.
  ⇒ 증기압력 : 다이에틸에테르 > 에탄올 > 물
ⓑ **분자 간 인력 비교** : 같은 온도에서 증기압력이 작은 액체일수록 분자 간 인력이 크다.
  ⇒ 분자 간 인력 : 다이에틸에테르 < 에탄올 < 물

③ **끓음**
 ㉠ 정의 : 액체 전체가 기화되는 현상이다.
 ㉡ 조건 : 증기압력 = 외부압력
  증기압과 외부압이 같을 때 액체 내부에서 기포가 형성되고 유지될 수 있다.
  액체분자를 가열하면 분자운동에너지가 증가하면서 분자들이 점점 멀어지게 된다. 분자들이 멀어지는 과정이 기포가 생기는 과정이고 기포가 되기 위해 밀고 나가는 압력이 증기압이다. 그 증기압이 대기압보다 작으면 기포는 생성되었다가 사라지게 된다. 그런데 시간이 갈수록(온도가 증가하면) 증기압도 증가하여 증기압이 대기압과 같으면 기포는 사라지지 않고 위로 상승하게 된다. 그 현상이 끓음이고 그때의 온도가 끓는점이다.
 ㉢ 끓는점 : 외부압력과 증기압력이 같을 때의 온도이다.
 ㉣ 모든 액체의 끓는점에서의 증기압은 대기압과 같다. (○)
  모든 액체의 끓는점에서의 증기압은 같다. (○)

④ 증발과 끓음의 비교 : 액체가 끓는점보다 낮은 온도에서 기화되는 증발은 액체 표면에서 분자들이 기화되는 현상이고, 끓음은 액체 내부에서도 기화가 일어나 기포가 만들어지는 현상이다.

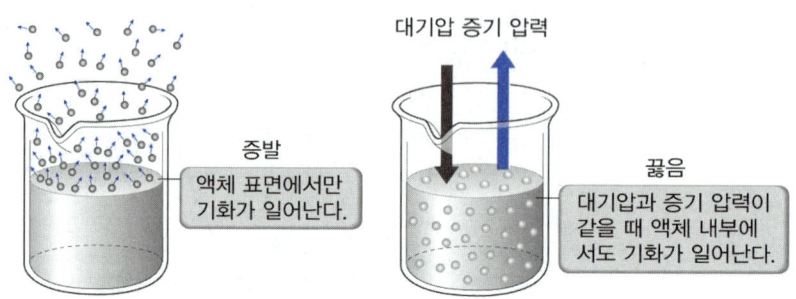

〈증발과 끓음의 비교〉

 고체

(1) **결정과 비결정**

고체는 일정한 모양을 가지며, 온도와 압력에 따른 부피 변화가 거의 없다. 고체는 입자들의 배열에 따라 결정성 고체와 비결정성 고체로 나눌 수 있다.

① **결정성 고체(crystalline solid)** : 결정성 고체는 결정을 구성하는 원자, 이온 또는 분자들이 질서정연한 배열을 하고 있다.

따라서 입자 사이의 결합을 끊는데 필요한 에너지가 모든 부분에서 같으므로 녹는점이 일정하다. 기본단위의 종류에 따라 원자결정, 분자결정, 이온결정, 금속결정으로 분류할 수 있다.

② **비결정성 고체(amorphous solid)** : 결정성 고체와는 달리 비결정성 고체는 고체를 이루는 입자들 사이의 인력이 일정하지 않다. 따라서 가열되면 결합이 약한 부분부터 먼저 끊어져 녹는점이 일정하지 않다. 유리, 플라스틱, 고무, 엿 등이 있다.

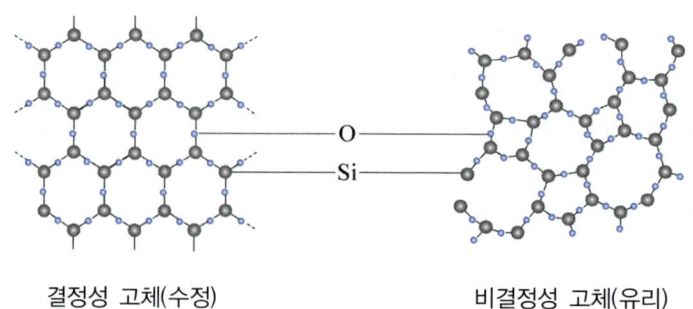

결정성 고체(수정)   비결정성 고체(유리)

③ 비교

	입자 배열	녹는점	구조
결정	규칙적	일정	입자 간 규칙적 배열
비결정	불규칙적	일정하지 않다.	입자 간 불규칙한 배열

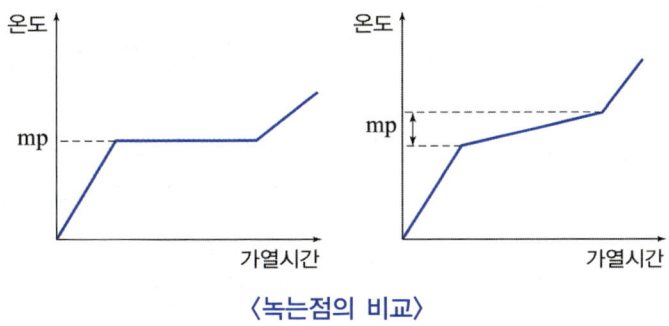

〈녹는점의 비교〉

(2) 결정의 종류

① 이온결정

　㉠ 고체 상태에서는 전기 전도성이 없으나 액체나 수용액 상태에서는 전기 전도성이 있다.

　㉡ 상온에서 고체이며 녹는점과 끓는점이 높다.

　㉢ 단단하지만 외부에서 힘을 가하면 쉽게 부스러진다.

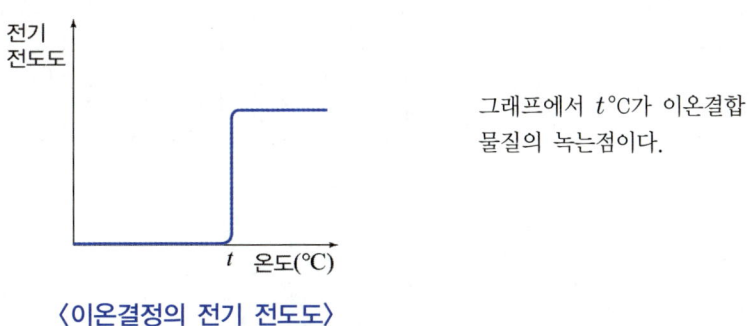

그래프에서 $t\,°C$가 이온결합 물질의 녹는점이다.

〈이온결정의 전기 전도도〉

② 금속결정

　㉠ 금속결정은 금속양이온(+)과 자유전자(−) 간의 정전기적 인력으로 결합한 물질이다.

　㉡ 단단하고 녹는점이 매우 높다(예외 : 수은은 상온에서 액체).

　㉢ 고체나 액체에서 전기전도성이 있다.

② 외부에서 힘을 가하면 부스러지지 않고 모양만 변한다(연성, 전성).
② 대부분의 금속은 은백색의 광택을 가지고 있다.

③ 분자결정
㉠ 공유결합 분자로 이루어진 결정이다.
㉡ 원자들 사이의 결합은 강하나(공유결합) 분자들 사이의 인력은 약하여 녹는점이 낮고 승화성이 있는 물질이 많다.
㉢ 고체와 액체 상태에서 전기전도성이 없다(예외 : 플러렌(C_{60})).

④ 원자결정
㉠ 원자들의 공유결합에 의해 그물처럼 이루어진 결정이다.
㉡ 원자결정이 녹으려면 원자 사이의 강력한 공유결합이 모두 끊어져야 한다. 따라서 단단하고 녹는점이 매우 높다.
㉢ 고체와 액체 상태에서 전기전도성이 없다(예외 : 흑연).

결정	성분원소	구성입자	결합력	녹는점	전기전도성 고체	전기전도성 액체	예
이온결정	금속+비금속	양이온과 음이온	이온 결합력	높음	없음	있음	NaCl, KCl
금속결정	금속	양이온과 자유전자	금속 결합력	높음	있음	있음	Cu, Fe
분자결정	비금속+비금속	분자	분자 사이의 힘	낮음	없음	없음	드라이아이스, 얼음
원자결정	비금속+비금속	원자	공유 결합력	높음	없음	없음	C(다이아몬드, 흑연), SiO_2(석영)

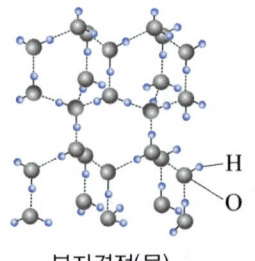

분자결정(물)

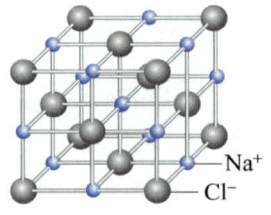

이온결정(소금)

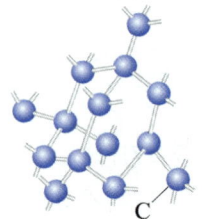

원자결정(다이아몬드)

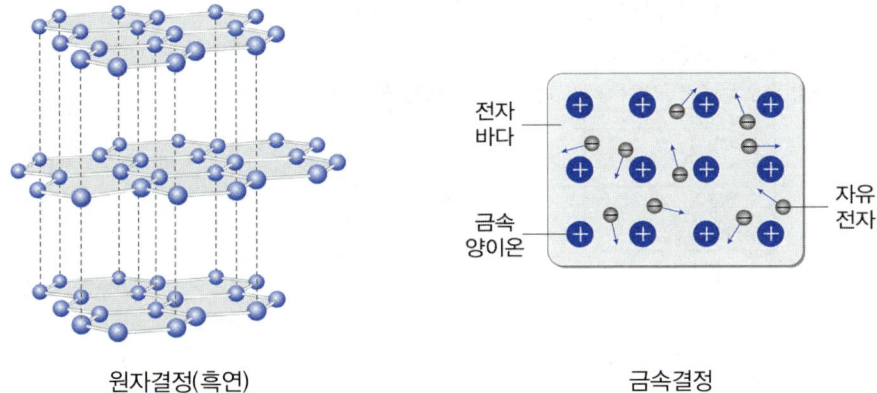

원자결정(흑연)　　　　　　　　　　금속결정

(3) 결정성 고체의 단위세포

① 용어 정리

　㉠ 단위세포 : 고체결정 구조 내에서 동일하게 반복되는 가장 작은 단위로서 결정격자라고도 한다.

　㉡ 단위세포 속의 입자 수 : 단위세포 속에 존재하는 실제 입자의 총수를 의미하며, 꼭지점의 입자수는 $\frac{1}{8}$개, 면의 입자수는 $\frac{1}{2}$개, 모서리의 입자수는 $\frac{1}{4}$개이다.

　㉢ 배위수 : 같은 구조라도 금속결정과 이온결정의 배위수는 다를 수 있다. 금속결정에서는 기준이 되는 입자와 가장 가까이 붙어 있는 입자수이며, 이온결정에서는 양(음)이온과 가장 가까이 붙어 있는 음(양)이온의 수를 배위수라고 한다.

② 금속결정

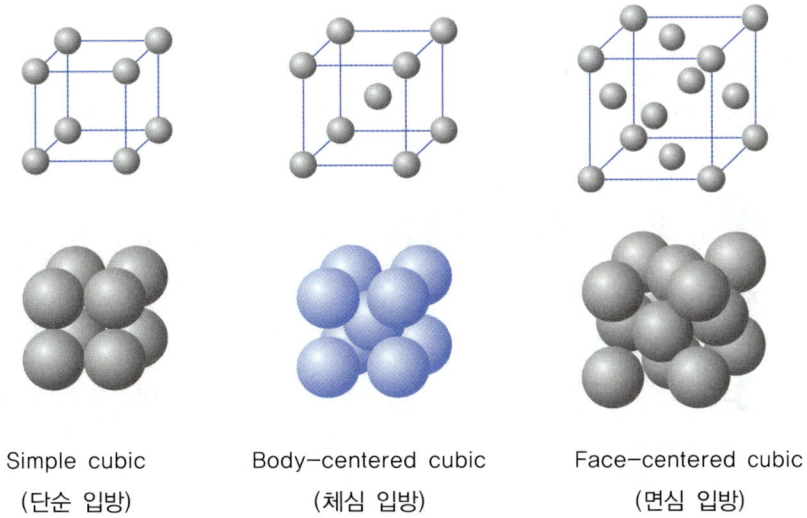

Simple cubic　　　Body-centered cubic　　　Face-centered cubic
(단순 입방)　　　　(체심 입방)　　　　　(면심 입방)

㉠ 단순 입방 구조(SC) → Po

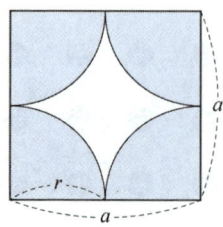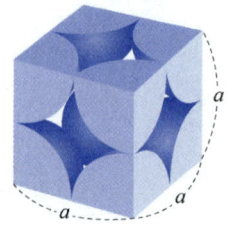

ⓐ 입자수 → 1개
ⓑ 배위수 → 6개
ⓒ a와 r과의 관계 → $r = \dfrac{1}{2}a$

㉡ 체심 입방 구조(BCC) → Li, Na, K, Fe

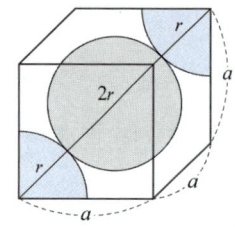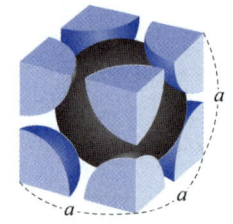

ⓐ 입자수 → 2개
ⓑ 배위수 → 8개
ⓒ a와 r과의 관계 → $r = \dfrac{\sqrt{3}}{4}a$

㉢ 면심 입방 구조(FCC) → Au, Ag, Cu

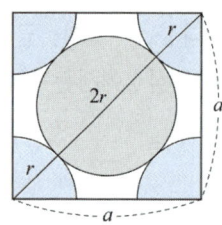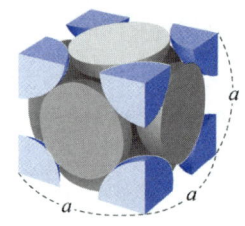

ⓐ 입자수 → 4개
ⓑ 배위수 → 12개
ⓒ a와 r과의 관계 → $r = \dfrac{\sqrt{2}}{4}a$

③ 이온결정 → 같은 전하끼리 구조 결정
  ㉠ CsCl 구조

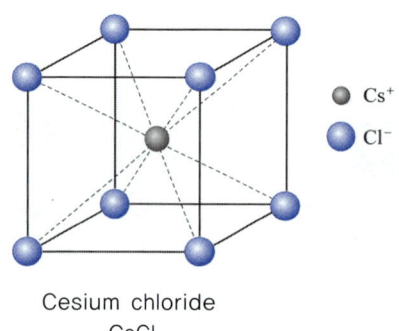

Cesium chloride
CsCl

ⓐ 구조 → 단순 입방
ⓑ 단위세포 내 ─ Cs^+ : 1개
               └ Cl^- : 1개
ⓒ 배위수 → 8개

ⓛ NaCl 구조

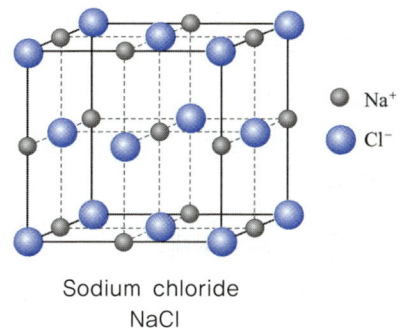

ⓐ 구조 → 면심 입방
ⓑ 단위세포 내 ┌ Na^+ : 4개
　　　　　　　└ Cl^- : 4개
ⓒ 배위수 → 6개

(4) 상평형

▶ **상** : 물질의 세 가지 상태(고체, 액체, 기체)를 상이라 한다.

① **상평형 그림** : 물질의 온도와 압력에 따라 세 가지 상태(고체, 액체, 기체)가 변화하는 것을 나타낸 그림이다.

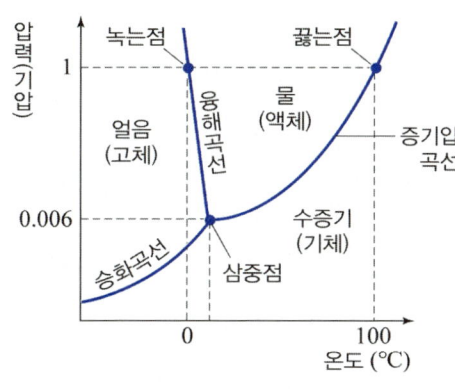

〈물의 상평형 그림〉

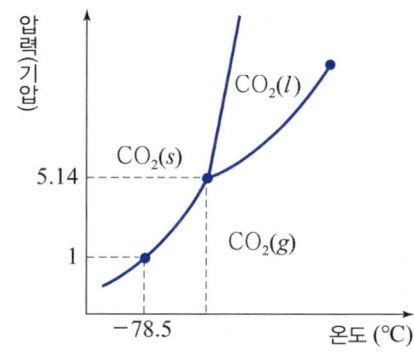

〈이산화탄소의 상평형 그림〉

㉠ **융해곡선** : 고체와 액체가 평형을 이루며 공존한다. 이 곡선상의 모든 온도와 압력에서는 고체와 액체가 공존할 수 있다. 융해곡선이 대기압과 만나는 온도가 녹는점(어는점)이 된다.

㉡ **증기압력곡선** : 액체와 기체가 평형을 이루며 공존한다. 이 곡선상의 모든 온도와 압력에서는 액체와 증기가 동시에 존재할 수 있다. 증기압력곡선이 대기압과 만나는 온도가 끓는점이 된다.

㉢ **승화곡선** : 고체와 기체가 평형을 이루며 공존한다. 이 곡선상의 모든 온도와 압력에서는 고체와 기체가 공존할 수 있다. 승화곡선 상태에서 온도나 압력이 변하면 승화가 일어난다.

ⓔ **삼중점** : 고체, 액체, 기체가 공존하는 점으로 삼중점 이하의 압력에서만 승화한다. 물의 경우 삼중점의 온도와 압력은 273.16K, 4.58mmHg이다.
  ⓐ 일반적인 물질들은 압력이 높아지면 어는점과 끓는점이 동시에 높아지고 압력이 낮아지면 어는점과 끓는점이 동시에 내려간다.
  ⓑ 물(H_2O)은 압력이 높아지면 끓는점은 올라가고 어는점이 내려간다. 그리고 압력이 낮아지면 끓는점은 내려가고 어는점이 올라간다.

② **임계점(critical point)** : 액체와 기체의 상이 구분될 수 있는 최대의 온도-압력의 한계상태
  ㉠ **임계온도** : 임계압력에서 액체로 존재할 수 있는 가장 높은 온도이며, 임계온도가 높다는 것은 높은 온도에서 액체로 존재할 수 있으므로 입자 간 인력이 크다.
  ㉡ **임계압력** : 임계온도에서 액체로 존재할 수 있는 최소 압력이다.

> **임계점의 의미**
> - 임계압력에서 기체를 액화시키기 위한 최대 온도이다.
> - 임계온도에서 기체로 존재하는 최대 압력이다.
> - 임계온도에서 액체로 존재하는 최소 압력이다.
> - 임계온도에서 기체를 액화시키는데 필요한 최소 압력이다.
> - 임계점이 높다 : 입자 간 인력이 크다.

3 용해도

❶ 용해

(1) **정의** : 두 종류 또는 그 이상의 순물질이 균일하게 섞이는 현상으로 용질이 용매에 녹아 용액을 형성한다.

$$\text{용매 + 용질} \underset{\text{석출}}{\overset{\text{용해}}{\rightleftarrows}} \text{용액}$$

(2) **용해도** : 일정온도에서 일정량의 용매에 최대로 녹아들어가는 용질의 양을 용해도라고 한다. 그 값은 용매의 종류와 용질의 종류, 온도에 따라 다르며 용질이 기체인 경우는 용질기체의 부분 압에 대해서도 달라진다.

❷ 고체의 용해도

일반적으로 고체의 용해도는 흡열과정이므로 온도가 높을수록 증가하고 압력의 영향은 거의 받지 않는다. 예외적으로 강산, 강염기의 용해도는 온도가 낮을수록 용해도가 증가하는 발열과정이다.

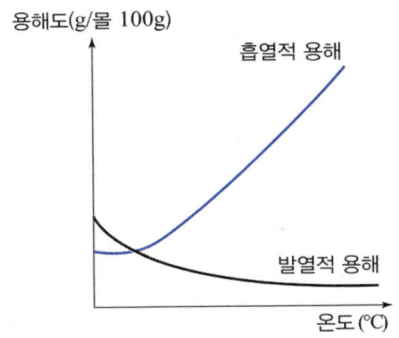

(1) **정의** : 어떤 온도에서 용매 100g에 최대로 녹을 수 있는 용질의 g수(포화 상태)

(2) **용해도 곡선** : 어떤 물질의 용해도가 온도에 따라 변하는 정도를 나타내는 그래프이며 곡선상의 점들은 모두 포화용액이다.

(3) **용액의 분류**
① **포화용액** : 포화용액에서 용질 입자의 용해되는 속도와 석출되는 속도는 같아지게 된다. 이러한 일종의 동적평형상태를 용해평형상태라고 한다.
즉, 포화용액은 용해평형상태의 용액으로 용해속도와 석출속도가 같아서 겉보기에는 녹지 않는 것처럼 보이지만 실제로는 녹고 있는 용액이다.

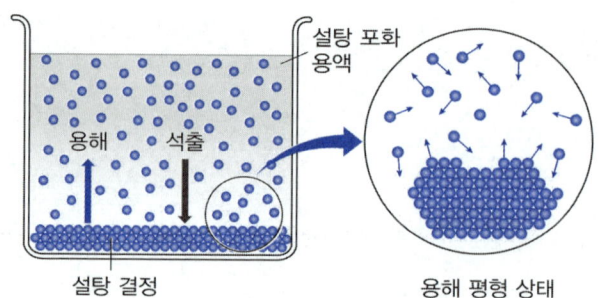

〈포화용액에서의 용해와 석출〉

② **불포화용액** : 포화용액보다 용질이 적게 녹아 있어서 용질을 더 녹일 수 있는 상태의 용액이며 용해속도가 석출속도보다 빠르기 때문에 용질이 용매에 잘 용해된다.

③ **과포화용액** : 포화용액보다 용질이 많이 녹아 있어서 불안정한 상태용액이다. 과포화용액을 흔들어 주거나 약간의 충격만 가해도 용질이 바로 고체 상태로 석출되고, 이때의 용액은 포화용액이 된다.

3 기체의 용해도

(1) 정의

① 기체의 용해도는 일반적으로 물 1mL에 녹는 기체의 부피나 물 100g에 녹는 기체의 질량으로 나타낸다.

② 기체의 용해도는 기체의 종류, 온도, 압력의 영향을 많이 받는다. 다음 표는 20℃에서 물 1L에 녹을 수 있는 산소 기체의 질량, 몰수, 부피이다.

산소의 압력(기압)	1	2	3	4
질량(g)	0.043	0.0868	0.1302	0.1736
몰수(mol)	0.0013	0.0027	0.004	0.0054
부피(mL)	31	31(1기압에서 62)	31(1기압에서 93)	31(1기압에서 124)

(2) 헨리의 법칙

① 일정한 온도에서 일정량의 용매에 용해되는 기체의 질량은 기체의 부분압력에 비례한다. 단, 녹아들어가는 기체의 부피는 일정하다.

$$S = kP_A$$

- k의 단위 : mol/L · atm   • S의 단위 : mol/L

② **특징** : 헨리의 법칙이 잘 적용되는 기체는 H_2, He, N_2, O_2, Ne과 같은 물에 잘 녹지 않는 기체이며 물에 잘 녹는 기체인 HCl, NH_3, SO_2, NO_2, H_2S 등은 헨리의 법칙이 적용되지 않는다. 이들 기체들은 압력이 높든 낮든 물에 잘 용해되기 때문이다.

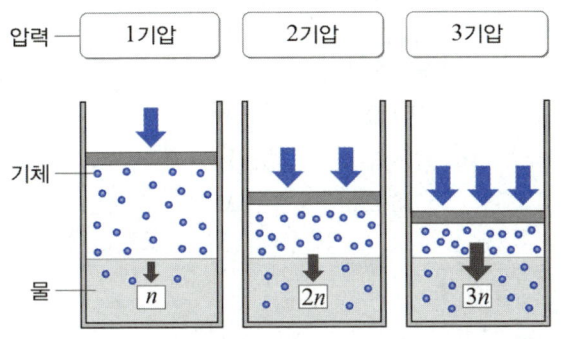

용매 표면에 충돌하는 분자 수가 압력에 비례하므로 용해되는 분자 수도 압력에 비례한다.

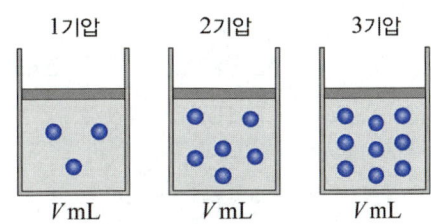

1기압일 때 용해된 기체 분자 수 3개가 차지하는 부피, 2기압일 때 용해된 기체 분자 수 6개가 차지하는 부피, 3기압일 때 용해된 기체 분자 수 9개가 차지하는 부피는 보일법칙에 의하여 모두 같다.

〈압력에 따른 기체의 용해도 변화(용해되는 질량과 부피)〉

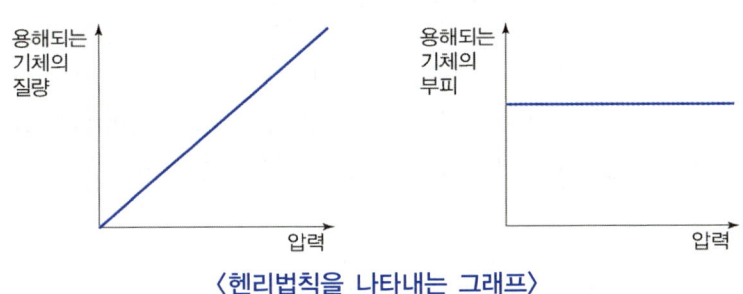

〈헨리법칙을 나타내는 그래프〉

4 용액의 농도

(1) 퍼센트농도(%)

① 용액 100g 속에 녹아 있는 용질의 g수로 나타내며 %로 표시한다.
② 용질과 용액의 질량을 이용하여 표시하는 농도이므로 온도가 변해도 값이 변하지 않는다.

$$\%농도 = \frac{용질\ 질량}{용액\ 질량} \times 100 = \frac{용질\ 질량(g)}{용액\ 질량 + 용질\ 질량(g)} \times 100$$

(2) 몰농도(M, 몰/L)

① 용액 1L 속에 녹아 있는 용질의 몰수를 몰농도라 하며, 단위는 M 또는 몰/L를 쓴다.

$$M농도 = \frac{용질\ 몰수}{용액\ 1L}$$

② 온도가 변하면 용질의 몰수는 변하지 않지만 용액의 부피가 변하므로 몰농도는 변한다. 만약 온도가 올라가면 입자의 운동에너지가 증가하면서 입자 사이의 간격이 멀어지면서 용액의 부피가 증가하게 된다. 용질의 몰수는 변화가 없는데 용액의 부피가 증가하므로 몰농도는 감소한다.

용액	=	용매	+	용질
1L				0.1몰 0.1M
2L				0.4몰 0.2M
3L				15몰 5M

$$\therefore MV(L) = n(몰수) = \frac{질량}{분자량}$$

(3) 몰랄농도(m)

① 용매 1kg에 녹는 용질의 몰수를 몰랄농도라고 하며, 단위는 m으로 표시한다.

$$m농도 = \frac{용질\ 몰수}{용매\ 1kg}$$

② 무게 농도이므로 온도가 변화해도 몰랄농도는 변화하지 않으므로 용액의 어는점내림, 끓는점오름 등에 이용된다. 즉, 같은 온도에서 서로 다른 용액에 포함되어 있는 몰수를 비교할 때는 몰농도를 이용하고 온도가 변하는 조건에서는 몰랄농도를 이용한다.

(4) 농도의 환산

① %농도를 몰농도(M)로 환산

용액의 농도를 100g을 기준으로 %농도에 해당하는 질량을 정한다.

예 $\frac{용액}{100} = \frac{용매}{} + \frac{용질}{\%}$

용액의 밀도(d)를 이용하여 용액의 부피를 구한다. $\frac{100}{d}$

용질의 화학식량을 이용하여 용질의 몰수를 구한다.

$\frac{\%}{화학식량}$

몰농도는 용액 1,000mL 속에 포함되어 있는 용질의 몰수이므로 비례식을 이용한다.

$\frac{100}{d} : \frac{\%}{화학식량} = 1000 : x$

따라서 $M = \frac{10 \times 비중(d) \times \%농도}{화학식량}$ 가 된다.

%농도를 몰농도(M)로 환산하려면 용액의 밀도와 용질의 화학식량을 알아야 한다.

② 몰농도(M)를 몰랄농도(m)로 환산

$$m = \frac{1000M}{1000d - \omega M}$$

[d : 비중, ω : 용질의 화학식량, M : 몰농도]

몰랄농도는 "용매 1,000g에 용질이 몇 몰 들어가는가"이다.

$$\frac{용액}{1,000} = m농도 = \frac{용매}{M} + \frac{용질}{M}$$

현재 용액 1,000mL이고 용질의 몰수가 M이다. 여기서 용매의 질량을 구해야 한다. 용매의 질량은 용액의 질량−용질의 질량을 빼주어야 한다. 용액의 부피를 알고 질량을 구하려면 밀도(d)를 알아야 한다. 밀도=$\frac{질량}{부피}$, 질량=밀도×부피이다. 따라서 용액의 질량은 $1,000d$이다. 그리고 용질의 몰수로부터 용질의 질량을 알려면 화학식량(ω)을 알아야 한다. 질량은 화학식량×몰수이므로 용질의 질량은 ωM이다. 따라서 용액의 질량($1,000d$)−용질의 질량(ωM)을 하면 용매의 질량은 $1,000d - \omega M$이다. 용매 $1,000d - \omega M$: M = $1,000$: x 이다.

따라서 몰랄농도는 $\dfrac{1,000M}{1,000d - \omega M}$ 이다.

SUMMARY NOTE

1. 용해도
   ① 화용액 : 용해평형상태의 용액이다. 용해속도=석출속도
   ② 불포화용액 : 용해속도 > 석출속도이다.
   ③ 과포화용액 : 포화용액보다 용질이 더 많이 녹아 있는 용액
   ④ 헨리의 법칙
      ㉠ 일정한 온도에서 일정량의 용매에 용해되는 기체의 질량은 그 기체의 부분압력에 비례한다.
      ㉡ 특징
         • 헨리의 법칙이 잘 적용되는 기체 : H_2, He, N_2, O_2, Ne
         • 일정한 온도에서 압력이 증가할수록 용해되는 기체의 질량은 증가하지만 부피는 일정

2. 농도
   ① M농도 = $\dfrac{용질\ 몰수}{용액\ 1L}$

   ② MV(L) = n(몰수) = $\dfrac{질량}{분자량}$

   ③ m농도 = $\dfrac{용질\ 몰수}{용매\ 1kg}$

BASIC CHECK

01 $MV=n$를 이용한다.
$4 \times 2 = 8$ 몰이 필요하다.
1몰이 40g이므로 8몰은 320g이 필요하다.

02 ① (×)
A 1mL → 2g B 1mL → 5g
② (○)
꼭 'L' 단위로 계산하지 않아도 된다. 당연히 B의 질량이 더 크다.
③ (×)
얼핏 보면 1mL씩 혼합했으므로 혼합용액의 밀도는 $\dfrac{7.5}{3mL}$
즉, $\dfrac{2.5}{mL}$ 이 될 것처럼 보이지만 A, B, C는 같은 크기의 물질이 아니다. 따라서 A가 B 사이로 끼어 들어갈 수 있으니까 질량은 변화 없으나 부피가 감소하여 밀도는 더 커진다.
④ (×)
③과 같은 경우이다. A, C 1g씩 혼합하면 $A = \dfrac{1g}{0.5mL}$ $C = \dfrac{1g}{2mL}$
따라서 혼합용액은 $\dfrac{2g}{2.5mL}$ 라서 0.8g/mL가 될 것처럼 보이지만 역시 A가 C 속으로 끼어들어 갈 수 있으므로 부피는 감소하여 밀도는 증가한다.

---

01 4M NaOH 용액 2L를 만드는 데 필요한 NaOH의 질량은?

02 액체 A, B, C의 밀도가 각각 2.0g/mL, 5.0g/mL, 0.5g/mL이다. 맞으면 ○, 틀리면 ×를 하시오.

① A의 1mL 무게는 B의 1mL보다 무겁다. (　)

② B의 1L는 C의 1L보다 더 큰 질량을 갖는다. (　)

③ A, B, C 각각을 1mL씩 사용하여 만든 혼합용액의 밀도는 2.5g/mL이다. (　)

④ A, C 각각을 1g씩 사용하여 만든 혼합용액의 밀도는 0.8g/mL이다. (　)

4 용액의 총괄성

❶ 비휘발성 물질의 증기압력내림

(1) 증기압력 내림

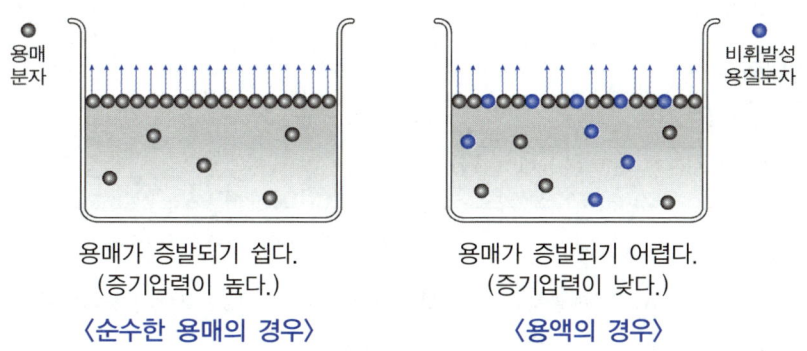

<순수한 용매의 경우> <용액의 경우>

비휘발성 용질입자들이 녹아 있는 용액에서는 용질입자들이 용매분자의 증발을 방해하고, 용질입자가 용매 표면의 일부를 차지하고 있으므로 증발할 수 있는 용매입자수가 감소하므로 용액의 증기압력이 순수한 용매의 증기압력보다 낮아진다.

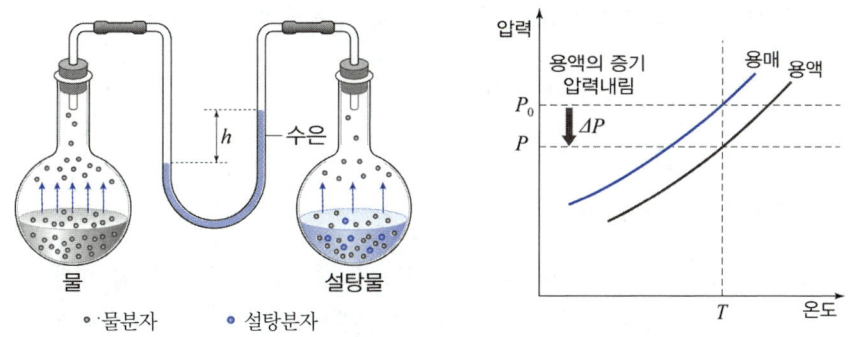

<용매와 용액의 증기압력 비교>

설탕물은 물보다 증기압력이 작으며 설탕물의 농도가 진할수록 증기압력은 더 작아진다.
따라서 양쪽의 높이차(h)가 더 커지게 된다. 또 증기압력은 용기의 크기, 용액의 양에는 영향을 받지 않으므로 용기의 크기를 변화시키거나 설탕물에 같은 농도의 설탕물을 더 첨가시켜도 양쪽의 높이차(h)는 변하지 않는다.

(2) 라울의 법칙

① 용액의 증기압

$$P = P_1^0 \cdot X_1$$

비휘발성, 비전해질 용질이 녹아 있는 묽은 용액일 경우 용질입자 간 거리가 너무 멀어 입자 간 상호작용은 무시할 수 있다. 따라서 용질의 종류와 관계없이 용매의 몰분율이 커질수록 증기압은 증가한다.

② 증기압내림

$$\triangle P = P_1^0 - P$$
$$= P_1^0 - P_1^0 \cdot X_1 = P_1^0 (1 - X_1)$$

$$\triangle P = P_1^0 \cdot X_2$$

$\begin{bmatrix} X_1 : \text{용매몰분율}, & X_2 : \text{용질몰분율}, & P_1^0 : \text{용매의 증기압력} \\ P : \text{용액의 증기압력}, & X_1 + X_2 = 1 & \end{bmatrix}$

용액의 농도가 증가할수록 용질의 몰분율이 커지므로 증기압내림도 커진다.

2 휘발성 물질의 증기압력내림

(1) **증기압** : 반드시 두 물질의 증기압이 모두 제시된 경우에만 해당한다.

$$\text{전체 증기압} \rightarrow P_A^0 \times X_A + P_B^0 \times X_B$$

$P_A^0 < P_{전체} < P_B^0$

$T_b(A) > T_{b(전체)} > T_b(B)$

A, B물질이 모두 증발하므로 전체 증기압력은 A의 증기압+B의 증기압 형태로 나타낸다. 그리고 각 용액의 증기압은 각각 A, B물질의 몰분율이 증가할수록 커지게 된다.

(2) **그래프** : 분자 간 인력은 없고, 용질 A, B의 몰분율에만 의존하는 이상용액

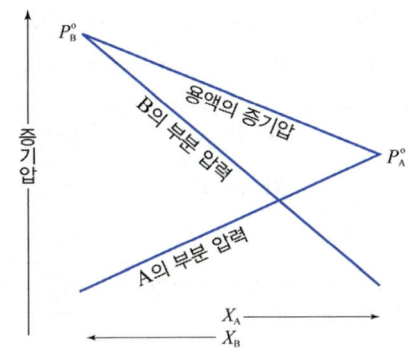

3 끓는점오름과 어는점내림

(1) 끓는점오름
비휘발성 용질이 녹은 용액은 어떤 온도에서 순수한 용매보다 낮은 증기압을 갖기 때문에 용액을 끓게 하기 위해서는 순수한 용매보다 높은 온도가 필요하다. 따라서 용액의 끓는점은 높아진다.

(2) 어는점내림
비휘발성용질이 녹아 있는 용액에서는 용질입자가 용매입자 간의 인력을 방해하므로 순수한 용매가 있을 때보다 얼기가 어렵다. 따라서 용액은 용매보다 더 낮은 온도에서 얼게 된다.

① 끓는점/어는점의 변화 : 용액의 증기압력이 작아지면서 상평형 그래프에서 용액에 대한 그래프의 이동이 일어나서 끓는점은 높아지고 어는점은 낮아진다.
이때 변화 값은 용액의 몰랄농도에 비례한다.

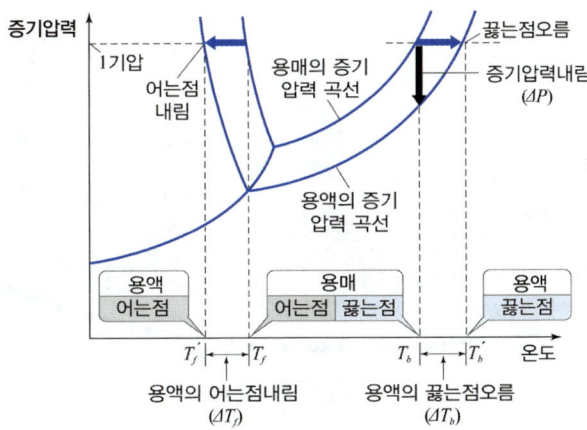

- 끓는점오름 : $\Delta T_b = K_b \cdot m$ • 어는점내림 : $\Delta T_f = K_f \cdot m$

〈순수한 용매와 용액의 증기압력곡선〉

② 전해질 용액의 끓는점오름과 어는점내림 : 같은 농도의 비전해질보다 입자의 몰수가 증가하기 때문에 용액의 증기압력이 더 낮아지므로 끓는점오름이나 어는점내림도 더 커진다.

용액	이온화	총입자수	$\Delta T_b(°C)$	$\Delta T_f(°C)$
1m 포도당 수용액	이온화 안 됨	1몰	0.52×1	1.86×1
1m KCl 수용액	$KCl \rightarrow K^+ + Cl^-$	2몰	0.52×1×2	1.86×1×2
1m $MgCl_2$ 수용액	$MgCl_2 \rightarrow Mg^{2+} + 2Cl^-$	3몰	0.52×1×3	1.86×1×3

∴ 비전해질 → $\Delta T_b = K_b \cdot m$, $\Delta T_f = K_f \cdot m$

전해질 → $\Delta T_b = K_b \cdot m \times i$(반트호프상수), $\Delta T_f = K_f \cdot m \times i$(반트호프상수)

❹ 삼투압

(1) 삼투(osmosis)

반투막을 사이에 두고 진한 용액과 묽은 용액을 넣었을 때 묽은 용액의 용매분자가 반투막을 통해 진한 용액 쪽으로 이동하는 현상을 삼투라고 한다.

(2) 삼투압

아래 그림에서 설탕분자는 반투막을 통과하지 못하지만 물분자는 통과할 수 있으므로 물이 설탕 수용액 쪽으로 이동하면서 수면의 높이에 차이가 생긴다.

이때 양쪽 수면의 높이가 같아지게 하기 위해 설탕 수용액 쪽에 가해주는 압력이 삼투압이다.

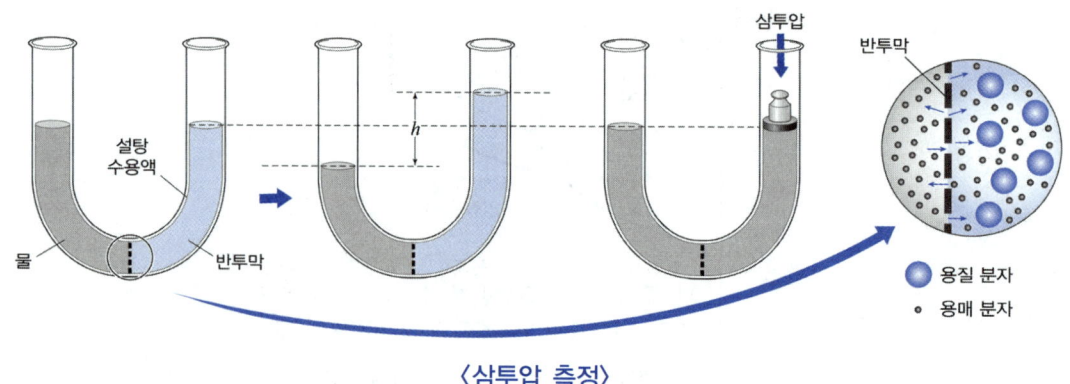

〈삼투압 측정〉

(3) 반트-호프 법칙

① 묽은 용액에서 용질입자는 기체분자와 같은 운동을 하고 있으므로 $PV=nRT$가 성립되어 아래식이 유도된다.

따라서 비휘발성, 비전해질 용질이 녹아 있는 묽은 용액의 삼투압(π)은 용매나 용질의 종류에 관계 없이 용액의 몰농도(C)와 절대온도(T)에 비례한다.

$$\pi = CRT$$
[π : 삼투압, C : 몰농도, R : 기체상수(0.082atm·L/mol·K), T : 절대온도]

② **역삼투** : 진한 용액 쪽에서 삼투압보다 더 큰 압력을 가해주면 진한 용액에서 묽은 용액 쪽으로 용매가 이동하여 묽은 용액 쪽의 수면의 높이가 높아지게 되는데 이런 현상을 역삼투라고 한다.

(4) 전해질에서의 삼투압

① 삼투압은 용매나 용질의 종류에는 관계없이 용액 일정 부피당 녹아 있는 용질의 입자수에 비례한다.

② **전해질의 삼투압** : 전해질 용액의 삼투압은 용질이 이온화되어 입자수가 많아지므로 같은 농도의 비전해질 용액보다 삼투압이 크다.

∴ 비전해질 → $\pi = CRT$

　전해질 → $\pi = CRT \times i$

$$i(\text{반트호프상수}) = \frac{\text{용액중 입자의 몰수}}{\text{용해된 용질의 몰수}} > 1$$

5 용액의 총괄성

증기압력내림, 끓는점오름, 어는점내림, 삼투압 모두 용질의 종류에 관계없이 용질의 개수에 비례하여 값이 달라지게 되는데 이런 성질을 용액의 총괄성이라고 한다.

SUMMARY NOTE

(1) 증기압

X_1 : 용매몰분율, X_2 : 용질몰분율, P_1^0 : 용매의 증기압력, P : 용액의 증기압력, $X_1 + X_2 = 1$

① 비휘발성 용액
  ㉠ $P = P_1^0 \cdot X_1$
  ㉡ $\Delta P = P_1^0 \cdot X_2$

② 휘발성 용액
  $P = P_A^0 \times X_A + P_B^0 \times X_B$

(2) 끓는점오름과 어는점내림

① 비전해질 → $\Delta T_b = K_b \cdot m$, $\Delta T_f = K_f \cdot m$

② 전해질 → $\Delta T_b = K_b \cdot m \times i$(반트호프상수), $\Delta T_f = K_f \cdot m \times i$(반트호프상수)

(3) 삼투압

① 비전해질 → $\pi = CRT$

② 전해질 → $\pi = CRT \times i$

BASIC CHECK

01 500g의 물에 어떤 비활성물질 85.5g을 녹인 용액의 끓는점이 100.26°C였다면 이 물질의 분자량은 얼마인가? (K_b : 0.52)

01 M = 342
$\Delta T_b = K_b \times m$을 이용해야 한다.
0.26 = 0.52m 몰랄농도는 0.5mL이다.
$$0.5 = \frac{0.5}{1,000g} = \frac{0.25몰}{500g}$$
따라서 분자량을 구할 수 있다.
$$0.25 = \frac{85.5}{M}$$

02 500g의 물에 NaCl(화학식량 58.5) 29.25g을 녹여 만든 소금물과 같은 온도에서 어는 포도당 수용액을 만들고자 한다. 1,000g의 물에 포도당($C_6H_{12}O_6$)을 얼마나 녹여야 하는가?

02 $\frac{0.5몰}{500g}$ = 1m가 녹아 있다.
그런데 NaCl은 $Na^+ + Cl^-$로 이온화되는 전해질이므로 2m 효과를 나타낸다. 그래서 포도당 2m 용액을 만들어야 같은 온도에서 얼게 된다. 2m 농도가 되려면 1,000g 2몰, 즉 360g을 녹여야 한다.

03 25°C 물속에서 항상 100% 이온화하는 어떤 이온성물질 MX가 있다. 이 물질이 녹아 있는 5mol/L 용액을 역삼투기에 넣어서 순수한 물을 만들고자 한다. 어느 정도의 압력을 가해야 하는가?

03 역삼투압을 묻는 문제이다. 삼투압보다 더 강한 압력을 가해주면 용액으로부터 물이 넘어간다. 그냥 삼투압 공식에 넣어서 계산한다.
$\pi = CRT \times$ 이온화수(이온성 물질이므로) 계산한다.
$\pi = 5 \times 0.082 \times 298 \times 2$
∴ 244.36(삼투압)기압
따라서 244.36보다 더 강한 압력을 주면 용액으로부터 물이 넘어간다.

01 2024년 경기도9급

철제용기에 단원자 기체 A, B가 섞여 있다. A가 1몰, B가 2몰이고 전체 압력은 12기압이다. 다음 설명 중 옳지 않은 것은? (단, 온도는 일정하고, 분자량은 A가 B의 4배이다.)

① B의 몰분율(X_B)은 $\frac{2}{3}$이다.

② A의 부분압력은 4기압이다.

③ 평균 속력은 B가 A의 2배이다.

④ 평균 운동에너지는 A가 B의 4배이다.

해설

① 몰분율 = $\frac{\text{각 성분의 몰수}}{\text{전체 몰수}}$ ⇒ B = $\frac{2}{3}$

② 부분압력 = 전체압력 × 몰 분율 ⇒ $12 \times \frac{1}{3} = 4$기압

③ $V = \sqrt{\frac{3RT}{M}}$ 에 대입하면 평균속력은 B가 A의 2배이다.

④ 온도가 일정하면 평균 운동에너지는 동일하다.

02 2024년 경기도9급

물과 포도당의 분자량이 각각 18, 180일 때 아래 자료를 보고 x값을 구하면? (단, 온도는 일정하고 수용액은 라울의 법칙을 따른다.)

수용액	물의 질량(g) : 포도당의 질량(g)	증기압(상대값)
(가)	19 : 10	95
(나)	12 : 5	x

① 96 ② 97
③ 98 ④ 99

해설 $P = P_1^0 \cdot X_1$

물과 포도당의 몰분율을 알 수 있고, 용액의 증기압을 알고 있으므로 P_1^0(용매의 증기압)을 구할 수 있다.

P_1^0를 구한 다음 (나)의 증기압을 구해야 한다.

(가) $95 = P_1^0 \times \dfrac{\frac{19}{18}}{\frac{19}{18} + \frac{10}{180}}$ ∴ $P_1^0 = 100$

(나) $96 = 100 \times \dfrac{\frac{12}{18}}{\frac{12}{18} + \frac{5}{180}}$ ∴ $P = 96$

ANSWER 01 ④ 02 ①

03 2023년 경기도9급

760mmHg, 27°C, 5L에서의 기체가 380mmHg, 57°C인 조건에서는 몇 L의 부피를 나타내는가?

① 10L   ② 11L
③ 12L   ④ 13L

해설 보일-샤를 법칙을 이용한다.

$$\frac{P_1 V_1}{T_1} = \frac{P_2 V_2}{T_2}, \quad \frac{760 \times 5}{300} = \frac{380 \times V_2}{330}$$

∴ $V_2 = 11L$

04 2023년 지방직9급

다음은 3주기 원소로 이루어진 이온성 고체 AX의 단위 세포를 나타낸 것이다. 이에 대한 설명으로 옳지 않은 것은?

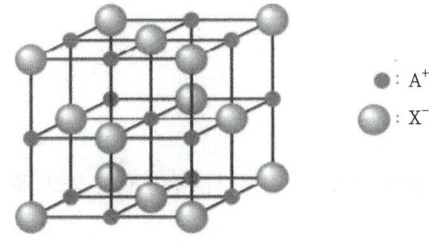

① 단위 세포 내에 있는 A이온과 X이온의 개수는 각각 4이다.
② A이온과 X이온의 배위수는 각각 6이다.
③ A(s)는 전기적으로 도체이다.
④ AX(l)는 전기적으로 부도체이다.

해설 ① $A^+ \rightarrow \frac{1}{4} \times 12 + 1 = 4$개, $X^- \rightarrow \frac{1}{2} \times 6 + \frac{1}{8} \times 8 = 4$개

② 이온결정에서 배위수는 양이온과 가장 가까이 붙어 있는 음이온의 개수 또는 음이온과 가장 가까이 붙어 있는 양이온의 개수이다. 따라서 6개가 나온다.
③ A^+는 양이온으로, A는 금속이다. 금속은 고체 상태에서 전기전도성을 띠는 도체이다.
④ AX(l)은 이온결정은 액체, 수용액에서 전기전도성을 가진다.

ANSWER 03 ②   04 ④

05 2023년 경남9급

비휘발성, 비전해질인 용질 X를 물에 녹여 만든 1M X(aq)의 밀도는 1.336g/mL이다. 이 X(aq)의 몰랄 농도는 얼마인가? (단, X의 분자량은 86이다.)

① 0.8m
② 1.6m
③ 2.4m
④ 3.2m

해설 몰농도를 몰랄농도로 환산하는 문제이다.

$$몰농도(M) = \frac{용질의\ 몰수}{용액\ 1000ml}, \quad 몰랄농도(m) = \frac{용질의\ 몰수}{용매\ 1000g}$$

용액 = 용매 + 용질
용액 1000ml ↓ 1몰   1250 : 1 = 1000 : x
↓   ∴ 0.8m
1336g = 1250g + 86g

06 2023년 경북9급

다음 중 가장 낮은 증기압을 가질 수 있는 경우는? (단, 물의 증기압은 23.8torr이고 메탄올의 증기압은 143torr이다.)

① 순수한 물
② KNO_3의 몰분율이 0.01인 수용액
③ 포도당의 몰분율이 0.01인 수용액
④ 물과 메탄올의 몰분율이 각각 0.8과 0.2인 혼합용액

해설 $\Delta P = P_1^0 \cdot X_2$(용질의 몰분율), $P = P_1^0 - \Delta P$를 이용한다.

② $\Delta P = 23.8 \times 0.02 = 0.476$, $P = 23.8 - 0.476 = 23.324$ torr
③ $\Delta P = 23.8 \times 0.01 = 0.238$, $P = 23.8 - 0.238 = 23.562$ torr
④ 메탄올은 휘발성이므로 $P = P_{A^0}^0 X_A + P_{B^0}^0 X_B$를 이용한다.
  $P = 23.8 \times 0.8 + 143 \times 0.2 = 47.64$ torr

ANSWER 05 ① 06 ②

07 2022년 환경직9급

부피가 일정한 용기에 A기체와 B기체의 부분압력이 각각 1atm이 되게 채워 넣어 전체 압력이 2atm이 되게 하였다. A와 B가 모두 반응했을 때 용기 내의 전체 압력은? (단, 온도는 일정하다.)

$$2A(g) + B(g) \rightarrow 2C(g)$$

① 0.5atm
② 1.0atm
③ 1.5atm
④ 2.0atm

해설 $PV=nRT$에서 부피와 온도가 일정하면 압력은 몰수에 비례한다.

	2A(g) +	B(g) →	2C(g)
반응전	1	1	0
반응	−1	−0.5	+1
반응후		0.5	1

∴ 1.5atm이다.

08 2022년 지방직9급

X가 녹아 있는 용액에서, X의 농도에 대한 설명으로 옳지 않은 것은?

① 몰 농도[M]는 $\dfrac{\text{X의 몰(mol)수}}{\text{용액의 부피(L)}}$이다.

② 몰랄 농도[m]는 $\dfrac{\text{X의 몰(mol)수}}{\text{용매의 질량(kg)}}$이다.

③ 질량 백분율[%]은 $\dfrac{X\text{의 질량}}{\text{용매의 질량}} \times 100$이다.

④ 1ppm 용액과 1,000ppb 용액은 농도가 같다.

해설 %농도 = $\dfrac{\text{용질의 질량}}{\text{용액의 질량}} \times 100$

$1\text{ppm} = \dfrac{1}{10^6}$, $1\text{ppb} = \dfrac{1}{10^9}$

ANSWER 07 ③ 08 ③

실전 유형문제

09 2021년 지방직9급

강철 용기에서 암모니아(NH_3) 기체가 질소(N_2) 기체와 수소 기체(H_2)로 완전히 분해된 후의 전체압력이 900mmHg이었다. 생성된 질소와 수소 기체의 부분압력[mmHg]을 바르게 연결한 것은? (단, 모든 기체는 이상 기체의 거동을 한다.)

	질소 기체	수소 기체
①	200	700
②	225	675
③	250	650
④	275	625

해설 부분압력＝전체압력×몰분율
$2NH_3 \rightarrow N_2 + 3H_2$
$N_2 \rightarrow 900 \times 1/4 = 225$
$H_2 \rightarrow 900 \times 3/4 = 675$

10 2021년 지방직9급

용액의 총괄성에 해당하지 않는 현상은?
① 산 위에 올라가서 끓인 라면은 설익는다.
② 겨울철 도로 위에 소금을 뿌려 얼음을 녹인다.
③ 라면을 끓일 때 스프부터 넣으면 면이 빨리 익는다.
④ 서로 다른 농도의 두 용액을 반투막을 사용해 분리해 놓으면 점차 그 농도가 같아진다.

해설 ① 상평형에서 압력이 내려가면 끓는점이 내려가는 예이다.

11 2020년 지방직9급

물분자의 결합 모형을 그림처럼 나타낼 때, 결합 A와 결합 B에 대한 설명으로 옳은 것은?

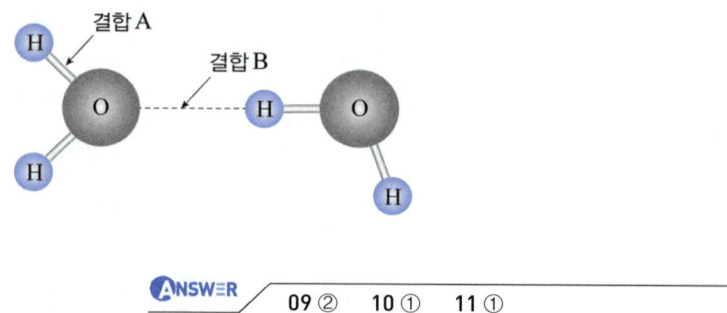

ANSWER 09 ② 10 ① 11 ①

① 결합 A는 결합 B보다 강하다.
② 액체에서 기체로 상태변화를 할 때 결합 A가 끊어진다.
③ 결합 B로 인하여 산소원자는 팔전자 규칙(octe rule)을 만족한다.
④ 결합 B는 공유결합으로 이루어진 모든 분자에서 관찰된다.

> **해설** A는 원자 간 공유결합, B는 수소결합으로 A가 더 결합력이 강하다.
> 기체로 변할 때는 분자간 인력이 끊어진다.

12 2020년 지방직9급

물질 A, B, C에 대한 다음 그래프의 설명으로 옳은 것만을 모두 고르면?

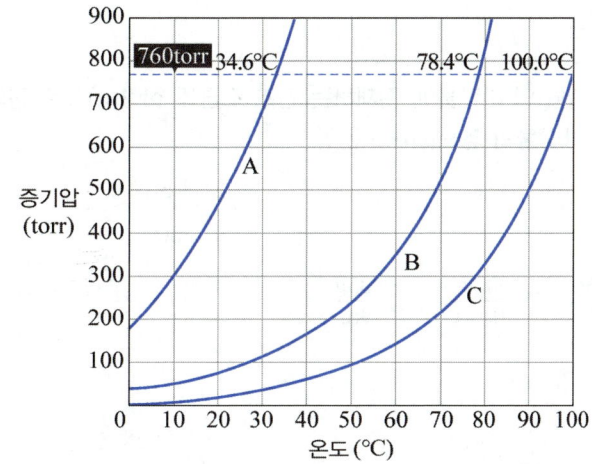

| ㄱ. 30℃에서 증기압 크기는 C < B < A이다.
| ㄴ. B의 정상 끓는점은 78.4℃이다.
| ㄷ. 25℃ 열린 접시에서 가장 빠르게 증발하는 것은 C이다.

① ㄱ, ㄴ   ② ㄱ, ㄷ
③ ㄴ, ㄷ   ④ ㄱ, ㄴ, ㄷ

> **해설** 가장 빠르게 증발하는 것은 증기압력이 가장 큰 A이다.

ANSWER 12 ①

13 2020년 지방직9급
용액에 대한 설명으로 옳지 않은 것은?

① 용액의 밀도는 용액의 질량을 용액의 부피로 나눈 값이다.
② 용질 A의 몰농도는 A의 몰수를 용매의 부피(L)로 나눈 값이다.
③ 용질 A의 몰랄농도는 A의 몰수를 용매의 질량(kg)으로 나눈 값이다.
④ 1ppm은 용액 백만 g에 용질 1g이 포함되어 있는 값이다.

해설 몰농도 = $\dfrac{\text{용질의 몰수}}{\text{용액 1L}}$ 이다.

14 2020년 지방직9급
바닷물의 염도를 1kg의 바닷물에 존재하는 건조 소금의 질량(g)으로 정의하자. 질량 백분율로 소금 3.5%가 용해된 바닷물의 염도[g/kg]는?

① 0.35 ② 3.5
③ 35   ④ 350

해설 $3.5\% = \dfrac{3.5\text{g}}{100\text{g}}$, 즉 $\dfrac{3.5\text{g}}{0.1\text{kg}}$ 이다. $\dfrac{35\text{g}}{\text{kg}}$

15 2019년 지방직9급
샤를의 법칙을 옳게 표현한 식은? (단, V, P, T, n은 각각 이상기체의 부피, 압력, 절대온도, 몰수이다.)

① $V = 상수/P$ ② $V = 상수 \times n$
③ $V = 상수 \times T$ ④ $V = 상수 \times P$

해설 온도와 부피가 비례하는 것은 샤를법칙이다.

ANSWER 13 ② 14 ③ 15 ③

16 2019년 지방직9급

전해질(electrolyte)에 대한 설명으로 옳은 것은?

① 물에 용해되어 이온 전도성 용액을 만드는 물질을 전해질이라 한다.
② 설탕($C_{12}H_{22}O_{11}$)을 증류수에 녹이면 전도성 용액이 된다.
③ 아세트산(CH_3COOH)은 KCl보다 강한 전해질이다.
④ NaCl 수용액은 전기가 통하지 않는다.

해설 ② 설탕은 비전해질로서 전기전도성이 없다.
③ CH_3COOH은 대표적인 약산이다.
④ 이온결합물질은 액체, 수용액에서 전기전도성이 있다.

17 2019년 지방직9급

구조 (가)~(다)는 결정성 고체의 단위 세포를 나타낸 것이다. 이에 대한 설명으로 옳은 것만을 모두 고르면?

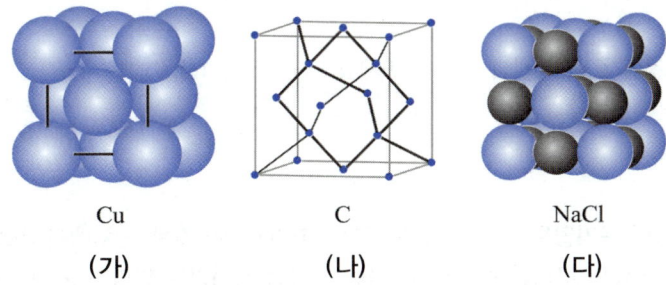

ㄱ. 전기전도성은 (가)가 (나)보다 크다.
ㄴ. (나)의 탄소원자 사이의 결합각은 CH_4의 H-C-H 결합각과 같다.
ㄷ. (나)와 (다)의 단위세포에 포함된 C와 Na^+의 개수 비는 1 : 2이다.

① ㄱ
② ㄷ
③ ㄱ, ㄴ
④ ㄱ, ㄴ, ㄷ

해설 (가) 금속결정 (나) 원자결정 (다) 이온결정
ㄴ. 모두 109.5°

ANSWER 16 ① 17 ③

18 2018년 지방직9급

산소와 헬륨으로 이루어진 가스통을 가진 잠수부가 바닷속 60m에서 잠수 중이다. 이 깊이에서 가스통에 들어 있는 산소의 부분압력이 1,140mmHg일 때, 헬륨의 부분압력(atm)은? (단, 이 깊이에서 가스통의 내부 압력은 7.0atm이다.)

① 5.0
② 5.5
③ 6.0
④ 6.5

해설 산소 압력 : 1.5기압
가스통 내부압력 : 7기압
He압력 : 5.5기압

19 2018년 지방직9급

체심입방(bcc) 구조인 타이타늄(Ti)의 단위세포에 있는 원자의 알짜 개수는?

① 1
② 2
③ 4
④ 6

해설 금속결정에서 체심입방의 입자수 = 1(체심) + $\frac{1}{8}$ × 8(꼭지점) = 2개

20 25°C에서 물의 증기압은 23.76mmHg이다. 그림에서와 같은 장치에서 피스톤을 움직여서 액체 위에 존재하는 기체의 부피를 반으로 줄였을 때 물의 증기압은 얼마가 되겠는가? (온도는 변화가 없다고 가정한다.)

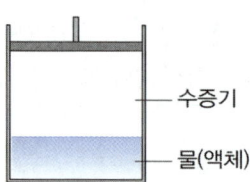

① 11.88mmHg
② 23.76mmHg
③ 47.52mmHg
④ 11.88mmHg과 23.76mmHg 사이

해설 한 가지 물질에서 증기압은 온도에 의해서만 변화하므로 용기의 부피를 변화시켜도 증기압은 변화 없다.

ANSWER 18 ② 19 ② 20 ②

21 그림은 25°C에서 액체 A와 B의 증기압력을 측정한 결과이다.

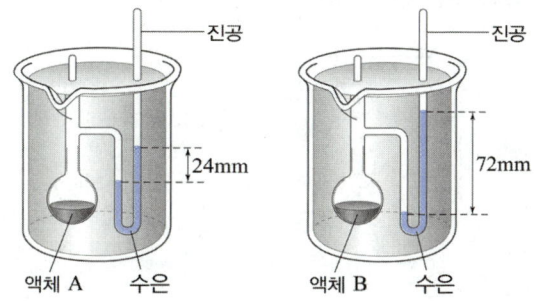

위 실험 결과를 근거로 판단할 때 액체 A와 액체 B를 옳게 비교한 것은?

① 끓는점 : A < B
② 몰증발열 : A < B
③ 분자의 질량 : A > B
④ 분자 사이의 인력 : A > B

해설 증기압이 크면
　㉠ 휘발성이 크다.
　㉡ 분자 간 인력이 작다.
　㉢ 끓는점(bp)이 낮다.
　㉣ 몰증발열이 작다.

22 다음은 기체의 몰수를 측정하는 실험에서 일어날 수 있는 실수의 예이다. 맑은 날 냉방이 되는 실험실에서 실험을 수행하였다고 했을 때, 다음 중 가장 큰 오차를 주는 경우는?

① 기체의 부피를 제대로 측정하지 못해서 10% 정도의 오차로 추측할 수밖에 없었다.
② 온도를 기록하지 못해서 나중에 20°C라고 가정했다.
③ 기압을 측정하지 않아서 760mmHg라고 가정했다.
④ 물의 증기압에 따른 보정값을 빼주는 대신에 더해 주었다.

해설 예를 들어 1L를 0.9L로 측정하면, 100mL라는 큰 오차가 생긴다.
　② 25°C → 298K, 20°C → 293K이므로 큰 오차가 없다.
　④ 물의 증기압은 0.03기압이므로, 더하거나 빼도 큰 오차가 없다.

ANSWER　21 ④　22 ①

23 그림은 서로 다른 온도에서 물의 증기 압력을 측정한 결과를 나타낸 것으로 (가)는 콕이 닫힌 상태이고, (나)와 (다)는 콕이 열린 상태이다.

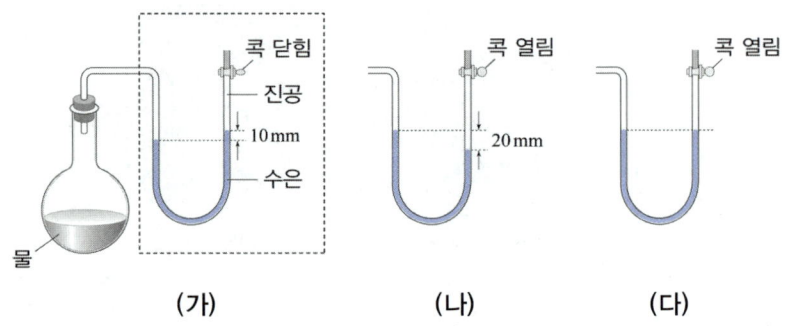

위 자료에 대한 설명으로 틀린 것은? (단, 대기압은 760mmHg이다.)

① 물의 온도는 (나)가 (가)보다 높다.
② (가)에서 물의 증기압력은 10mmHg이다.
③ (나)에서 물의 증기압력은 20mmHg이다.
④ (다)에서 물의 온도는 기준 끓는점과 같다.

해설 (가)는 진공이므로 증기압은 10mmHg
(나) 대기압이 작용하고 있으므로 증기압은 740mmHg
(다) 증기압＝대기압
온도가 높으면 증기압이 크고, 대기압과 증기압이 같을 때의 온도가 끓는점(bp)이다.

24 NaCl 구조에 대한 설명으로 옳지 않은 것은?

① Na^+ 이온과 가장 인접한 Cl^- 이온의 수는 4개이다.
② NaCl 결정 구조는 입자수가 각각 4개씩 있다.
③ NaCl 결정 격자는 면심입방격자이다.
④ NaCl 결정 구조는 음이온 쌓임 방식이 입방 최조밀 쌓임이다.

해설 배위수 : 양(음)이온과 가장 가까이 붙어 있는 음(양)이온의 수
Na^+와 가장 인접한 Cl^-의 수는 6개이다.

ANSWER 23 ③ 24 ①

25 표는 물, 에탄올, 디에틸에테르의 끓는점을 나타낸 것이고, 그래프는 이 액체들의 증기압력곡선을 나타낸 것이다.

액체	분자량	끓는점
물	18	100
에탄올	46	78
디에틸에테르	74	39

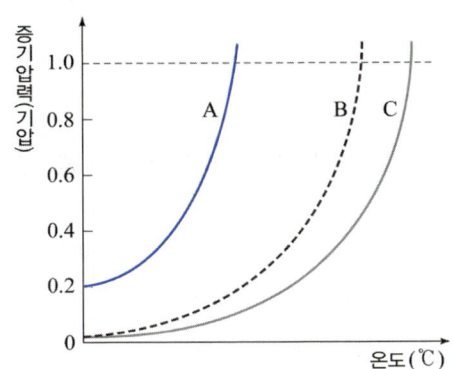

위 자료를 참고로 할 때, 〈보기〉의 설명 중 옳은 것을 모두 고른 것은?

┌─ 보기 ┬─────────────────────────
│ ㄱ. 몰증발열이 가장 큰 것은 물이다.
│ ㄴ. 분자량이 클수록 분자간 인력이 커진다.
│ ㄷ. A는 디에틸에테르의 증기압력곡선이다.
│ ㄹ. 같은 조건에서 가장 빨리 증발하는 것은 에탄올이다.

① ㄱ, ㄴ   ② ㄱ, ㄷ
③ ㄴ, ㄷ   ④ ㄴ, ㄹ

해설 여러 가지 물질의 증기압을 비교할 때는 같은 온도에서 비교해 준다.
대기압과 증기압이 같을 때가 끓는점이므로 끓는점이 가장 높은 C가 증기압이 제일 낮다. 즉, 끓는점과 증기압은 반비례 관계이다.
증기압 : A > B > C
끓는점 : A < B < C
C : 물, B : 에탄올, A : 디에틸에테르
ㄴ. 분자 간 인력은 곧 끓는점을 의미한다. 물은 분자량이 작아도 인력이 커서 끓는점이 높다.
ㄹ. 증기압력이 가장 큰 디에틸레에테르가 가장 빨리 증발한다.

25 ②

26 어떤 금속이 면심입방(face-centered cubic) 구조를 이루고 있다. 단위세포(unit cell)의 한 변의 길이가 4.0Å일 때 금속원자의 반경은 얼마인가? (단, $\sqrt{2}$ =1.4, $\sqrt{3}$ =1.7)

① 1.4Å ② 1.7Å
③ 2.0Å ④ 2.8Å

해설 반지름 r이고, 한변의 길이가 a일 때
$$r=\frac{\sqrt{2}}{4}a \rightarrow r=\sqrt{2}\,\text{Å} \quad \therefore 1.4\text{Å}$$

27 밀폐된 2개의 그릇에 각각 A와 B액체가 들어 있다. A의 증기압이 B보다 클 때 다음 중 가장 옳은 것은?

① 액체 분자간 인력은 A > B이다.   ② 액체의 몰 증발열은 A > B이다.
③ 액체의 끓는점은 A < B이다.   ④ 액체 분자량의 크기는 A < B이다.

해설 증기압력이 크다(=증발이 잘 된다). → A > B
같은 물질에서 : 온도가 높을수록 증기압력이 크다.
다른 물질에서 : 기화가 잘 된다(휘발성이 크다).
(같은 온도일 때) 분자간 인력이 작다.
끓는점이 낮다.
몰증발열이 작다.
④ 분자량의 크기는 여기서는 알 수 없다.

28 순수한 물의 상도표(phase diagram)에 대한 설명 중 틀린 것은?

① 100℃에서 물의 증기압은 760torr이고 0℃에서 물의 증기압은 0torr이다.
② 압력이 감소하면 끓는점(boilling point)은 감소하고 녹는점(melting point)은 증가한다.
③ 기체, 액체 및 고체가 공존하는 삼중점이 존재한다.
④ 승화현상(얼음 ↔ 수증기)이 일어날 수 있다.

해설 물의 증기압이 0인 경우가 없다.

ANSWER 26 ① 27 ③ 28 ①

29 철수는 반지를 하기 위해 귀금속상에 갔다. 그곳에서 내미는 반지를 보니 색깔이 금색보다는 구리색에 가까웠다. 주인은 그것이 14K라고 부르는 합금반지라고 말했다. 그래서 그 반지의 구성을 알기 위해 몇 가지 조사를 하다 보니 구 결정격자가 오른쪽 그림과 같음을 알게 되었다. 이 반지는 대략 어떤 구성으로 되어 있는가? (단, 원자량은 Au = 197, Cu = 64, 검은구는 Au, 파란색구는 Cu)

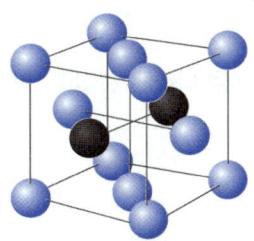

① Cu 1 : Au 1의 질량비로 결합되어 있다.
② Cu 1 : Au 2의 질량비로 결합되어 있다.
③ Cu 3 : Au 1의 질량비로 결합되어 있다.
④ Cu 6 : Au 1의 질량비로 결합되어 있다.

해설 Au는 면에 2개가 존재 : 1/2×2=1개. 따라서 197g Cu는 면에 4개 꼭지점에 8개가 존재 : 1/2×4 + 1/8×8=3개
따라서 64×3=192g. 따라서 거의 1 : 1의 질량비로 존재한다.

30 어떤 물질의 상평형 그림은 아래와 같다. 이 그림에 대한 설명으로 옳지 않은 것은?

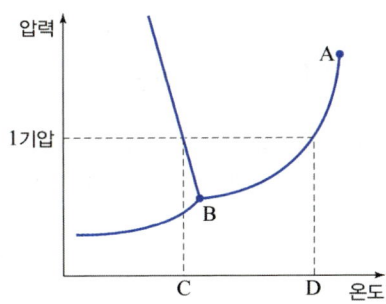

① 정상 끓는점은 D이다.
② 액체의 밀도가 고체보다 낮다.
③ 임계점은 A이고 삼중점은 B이다.
④ 정상 어는점은 C이다.

ANSWER 29 ① 30 ②

해설 압력↑ → 부피↓ → 밀도↑
따라서 압력이 커질수록 물은 얼음보다 무거워서 얼음이 물 위에 뜬다.

31 그림은 물과 얼음의 증기압력곡선을 나타낸 것이다. 이에 대한 설명으로 옳은 것을 〈보기〉에서 모두 고른 것은?

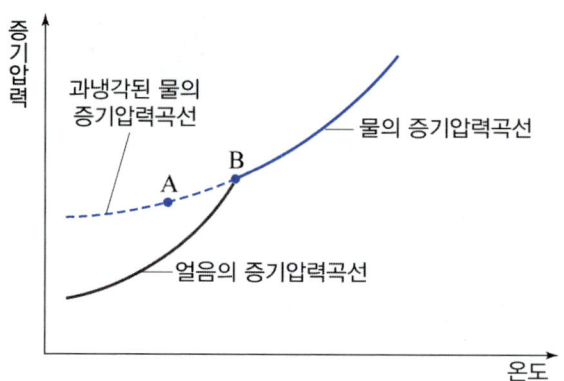

┤ 보기 ├
ㄱ. 점 A의 물은 불안정하여 자극을 주면 쉽게 얼음이 된다.
ㄴ. 점 B에서 물, 얼음, 수증기가 상평형을 이룬다.
ㄷ. 얼음의 증기압력곡선으로 언 빨래가 영하의 날씨에서 마르는 현상이 설명된다.

① ㄱ
② ㄷ
③ ㄱ, ㄴ
④ ㄱ, ㄴ, ㄷ

해설 ㄱ. 정상적인 상평형 그래프에서는 A는 고체이다. 따라서 불안정한 상태이므로 자극을 주면 쉽게 얼음이 된다.
ㄴ. B는 삼중점이므로 물, 얼음, 수증기가 동시에 존재해서 평형을 이룬다.
ㄷ. 삼중점 아래에서는 온도가 변하면 "고체 ⇌ 기체"로 바로 변하는 승화현상이 일어난다.

ANSWER 31 ④

32 그림은 25°C에서 에탄올이 담겨 있는 비커를 유리종 속에 넣고 밀폐한 후 진공 펌프로 유리종 속의 공기를 서서히 빼내는 과정을 나타낸 것이다.

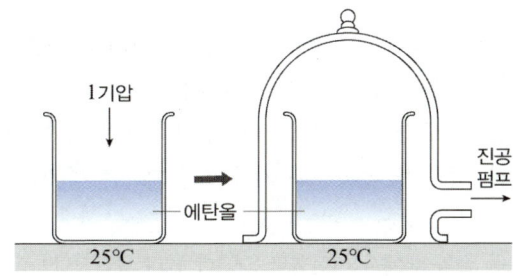

에탄올 내부에서 일어나는 현상으로 옳은 것은?

① 응고
② 증발
③ 끓음
④ 액화

해설 상평형 그래프를 떠올려야 한다. 온도는 일정하게 유지시켜 놓고, 진공펌프로 공기를 빼내서 압력을 낮추면, 외부압력이 그 온도에서의 증기압력과 같아지면서 에탄올이 끓게 된다.

33 용해도에 대한 다음 설명 중 옳은 것은?

① 펜테인(C_5H_{12})과 헥세인(C_6H_{14})은 서로 잘 섞이지 않는다.
② 고체가 액체에 녹는 과정은 대부분 흡열과정이므로 온도가 증가하면 고체의 용해도가 감소한다.
③ 주어진 온도에서 압력을 증가시키면 기체의 용해도는 감소한다.
④ 메틸알코올과 물은 수소결합을 하므로 물에 무한대로 녹는다.

해설 ① 탄소와 수소로만 되어 있는 무극성 물질이므로 서로 잘 섞인다.
② 고체의 용해도는 흡열과정이므로 온도가 높을수록 증가한다.
③ 기체의 용해도는 압력이 높을수록 증가한다.
④ 하이드록시기는 수소와 산소가 직접 붙은 작용기이다. 즉, "-OH-"이다.
　물도 "OH"가 직접 붙어 있어서 서로 잘 섞이며 OH가 많을수록 더 물과 잘 섞인다.

ANSWER　32 ③　33 ④

34 냉장고에 4°C로 보관해 온 탄산음료 캔과 실온의 찬장에 보관해 온 탄산음료 캔을 실온에서 동시에 뚜껑을 열었다. 이 경우 어느 캔의 탄산음료에서 이산화탄소가 더 빨리 날아가는지와 그 이유가 옳게 묶인 것은?

① 냉장고에서 꺼낸 캔, 온도가 낮을수록 기체의 용해도는 감소하므로
② 냉장고에서 꺼낸 캔, 온도가 낮을수록 기체의 용해도는 증가하므로
③ 찬장에서 꺼낸 캔, 온도가 높을수록 기체의 용해도는 감소하므로
④ 찬장에서 꺼낸 캔, 온도가 높을수록 기체의 용해도는 증가하므로

해설 기체의 용해도는 온도가 낮을수록 증가한다.
온도가 높은 찬장 속의 캔에서 이산화탄소가 더 빨리 날아간다.

35 황산 4.9g으로 수용액 500mL를 만들었다. 이 용액의 수소이온농도는? (단, 황산의 분자량은 98)

① 0.05M   ② 0.1M
③ 0.2M   ④ 0.5M

해설 몰수 = $\dfrac{질량}{분자량}$ 으로, 구하면 4.9/98로 0.05몰이 나온다.

몰농도 구하는 식에 대입하면, 4.9/98로 0.05몰이 나온다. 0.05몰/500mL이면 1,000mL에는 0.1몰이 존재한다. 즉 0.1M H_2SO_4가 된다.
그런데 우리가 구하고자 하는 것은 H_2SO_4의 몰농도가 아니고, H^+의 몰농도이므로 2를 곱해서 0.2M가 된다.

36 밀도가 1.2g/mL인 황산의 농도가 6M이라면 몇 % 용액인가? (단, 황산의 분자량은 98이다.)

① 4.9%   ② 9.8%
③ 49%   ④ 98%

해설 이 문제는 몰농도를 %농도로 환산하는 문제이다.

%농도 = $\dfrac{용질의\ 질량}{용액의\ 질량} \times 100$

용액   =   용매 + 용질
1,000mL   6몰 → 부피와 몰수를 모두 질량으로 바꿔야 함
↓ 밀도 1.2   ↓ 분자량 98
1,200g   588g

역시 여기서도 비례식을 풀어야 한다. 1,200 : 588 = 100 : x, x = 49g
%농도 구하는 공식에 대입하면 49%가 된다.

34 ③   35 ③   36 ③

37 0.1M 황산(H_2SO_4) 용액 1.5L를 만드는 데 필요한 15M 황산의 부피는?

① 0.01L ② 0.1L
③ 22.5L ④ 225L

해설 $0.1M = \dfrac{0.15몰}{1.5L}$, 즉 H_2SO_4 0.15몰이 있어야 한다.

$15M = \dfrac{15몰}{1L}$, 따라서 0.15몰이 존재하려면 0.01L가 필요하다.

38 온도에 따라 값이 변하는 것은?

① 몰농도 ② 몰분율
③ 몰랄농도 ④ 질량백분율

해설 몰농도 $= \dfrac{용질의\ 몰수}{용액\ 1L}$

따라서 부피농도이므로 온도의 영향을 받는다.

39 농도가 48.0%, 밀도 1.5g/mL인 어떤 산 HA 수용액이 있다. 이 수용액 1.0L에 물을 넣어 처음 몰랄농도의 $\dfrac{1}{2}$이 되도록 희석하려고 한다. 이때 필요한 물의 양은?

① 480g ② 520g
③ 720g ④ 780g

해설 이건 몰수를 이용해서 몰랄농도를 구할 필요가 없다. 농도를 반으로 낮추려면 어떻게 해야 하는지를 묻는 문제이다.

   용액=용매+용질
48%) 100g = 52g + 48g
   여기선 수용액 1L, 즉 1,000mL는 1,500g과 같다.
   1,500g = 780g + 720g
   따라서 농도를 반으로 낮추려면 추가로 물을 780g을 넣어주어야 한다.

37 ① 38 ① 39 ④

40 그림과 같이 농도가 서로 다른 수산화나트륨(NaOH) 수용액 (가)와 (나)를 부피플라스크에 넣은 후, 증류수를 가하여 1L의 용액 (다)를 만들었다. 수용액 (다)의 몰 농도(M)는? (단, NaOH의 화학식량은 40이다.)

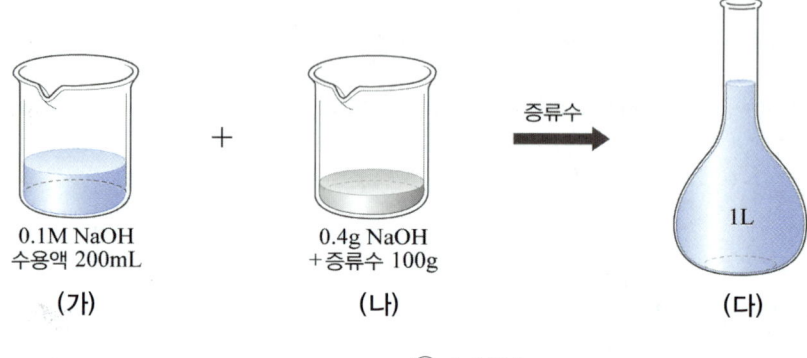

① 0.01M   ② 0.02M
③ 0.03M   ④ 0.04M

해설 복잡한 것처럼 보이지만 정말 간단한 문제이다.
(가) MV_L=몰수
따라서 0.1M×0.2L이므로 0.02몰, (나)에서 NaOH 0.4g은 0.4/40에 의해 0.01몰이다. 결국 0.03몰/1L. 따라서 0.03M이다.

41 NaCl과 포도당을 각각 100g의 물에 녹인 두 용액의 어는점이 같았다. 그렇다면 물에 녹인 NaCl : 포도당의 몰수의 비는?

① 1 : 1   ② 1 : 2
③ 2 : 1   ④ 2 : 3

해설 포도당은 이온화하지 않는 비전해질이고, NaCl은 2개 즉, $Na^+ + Cl^-$로 이온화하므로 2배 농도효과가 나타난다. 따라서 NaCl 1m는 포도당 2m와 같다. 어는점이 같다면 몰수비는 1 : 2이다.

ANSWER 40 ③ 41 ②

42 물 0.1kg에 어떤 비전해질 비휘발성 물질 1.8g을 녹인 용액의 어는점이 −0.186°C이다. 이 물질의 몰랄내림상수가 1.86일 때, 이 물질의 분자량은?

① 150
② 160
③ 170
④ 180

해설 $\Delta T_f = K_f \cdot m$
$0.186 = 1.86 \cdot 0.1$
$0.1m = \dfrac{0.01몰}{100g}$ $0.01몰 = \dfrac{1.8}{분자량}$
∴ 분자량 = 180

43 어떤 전해질 AB_x 0.2몰을 물 200g에 녹인 용액의 어는점이 −7.44°C였다면 x는 얼마인가? (단, 이 전해질의 이온화도 $\alpha = 1$이고, $K_f = 1.86$이다.)

① 1
② 2
③ 3
④ 4

해설 끓는점오름과 어는점내림 문제가 나오면 무조건 다음 공식을 써놓고 시작해야 한다.
비전해질 → $\Delta T_b = K_b m$, $\Delta T_f = K_f \cdot m$
0.2몰/200g은 1m이다.
$\Delta T_f = K_f \times m$에 주어진 문제자료를 대입하면, $7.44 = 1.86 \times 4$이다. 농도는 1m인데 4m 효과를 나타내야 한다. 따라서 용질의 개수가 4개가 되어야 한다.
따라서 전해질이며 $AB_3 \rightarrow A^{3+} + 3B^-$가 되어야 한다.

44 미지의 화합물 5g을 벤젠 245g에 녹일 때 어는점이 1.4°C 감소되었다. 벤젠의 K_f는 5.12°C/m이라면 이 화합물의 분자량과 가장 가까운 값은?

① 50g/mol
② 75g/mol
③ 146g/mol
④ 150g/mol

해설 어는점내림이라는게 보이는 순간 $\Delta T_f = K_f \cdot m$를 써놓고 시작해야 한다.
역시 근사치로 계산해서 가장 비슷한 값을 찾으면 된다. $1.4 = 5.12 \times m$. 0.28m
$0.28m = \dfrac{0.28몰}{1,000g} = \dfrac{0.07몰}{250g}$
$0.07몰 = \dfrac{5g}{M}$, $M = \dfrac{5}{0.07}$, 따라서 71 정도

ANSWER 42 ④ 43 ③ 44 ②

45 그림은 포도당 수용액 500g을 1atm 상태에서 가열할 때 시간에 따른 수용액의 온도 변화를 나타낸 것이다. 이에 대한 설명으로 옳은 것만을 〈보기〉에서 있는 대로 고른 것은? (단, 물의 몰랄오름상수 K_b는 0.52°C/m이다.)

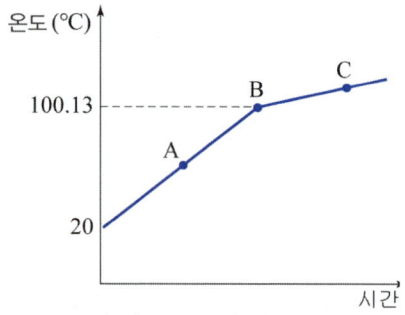

━● 보기 ┃━
ㄱ. 수용액의 % 농도는 상태 A에서보다 상태 C에서 더 크다.
ㄴ. 상태 B에서 수용액의 증기 압력은 1atm보다 크다.
ㄷ. 가열 전 수용액의 몰랄농도는 0.5m이다.

① ㄱ
② ㄷ
③ ㄱ, ㄴ
④ ㄴ, ㄷ

해설 ㄱ. C는 용매가 많이 사라졌으므로 농도는 진해진다.
ㄴ. 모든 액체의 끓는점에서의 증기압은 대기압과 같다. 따라서 증기압력은 B=C
ㄷ. $\Delta T_b = K_b \cdot m$ $0.13 = 0.52 \times m$ ∴ $0.25m$

46 물 100mL에 다음과 같은 물질들을 녹였을 때 어느 용액이 가장 낮은 온도에서 얼겠는가?

① 염화칼슘($CaCl_2$) 0.1mol
② 염화나트륨(NaCl) 0.1mol
③ 포도당($C_6H_{12}O_6$) 0.1mol
④ 설탕($C_{12}H_{22}O_{11}$) 0.1mol

해설 농도가 높을수록 끓는점은 높아지고 어는점은 낮아진다.
① $CaCl_2 \rightarrow Ca^{2+} + 2Cl^- \rightarrow$ 0.3mol 효과
② $NaCl \rightarrow Na^+ + Cl^- \rightarrow$ 0.2mol 효과
③ 포도당 → 0.1mol
④ 설탕 → 0.1mol

ANSWER 45 ① 46 ①

47 임의의 물질 50g을 녹인 1L 수용액의 삼투압을 측정해본 결과 25°C에서 25mmHg이었다. 물질 X의 분자량으로 옳은 것은?

① 약 49g/mol
② 약 3,100g/mol
③ 약 23,000g/mol
④ 약 37,000g/mol

해설 $\pi = CRT$를 이용하는 문제이다.
여기서 π는 atm를 넣어야 한다. $760:1 = 25:x$, $x = 0.03$atm
삼투압 공식에 대입하면 $0.03 = C \times 0.08 \times 300$, 계산하면, $C = 0.0013$
$0.0013M = \dfrac{0.0013몰}{1L}$, 몰수 = $\dfrac{질량}{분자량}$을 이용하면 된다.
$0.0013 = \dfrac{50}{분자량}$, 계산하면 약 37,000이 나온다.

48 소금물의 총괄성에 대한 설명으로 옳은 것을 모두 고른 것은?

> ㄱ. 소금물의 끓는점은 순수한 물의 끓는점보다 높다.
> ㄴ. 소금물의 어는점은 순수한 물의 어는점보다 낮다.
> ㄷ. 삼투현상에서 물은 항상 소금의 농도가 진한 쪽으로 이동한다.

① ㄱ, ㄴ
② ㄱ, ㄷ
③ ㄴ, ㄷ
④ ㄱ, ㄴ, ㄷ

해설 반투막은 용매는 항상 이동할 수 있으므로,
ㄷ. 소금의 농도가 진한 쪽에서도 묽은 쪽으로 물(용매)은 이동한다. 그러나 농도가 묽은 쪽에서 진한 쪽으로 이동하는 물분자수가 더 많다.

49 어떤 용액이 라울(Raoult)의 법칙으로부터 음의 편차를 보일 때, 이 용액에 대한 설명으로 옳은 것만을 모두 고른 것은?

> ㄱ. 용액의 증기압이 라울의 법칙에서 예측한 값보다 작다.
> ㄴ. 용액의 증기압은 용액 내의 용질 입자 개수와 무관하다.
> ㄷ. 용질-용매분자 간 인력이 용매-용매분자 간 인력보다 강하다.

① ㄱ
② ㄴ
③ ㄱ, ㄷ
④ ㄴ, ㄷ

ANSWER 47 ④ 48 ① 49 ③

해설
ㄴ. 용질 입자의 갯수가 많을수록 용매가 날라가는 것을 방해한다.
ㄷ. 용매-용질 간 인력이 용매-용매, 용질-용질 간 인력보다 크면 용매-용매, 용질-용질 간 인력이 끊어지고 용매-용질 간 인력이 형성된다.
따라서 용매가 날라가는 것을 인력으로 잡고 있어서 증발을 잘 못하므로 증기압은 낮아진다.

50 NaCl 수용액에 압력을 가해서 반투막을 통과시키면 담수를 얻을 수 있다. 반투막 장치에 약 7.5기압까지 압력을 가해준다면, 300K에서 이 반투막으로 담수화시킬 수 있는 NaCl 수용액의 최고 농도와 가장 가까운 값은? (단, NaCl 수용액은 이상용액으로 간주한다.)

① 0.0015M
② 0.0030M
③ 0.15M
④ 0.30M

해설 $7.5 = C \times 0.082 \times 300 \times 2$
∴ $C ≒ 0.152M$

51 그림은 일정한 온도에서 용질의 몰분율에 따른 두 용액 (가)와 (나)의 증기압력을 나타낸 것이다. 여기서 A와 B는 용매이고, C는 용질이다. 이에 대한 설명으로 옳지 않은 것은?

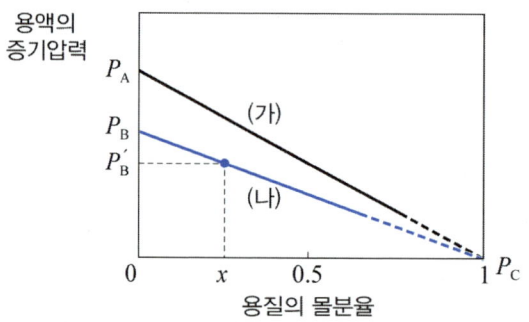

① 증기압력은 A가 B보다 높다.
② 분자 사이의 힘은 B가 A보다 크다.
③ C는 비휘발성 물질이다.
④ 몰분율이 각각 0.5일 때 (가)의 끓는점이 (나)보다 높다.

해설 끓는점과 증기압력은 반비례 관계이다.
④ 증기압력이 (가)가 더 크므로 끓는점은 (나)가 더 높다.

ANSWER 50 ③ 51 ④

52 어느 지점의 대기압이 현재 750mmHg이다. 이 상태에 있어서 다음 설명 중 옳은 것은?

① 물의 끓는점은 100℃보다 높아진다.
② 물이 끓고 있을 때의 증기압력은 750mmHg이다.
③ 100℃에서 수증기압은 750mmHg이다.
④ 소금물이 끓을 때의 증기압이 750mmHg보다 높다.

해설 ① 대기압과 증기압이 같을 때의 온도가 끓는점이다. 100℃일 때는 증기압이 760mmHg이다. 현재 대기압이 750mmHg이므로 끓는점은 증기압이 750mmHg일 때, 즉 100℃보다 낮은 온도에서 끓을 것이다.
② 대기압과 증기압이 같을 때의 온도가 끓는점이므로 증기압과 대기압이 같은 750mmHg에서 끓을 것이다.
③ 100℃일 때는 증기압이 760mmHg이다.
④ 용액은 용매보다 증기압은 낮고 끓는점은 높고, 어는점은 낮다.

ANSWER / **52** ②

배수진 공무원 화학

CHAPTER 07 화학반응과 반응의 자발성

1 화학반응과 에너지

1 발열반응과 흡열반응

(1) 발열반응

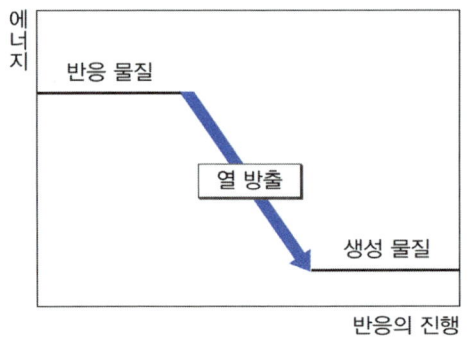

① 반응물 에너지가 생성물의 에너지보다 높은 화학반응이다.
② 에너지가 낮은 상태가 안정한 상태이므로 생성물이 더 안정하다.
③ 열이 외부로 방출되는 화학반응이므로 주위의 온도가 올라간다.
④ 반응열 → $Q > 0$, $\Delta H < 0$
　Q는 주위가 기준이므로 열이 방출되면 주위의 온도가 올라가서 +값을 나타내고, ΔH는 계가 기준이므로 열이 주위로 방출되면 계의 온도는 내려가므로 -값을 나타낸다.
　예 연소반응, 금속의 산화, 철가루 난로, 강산, 강염기를 물에 녹이는 반응, 중화반응, 호흡
　　(영양분의 산화)

(2) 흡열반응

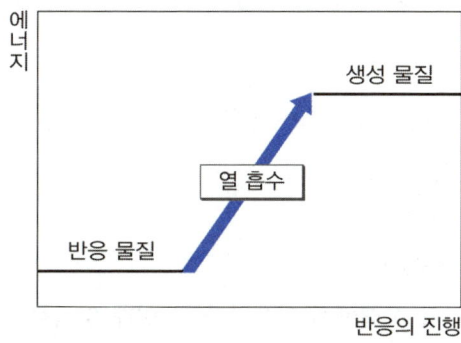

① 생성물의 에너지가 반응물의 에너지보다 높은 화학반응이다.
② 에너지가 낮은 경우가 안정한 경우이므로 반응물이 더 안정하다.
③ 외부로부터 열을 흡수하는 화학반응이므로 주위의 온도가 내려간다.
④ 반응열 → $Q < 0$, $\Delta H > 0$
   예 광합성, 대부분 고체 물질의 물에 대한 용해 반응, 열분해 반응, 전기분해 반응

2 반응 엔탈피(ΔH)

(1) 표준 엔탈피(standard enthalpy)
엔탈피는 물질이 가지고 있는 고유한 총 에너지이다.
25℃, 1기압에서의 엔탈피 값을 표준 엔탈피라고 하며, $H°$로 나타낸다.
아무 조건 없이 주어진 엔탈피는 표준 엔탈피를 의미한다. 엔탈피(H)는 물질이 가지고 있는 고유한 에너지이므로 정확한 값을 알 수는 없다.

(2) 반응 엔탈피(ΔH)
① 반응 엔탈피 : 화학반응에서 출입하는 반응열을 측정하면 엔탈피 변화량(ΔH)을 측정할 수 있다. 화학반응이 일어나면 열의 출입이 일어나므로 반응 물질이 가진 엔탈피의 합과 생성 물질이 가진 엔탈피의 합이 서로 다르게 나타난다.
화학반응이 진행될때 생성 물질의 엔탈피 합에서 반응 물질의 엔탈피 합을 뺀 값을 엔탈피 변화량 또는 반응 엔탈피라고 하며, ΔH로 나타낸다.

> 반응 엔탈피(ΔH) = 생성 물질의 엔탈피 합 − 반응 물질의 엔탈피 합

② **발열반응과 흡열반응의 엔탈피 변화** : 발열반응의 경우 에너지가 주위로 방출되어 엔탈피가 감소하므로 $\Delta H < 0$ 이고, 흡열반응의 경우 주위로부터 에너지가 흡수되어 엔탈피가 증가하므로 $\Delta H > 0$ 이다.

- 발열반응의 엔탈피 변화 : $H_2(g) + \frac{1}{2}O_2(g) \rightarrow H_2O(l)$, $\Delta H = -285.8kJ$
- 흡열반응의 엔탈피 변화 : $N_2(g) + O_2(g) \rightarrow 2NO(g)$, $\Delta H = +180.8kJ$

(3) 반응 엔탈피와 열화학 반응식

대부분의 화학반응은 대기압 상태에서 일어난다. 그런데 일정한 압력에서 화학 반응이 진행될 때 출입하는 열에너지(Q)와 엔탈피 변화(ΔH)를 비교해 보면 크기는 서로 같고 부호는 반대이다. 따라서 열화학 반응식을 나타낼 때 반응열(Q) 대신 반응 엔탈피(ΔH)를 이용하여 표시할 수 있다.

3 열화학 반응식

(1) 정의

화학반응이 일어날 때 흡수하거나 방출하는 열에너지를 포함시켜 나타내는 반응식으로 엔탈피로 쓰는 경우는 "ΔH"로 나타내야 하며 반응열(Q)로 쓰는 경우는 부호로 표시한다.

예 $2H_2(g) + O_2(g) \rightarrow 2H_2O(g)$, $\Delta H = -571.6kJ$

$2H_2(g) + O_2(g) \rightarrow 2H_2O(g) + 571.6kJ$

(2) 열화학 반응식의 완성

① 엔탈피는 온도와 압력에 따라 변하므로 온도와 압력을 표시해 주며 생략한 경우는 표준상태(25℃, 1기압)이다.
② 물질을 나타내는 화학식 뒤에 물질의 상태를 표시해야 한다.
   기체 : (g), 액체 : (l), 고체 : (s), 수용액 : (aq)
③ 발열반응이면 반응식 뒤에 $\Delta H < 0$, 흡열반응이면 반응식 뒤에 $\Delta H > 0$을 나타낸다.
④ 반응열은 크기 성질이므로 화학 반응식의 계수가 변하면 반응열도 비례하여 변한다.
   예 화학 반응식의 계수가 3배면 반응열의 크기도 3배이다.
⑤ 정반응과 역반응의 반응열의 크기는 동일하고 부호는 반대이다.
   예 $N_2(g) + O_2(g) \rightarrow 2NO(g)$, $\Delta H = 181kJ$
   $2NO(g) \rightarrow N_2(g) + O_2(g)$, $\Delta H = -181kJ$

4 반응열의 종류

기준이 되는 물질 1몰이 반응하거나 생성될 때 방출하거나 흡수되는 열로 연소열, 생성열, 분해열, 중화열, 용해열 등이 있다.

(1) **생성열** : 물질 1몰이 그 성분 원소의 가장 안정한 상태의 홑원소 물질로부터 생성될 때의 반응열이다.

$$N_2(g) + O_2(g) \rightarrow 2NO(g), \Delta H = 181 \text{kJ}$$

$$\text{NO의 생성열}(\Delta H) = \frac{181}{2} = 90.5 \text{kJ}$$

(2) **분해열** : 물질 1몰이 그 물질을 구성하는 가장 안정한 홑원소 물질로 분해될 때의 반응열이다. 분해반응은 생성반응의 역반응이므로 생성열과 크기는 같고 부호는 반대이다.

$$2NO(g) \rightarrow N_2(g) + O_2(g), \Delta H = -181 \text{kJ}$$

$$\text{NO의 분해열}(\Delta H) = -\frac{181}{2} = -90.5 \text{kJ}$$

(3) **연소열** : 1몰의 물질이 완전 연소할 때의 반응열(ΔH), 연소반응의 ΔH값은 모두 − 값이다.

$$2CO(g) + O_2(g) \rightarrow 2CO_2(g), \Delta H = -568 \text{kJ}$$

$$\text{CO의 연소열}(\Delta H) = -\frac{568}{2} = -284 \text{kJ}$$

$C(s) + O_2(g) \rightarrow CO_2(g), \Delta H = -394\text{kJ}$의 경우, $C(s)$의 연소열(ΔH) = -394kJ이고 $CO_2(g)$의 생성열도(ΔH) = -394kJ이다.

(4) **중화열** : H^+ 1몰과 OH^- 1몰이 반응하여 H_2O 1몰이 생성될 때의 반응열(ΔH)이다.

$$HCl(aq) + NaOH(aq) \rightarrow NaCl(aq) + H_2O(l), \Delta H = -58 \text{kJ}$$

$$H^+(aq) + OH^-(aq) \rightarrow H_2O(l), \text{중화열}(\Delta H) = -58 \text{kJ}$$

모든 강산과 강염기의 중화반응에서는 산·염기의 종류에 관계없이 중화열은 항상 -58kJ/mol로 항상 일정하다. 산·염기 종류가 달라져도 중화반응의 알짜이온 반응식은 동일하기 때문이다.

(5) 용해열 : 물질 1몰이 다량의 물에 용해될 때의 반응열(ΔH)이다.

$$H_2SO_4(s) + H_2O(l) \rightarrow H_2SO_4(aq), \quad \Delta H = -79.8kJ$$

대부분의 고체가 물에 용해되는 반응은 흡열반응이다($\Delta H > 0$). 그러나 기체 및 강산, 강염기가 물에 용해되는 반응은 발열반응($\Delta H < 0$)이다.

(6) 증발열 : 액체 1몰이 기체로 기화될 때 흡수하는 열이다.

$$H_2O(l) \rightarrow H_2O(g), \quad \Delta H = 44kJ$$

5 반응열($\Delta H°$) 측정 방법

(1) 헤스의 법칙

① 정의 : 화학반응에서 반응 전과 후의 물질의 종류와 상태가 같으면 반응 경로에 상관없이 전체의 반응열($\Delta H°$)의 총합은 같다.

② 그래프

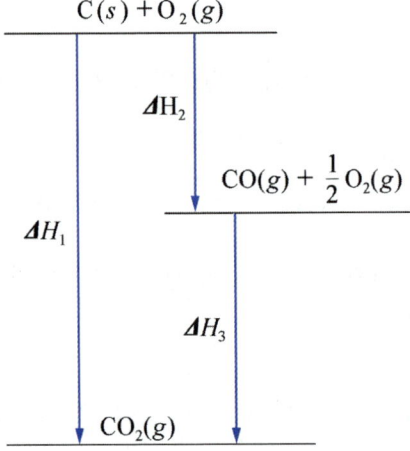

산소의 양이 충분하여 $C(s)$가 완전 연소하여 $CO_2(g)$가 생성될 때 발생하는 열량(ΔH_1) = 산소의 양이 부족해서 불완전 연소가 되어 $CO(g)$가 생성될 때 발생한 열(ΔH_2) + 산소를 더 공급하여 $CO_2(g)$가 생성될 때 발생하는 열량(ΔH_3)

(2) **헤스 법칙의 이용** : 반응열을 알고 있는 화학반응식을 이용해서 실험적으로 구하기 어려운 화학반응의 반응열을 구할 수 있다.

$$C(s, 흑연) + O_2(g) \rightarrow CO_2(g), \Delta H_2 = -393.5kJ \cdots ①$$
$$-CO(g) - \frac{1}{2}O_2(g) \rightarrow -CO_2(g), \Delta H_3 = +283.0kJ \cdots ②$$
$$C(s, 흑연) + \frac{1}{2}O_2(g) \rightarrow CO(g), \Delta H_1 = ?$$
②식에 "−"를 곱한 후 더해야 한다.

이 반응의 반응열은 $\Delta H_1 = \Delta H_2 + (-\Delta H_3)$로 구할 수 있다.

$$-393.5kJ + 283kJ = -110.5kJ$$

(3) **표준생성 엔탈피($\Delta H_f°$)를 이용**

① 표준생성 엔탈피($\Delta H_f°$) : 표준상태(25℃, 1기압)에서 물질 1몰이 가장 안정한 상태의 홑원소 물질로부터 생성될 때의 엔탈피이다. 온도와 압력이 표시되어 있지 않은 경우라면 25℃, 1기압에서의 값을 나타낸다.

② 모든 홑원소 물질의 표준생성 엔탈피($\Delta H_f°$)는 0이다.
C(s) → C(s), $\Delta H_f° = 0$
$O_2(g)$ → $O_2(g)$, $\Delta H_f° = 0$

③ 홑원소 물질에 여러 가지 동소체가 존재하는 경우에는 표준상태에서 가장 안정한 상태의 홑원소 물질의 표준생성 엔탈피($\Delta H_f°$)가 0이다.

물질	산소			탄소		
	$O(g)$	$O_2(g)$	$O_3(g)$	$C(g)$	$C(s)$ 흑연	$C(s)$ 다이아몬드
$\Delta H_f°$(kJ/mol)	249.2	0.0	142.7	716.7	0.0	1.9

④ 반응 엔탈피($\Delta H°$) = 생성물의 표준생성 엔탈피($\Delta H_f°$)의 총합 − 반응물의 표준생성 엔탈피($\Delta H_f°$)의 총합

(4) **결합해리 $\Delta H°$ 이용**

① 정의 : 기체 상태에서 원자 간 결합을 끊는데 필요한 엔탈피이다.
㉠ 원자 사이의 결합을 끊을 때는 언제나 에너지를 가해야 하기 때문에 결합해리 엔탈피 값은 항상 +값을 갖는다.

ⓛ 원자 간 결합을 끊을 때는 ΔH를 흡수한다.
ⓒ 원자 간 결합이 형성될 때는 ΔH를 방출한다.
  예) $F_2(g) \rightarrow 2F(g)$, $\Delta H = 159kJ$
      $2F(g) \rightarrow F_2(g)$, $\Delta H = -159kJ$

② 결합해리 $\Delta H°$ 크기 : 원자 간 결합력이 강하면 결합을 끊기 위해 결합해리 $\Delta H°$가 큰 값을 가진다.
  ㉠ 원자 간 결합거리가 짧을수록 결합력이 강하여 결합해리 $\Delta H°$가 크다.
  ㉡ 다중결합일수록 결합력이 강하여 결합해리 $\Delta H°$가 크다.
     (단일 < 이중 < 삼중결합 순)
  ㉢ 전기 음성도 차이가 클수록 결합의 극성이 강하여 결합력이 크다. 따라서 결합해리 $\Delta H°$가 크다.
     H-F > H-Cl > H-Br > H-I

③ 반응 엔탈피($\Delta H°$) = 반응물의 결합해리 엔탈피의 총합 − 생성물의 결합해리 엔탈피의 총합

> 예) $N_2(g) + 3H_2(g) \rightarrow 2NH_3(g)$, $\Delta H = ?$
> (N≡N=941kJ/mol, H−H=436kJ/mol, N−H=389kJ)
> ΔH=(N≡N) + 3(H-H) −6(N−H)에 대입한다.
>   =(941+3×436)−(6×389)=−85kJ

④ 생성되는 결합력이 더 강하면 발열반응이고, 끊어지는 결합이 더 강하면 흡열반응이다.

(5) 열량계 이용 : 열량(Q)은 다음과 같이 물질의 비열과 질량, 온도 변화의 곱으로 표시된다.

$$열량(Q) = c \times m \times \Delta t$$
$$\downarrow \quad \downarrow \quad \downarrow$$
$$비열 \quad 질량 \quad 온도\ 변화$$
$$J = \frac{J}{g \cdot ℃} \times g \times ℃$$

(6) 비열(specific heat) : 어떤 물질 1g의 온도를 1℃ 높이는 데 필요한 열량이다.

$$비열(c) = \frac{J}{g \cdot ℃}$$

(7) **열용량**(*C*, heat capacity) : 물질의 온도를 1°C 높이는 데 필요한 열량이다.

$$열용량(C) = \frac{J}{°C} = 비열 \times 질량$$
$$Q = C\Delta t$$

① 간이 열량계

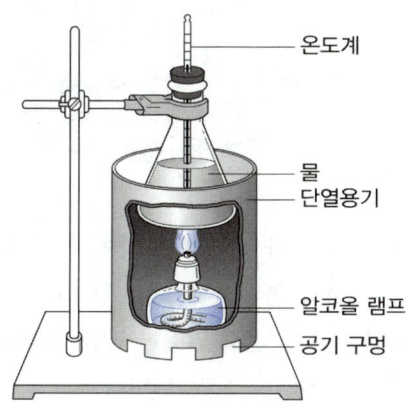

㉠ 용기의 뚜껑이 단단하지 않아서 열량계의 내부 압력과 대기압이 같다. 즉, 열량계의 압력이 일정한 열량계이다.
㉡ 열손실이 생겨서 정확한 연소열을 측정할 수 없다.
㉢ 가정 : 알코올이 연소되면서 방출하는 열량 = 물이 얻은 열량
㉣ 물이 얻은 열량 : 물의 비열(c)×물의 질량(m)×물의 온도 변화(Δt)
㉤ 연소열(kJ/g) = $\dfrac{물이\ 얻은\ 열량}{소모된\ 연료의\ 질량}$ = $\dfrac{c \cdot m \cdot \Delta t}{소모된\ 연료의\ 질량}$
㉥ 연소열(kJ/mol)

$$연소열(kJ/mol) = \frac{열량(kJ)}{몰수(mol)} = \frac{열량(kJ)}{질량(g)} \times 화학식량$$
$$\therefore 연소열(kJ/mol) = 연소열(kJ/g) \times 화학식량$$

② 통열량계

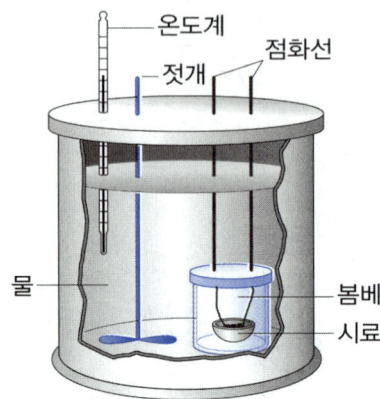

부피가 일정한 열량계로서 봄베라는 두꺼운 강철로 되어 있는 연소통에서 나오는 연소열이 단열용기 속에 들어 있는 물과 봄베의 온도를 높인다.

봄베(연소통) 속에 시료와 산소를 넣고 밀폐한 다음 전열선에 전기를 통해주면 시료가 연소하여 열이 방출되므로 물과 봄베의 온도가 변한다.

㉠ 단열막 속에서 열량을 측정함으로 열손실이 없다.
㉡ 단열막 속에 봄베라는 단단한 강철용기 속에서 반응이 진행되므로 부피가 일정하게 유지되는 열량계이다.
㉢ 연료가 연소되면서 발생한 열량을 물도 흡수하고 봄베도 흡수하므로 두 가지를 더해서 구해야 한다.
㉣ 연소열 측정

$$\text{열량}(Q) = \text{물이 얻은 열량} + \text{봄베가 얻은 열량}$$
$$= c \cdot m \cdot \Delta t \quad + \quad C'_{봄베} \Delta t$$

$$\text{연소열}\left(\frac{kJ}{mol}\right) = \frac{c \cdot m \cdot \Delta t + C'_{봄베} \Delta t}{\text{연소된 시료 질량}} \times \text{시료의 화학식량}$$

6 용해 과정에서의 엔탈피 변화

용해 과정은 다음 그림과 같이 세 단계로 구분해 생각해 볼 수 있다.

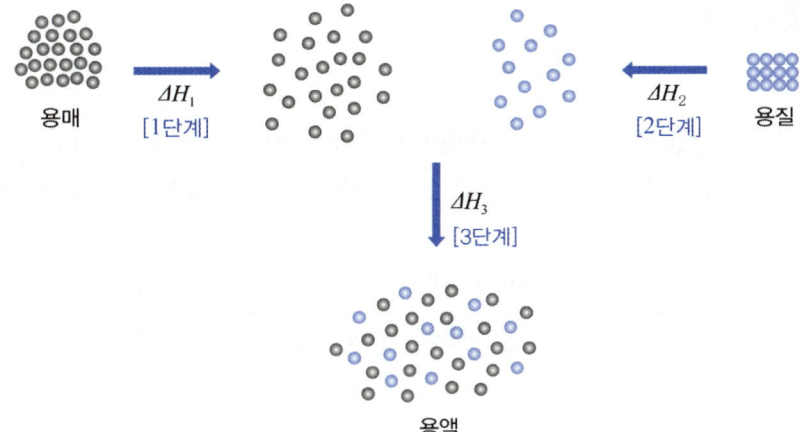

① 1단계: 용매 입자 사이의 인력을 끊고 분리되는 과정으로, 에너지를 흡수한다. ($\Delta H_1 > 0$)
② 2단계: 용질 입자 사이의 인력을 끊고 분리되는 과정으로, 에너지를 흡수한다. ($\Delta H_2 > 0$)
③ 3단계: 용질 입자와 용매 입자 사이에 인력이 형성되는 과정으로, 에너지를 방출한다.
   ($\Delta H_3 < 0$)
④ 용질이 용매에 녹아 용액이 생성될 때의 용해 엔탈피($\Delta H_{용해}$)는 각 단계의 ΔH값의 합이 된다.
   $\Delta H_{용해} = \Delta H_1 + \Delta H_2 + \Delta H_3$
⑤ 1단계와 2단계의 엔탈피 변화 합($\Delta H_1 + \Delta H_2$)이 3단계의 엔탈피 변화(ΔH_3)의 절댓값보다 큰 경우에는 에너지를 흡수하면서 용해된다. ($\Delta H_{용해} > 0$)
⑥ 1단계와 2단계의 엔탈피 변화 합($\Delta H_1 + \Delta H_2$)이 3단계의 엔탈피 변화(ΔH_3)의 절댓값보다 작은 경우에는 에너지를 방출하면서 용해된다. ($\Delta H_{용해} < 0$)

2 화학반응의 자발성

1 열역학 제1법칙

(1) 정의

화학반응에서 발생한 에너지는 다른 형태의 에너지로 변환되지만 전체 에너지는 보존된다. 따라서 새로운 에너지를 만들어 낸다는 것은 불가능하며 다른 형태의 에너지로 변화시키는 것만 할 수 있다.

예) $C(s) + O_2(g) \rightarrow CO_2(g)$, $\Delta H = -394kJ$

화학 에너지가 394kJ만큼 줄어들었고 이것이 열에너지로 변환되면서 외부로 방출되어 주위의 온도가 올라간다.

(2) 계와 주위

① 계 : 반응이 직접 일어나는 영역 또는 물질로서 화학반응에서는 반응물, 생성물을 의미한다.
② 주위 : 계를 제외한 나머지 모든 것으로 주변 공기와 공간도 의미한다.
③ 우주 : 계와 주위를 합한 모든 영역을 나타내며 전체라고도 한다.

(3) 계의 종류

① 고립계 : 주위와 물질과 에너지를 모두 교환하지 않는 계
   예) 단열재로 물병을 감싸면 수증기와 열에너지를 교환할 수 없다.
② 닫힌계 : 주위와 에너지는 교환하지만 물질을 교환하지 않는 계
   예) 물병의 입구를 막고 가열하면 수증기는 출입할 수 없지만 주위와 열에너지를 교환할 수 있다.
③ 열린계 : 주위와 물질과 에너지를 모두 교환하는 계
   예) 물병의 입구를 막지 않으면 수증기가 출입할 수 있고 주위와 열에너지를 교환할 수 있다.

	물질 교환	에너지 교환
열린계	○	○
닫힌계	×	○
고립계	×	×

(4) **내부 에너지**
① 계가 갖는 모든 에너지이다.
원자내 전자 운동에너지, 핵에너지, 계를 구성하는 분자 운동에너지, 반응물질 사이의 작용에 따른 에너지 등을 포함한다.
② 물리적 변화 및 화학반응시에 나타나는 내부 에너지 변화는 측정이 가능하다.
③ $\Delta E = E_{최종} - E_{초기}$: ΔH와 같은 원리이다.
  ㉠ 발열반응 : $\Delta E < 0$: 최종적으로 계의 내부 에너지가 처음보다 작다.
  ㉡ 흡열반응 : $\Delta E > 0$: 최종적으로 계의 내부 에너지가 처음보다 크다.

(5) 열역학 제1법칙은 에너지 보존법칙으로 에너지는 생성되거나 소멸되지 않고 단지 계에서 주위로, 주위에서 계로 전달될 뿐이다.

2 열역학 제2법칙

(1) **자발적 과정**
어떤 변화가 외부의 도움이 없이 스스로 일어나는 것이다.
- 예 물속에서 잉크의 확산현상, 산소와 수분에 노출되었을 때 철이 녹스는 과정, 공기 중에서 방향제의 확산현상

(2) **비자발적 과정**
어떤 변화가 외부에서 영향을 주지 않는 한 절대로 일어나지 않는 반응이다.
- 예 물속에 퍼져 있는 잉크가 한점으로 모이는 현상, 저온에서 고온으로 열의 이동

(3) **엔트로피**
① 정의 : 무질서도를 나타내는 척도이며 무질서한 상태로 갈수록 엔트로피는 증가한다.
② 비교
  ㉠ 고체 < 액체 < 기체로 갈수록 엔트로피는 증가한다.
  ㉡ 분자수가 증가할수록 엔트로피는 증가한다.
    $N_2O_4(g) \rightarrow 2NO_2(g)$, $\Delta S > 0$
  ㉢ 고체가 액체에 용해가 될 때 엔트로피가 증가한다.
  ㉣ 이온결합력이 약해지면 유동성이 증가하므로 엔트로피가 증가한다.
  ㉤ 기체 생성반응일 경우 엔트로피가 증가한다.
    예 $CaCO_3(s) + 2HCl(aq) \rightarrow CaCl_2(aq) + H_2O(l) + CO_2(g)$

ⓑ 물질의 온도가 상승하면 분자들의 운동에너지가 증가하므로 분자운동이 활발해져 분자 사이의 인력이 약해지고 분자배열이 불규칙적으로 변한다. 즉, 물질의 온도가 높은 경우의 엔트로피가 온도가 낮은 경우의 엔트로피보다 크다.

(4) 열역학 제2법칙

① 정의 : 자발적 과정에서 전체 엔트로피는 항상 증가한다.
② 열린계와 닫힌계는 계의 엔트로피가 증가하여도 주위의 엔트로피는 감소하는 경우가 있으므로, 계의 엔트로피와 주위의 엔트로피를 더한 전체 엔트로피로 반응의 자발성을 비교한다.
③ $\Delta S_{전체} = \Delta S_{계} + \Delta S_{주위} > 0 \rightarrow$ 자발적
   $\Delta S_{전체} = \Delta S_{계} + \Delta S_{주위} < 0 \rightarrow$ 비자발적
   $\Delta S_{전체} = 0 \rightarrow$ 평형
④ 비교
   ㉠ $\Delta S_{계} > 0$, $\Delta S_{주위} > 0 \rightarrow \Delta S_{전체} > 0$

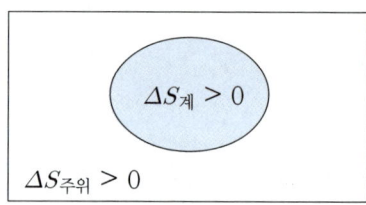

$\Delta S_{전체} > 0$: 자발적

   ㉡ $\Delta S_{계} < 0$, $\Delta S_{주위} < 0 \rightarrow \Delta S_{전체} < 0$

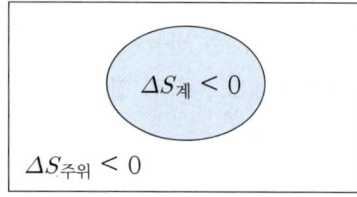

$\Delta S_{전체} < 0$: 비자발적

   ㉢ $\Delta S_{계} > 0$, $\Delta S_{주위} < 0$

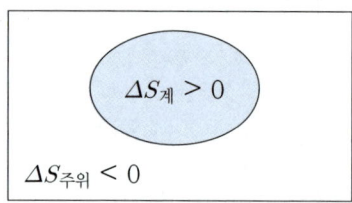

$|\Delta S_{계}| > |\Delta S_{주위}| \rightarrow \Delta S_{전체} > 0$: 자발적
$|\Delta S_{계}| < |\Delta S_{주위}| \rightarrow \Delta S_{전체} < 0$: 비자발적

㉣ $\Delta S_{계} < 0$, $\Delta S_{주위} > 0$

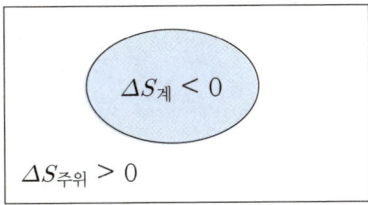

|$\Delta S_{계}$| < |$\Delta S_{주위}$| → $\Delta S_{전체} > 0$: 자발적
|$\Delta S_{계}$| > |$\Delta S_{주위}$| → $\Delta S_{전체} < 0$: 비자발적

예 중화반응의 엔트로피 변화

$H^+ + OH^- \rightarrow H_2O$ $\Delta H = -58kJ$

- 반응 후 입자수 감소 : $\Delta S_{계} < 0$
- 주위의 온도 증가 : $\Delta S_{주위} > 0$, $\Delta S_{계}$가 감소하는 것보다 $\Delta S_{주위}$가 증가하는 영향이 더 크다.

  |$\Delta S_{계}$| < |$\Delta S_{주위}$| → $\Delta S_{전체} > 0$: 자발적

- 중화반응은 산과 염기를 넣어주기만 하면 외부 도움 없이 자발적으로 잘 진행된다.

3 자유에너지

$\Delta S_{전체} = \Delta S_{계} + \Delta S_{주위}$를 이용하여 반응의 자발성을 결정할 때 $\Delta S_{주위}$를 구하기 힘들므로(주위는 광범위한 공간이므로) 계의 함수로 바꾸어야 한다.

(1) 주위의 엔트로피와 $\Delta H_{계}$와의 관계
① 계에서 발열반응($\Delta H < 0$)일 때 : 열을 방출하면 주위의 온도가 올라가므로 $\Delta S_{주위}$는 증가한다.
  따라서 $\Delta H_{계} < 0$, $\Delta S_{주위} > 0$
② 계에서 흡열반응($\Delta H > 0$)일 때 : 열을 흡수하면 주위의 온도가 내려가므로 $\Delta S_{주위}$는 감소한다.
  따라서 $\Delta H_{계} > 0$, $\Delta S_{주위} < 0$
③ $\Delta H_{계}$와 $\Delta S_{주위}$는 반대부호이다. 즉, $\Delta S_{주위} \propto -\Delta H_{계}$

(2) 주위의 엔트로피와 온도와의 관계
① 주위의 온도가 낮으면 계에서 열이 방출되면 $\Delta S_{주위}$는 크게 증가한다.
② 주위의 온도가 높으면 계에서 열이 방출되면 $\Delta S_{주위}$는 작게 증가한다.
③ 주위의 온도와 $\Delta S_{주위}$는 반비례 관계이다.

(3) 따라서 다음 관계가 성립한다.

$$\Delta S = -\frac{\Delta H_{계}}{T}$$

(4) $\Delta S_{전체}$를 계의 함수로 바꾸어서 결정할 수 있다.

$$\Delta S_{전체} = \Delta S_{계} - \frac{\Delta H_{계}}{T}$$

(5) $\Delta S_{전체}$와 ΔG와의 관계

$$\Delta S_{전체} = \Delta S_{계} + \Delta S_{주위}$$
$$\Delta S_{전체} = \Delta S_{계} - \frac{\Delta H_{계}}{T}$$
양변에 $-T$를 곱하면
$$-T\Delta S_{전체} = \Delta H_{계} - T\Delta S_{계}$$
$$\Delta G_{계} = -T \cdot \Delta S_{전체}$$
$$\Delta G_{계} = \Delta H_{계} - T\Delta S_{계}$$
$$\therefore \Delta G = \Delta H - T \cdot \Delta S$$

$$\begin{cases} \Delta S°_{전체} > 0, & \Delta G° < 0 : \text{정반응이 자발적} \\ \Delta S°_{전체} = 0, & \Delta G° = 0 : \text{평형, 상전이} \\ \Delta S°_{전체} < 0, & \Delta G° > 0 : \text{정반응이 비자발적, 역반응이 자발적} \end{cases}$$

④ 자유에너지와 온도 의존성

(1) **물이 어는 과정**

$\Delta G = \Delta H - T\Delta S$를 이용한다.

물이 얼 때 응고열을 방출하므로 $\Delta H < 0$이다. 동시에 액체가 고체로 변하는 과정이므로 $\Delta S < 0$이다. 따라서 0℃(273K) 이하에서는 $|\Delta H| > |T\Delta S|$이므로, $\Delta G < 0$이 되어 자발적으로 언다.

(2) **얼음이 녹는 과정**

$\Delta G = \Delta H - T\Delta S$를 이용한다.

얼음이 녹을 때는 융해열을 흡수하므로 $\Delta H > 0$이다. 동시에 고체가 액체로 녹는 과정이므로 $\Delta S > 0$이다. 따라서 0℃(273K) 이상에서는 $|\Delta H| < |T\Delta S|$이므로, $\Delta G < 0$이 되어 자발적으로 녹는다.

5 열역학 법칙

(1) **열역학 제1법칙** : 에너지는 형태는 변화할 수 있지만 전체 에너지는 생성되거나 소멸되지 않으며 보존된다.

(2) **열역학 제2법칙** : 자발적인 과정에서 전체의 엔트로피는 항상 증가한다. 즉, 전체 무질서도가 증가하는 반응은 자발적으로 일어난다.

(3) **열역학 제3법칙** : 절대온도 0K에서 모든 순물질 결정체의 절대엔트로피는 0이다.

SUMMARY NOTE

(1) 발열반응 : $\Delta H < 0$, 흡열반응 : $\Delta H > 0$

(2) 반응열($\Delta H°$) 측정 방법
  ① 헤스의 법칙
  ② 표준생성 엔탈피($\Delta H_f°$)를 이용
    ㉠ 표준생성 엔탈피($\Delta H_f°$) : 표준상태(25°C, 1기압)에서 가장 안정한 상태의 홑원소 물질로부터 화합물 1몰이 생성될 때의 엔탈피
    ㉡ 모든 홑원소 물질의 표준생성 엔탈피($\Delta H_f°$)는 0이다.
    ㉢ 반응 엔탈피($\Delta H°$) = 생성물의 표준생성 엔탈피($\Delta H_f°$)의 총합 − 반응물의 표준생성 엔탈피($\Delta H_f°$)의 총합

(3) 결합해리 $\Delta H°$ 이용
  반응 엔탈피($\Delta H°$) = 반응물의 결합해리 엔탈피의 총합 − 생성물의 결합해리 엔탈피의 총합

(4) 열량계 이용
  ① 열량(Q)은 다음과 같이 물질의 비열과 질량, 온도 변화의 곱으로 표시된다.
    열량(Q) = $c \times m \times \Delta t$
        ↓   ↓   ↓
       비열 질량 온도 변화

    $J = \dfrac{J}{g \cdot °C} \times g \times °C$

  ② 간이 열량계를 이용한 연소열 측정
    ㉠ 가정 : 연료가 연소되면서 방출하는 열량 = 물이 얻은 열량
    ㉡ 연소열$\left(\dfrac{kJ}{mol}\right) = \dfrac{c \cdot m \cdot \Delta t}{연소된\ 시료\ 질량} \times 시료의\ 화학식량$

  ③ 봄베 열량계를 이용한 연소열 측정
    연소열$\left(\dfrac{kJ}{mol}\right) = \dfrac{c \cdot m \cdot \Delta t + C'_{봄베열용량} \cdot \Delta t}{연소된\ 시료\ 질량} \times 시료의\ 화학식량$

(5) 자발적 과정과 비자발적 과정
  ① 자발적 과정 : 어떤 변화가 외부의 도움이 없이 스스로 일어나는 것
  ② 비자발적 과정 : 외부에서 영향을 주지 않는 한 절대로 일어나지 않는 반응

(6) 엔트로피와 자발성 관계
  $\Delta S_{전체} = \Delta S_{계} + \Delta S_{주위} > 0 \rightarrow$ 자발적
  $\Delta S_{전체} = \Delta S_{계} + \Delta S_{주위} < 0 \rightarrow$ 비자발적
  $\Delta S_{전체} = 0 \rightarrow$ 평형

(7) 자유에너지
  ① 자유에너지 변화$(\Delta G) = \Delta H - T\Delta S$
  ② $\Delta S_{전체}$와 ΔG와의 관계

$$\begin{cases} \Delta S°_{전체} > 0, & \Delta G° < 0 : 정반응이\ 자발적 \\ \Delta S°_{전체} = 0, & \Delta G° = 0 : 평형,\ 상전이 \\ \Delta S°_{전체} < 0, & \Delta G° > 0 : 정반응이\ 비자발적,\ 역반응이\ 자발적 \end{cases}$$

$$\Delta S_{전체} = \Delta S_{계} + \Delta S_{주위}$$
$$\Delta S_{전체} = \Delta S_{계} - \frac{\Delta H_{계}}{T}$$
양변에 $-T$를 곱한다.
$$-T\Delta S_{전체} = \Delta H_{계} - T\Delta S_{계} = \Delta G$$
$$\Delta G°_{계} = \Delta H_{계} - T\Delta S°_{계}$$

BASIC CHECK

01 ① 표준생성 엔탈피를 이용하여 반응엔탈피를 구하는 방법을 쓰시오.

② 결합 엔탈피를 이용하여 반응엔탈피를 구하는 방법을 쓰시오.

01 ① 반응ΔH=생성물의 표준생성 엔탈피 총합 − 반응물의 표준생성 엔탈피의 총합
② 반응ΔH=반응물의 결합해리 엔탈피 총합−생성물의 결합해리 엔탈피 총합

02 다음 중 표준상태에서 나타내는 값이 0인 것은?
① Ca(s)의 $S°$
② Na(s)의 $\Delta H_f°$
③ Al(g)의 $\Delta H_f°$
④ Cl_2 결합에너지

02 ②
표준상태에서 가장 안정한 홑원소 물질의 표준생성 엔탈피=0
Al은 표준상태에서 고체이다.

03 ① $2CO(g) + O_2(g) \rightarrow 2CO_2(g)$, $\Delta H = -568$에서 연소열과 생성열을 각각 구하시오.
• 연소열 :
• 생성열 :

② $N_2(g) + O_2(g) \rightarrow 2NO(g)$, $\Delta H = 181kJ$에서 연소열과 생성열을 각각 구하시오.
• 연소열 :
• 생성열 :

03 ① • 연소열 : 1몰이 연소될 때 반응열이므로 $\Delta H=-284kJ$
• 생성열 : 가장 안정한 홑원소 물질로부터 화합물 1몰이 생성되어야 하는데 CO는 홑원소가 아니므로 생성열은 없다
② • 연소열 : 위 반응은 $\Delta H > 0$ 흡열반응이므로 연소열이 없다.
• 생성열 : 홑원소 물질로부터 화합물 1몰이 생성될 때 $\Delta H_f°$이므로 90.5kJ

04 다음은 이산화황(SO_2)의 생성반응과 몇 가지 화학반응에 대한 열화학반응식이다.

$$S(s) + O_2(g) \rightarrow SO_2(g) \;\; \Delta H$$

• $2S(s) + 3O_2(g) \rightarrow 2SO_3(g) \;\; \Delta H_1$
• $2SO_2(s) + O_2(g) \rightarrow 2SO_3(g) \;\; \Delta H_2$

이 자료로부터 $SO_2(g)$의 생성열(ΔH)을 ΔH를 이용하여 나타내시오.

04 $S(s) + 3/2O_2(g) \rightarrow SO_3(g)$, $1/2\Delta H_1$
$-SO_2(s) - 1/2O_2(g) \rightarrow -SO_3(g)$, $-1/2\Delta H_2$
$S(s) + O_2(g) \rightarrow SO_2(g)$,
$\Delta H = 1/2(\Delta H_1 - \Delta H_2)$

BASIC CHECK

05 ①
빛에너지가 있어야 한다.

05 다음 중 비자발적인 과정은?
① 광합성이 진행되고 있다.
② 비커의 물이 증발하고 있다.
③ 비커에 산과 염기를 넣어주었다.
④ 뷰테인 기체에 불을 붙여주었다.

06 ④
고체가 기체로 변하므로 무질서도 증가한다.

06 다음 중 무질서도가 증가하는 반응은?
① $H_2O(g) \rightarrow H_2O(l)$
② $H_2O(l) \rightarrow H_2O(s)$
③ $N_2(g) + 3H_2(g) \rightarrow 2NH_3(g)$
④ $CaCO_3(s) \rightarrow CaO(s) + CO_2(g)$

07 ① ΔH : ⊕ 고체 용해과정이므로
ΔS : ⊕ 고체가 이온화가 되었으므로
② ΔH : ⊕
ΔS : ⊕
에너지가 낮은 액체가 에너지가 높은 기체로 변했으므로
③ ΔH : ⊖ 빛에너지를 흡수하였기 때문에
ΔS : ⊖ 분자수도 감소했고 액체가 고체로 상태변화가 일어났으므로

07 다음 중 엔탈피(ΔH), 엔트로피(ΔS)의 부호를 쓰시오.
① NaCl을 물에 녹였다.
  (ΔH : ΔS :   )
② 100℃, 1기압에서 물을 끓였다.
  (ΔH : ΔS :   )
③ $6CO_2(g) + 6H_2O(l) \rightarrow C_6H_{12}O_6(s) + 6O_2(g)$
  (ΔH : ΔS :   )

08 $O_2 \rightarrow 2O$, 분자를 원자로 끊으려면 에너지를 흡수해야 하고, 1몰이 2몰로 바뀌었으므로 $\Delta S > 0$이다.
$\Delta G = \Delta H - T\Delta S < 0$이 되려면 높은 온도가 되어야 한다.

08 산소 분자의 분해반응에 대한 설명 중 타당한 것은?

$$O_2(g) \rightarrow 2O(g)$$

① 낮은 온도에서 자발적으로 일어난다.
② 높은 온도에서 자발적으로 일어난다.
③ 모든 온도에서 자발적으로 일어난다.
④ 이 반응은 일어날 수 없다.

01 2024년 경기도9급

메테인의 연소반응식과 화합물들의 표준 생성열[ΔH_f^0(kJ/mol)]을 이용하여 메테인의 연소열 [ΔH^0(kJ/mol)]을 계산하면? (단, ΔH_f^0[CH$_4(g)$]=−75(kJ/mol), ΔH_f^0[CO$_2(g)$]=−393(kJ/mol), ΔH_f^0[H$_2$O(l)]=−286(kJ/mol)이다.

$$CH_4(g) + 2O_2(g) \rightarrow CO_2(g) + 2H_2O(l)$$

① 604kJ
② 890kJ
③ −604kJ
④ −890kJ

해설 연소 ΔH=생성물의 표준생성 엔탈피(ΔH_f^0) 총합−반응물의 표준생성 엔탈피(ΔH_f^0)의 총합
=(−393+−286×2) − (−75)=−890kJ

02 2024년 지방직9급

일정한 압력과 온도에서 어떤 화학반응의 ΔH = 200kJ mol^{-1}이고, ΔS=500J mol^{-1}K^{-1}일 때, 자발적 반응이 일어나는 온도[K]는? (단, H는 엔탈피이고 S는 엔트로피이며 온도에 따른 ΔH와 ΔS의 값은 일정하다.)

① 360
② 390
③ 420
④ 온도와 무관하다.

해설 이 반응은 높은 온도에서 자발적으로 일어난다. ΔG=0일 때의 온도보다 높으면 된다.

$$\Delta G = \Delta H - T \cdot \Delta S = 0, \quad T = \frac{\Delta H}{\Delta S} = \frac{200000}{500} = 400K$$

400K보다 높은 420K에서 자발적으로 진행된다.

03 2024년 경기도9급

27°C에서 반응 엔탈피(ΔH)와 반응 엔트로피(ΔS)를 나타낸 A와 B를 각각 2몰씩 반응시켜서 얻을 수 있는 최대일은 얼마인가?

$$A + B \rightarrow C + D \quad \Delta H = -10kJ \quad \Delta S = 100J/K$$

① 20kJ
② 30kJ
③ 40kJ
④ 80kJ

해설 $\Delta G = \Delta H - T \cdot \Delta S$ (단위를 조심해야 한다. 1kJ=1000J)
= −10000 − (300×100) = −40kJ
2몰씩 반응했으므로 최대일은 80kJ이다.

ANSWER 01 ④ 02 ③ 03 ④

04 2023년 경북9급

다음은 300K, 1기압에서 일산화질소의 분해반응식이다. 이 반응에 대한 설명으로 틀린 것은?

$$2NO(g) \rightarrow N_2(g) + O_2(g)$$
$$\Delta H = -180 \text{kJ/mol}$$
$$\Delta S = -20 \text{J/mol}$$

① 위 반응이 진행되는 동안 전체 엔트로피는 증가한다.
② NO의 표준 생성 깁스에너지는 174kJ/mol이다.
③ 위 반응이 진행되는 동안 압력은 변하지 않는다.
④ 위 반응은 발열반응이다.

해설 ① $\Delta G° = \Delta H° - T \cdot \Delta S°$, 전체 $\Delta S > 0 = G < 0$이다.
=$-180000 - (300 \times -20) = -174$kJ
∵ $\Delta G < 0$: 전체 엔트로피 증가
② $N_2 + O_2 \rightarrow 2NO$, 위 반응의 역반응이다.
$\Delta G = 174$kJ
표준생성 ΔG는 생성물이 1몰일때이므로 87kJ이다.
③ 양쪽 몰수가 같으므로 압력은 변하지 않는다.
④ $\Delta H < 0$: 발열반응이다.

05 2023년 경기도9급

포도당($C_6H_{12}O_6$)의 표준생성 엔탈피를 나타내는 식은?

① 6C(흑연, s) + 6$H_2(g)$ + 2$O_3(g)$ → $C_6H_{12}O_6(s)$
② 6C(흑연, s) + 6$H_2(g)$ + 3$O_2(g)$ → $C_6H_{12}O_6(s)$
③ 6C(흑연, s) + 12H(g) + 6O(g) → $C_6H_{12}O_6(s)$
④ 6C(흑연, s) + 6$H_2O(l)$ → $C_6H_{12}O_6(s)$

해설 표준생성 엔탈피 : 25℃, 1기압에서 화합물 1몰이 안정한 상태의 홑원소물질로부터 생성될 때 발생하는 엔탈피이다.
25℃, 1기압에서 $C_6H_{12}O_6$는 고체(s)이다.

ANSWER 04 ②   05 ②

06　2022년 경북9급

다음 〈보기〉 중 엔트로피의 변화(ΔS)값이 양의 값을 가지는 것의 개수는?

── 보기 ├──
㉠ 수증기로부터 물로 액화되는 과정
㉡ 온도가 일정한 상태에서 1몰 이상기체의 부피를 증가시킴
㉢ 설탕이 물에 용해되는 과정
㉣ 부피가 일정한 상태에서 1몰 이상기체의 온도를 높임

① 0개　　　　　　　　　② 1개
③ 2개　　　　　　　　　④ 3개

해설　수증기가 물로 액화되는 과정은 엔트로피가 감소하는 과정이다.

07　2021년 해양경찰청9급

다음은 25°C, 1기압에서 어떤 반응의 열화학 반응식과 몇 가지 결합의 결합에너지를 나타낸 것이다.

$$CH_4(g) + 2O_2(g) \rightarrow CO_2(g) + 2H_2O(g)$$
$$\Delta H = A kJ$$

결합	C-H	O=O	C=O	O-H
결합에너지 (kJ/mol)	410	498	732	460

위 자료로부터 $\Delta H = A kJ$의 A에 들어갈 값은?

① 668　　　　　　　　　② -668
③ 284　　　　　　　　　④ -284

해설

H-C-H : 메테인　　O-H : 물

반응 엔탈피(ΔH)=반응물 결합해리 ΔH 총합 - 생성물 결합해리 ΔH 총합
$\Delta H = 4(C-H) + 2(O=O) \rightarrow 2(C=O) + 4(O-H)$
$(410 \times 4 + 498 \times 2) - (732 \times 2 + 460 \times 4) = -668$

ANSWER　06 ④　07 ②

08 2020년 지방직9급

일정 압력에서 2몰의 공기를 40°C에서 80°C로 가열할 때, 엔탈피 변화(ΔH)[J]는? (단, 공기의 정압열용량은 20Jmol^{-1}°C^{-1}이다.)

① 640
② 800
③ 1,600
④ 2,400

해설 ΔH=비열×몰수×온도변화=20×2×40=1,600

09 2020년 지방직9급

단열된 용기 안에 있는 25°C의 물 150g에 60°C의 금속 100g을 넣어 열평형에 도달하였다. 평형 온도가 30°C일 때, 금속의 비열[Jg^{-1}°C^{-1}]은? (단, 물의 비열은 4Jg^{-1}°C^{-1}이다.)

① 0.5
② 1
③ 1.5
④ 2

해설 물이 얻은 열량=금속이 잃은 열량
4×150×5=금속의 비열×100×30

10 2020년 지방직9급

25°C 표준상태에서 아세틸렌($C_2H_2(g)$)의 연소열이 −1,300kJmol^{-1}일 때, C_2H_2의 연소에 대한 설명으로 옳은 것은?

① 생성물의 엔탈피 총합은 반응물의 엔탈피 총합보다 크다.
② C_2H_2 1몰의 연소를 위해서는 1,300kJ이 필요하다.
③ C_2H_2 1몰의 연소를 위해서는 O_2 5몰이 필요하다.
④ 25°C의 일정 압력에서 C_2H_2이 연소될 때 기체의 전체 부피는 감소한다.

해설 균형반응식
$2C_2H_2(g) + 5O_2(g) \rightarrow 4CO_2(g) + 2H_2O(l)$, $\Delta H = -1,300$kJ(1몰이 연소될 때의 연소열)
기체에서 온도, 압력이 일정할 때 몰수비=부피비이다.
반응물 → 생성물에서 몰수비가 감소하므로 전체 부피는 감소한다.

ANSWER 08 ③ 09 ② 10 ④

11 [2019년 지방직9급]

$CH_2O(g) + O_2(g) \rightarrow CO_2(g) + H_2O(g)$ 반응에 대한 $\Delta H°$ 값[kJ]은?

$$CH_2O(g) + H_2O(g) \rightarrow CH_4(g) + O_2(g) : \Delta H° = +275.6kJ$$
$$CH_4(g) + 2O_2(g) \rightarrow CO_2(g) + 2H_2O(l) : \Delta H° = -890.3kJ$$
$$H_2O(g) \rightarrow H_2O(l) : \Delta H° = -44kJ$$

① -658.7 ② -614.7
③ -570.7 ④ -526.7

해설 세 번째 식에 (-2)를 곱한 후 더한다.

12

B_2H_6는 반응성이 매우 큰 화합물로서 다음 화학반응으로 생성된다.

$$2B(s) + 3H_2(g) \rightarrow B_2H_6(g)$$

아래 임의의 열화학 자료를 이용하여 위 반응의 반응 엔탈피(ΔH)를 계산하면 얼마인가?

	ΔH
$2B(s) + \frac{3}{2}O_2(g) \rightarrow B_2O_3(s)$	$-1,200kJ$
$B_2H_6(g) + 3O_2(g) \rightarrow B_2O_3(s) + 3H_2O(g)$	$-2,000kJ$
$H_2(g) + \frac{1}{2}O_2(g) \rightarrow H_2O(l)$	$-300kJ$
$H_2O(l) \rightarrow H_2O(g)$	$+40kJ$

① $+20kJ$ ② $+10kJ$
③ $-160kJ$ ④ $-220kJ$

해설
$$2B(s) + \frac{3}{2}O_2(g) \longrightarrow B_2O_3(s), \Delta H = -1,200kJ$$
$$-B_2H_6(g) - 3O_2(g) \longrightarrow -B_2O_3(s) - 3H_2O(g), -\Delta H = +2,000kJ$$
$$3H_2(g) + \frac{3}{2}O_2(g) \longrightarrow 3H_2O(l), 3\Delta H = -300kJ \times 3$$
$$+ \underline{3H_2O(l) \longrightarrow 3H_2O(g), 3\Delta H = +40kJ \times 3}$$
$$2B(s) + 3H_2(g) \longrightarrow B_2H_6(g), \Delta H = +20kJ$$

ANSWER 11 ④ 12 ①

13 다음은 염화나트륨(NaCl)과 염화칼륨(KCl)이 형성되는 과정을 나타낸 것이다.

$$Na(s) \xrightarrow{\Delta H_1} Na(g) \xrightarrow{\Delta H_2} Na^+(g) + e^-$$
$$\xrightarrow{\Delta H_3} NaCl(g) \xrightarrow{\Delta H_4} NaCl(s)$$
$$\frac{1}{2}Cl_2(g) \xrightarrow{\Delta H_5} Cl(g) \xrightarrow{\Delta H_6} Cl^-(g) - e^-$$
$$\xrightarrow{\Delta H_7} KCl(g) \xrightarrow{} KCl(s)$$
$$K(s) \xrightarrow{} K(g) \xrightarrow{\Delta H_8} K^+(g) + e^-$$

이에 대한 에너지 관계가 옳은 것을 〈보기〉에서 모두 고른 것은?

보기
ㄱ. $\Delta H_8 < \Delta H_2$
ㄴ. $\Delta H_3 < \Delta H_7 < 0$
ㄷ. NaCl(s)의 생성열(ΔH_f) = $\Delta H_1 + \Delta H_2 + \Delta H_3 + \Delta H_4 + \Delta H_5 + \Delta H_6$

① ㄱ ② ㄷ
③ ㄱ, ㄴ ④ ㄱ, ㄴ, ㄷ

해설

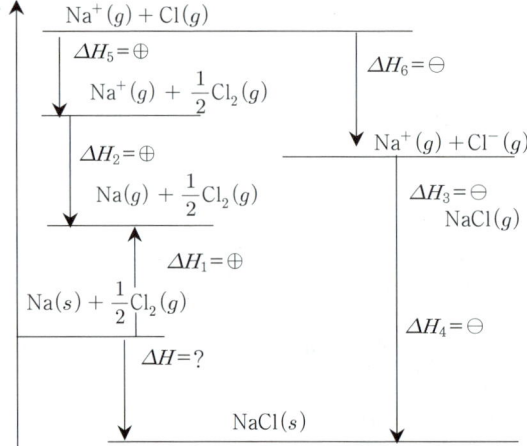

ㄷ. "$\Delta H = ?$"가 생성 ΔH이므로 $\Delta H_1 + \Delta H_2 + \Delta H_3 + \Delta H_4 + \Delta H_5 + \Delta H_6$를 하면 생성 ΔH를 구할 수 있다.

ㄱ. $K(g) \xrightarrow{\Delta H_8} K^+(g) + e^-$,

$Na(g) \xrightarrow{\Delta H_2} Na^+(g) + e^-$

ΔH_2와 ΔH_8은 이온화 ΔH를 의미한다.

ANSWER 13 ④

두 개를 비교하면 K(g)의 반지름이 더 크다. 반지름이 크면 이온화 ΔH는 작아지므로 $\Delta H_2 > \Delta H_8$이다.

ㄴ. ΔH_3와 ΔH_7은 모두 발열반응이다.
NaCl(g)이 KCl(g)보다 거리가 가까우므로 더 큰 ΔH를 방출하므로 ⊖값이 커진다. 따라서 ⊖값이 작은 KCl(g)이 더 큰 값을 갖는다.

14 서로 다른 원자 A, B가 있다. A-A 사이의 결합에너지를 E_A, B-B 사이의 결합에너지를 E_B, A-B 사이의 결합에너지를 E_{AB}라고 할 때 다음 중 가장 옳은 것은?

① $E_{AB}=(E_A+E_B)/2$
② $E_{AB}>(E_A+E_B)/2$
③ $E_{AB}<(E_A+E_B)/2$
④ $E_{AB}=E_A\times E_B/2$

해설 "A-B", 즉 두 개의 다른 원자가 결합하면 전자쌍을 당기는 정도가 달라져서 (+), (-)극을 띤다. 따라서 (+), (-)인력에 의해 거리가 가까워지고, 결합력이 강해진다.
$E_{AB} > \dfrac{E_A+E_B}{2}$ 가 된다.

15 다음 반응과 주어진 연소열을 이용하여 계산한 메탄올의 표준생성 엔탈피[kJ/mol]는?

$$C(흑연) + 2H_2(g) + \frac{1}{2}O_2(g) \to CH_3OH(l)$$

$$CH_3OH(l) + \frac{3}{2}O_2(g) \to CO_2(g) + 2H_2O(l) \quad \Delta H^\circ_{rxn} = -726 \text{J/mol}$$

$$C(흑연) + O_2(g) \to CO_2(g) \quad \Delta H^\circ_{rxn} = -394 \text{kJ/mol}$$

$$H_2(g) + \frac{1}{2}O_2(g) \to H_2O(l) \quad \Delta H^\circ_{rxn} = -286 \text{kJ/mol}$$

① -240
② -46
③ 46
④ 240

해설

$$-CH_3OH(l) - \frac{3}{2}O_2(g) \longrightarrow -CO_2(g) - 2H_2O(l) \quad -\Delta H^\circ_{rxn} = +726 \text{kJ/mol}$$
$$C(흑연) + O_2(g) \longrightarrow CO_2(g), \quad \Delta H^\circ_{rxn} = -394 \text{kJ/mol}$$
$$2H_2 + O_2(g) \longrightarrow 2H_2O(l), \quad 2\Delta H^\circ_{rxn} = -286 \text{kJ/mol} \times 2$$

$$C(흑연) + 2H_2(g) + \frac{1}{2}O_2(g) \longrightarrow CH_3OH(l), \quad \Delta H^\circ = -240 \text{kJ}$$

ANSWER 14 ② 15 ①

16 아래의 열화학 반응식을 이용하여 다음 반응의 $\Delta H°$를 구하는 식으로 옳은 것은?

$$3C(s) + 4H_2(g) \rightarrow C_3H_8(g) \quad \Delta H° = x$$
$$C(s) + O_2(g) \rightarrow CO_2(g) \quad \Delta H° = y$$
$$H_2(g) + \frac{1}{2}O_2(g) \rightarrow H_2O(l) \quad \Delta H° = z$$

$$C_3H_8(g) + 5O_2(g) \rightarrow 3CO_2(g) + 4H_2O(l)$$

① $x+y+z$
② $5y+z+x$
③ $3y+4z-x$
④ $4y+2z+x$

해설

$$-3C(s)-4H_2(g) \longrightarrow -C_3H_8(g), \Delta H° = -x$$
$$3C(s)+3O_2(g) \longrightarrow 3CO_2(g), \Delta H° = y \times 3$$
$$+ \quad 4H_2(g)+2O_2(g) \longrightarrow 4H_2O(l), \Delta H° = z \times 4$$
$$\overline{C_3H_8(g)+5O_2(g) \longrightarrow 3CO_2(g)+4H_2O(l), \Delta H° = 3y+4z-x}$$

17 물과 얼음이 공존하는 평형 상태(0°C)에서 물이 얼음으로 될 때의 엔탈피 변화(ΔH)가 −6006J/mol이라고 한다. 이 반응에서 계의 엔트로피 변화(ΔS)를 구한 것으로 옳은 것은?

① $-22J/K$
② $-11J/K$
③ 0
④ $11J/K$

해설 $\Delta G = \Delta H - T \cdot \Delta S$를 이용해서 푸는 문제이다.
평형은 $\Delta G = 0$, 물이 얼음으로 된다는 것은 $\Delta S < 0$이다.
$\Delta H = T \cdot \Delta S$
$\therefore \Delta S = \dfrac{\Delta H}{T} = \dfrac{-6006J}{273k} \Rightarrow -22J/K$

ANSWER 16 ③ 17 ①

18 화학 반응식에서 출입하는 반응열을 결합 ΔH를 이용하여 이론적인 계산으로 구하려고 한다. 반응에 관여하는 물질들의 구조식이 다음과 같을 때, 아래 반응에서 출입하는 반응 엔탈피 α를 구하기 위해 꼭 필요한 자료를 〈보기〉에서 모두 것은?

구조식 : H-O-O-H → O(H)(H) + O=O

반응식 $H_2O_2(l) \rightarrow H_2O(g) + \dfrac{1}{2}O_2(g)$, $\Delta H = \alpha$ kJ

• 보기 |
ㄱ. H-H의 결합 ΔH ㄴ. H-O의 결합 ΔH
ㄷ. O-O의 결합 ΔH ㄹ. O=O의 결합 ΔH

① ㄱ, ㄴ ② ㄴ, ㄷ
③ ㄷ, ㄹ ④ ㄱ, ㄴ, ㄹ

해설 H-O-O-H ⟶ O(H)(H) + O=O

결합 ΔH를 이용해서 반응 ΔH를 구하는 방법은, 반응물의 결합 ΔH-생성물의 결합 ΔH이다. 그런데 반응물과 생성물의 O-H 2개는 상쇄가 되어서 결국 O-O와 O=O의 결합 ΔH만 알면 된다.

19 다음은 금속 M과 나트륨이 각각 염소와 반응하여 염화물을 만드는 반응과 M의 염화물과 Na의 반응을 열화학 반응식으로 나타낸 것이다.

(가) $nM + \dfrac{n}{2} \times Cl_2 \rightarrow nMCl + 196$ kJ

(나) $Na + \dfrac{1}{2}Cl_2 \rightarrow NaCl + 392$ kJ

(다) $nMCl + nNa \rightarrow nM + nNaCl + 588$ kJ

위의 반응식에서 n 값을 구하면?

① 1 ② 2
③ 3 ④ 4

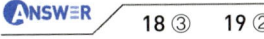
18 ③ 19 ②

해설 (가)와 (나)를 이용해서 (다)를 구하는 방법을 생각하면 된다.

(가) $-n\text{M}-\dfrac{n}{2}\times Cl_2 \longrightarrow -n\text{MCl}-196\text{kJ}$

(나) $n\text{Na}+\dfrac{n}{2}\times Cl_2 \longrightarrow -n\text{NaCl}+392\text{kJ} \times n$

(다) $n\text{MCl}+n\text{Na} \longrightarrow n\text{M}+n\text{NaCl}+588\text{kJ}$

$392n-196=588$ ∴ $n=2$

20 $Fe_2O_3(s) + 3H_2(g) \rightarrow 2Fe(s) + 3H_2O(g)$, $\Delta H° =98.8\text{kJ}$, $\Delta S° =141.5\text{J}$ 위 화학반응이 자발적으로 일어나기 위한 최소한의 온도는?

① 273K ② 425K
③ 547K ④ 698K

해설 $\Delta G° = \Delta H° - T \cdot \Delta S°$
$\Delta G° = 0$(평형)일 때의 온도를 구하면 된다.
(단위를 맞춰야 한다.) $T = \dfrac{\Delta H°}{\Delta S°} = \dfrac{98800}{141.5} = 698\text{K}$

21 25°C의 물 300g을 채운 통 열량계에 에탄올 1g을 넣고 뚜껑을 잘 닫은 후 충분한 산소로 연소시켰더니 온도가 35°C가 되었다. 에탄올이 연소할 때 방출한 반응열은 몇 kJ/mol인지 구하시오 (단, 물의 비열은 4.2J/g·°C이고, 통 열량계의 열용량은 1.7kJ/°C이며, 에탄올의 분자량은 46이다.)

① 1361.6 ② 1391.6
③ 1461.6 ④ 1491.6

해설 에탄올이 연소할 때 발생하는 열은 모두 통과 물이 흡수하므로 발생한 열량(Q)은 다음과 같이 구할 수 있다.

Q=물이 흡수한 열량+통이 흡수한 열량=$(c_물 \times m_물 \times \Delta T) + (C_통 \times \Delta t)$

여기서 $c_물$은 물의 비열 $m_물$은 물의 질량 Δt는 온도 변화, $C_물$는 통열량계의 열용량이므로 각각의 값을 대입한다.

Q=(4.2J/g·°C×300g×10°C)+(1700J/°C×10°C)=29,600J=29.6kJ

$\dfrac{29.6\text{kJ}}{\text{g}}$, 몰당 반응열은 $\dfrac{반응열}{\text{g}}$에 화학식량을 곱하면 된다. 따라서 $\dfrac{29.6\text{kJ}}{\text{g}} \times 46 = \dfrac{1361.6\text{kJ}}{\text{mol}}$이 된다.

ANSWER 20 ④ 21 ①

22 어떤 고체는 온도에 따라 구조가 달라지는 상전이를 한다. 예를 들면, 황(S)은 95°C 이하에서는 사방정계, 95°C 이상에서는 단사정계 고체 구조를 갖는다. 황의 사방정계에서 단사정계로의 상전이에 대한 엔탈피 변화(ΔH)와 엔트로피 변화(ΔS)를 모두 옳게 나타낸 것은?

① $\Delta H < 0$, $\Delta S < 0$
② $\Delta H < 0$, $\Delta S > 0$
③ $\Delta H > 0$, $\Delta S < 0$
④ $\Delta H > 0$, $\Delta S > 0$

해설 온도가 낮은 사방정계에서 온도가 높은 단사정계로 상전이가 되려고 한다.
온도가 높아질수록 자발적으로 상전이가 되려면
$\Delta G = \Delta H - T \cdot \Delta S < 0$가 되어야 한다. (⊕, ⊕)
높은 온도가 되면 $|\Delta H| < |T\Delta S| \to \Delta G < 0$이 된다.

23 온도가 0°C에서 25°C까지 상승함에 따라 $\Delta G°$의 값이 가장 많이 상승(+값으로)하는 것은 어떤 경우인가?

① $\Delta H° = 50$, $\Delta S° = 50$
② $\Delta H° = 90$, $\Delta S° = 20$
③ $\Delta H° = -20$, $\Delta S° = -50$
④ $\Delta H° = -90$, $\Delta S° = -20$

해설 $\Delta G° = \Delta H° - T \cdot \Delta S°$에 차례로 대입한다.
① $\Delta G° = 50 - 25 \times 50$
② $\Delta G° = 90 - 25 \times 20$
③ $\Delta G° = -20 + 25 \times 50$
④ $\Delta G° = -90 + 25 \times 20$

24 다음은 300K, 1기압에서 어떤 반응의 화학 반응식과 반응 엔탈피(ΔH), 반응 엔트로피(ΔS)를 나타낸 것이다.

$$A + B \to C + D, \Delta H = -10kJ, \Delta S = 100J/K$$

이 반응에 대한 설명으로 옳은 것을 〈보기〉에서 모두 고른 것은? (단, 반응 과정에서 부피의 변화는 없다.)

—• 보기 |—
ㄱ. 자발적인 반응이다.
ㄴ. A와 B를 각각 1몰씩 반응시켜 최대로 얻을 수 있는 일의 양은 40kJ이다.
ㄷ. A와 B의 양을 각각 두 배씩으로 늘려서 반응시켜도 엔트로피 변화량은 같다.

ANSWER 22 ④ 23 ③ 24 ③

① ㄱ ② ㄷ
③ ㄱ, ㄴ ④ ㄴ, ㄷ

해설 직접 ΔH, ΔS를 대입시켜서 문제를 풀어야 한다.
ㄱ. $\Delta G = \Delta H - T \cdot \Delta S$(단위를 맞춰야 한다.)
    $= -10000 - (300 \times 100) \Rightarrow -40 \text{kJ}$ 따라서 자발적이다.
ㄷ. ΔS는 크기 성질이므로 반응물의 양이 2배면, ΔS도 2배가 된다.

25 다음 그림은 어떤 반응의 자유에너지 변화 값의 온도에 따른 변화를 나타낸 것이다. 이 반응의 엔탈피 변화(ΔH)와 엔트로피(ΔS)를 나타낸 것으로 옳은 것은?

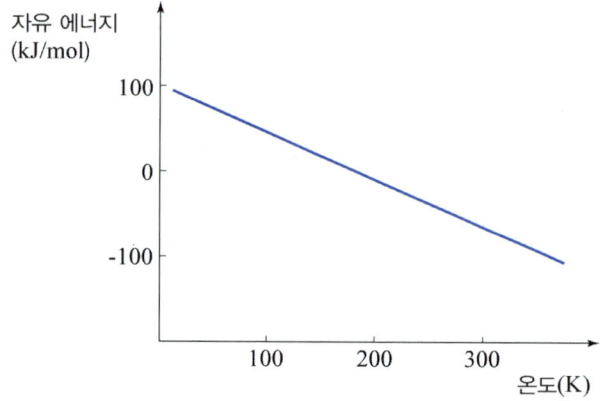

① $\Delta H > 0$, $\Delta S > 0$ ② $\Delta H > 0$, $\Delta S < 0$
③ $\Delta H < 0$, $\Delta S > 0$ ④ $\Delta H < 0$, $\Delta S < 0$

해설 온도가 올라갈수록(높은 온도), $\Delta G < 0$이 된다.

$\Delta G = \Delta H - \overset{\oplus}{T} \cdot \overset{\oplus}{\Delta S} < 0$

즉, 높은 온도가 되면 $|\Delta H| < |T \Delta S| \rightarrow \Delta G < 0$이 된다.

ANSWER 25 ①

26 다음 반응의 엔트로피 변화 값의 부호를 옳게 짝지은 것은?

> (가) $H_2O(l) \rightarrow H_2O(g)$
> (나) $Ag^+(aq) + Cl^-(aq) \rightarrow AgCl(s)$
> (다) $4Fe(s) + 3O_2(g) \rightarrow 2Fe_2O_3(s)$
> (라) $N_2(g) + 2O_2(g) \rightarrow 2NO_2(g)$

	(가)	(나)	(다)	(라)		(가)	(나)	(다)	(라)
①	(+)	(+)	(+)	(+)	②	(+)	(+)	(+)	(−)
③	(+)	(−)	(+)	(−)	④	(+)	(−)	(−)	(−)

해설 (가) 액체 → 기체 : 무질서도가 증가 $\Delta S > 0$
(나) 이온 → 침전물로 가라앉음 : 무질서도가 감소 $\Delta S < 0$
(다) 분자의 변화 : 7분자 → 2분자, 반응물에 기체 포함 → 생성물은 고체 : 무질서도 감소, $\Delta S < 0$

27 다음은 1기압에서 $Br_2(l)$이 $Br_2(g)$로 되는 반응의 엔탈피 변화와 엔트로피 변화를 나타낸 것이다.

> $Br_2(l) \rightleftarrows Br_2(g)$
> $\Delta S = 90J/K$
> $\Delta H = 29.88kJ$

$Br_2(l)$의 기준 끓는점을 구한 것으로 옳은 것은?

① 33.2K
② 93.0K
③ 332K
④ 664K

해설 액체가 기체로 변하는 구간은 액체, 기체가 공존하는 구간, 액체와 기체가 평형을 이루고 있으므로
$\Delta G = 0$
$\Delta G = \Delta H - T \cdot \Delta S$
$T = \dfrac{\Delta H}{\Delta S} \rightarrow \dfrac{29880}{90} = 332K$

 26 ④ 27 ③

28 25°C에서 수소(H_2)와 아이오딘(I_2)이 반응하여 아이오딘화수소(HI)가 생성되는 반응의 엔탈피 변화와 엔트로피 변화는 다음과 같다.

$$\frac{1}{2}H_2(g) + \frac{1}{2}I_2(g) \to HI(g)$$
$$\Delta S = 0.08 kJ/K$$
$$\Delta H = 26.5 kJ$$

25°C에서 이 반응의 자유에너지 변화를 옳게 구하고, 반응의 자발성을 옳게 예측한 것은?

① $-26.4kJ$, 자발적　　② $-2.66kJ$, 자발적
③ $2.66kJ$, 비자발적　　④ $26.4kJ$, 자발적

해설 $\Delta G = \Delta H - T \cdot \Delta S$에 직접 대입해서 계산한다.
　　$= 26.5 - 298 \times 0.08 = 2.66 kJ$
ΔG가 0보다 큰 값이므로 비자발적이다.

29 다음 반응에 대한 열역학 함수의 변화량 부호가 타당한 것은?

$$2C(s) + O_2(g) \to 2CO(g)$$

① $\Delta H < 0$, $\Delta S < 0$　　② $\Delta H < 0$, $\Delta S > 0$
③ $\Delta H > 0$, $\Delta S > 0$　　④ $\Delta H > 0$, $\Delta S < 0$

해설 탄소의 연소반응이다. 연소반응은 발열반응이므로 $\Delta H < 0$. 고체는 무질서도가 낮다. 결국 반응물은 기체 한 분자이고, 생성물은 기체 두 분자이므로 무질서도는 증가한다. $\Delta S > 0$

30 다음 그림은 어떤 반응들의 경로에 따른 엔탈피 변화를 나타낸 것이다.

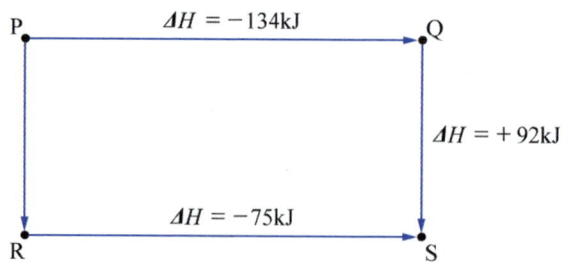

ANSWER 28 ③　29 ②　30 ③

이에 대한 설명으로 옳은 것을 〈보기〉에서 모두 고른 것은?

● 보기 ●
ㄱ. P → R의 엔탈피 변화는 $\Delta H = -33$ kJ이다.
ㄴ. R → Q의 변화는 흡열반응이다.
ㄷ. S → P의 엔탈피 변화는 $\Delta H = +42$ kJ이다.

① ㄱ ② ㄴ
③ ㄷ ④ ㄱ, ㄷ

해설 각 반응을 다음과 같이 정리한다.
P → Q, $\Delta H_1 = -134$ kJ ················· ①
Q → S, $\Delta H_2 = 92$ kJ ··················· ②
R → S, $\Delta H_3 = -75$ kJ ·················· ③
P → R, $\Delta H_4 = ?$

ㄷ. S → P 반응은 −②식+(−①식)으로 구할 수 있다.
　　S → Q, $-\Delta H_2$
+) Q → P, $-\Delta H_1$
　　S → P, $-(\Delta H_1 + \Delta H_2)$
따라서 $\Delta H = -(-134+92) = 42$ kJ이다.

ㄱ. P → R의 반응은 ①식+②식−③식
$\Delta H = -134+92-(-75) = 33$ kJ이다.

ㄴ. R → Q의 반응은 ③식−②식이므로 $\Delta H = -75-92 = -167$ kJ이다.
R → Q의 반응의 반응 엔탈피 $\Delta H < 0$이므로 발열반응이다.

31 다음 열화학 반응식을 이용하여 25°C, 1기압에서 물의 몰 기화열(kJ/mol)과 기화열(kJ/g)을 구한 것으로 옳은 것은?

(가) $2H_2(g) + O_2(g) \rightarrow 2H_2O(g)$, $\Delta H_1 = -484$ kJ
(나) $2H_2(g) + O_2(g) \rightarrow 2H_2O(l)$, $\Delta H_2 = -571$ kJ

	몰 기화열(kJ/mol)	기화열(kJ/g)
①	2.42	24.2
②	4.35	43.5
③	24.2	43.5
④	43.5	2.42

ANSWER 31 ④

해설 액체 1몰이 기체가 되기 위해 흡수하는 열이 몰기화열(ΔH)이다.

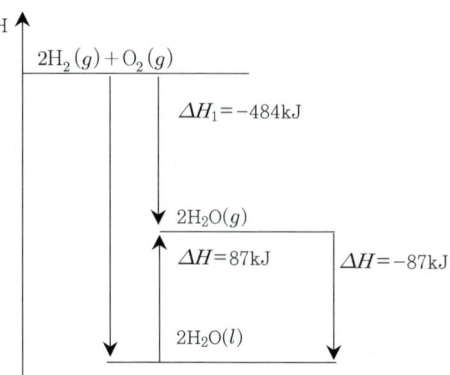

따라서 $H_2O(l)$ 2몰이 기체 $H_2O(g)$가 되려면 87kJ만큼을 흡수해야 한다.

그런데 $H_2O(l)$ 1몰이 기체가 되기 위해 흡수하는 ΔH가 몰기화열이므로 43.5kJ이다. 즉, $\dfrac{43.5\text{kJ}}{\text{mol}}$ 이다. 그런데 g당 기화열은 $H_2O(l)$ 1몰, 즉 분자량에 g을 붙이면 1몰의 질량이다. 따라서 $\dfrac{43.5\text{kJ}}{18\text{g}}$ 을 계산하면 $\dfrac{\text{기화열}}{\text{g}}$ 이 나온다.

계산하면, $\dfrac{2.42\text{kJ}}{\text{g}}$ 이 나온다.

32 다음 중 $MgCl_2(s)$의 표준생성열의 반응식을 옳게 표현한 것은?

① $1/2Mg(s) + 1/2Cl_2(g) \rightarrow 1/2MgCl_2(s)$
② $Mg(s) + Cl_2(g) \rightarrow MgCl_2(s)$
③ $2Mg(s) + 2Cl_2(g) \rightarrow 2MgCl_2(g)$
④ $Mg(g) + Cl_2(g) \rightarrow MgCl_2(g)$

해설 생성열($\Delta H_f°$)은 "홑원소물질+홑원소물질 → 화합물 1몰"이 생성될 때 발생하는 ΔH이다. 그런데 25℃에선 Mg은 고체이다.
따라서 "$Mg(s)+Cl_2(g) \rightarrow MgCl_2(s)$"가 되어야 한다.

ANSWER 32 ②

33 표의 결합에너지를 이용하여 다음 반응의 반응열(ΔH)을 구한 것으로 옳은 것은?

$$2H_2O(g) + 2F_2(g) \rightarrow 4HF(g) + O_2(g)$$

결합	F-F	O-H	O=O	H-F
결합 에너지(kJ/mol)	159	463	499	570

① -304.5kJ ② -609kJ
③ -1218kJ ④ +609kJ

해설 결합 ΔH를 이용해서 반응 ΔH를 구하는 문제이다.
반응 ΔH = 반응물의 결합해리 ΔH 총합 - 생성물의 결합해리 ΔH 총합
그런데 H_2O의 결합해리 ΔH가 나와 있는 것이 아니고, 원자 간 결합의 결합해리 ΔH가 나와 있으므로 구조식에 대입해서 계산해야 한다.

$$2H_2O(g) + 2F_2(g) \longrightarrow 4HF(g) + O_2(g)$$

$$2 \begin{pmatrix} O-H \\ | \\ H \end{pmatrix} + 2(F-F) \longrightarrow 4(H-F) + O=O$$

$(463 \times 4 + 159 \times 2) - (570 \times 4 + 499) = -609\text{kJ}$

33 ②

CHAPTER 08 반응속도

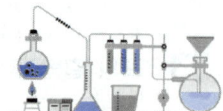

1 반응속도의 정의

1 반응속도

(1) 정의 : 화학반응의 빠르기를 나타내는 정도로 단위시간당 농도변화로 나타낸다.

$$\text{반응속도}(v) = \frac{\text{감소한 반응물 농도 변화량}}{\text{반응시간}} = \frac{\text{증가한 생성물 농도 변화량}}{\text{반응시간}}$$

$$= \frac{\text{농도변화량}}{\text{시간}} \quad (\text{단위} : \text{mol/L} \cdot \text{s}, \text{mol/L} \cdot \text{min})$$

(2) 반응속도의 표현

① 반응속도

$$H_2(g) + I_2(g) \rightarrow 2HI(g) \text{에서}$$
$$v = \frac{1}{2}\frac{\Delta[HI]}{\Delta t} = -\frac{\Delta[H_2]}{\Delta t} = -\frac{\Delta[I_2]}{\Delta t}$$
([ ]는 몰농도)

반응물의 농도는 시간이 지날수록 감소한다. 따라서 속도는 －값을 갖는다. 속도는 ＋값을 가져야 하므로 "－"부호를 붙여야 한다.
또 H_2 1몰과 I_2 1몰이 반응하여 HI 2몰이 생성되므로 같은 시간 동안 농도 변화량은 HI가 H_2 또는 I_2의 2배가 되어 HI의 생성속도는 H_2나 I_2의 감소속도의 2배가 된다.
하지만 반응속도는 어느 물질을 기준으로 해도 같아야 하므로 반응속도는 위와 같이 표현한다.

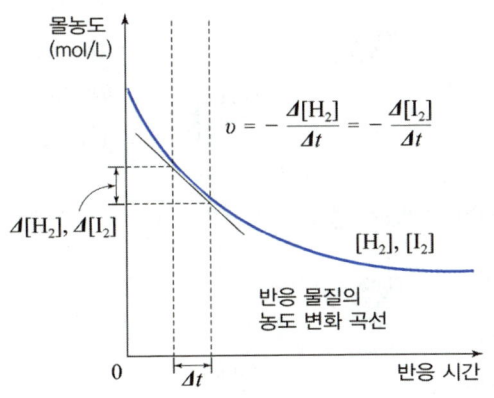 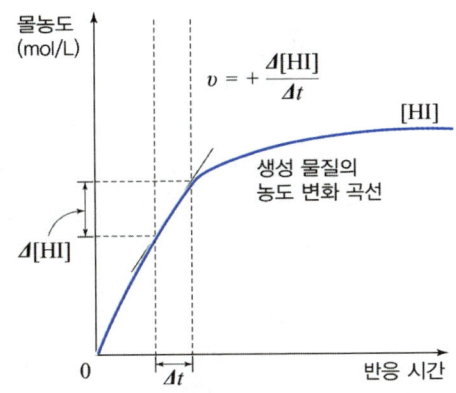

② 평균반응속도
  ㉠ 반응시간 동안 반응물이나 생성물의 농도변화, 즉 반응이 진행된 특정 구간의 농도변화를 진행된 시간으로 나누어 나타낸 속도로 시간-농도 그래프에서 두 점을 연결한 직선의 기울기이다.
  ㉡ 반응이 진행될수록 반응물질의 양이 점점 줄어들기 때문에 시간이 지날수록 반응속도는 점점 느려진다(기울기가 점점 작아진다).

③ 순간 반응속도
  ㉠ 반응이 일어나는 시간 간격을 0에 가깝게 하였을 때의 반응속도이다.
  ㉡ 정해진 시간에서 반응속도로 시간-농도 그래프에서 특정시간의 한 점에서의 접선의 기울기와 같다. $t=0$일 때의 접선의 기울기를 초기반응속도라고 한다.

④ 일반적으로 반응이 진행되는 동안 기울기가 감소하므로 반응속도는 느려진다. 시간이 갈수록 생성물질의 양은 늘어나고 충돌해야 하는 반응물질의 양이 점점 감소하기 때문이다.

2 반응이 일어나기 위한 조건(유효충돌, 활성화 에너지)

(1) 유효충돌
  ① 정의 : 반응물질들이 반응이 일어나기에 적합한 방향으로의 충돌
  ② 조건 : 반응물이 충돌하여 화학반응을 일으키기 위해서는 반응물이 충돌하는 순간에 분자들의 충돌 방향이 화학반응을 일으킬 수 있게 나열되어 있어야 한다.
    예 이산화질소(NO_2)와 일산화탄소(CO)의 반응
    $NO_2(g) + CO(g) \rightarrow NO(g) + CO_2(g)$

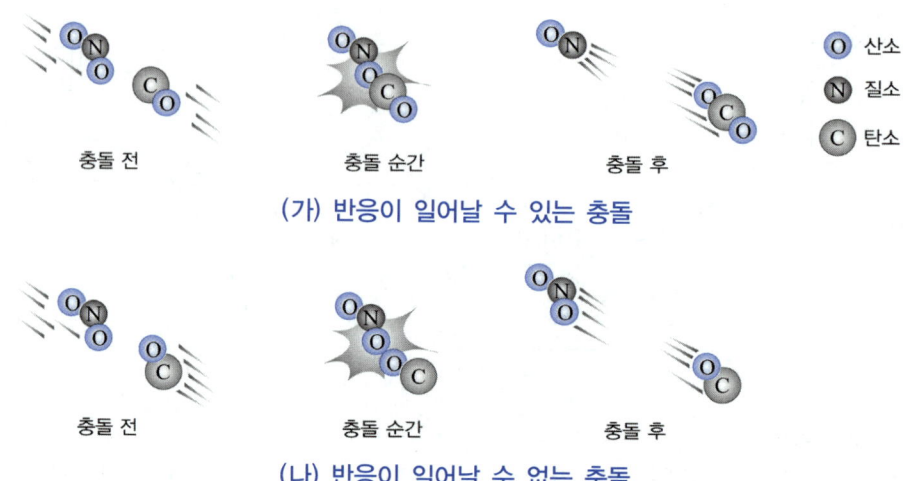

(가) 반응이 일어날 수 있는 충돌

(나) 반응이 일어날 수 없는 충돌

(2) 활성화 에너지(E_a)

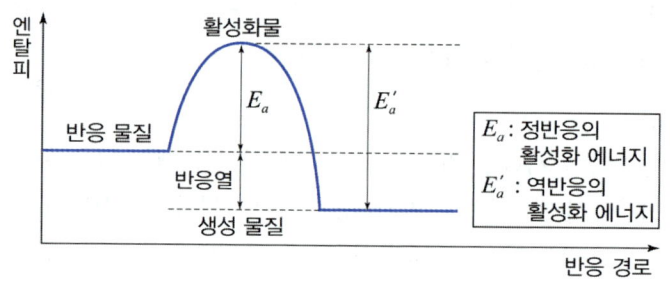

〈활성화 에너지와 반응열〉

① 화학반응을 일으키는 데 필요한 최소한의 에너지
② 반응물이 활성화물로 되는데 필요한 최소한의 에너지
③ **활성화물** : 반응물이 활성화 에너지를 얻어 형성된 불안정한 물질로서 반응물이 충돌할 때 활성화 에너지 이상의 에너지를 갖고 있지 못하면 활성화물을 형성하지 못하고 반응물로 되돌아가므로 생성물을 만들지 못한다.
④ 활성화 에너지 이상의 에너지를 가진 입자들만 반응에 참여할 수 있다.
   즉, 반응이 일어나기 위해서는 활성화 에너지 이상의 에너지를 가지고 반응이 일어나기에 적합한 방향으로 충돌해야 한다.
⑤ **발열반응** : 처음에만 활성화 에너지를 공급하면 생성된 반응열이 다음 반응의 활성화 에너지로 이용되므로 반응이 자발적으로 일어나기 쉽다.
⑥ **흡열반응** : 자발적으로 반응이 일어나기가 어려우므로 지속적인 활성화 에너지의 공급이 필요하다. 같은 반응에서 반응열은 활성화 에너지에 관계없이 일정한 값을 나타낸다.

2 반응속도식

1 반응속도식

일반적으로 반응속도는 반응물의 농도에 비례한다. 일정한 온도에서 반응속도와 반응물의 농도관계를 나타낸 식을 반응속도식이라고 하며 아래와 같이 나타낸다.

(1) 반응속도식 작성

$$aA + bB \rightarrow cC$$
$$반응속도(v) = k[A]^m[B]^n$$

- $[A]$: A의 몰농도
- $[B]$: B의 몰농도
- m : A에 대한 반응차수
- n : B에 대한 반응차수
- k : 반응속도상수

① 반응속도상수(k) : 반응에 따라 고유한 값을 가지며 온도에 의해 변하며 반응물질의 농도와는 무관한 상수이다. k값이 클수록 반응속도는 빠르며, k값의 단위는 반응차수에 따라 달라진다.

② 반응차수(m, n) : 반응속도가 반응물의 농도에 어떻게 비례하는지를 나타내는 것으로 위 식에서 m과 n은 각각 A와 B에 대한 반응차수이다. 위 반응은 A에 대해 m차, B에 대해 n차 반응이며 전체반응차수는 $(m+n)$차이다. 반응차수는 화학반응식의 계수와 무관하고 실험값이나 반응메커니즘에 의해 결정된다.

단일단계반응에서는 계수를 바로 차수로 올리는 것이 가능하다.

예를 들어, 속도식이 $v = k[A]^2[B]$인 경우 반응속도는 [A]의 제곱에 비례하고 [B]정비례하며 A에 대해 2차, B에 대해 1차이므로 전체반응은 3차이다.

③ 속도식에는 중간생성물이 포함되어서는 안 된다(중간생성물은 인지할 수 없다).

④ 촉매가 포함된 반응에서 촉매가 반응속도에 영향을 주면 촉매도 포함시킨다.
(단, Pt같은 고체촉매는 제외)

(2) 실험값을 이용한 반응속도식과 반응차수 구하기

다음은 산 촉매하에서 아세톤의 브롬화반응을 나타낸 것이다.

$$CH_3COCH_3 + Br_2 \xrightarrow{촉매(H^+)} CH_3COCH_3Br + H^+ + Br^-$$

표는 일정 온도에서 CH_3COCH_3, Br_2, H^+의 초기 농도에 따른 Br_2 농도의 감소속도를 측정한 결과이다.

실험	초기 농도(mol/L)			$[Br_2]$의 감소속도 (mol/L·s)
	$[CH_3COCH_3]$	$[Br_2]$	$[H^+]$	
I	0.20	0.05	0.05	1.0×10^{-5}
II	0.20	0.05	0.10	2.0×10^{-5}
III	0.20	0.10	0.05	1.0×10^{-5}
IV	0.40	0.20	0.10	4.0×10^{-5}

① 반응속도식 작성 : 단일단계라면 속도식 $v = k[CH_3COCH_3][Br_2][H^+]$가 되어야 하지만 정확한 속도식은 실험값과 반응메커니즘을 이용해서 구해야 한다.

㉠ 온도가 일정하므로 k값은 일정하다. 각각의 농도와 속도와의 관계를 비교하면 된다. 이때 한 성분의 차수와 속도와의 관계를 비교하려면 나머지 성분의 농도는 일정하다는 조건이 있어야 한다.

㉡ 실험 I과 II를 비교하면, $[CH_3COCH_3]$과 $[Br_2]$가 일정할 때 $[H^+]$가 2배 → 속도가 2배. 따라서 속도와 $[H^+]$는 정비례관계이다.

㉢ 실험 I과 III을 비교하면 $[CH_3COCH_3]$과 $[H^+]$가 일정할 때 $[Br_2]$가 2배 → 속도는 변화없음. 따라서 속도와 $[Br_2]$는 제외한다.

㉣ 실험 II와 IV를 비교하면 $[H^+]$가 일정할 때 $[CH_3COCH_3]$가 2배 → 속도는 2배. 따라서 속도와 $[CH_3COCH_3]$는 정비례관계이다.

결과적으로 속도식 $(v) = k[CH_3COCH_3]^1[H^+]^1$

② 반응차수는 $1 + 1 = 2$차 반응이다.

(3) 반응메커니즘을 이용한 속도식 구하기

① 반응메커니즘 : 화학반응이 몇 단계의 과정을 거쳐 진행될 때 반응물질이 생성물질로 변해가는 일련의 단계적 과정

② 반응속도 결정단계 : 반응메커니즘의 여러 단계 중에서 어느 한 단계의 반응이 다른 단계보다 매우 느린 단계가 있는데 이 단계를 속도결정단계라고 한다.

㉠ 반응속도가 가장 느린 단계의 속도식이 전체반응 속도식과 같다.

㉡ 반응 속도 결정 단계의 활성화 에너지가 가장 크다. 활성화 에너지가 크면 반응속도가 느려지기 때문이다.

예 [1단계] HBr + O$_2$ → HOOBr (느림), $v = k[\text{HBr}][\text{O}_2]$
[2단계] HOOBr + HBr → 2HOBr (빠름), $v = k[\text{HOOBr}][\text{HBr}]$
[3단계] 2HOBr + 2HBr → 2H$_2$O + 2Br$_2$ (빠름), $v = k[\text{HOBr}]^2[\text{HBr}]^2$
(전체반응식) 4HBr + O$_2$ → 2H$_2$O + 2Br$_2$

각 단계의 반응을 더하면 전체반응식이 얻어진다.
각 단계들만을 놓고 보면 각각 단일단계반응으로 반응차수는 화학반응식의 계수와 같기 때문에 위와 같이 쓸 수 있으며 1단계가 속도결정단계이므로 전체반응속도는 1단계 속도 식이 전체반응 속도식이 된다. 따라서 전체반응속도식은 $v = k[\text{HBr}][\text{O}_2]$가 된다.

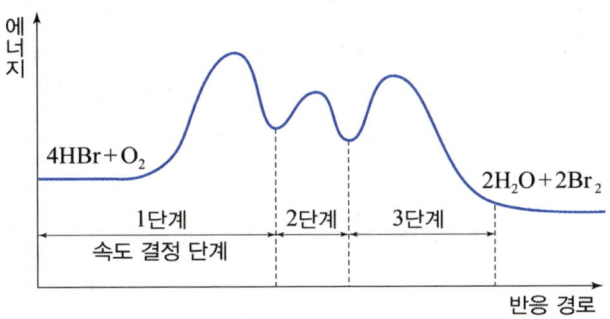

반응속도 결정단계 : 1단계 반응속도식 : $v = k[\text{HBr}][\text{O}_2]$

2 적분속도식

▶ **적분속도식** : 시간의 개념이 들어가 있는 속도식이다.

(1) 1차 반응

① 속도식(A → B 반응에서, $v = k[\text{A}]$)

$$v = -\frac{d[\text{A}]}{dt} = k[\text{A}]$$

위 속도식을 적분하면 속도식은 다음과 같은 식이 나온다.
$\ln[\text{A}]_t = -kt + \ln[\text{A}]_0$
㉠ 속도상수 k와 초기농도를 알면 특정시간에서 A의 농도를 구할 수 있다.
㉡ 기울기가 $-k$, y절편이 $\ln[\text{A}]_0$이다.

② 반응속도가 반응물의 농도에 정비례하고 반응물의 농도가 처음의 절반이 될 때까지 걸리는 시간(반감기)이 일정한 반응이다.

③ 반감기
  ㉠ 반응물의 농도가 처음의 절반이 될 때까지 걸리는 시간
  ㉡ 적분속도식으로부터 구한다.

$$\ln\frac{[A]_0}{2} = -kt_{\frac{1}{2}} + \ln[A]_0$$

$$\ln\frac{\frac{[A]_0}{2}}{[A]_0} = -kt_{\frac{1}{2}} \qquad \therefore t_{\frac{1}{2}} = \frac{\ln 2}{k} = \frac{0.693}{k}$$

1차 반응의 경우에는 0차 반응과 달리 반감기는 반응물의 농도와 관계없이 일정한 값을 가지며 반응속도상수(k)로부터 구할 수 있다. 1차 반응의 반감기는 반응속도상수에 반비례한다. 즉, 1차 반응의 반감기는 속도상수 k값에만 의존한다.

④ 그래프

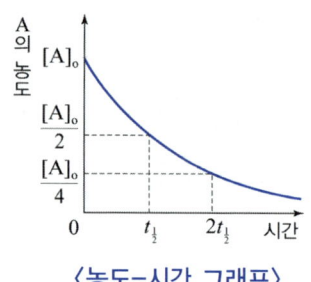
〈농도-시간 그래프〉

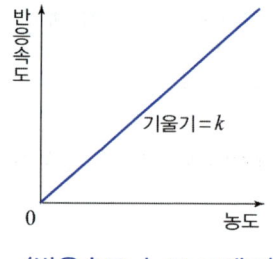
〈반응속도-농도 그래프〉

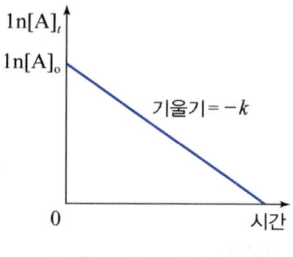
〈ln(농도)-시간 그래프〉

(2) **2차 반응**
① 속도식(A → B 반응에서, $v = k[A]^2$)

$$v = \frac{d[A]}{dt} = k[A]^2$$

$$\int_{[A]_0}^{[A]_t} \frac{1}{[A]^2} d[A] = -\int_0^t k dt$$

그런데 $\int \frac{1}{x^2} dx = -\frac{1}{x}$ 이므로 위 식은 다음과 같다.

$$-\frac{1}{[A]_t} + \frac{1}{[A]_0} = -kt, \quad \frac{1}{[A]_t} = kt + \frac{1}{[A]_0}$$

반감기 $t_{\frac{1}{2}} = \dfrac{1}{k[A]_0}$

② 그래프

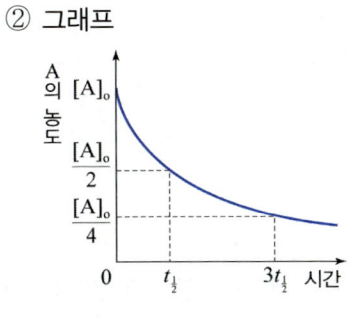 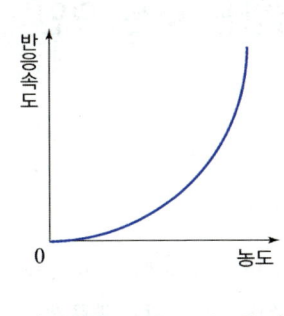 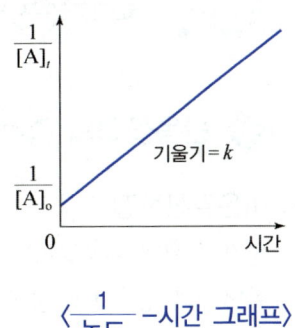

〈농도-시간 그래프〉　　　〈반응속도-농도 그래프〉　　　$\left\langle \dfrac{1}{농도} - 시간\ 그래프 \right\rangle$

3 반응속도에 영향을 주는 요인

1 반응물질의 종류

(1) 이온결합물질
원자의 재배열이 일어나지 않고 바로 반응하기 때문에 반응속도가 빠르다. 앙금생성반응이나 중화반응의 경우 반응물만 넣어주면 생성물로 빠르게 변화가 일어난다.

예 $AgNO_3(aq) + HCl(aq) \rightarrow AgCl(s)\downarrow + HNO_3(aq)$

$HCl(aq) + NaOH(aq) \rightarrow NaCl(aq) + H_2O(l)$

(2) 공유결합물질
공유결합이 끊어지고 새로운 결합이 생성되어야 하기 때문에 반응속도가 느리다.

예 $2HI(g) \rightarrow H_2(g) + I_2(g)$

2 농도

(1) 농도와 반응속도
농도가 증가하면 단위부피당 입자 수가 증가한다는 것을 의미한다. 농도가 증가하면 반응물 입자 사이의 거리가 가까워지며 같은 속도로 움직일 때 단위시간당 충돌수가 증가하므로 반응속도가 빨라진다.

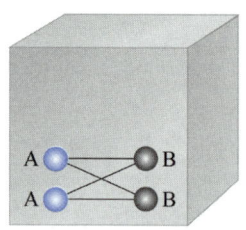
A와 B 사이에 가능한 충돌 횟수 : 4

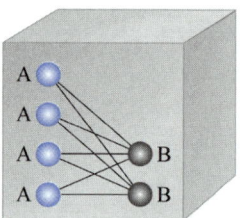
A와 B 사이에 가능한 충돌 횟수 : 8

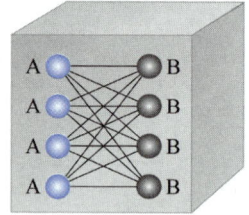
A와 B 사이에 가능한 충돌 횟수 : 16

(2) 예
① 농도가 높은 산성비가 내리면 대리석($CaCO_3$)으로 된 건축물이나 조각품의 부식이 빨라진다.
② 과산화수소 분해반응에서 과산화수소의 농도가 진할수록 분해속도가 빠르다.
③ 강철솜은 공기중보다 산소가 든 집기병에서 더 잘 타오른다.
④ 산소용접을 할 때 고압의 산소를 이용한다.
⑤ 연탄가스에 중독된 환자는 고압의 산소를 이용하여 치료한다.

③ 압력

반응물질에 기체가 포함되어 있을 때 압력을 증가시키면 보일의 법칙에 의해 부피가 감소하게 되어 농도 증가의 효과를 가지게 된다. 따라서 충돌수가 증가하므로 반응속도는 빨라지게 된다.

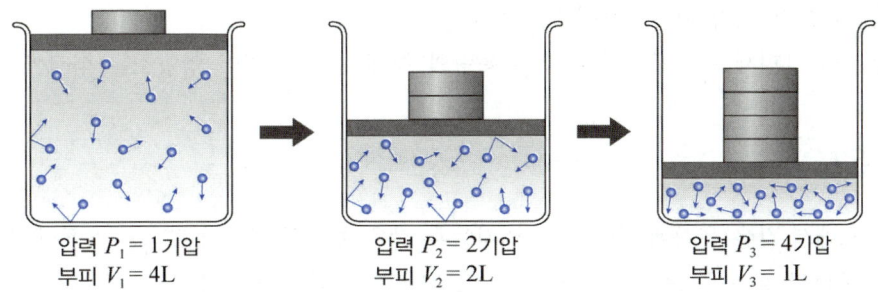

④ 표면적

(1) 고체의 표면적과 반응속도

고체는 표면에서만 충돌할 수 있으므로 반응도 표면에서만 일어난다. 표면적이 클수록 충돌할 수 있는 면적이 넓어진다. 따라서 충돌 횟수가 증가하므로 속도가 빨라진다. 역시 농도 증가 효과로 볼 수 있다.

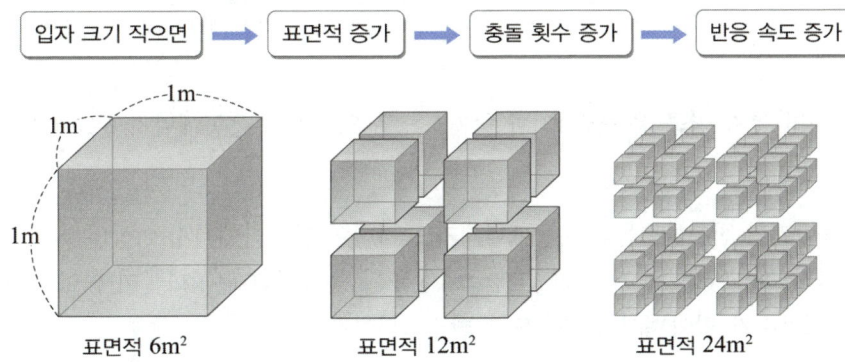

고체를 잘게 부수면 전체 표면적이 커져서 반응속도가 빨라진다.

〈고체의 표면적 증가와 반응속도〉

고체를 작게 자르면 고체 내부에 있던 부분이 표면으로 드러나 자른 단면의 면적만큼 표면적이 증가한다. 고체를 계속해서 잘라나가면 표면적은 계속해서 증가하게 된다.

(2) 예
 ① 각설탕보다 가루설탕이 물에 더 빨리 용해된다.
 ② 알약보다 가루약이 더 빨리 흡수된다.
 ③ 밀가루공장이나 탄광에서 작은 불씨들은 폭발사고를 일으키기 쉽다.
 ④ 통나무보다 장작개비가 불이 더 잘 붙는다.
 ⑤ 소장의 상피세포는 표면이 수많은 융털의 형태로 되어 있어 영양소를 빠르게 흡수한다

5 온도

일정한 온도에서 같은 용기에 들어 있는 입자들은 같은 종류의 입자라도 다른 운동에너지를 갖고 있으며 운동에너지 분포곡선을 그려보면 아래 그래프와 같이 나타난다.

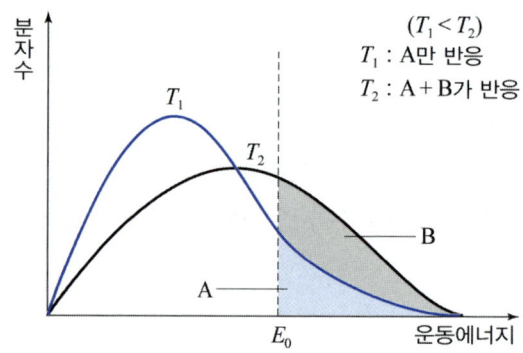

온도가 높아지면 분자 평균 운동에너지가 증가하므로 입자들의 운동에너지 분포곡선이 오른쪽으로 이동한다.

(1) 온도가 높아지면 반응물질들의 운동에너지가 증가하여 활성화에너지 이상의 에너지를 갖는 분자 수가 증가하므로 반응속도가 빨라진다. 즉, 온도가 높아지면 활성화물이 많아져 반응에 참여할 수 있는 입자수가 많아져서 반응속도가 빨라진다.

(2) 반응속도상수는 온도에 따라 달라지는데 온도가 높아질수록 속도상수가 증가하여 반응속도가 빨라진다.

(3) 반응계의 온도가 10℃ 높아지면 반응속도가 약 2~3배 빨라진다. 이것은 온도가 10℃ 높아지면 활성화 상태에 도달한 분자수가 약 2~3배 증가하기 때문이다.

(4) 예

① 비닐하우스 속에서는 겨울철에도 식물이 더 잘 자란다.
② 음식물을 냉장고에 넣어두면 더 오래 보존된다.
③ 북극지역에서는 동물들 사체의 부패속도가 느리다.
④ 높은 온도에서 물이 끓는 압력밥솥에서는 밥이 빨리 된다.
⑤ 파마약을 바르고 머리를 따뜻하게 하면 파마가 빨리 된다.

6 촉매

화학반응에서 자기 자신은 변화되지 않으면서 활성화 에너지를 변화(반응경로를 변화)시켜 반응속도를 빠르게 또는 느리게 하는 물질을 촉매라고 한다.

(1) 정촉매

반응의 활성화 에너지가 낮아져 반응할 수 있는 입자수가 증가하므로 반응속도가 빨라진다. 정촉매는 반응의 경로를 활성화 에너지가 작은 경로로 바꾸어 반응이 빠르게 일어나게 한다.

> 정촉매 사용 → E_a 작아짐 → 반응할 수 있는 입자수 증가 → 반응속도 증가

(2) 부촉매

활성화 에너지가 높아져서 반응할 수 있는 입자수가 감소하므로 반응속도가 느려진다. 부촉매는 반응의 경로를 활성화 에너지가 큰 경로로 바꾸어 반응이 느리게 일어나게 한다.

> 부촉매 사용 → E_a 커짐 → 반응할 수 있는 입자수 감소 → 반응속도 감소

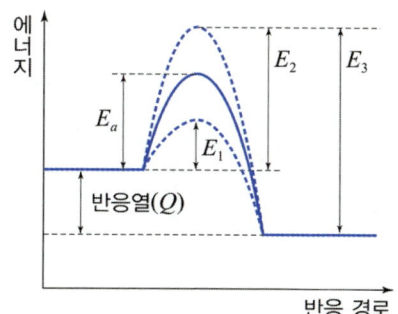
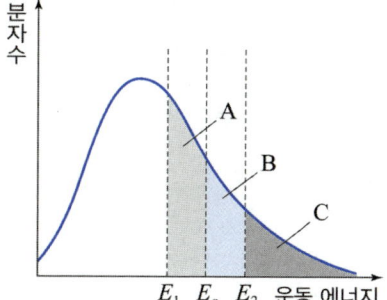

E_a : 활성화 에너지
E_1 : 정촉매가 있을 때의 활성화 에너지
E_2 : 부촉매가 있을 때의 활성화 에너지
E_3 : 역반응의 활성화 에너지(부촉매가 있을 때)

촉매가 없을 때 : B+C반응
정촉매가 있을 때 : A+B+C반응
부촉매가 있을 때 : C반응

(3) 촉매의 성질

① 반응에 직접 참여하지 못하고 반응속도만 변화시킨다.
② 촉매는 반응 전후 질량변화가 없다.
③ 촉매는 활성화 에너지를 변화시키지만 반응열(Q)은 변화시킬 수 없다.
④ 정반응속도와 역반응속도를 모두 변화시킨다. 정촉매를 사용하면 정반응속도와 역반응속도가 모두 빨라진다.
⑤ 촉매는 평형을 이동시키지는 않는다. 정촉매는 평형에 도달하는 시간을 단축시킨다.

(4) 예

① 과산화수소에 이산화망간(MnO_2)을 촉매로 사용하면 분해반응이 빠르게 일어나 산소를 쉽게 얻을 수 있다.

$2H_2O_2 \rightarrow 2H_2O + O_2$

② 과산화수소에 소량의 인산(H_3PO_4)을 억제제로 첨가하면 쉽게 분해되지 않는다.
③ 수소와 산소기체는 백금촉매하에서 빠르게 반응한다.
④ 자동차 촉매변환기에서 질소산화물이 촉매에 의해 분해된다.
⑤ 누룩을 이용하여 콩을 발효시켜 된장을 만든다.

SUMMARY NOTE

(1) 반응속도(v) = $\dfrac{\text{감소한 반응물 농도 변화량}}{\text{반응시간}}$ = $\dfrac{\text{증가한 생성물 농도 변화량}}{\text{반응시간}}$

(2) 활성화 에너지

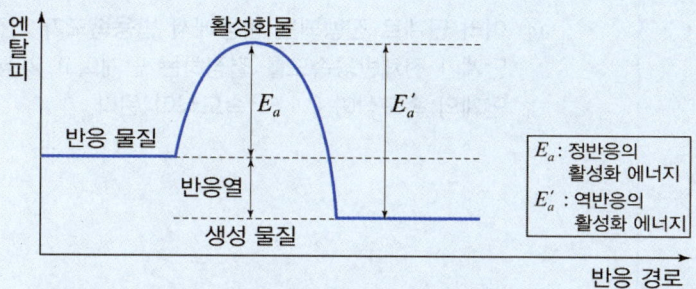

E_a : 정반응의 활성화 에너지
E_a' : 역반응의 활성화 에너지

① 화학반응을 일으키는 데 필요한 최소한의 에너지
② 반응물이 활성화물로 되는 데 필요한 최소한의 에너지
③ 활성화 에너지 이상의 에너지를 가진 입자들만 반응에 참여할 수 있다.

(3) 반응속도식
$aA + bB \rightarrow cC$
반응속도(v) = $k[A]^m[B]^n$
- [A] : A의 몰농도
- [B] : B의 몰농도
- m : A에 대한 반응차수
- n : B에 대한 반응차수
- k : 반응속도상수

① 반응속도상수(k) : 반응에 따라 고유한 값을 가지며 온도에 의해 변하며 반응물질의 농도와는 무관한 상수이다.
② 반응차수(m, n) : 화학반응식의 계수와 무관하고 실험값이나 반응메커니즘에 의해 결정된다. (단일단계반응에서는 계수를 바로 차수로 올리는 것이 가능하다.)

전체반응차수 : $m + n$

③ 반응메커니즘을 통한 반응속도식 작성 : 여러 단계의 반응 중에서 반응속도가 가장 느린 단계가 전체반응속도를 결정하고 가장 느린 단계의 속도식이 전체반응속도식과 같다.

(4) 적분속도식

	적분속도식	반감기
1차 반응 $v = k[A]$	$\ln[A]_t = -kt + \ln[A]_0$	$t_{\frac{1}{2}} = \dfrac{\ln 2}{k} = \dfrac{0.693}{k}$ → 반감기 일정
2차 반응 $v = k[A]^2$	$\dfrac{1}{[A]_t} = kt + \dfrac{1}{[A]_0}$	$t_{\frac{1}{2}} = \dfrac{1}{k[A]_0}$ → 반감기가 길수록 길어짐

BASIC CHECK

01 ① 반응을 일으키는 데 필요한 최소한의 에너지
② ×
③ ○
④ 느린, 느린, 전체

01 ( ) 안에 알맞은 말과 O, ×를 표기하시오.

① 활성화 에너지의 정의 :

② 반응속도식에는 중간생성물이 포함될 수 있다. ( )

③ 반응속도식에는 촉매가 포함될 수 있다. ( )

④ 여러 단계로 진행되는 반응에서 반응속도가 가장 ( ) 단계가 전체반응속도를 결정하는 단계이고 가장 ( ) 단계의 속도식이 ( ) 속도식이 된다.

02 ①
주어진 반응은 발열반응이다.
역반응 활성화 에너지=반응열+정반응 활성화 에너지이다.
388+25=413kJ

02 $O + O_3 \rightarrow 2O_2$ 반응의 활성화 에너지는 25kJ/mol이고, 반응의 엔탈피 변화(ΔH)는 −388kJ/mol이다. O_2가 분해되는 역반응의 활성화 에너지는?

① 413kJ ② 388kJ
③ 363kJ ④ 50kJ

03 ②
속도상수는 온도에 의해서만 변한다.

03 다음 반응의 속도상수(k)를 변화시키는 조건을 모두 고르면?

$$2A + B \rightarrow P$$

가. A의 농도를 증가시킨다.
나. 반응이 일어나는 온도를 낮춘다.
다. 반응이 일어나는 온도를 높인다.
라. 생성물 P를 반응용기에서 제거한다.

① 가, 나 ② 나, 다
③ 가, 다 ④ 나, 다, 라

04 다음은 메탄의 할로겐화 반응에 대한 열화학반응식과 주어진 반응 경로에 대한 에너지를 나타낸 그림이다.

- 1단계 : $CH_4(g) + X(g) \rightarrow CH_3(g) + HX(g)$
$$\Delta H_1 = 4 kJ$$
- 2단계 : $CH_3(g) + X_2(g) \rightarrow CH_3X(g) + X(g)$
$$\Delta H_2 = -109 kJ$$
- 전체 반응 : $CH_4(g) + X_2(g) \rightarrow CH_3X(g) + HX(g)$
$$\Delta H = ?$$

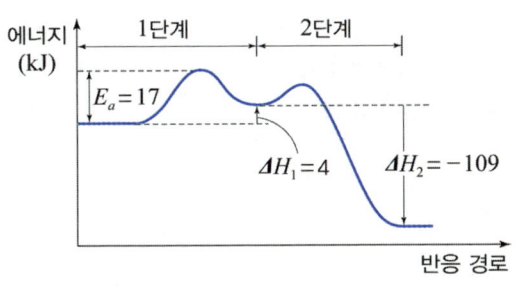

이 반응에 대한 설명으로 옳은 것을 〈보기〉에서 모두 고른 것은?

┌─── 보기 ├───
ㄱ. $CH_3(g)$는 중간생성물이다.
ㄴ. 전체반응은 흡열반응이다.
ㄷ. 1단계에서 역반응의 활성화 에너지는 13kJ이다.

① ㄱ ② ㄷ
③ ㄱ, ㄴ ④ ㄱ, ㄷ

---

04 ④
ㄱ. CH_3는 1단계에서 생성되었다가 2단계에서 사라졌다.
ㄴ. $\Delta H < 0$인 발열반응이다.
ㄷ. 17−4=13kJ이다.

BASIC CHECK

05 ②
ㄱ. 1차 반응이다.
ㄴ. 전체 속도식은 가장 느린 단계의 속도식인 $v=k[O_3]$
ㄷ. 활성화 에너지가 크면 속도가 느리므로 속도가 느린 1단계가 활성화 에너지가 크다.

05 일산화질소(NO)에 의해 오존(O_3)이 분해되는 반응은 다음과 같이 2단계로 진행된다. 이 반응에 대한 설명으로 옳은 것을 〈보기〉에서 고른 것은?

| 1단계 : $O_3(g) \rightarrow O_2(g) + O(g)$ (느림) |
| 2단계 : $NO(g) + O(g) \rightarrow NO_2(g)$ (빠름) |
| 전체 : $NO(g) + O_3(g) \rightarrow NO_2(g) + O_2(g)$ |

─● 보기 ├─
ㄱ. 전체 반응은 2차 반응이다.
ㄴ. 전체 반응의 반응속도식은 $v=k[O_3]$
ㄷ. 1단계의 활성화 에너지가 2단계의 활성화 에너지보다 작다.

① ㄱ ② ㄴ
③ ㄷ ④ ㄱ, ㄴ

01 2024년 지방직9급

NO와 Br_2로부터 NOBr이 만들어지는 반응 메커니즘이 다음과 같을 때, 전체 반응의 속도법칙은? (단, k_1, k_2, k_{-1}은 속도상수이다.)

$$NO(g) + Br_2(g) \underset{k_{-1}}{\overset{k_1}{\rightleftharpoons}} NOBr_2(g) \quad (\text{빠름})$$

$$NOBr_2(g) + NO(g) \overset{k_2}{\rightarrow} 2NOBr(g) \quad (\text{느림})$$

① 속도 = $\dfrac{k_1 k_2}{k_{-1}}[NO][Br_2]$ ② 속도 = $\dfrac{k_1 k_2}{k_{-1}}[NO]^2[Br_2]$

③ 속도 = $\dfrac{k_{-1} k_2}{k_1}[NO]^2[Br_2]$ ④ 속도 = $k_2[NOBr_2][NO]$

해설 $V = k_2[NOBr_2][NO]$, 속도식에 중간생성물이 나타나서는 안된다.
$NOBr_2$이 중간 생성물이므로 평형식을 이용하여 다른 화학종으로 나타내야 한다.

$k_1[NO][Br_2] = k_{-1}[NOBr_2] \quad \therefore [NOBr_2] = \dfrac{k_1}{k_{-1}}[NO][Br_2]$

$\therefore V = \dfrac{k_1 k_2}{k_{-1}}[NO]^2[Br_2]$

02 2024년 경북9급

부피가 일정한 용기에 xM A(g)를 넣고 반응시켰다. 일정한 온도에서 반감기가 2번 지났을 때 $\dfrac{B(g)\text{의 몰농도}}{A(g)\text{의 몰농도}}$를 아래의 반응식과 속도식을 이용하여 구하면?

$$A(g) \rightarrow 2B(g), \ v = k[A] \quad (k\text{는 반응속도상수})$$

① 1 ② 2
③ 4 ④ 6

해설 1차 반감기는 일정하다.
A → 2B, A를 x, B를 0이라고 하면, A와 B는 1 : 2로 반응하므로

A : $x \rightarrow \dfrac{x}{2} \rightarrow \dfrac{x}{4}$ 남아 있는 A의 몰농도 : $\dfrac{x}{4}$

B : $0 \rightarrow x \rightarrow \dfrac{x}{2}$ 생성된 B의 총 몰농도 : $\dfrac{3}{2}x$

$\therefore \dfrac{B}{A} = 6$

ANSWER 01 ② 02 ④

03 2023년 경남9급

다음 반응속도식에서 속도상수(k)의 단위가 1/s인 것은 무엇인가?

① $v = k[A]^2$
② $v = k[A][B]$
③ $v = k[A][B]^2$
④ $v = k[A]$

해설

A → B 1차 반응일 때 $v = k[A]^1$. 속도 = $\dfrac{\text{농도변화량}\,\dfrac{\text{mol}}{\text{L}}}{\text{시간}(s)}$

$\dfrac{\text{mol}}{\text{L}\cdot\text{s}} = k\dfrac{\text{mol}}{\text{L}} \quad \therefore k = \dfrac{1}{\text{s}}$

04 2022년 지방직9급

화학 반응속도에 대한 설명으로 옳지 않은 것은?

① 1차 반응의 반응속도는 반응물의 농도에 의존한다.
② 다단계 반응의 속도 결정 단계는 반응속도가 가장 빠른 단계이다.
③ 정촉매를 사용하면 전이 상태의 에너지 준위는 낮아진다.
④ 활성화 에너지가 0보다 큰 반응에서, 반응속도상수는 온도가 높을수록 크다.

해설

① $\dfrac{A}{\text{반응물}} \rightarrow \dfrac{B}{\text{생성물}}$, $v = k[A]^1$, 반응물 A의 농도에 비례한다.
② 다단계 반응의 속도 결정 단계는 반응속도가 가장 느린 단계이다.

05 2021년 해양경찰청9급

다음 표는 A+B → C+D 반응에서 반응 물질의 초기 농도를 달리하며 반응속도를 측정한 실험의 결과이다. 이 반응의 반응속도상수 k의 단위로 옳은 것은?

실험	A의 초기 농도(M)	B의 초기 농도(M)	반응속도(M·s^{-1})
1	1×10^{-2}	1×10^{-2}	2×10^{-4}
2	2×10^{-2}	1×10^{-2}	4×10^{-4}
3	0.5×10^{-2}	1×10^{-2}	1×10^{-4}
4	1×10^{-2}	2×10^{-2}	8×10^{-4}

ANSWER 03 ④   04 ②   05 ②

① $M^{-2}s^{-2}$ ② $M^{-2}s^{-1}$
③ $M^{-1}s^{-1}$ ④ Ms^{-1}

해설 반응속도식 $v = k[A][B]^2$
$$\frac{M}{s} = kM^3 \quad \therefore k = M^{-2} \cdot s^{-1}$$

06 2020년 지방직9급

N_2O 분해에 제안된 메커니즘은 다음과 같다.

$$N_2O(g) \xrightarrow{k_1} N_2(g) + O(g) \text{ (느린 반응)}$$
$$N_2O(g) + O(g) \xrightarrow{k_2} N_2(g) + O_2(g) \text{ (빠른 반응)}$$

위의 메커니즘으로부터 얻어지는 전체반응식과 반응속도 법칙은?

① $2N_2O(g) \rightarrow 2N_2(g) + O_2(g)$, 속도 = $k_1[N_2O]$
② $N_2O(g) \rightarrow N_2(g) + O(g)$, 속도 = $k_1[N_2O]$
③ $N_2O(g) \rightarrow O(g) + N_2(g) + O_2(g)$, 속도 = $k_2[N_2O]$
④ $2N_2O(g) \rightarrow N_2(g) + 2O_2(g)$, 속도 = $k_2[N_2O]^2$

해설
• 전체반응식은 두 식을 더하면 된다.
• 가장 느린 단계의 속도식이 전체속도식이 된다.

07 2019년 지방직9급

화학반응 속도에 영향을 주는 인자가 아닌 것은?

① 반응 엔탈피의 크기 ② 반응 온도
③ 활성화 에너지의 크기 ④ 반응물들의 충돌 횟수

해설 온도가 높고, 활성화 에너지가 낮을수록 충돌횟수가 많을수록(농도가 진할수록) 반응속도가 빠르다.

ANSWER 06 ① 07 ①

08 2019년 지방직9급

다음 그림은 $NOCl_2(g) + NO(g) \rightarrow 2NOCl(g)$ 반응에 대하여 시간에 따른 농도 $[NOCl_2]$와 $[NOCl]$를 측정한 것이다. 이에 대한 설명으로 옳은 것만을 모두 고르면?

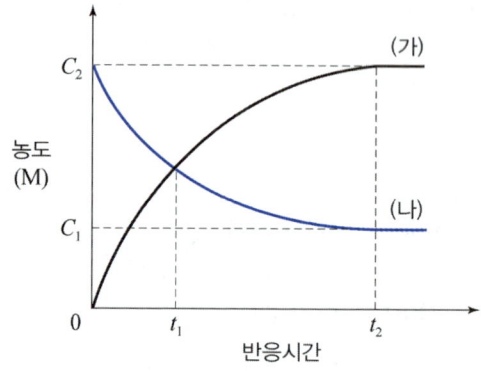

ㄱ. (가)는 $[NOCl_2]$이고 (나)는 $[NOCl]$이다.
ㄴ. (나)의 반응 순간 속도는 t_1과 t_2에서 다르다.
ㄷ. $\Delta t = t_2 - t_1$ 동안 평균 반응속도 크기는 (가)가 (나)보다 크다.

① ㄱ
② ㄴ
③ ㄷ
④ ㄴ, ㄷ

해설 ㄴ. 시간, 농도 그래프에서 접선의 기울기 → 순간속도 : $t_1 > t_2$
ㄷ. 시간, 농도 그래프에서 두 지점의 기울기 → 평균속도 : (가) > (나)

09 2017년 지방직9급

H_2와 ICl이 기체상에서 반응하여 I_2와 HCl을 만든다.

$$H_2(g) + 2ICl(g) \rightarrow I_2(g) + 2HCl(g)$$

이 반응은 다음과 같이 두 단계 메커니즘으로 일어난다.

단계 1 : $H_2(g) + ICl(g) \rightarrow HI(g) + HCl(g)$ (속도결정단계)
단계 2 : $HI(g) + ICl(g) \rightarrow I_2(g) + HCl(g)$ (빠름)

전체 반응에 대한 속도 법칙으로 옳은 것은?

ANSWER 08 ④ 09 ③

① 속도=$k[H_2][ICl]^2$ ② 속도=$k[HI][ICl]^2$
③ 속도=$k[H_2][ICl]$ ④ 속도=$k[HI][ICl]$

> **해설** 가장 느린 단계=속도결정단계
> 속도결정단계의 속도식이 전체 속도식

10 다음은 $2NO_2(g) + F_2(g) \rightarrow 2NO_2F(g)$의 반응에서 반응메커니즘과 반응의 진행에 따른 에너지를 나타낸 것이다.

| 1단계 : $NO_2(g) + F_2(g) \rightarrow NO_2F(g) + F(g)$ |
| 2단계 : $F(g) + NO(g) \rightarrow NO_2F(g)$ |

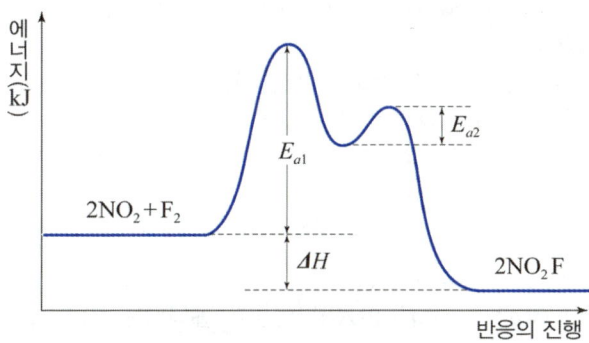

위의 반응에 대한 설명으로 옳은 것만을 〈보기〉에서 있는 대로 고른 것은?

―● 보기 ●―
ㄱ. 반응물질의 결합 에너지 합이 생성물질보다 작다.
ㄴ. 전체 반응의 활성화 에너지는 $E_{a1} + E_{a2}$이다.
ㄷ. 반응속도식은 $v = k[NO_2][F_2]$이다.

① ㄱ   ② ㄷ
③ ㄱ, ㄴ   ④ ㄱ, ㄷ

> **해설** 결합 E는 분자에서 원자 사이의 결합을 끊고 원자로 만들기 위해 흡수하는 E이다.
> ㄱ. 생성물의 E가 낮으므로 생성물을 원자로 만들기 위해 흡수하는 E(결합 E)가 더 크다.
> ㄴ. 전체반응의 활성화 E는 Ea_1이다.
> ㄷ. 활성화 E가 크다는 것은 반응속도가 느리다는 것이고, 1단계가 반응속도가 느리기 때문에 속도식은 $v = k[NO_2][F_2]$가 된다.

ANSWER 10 ④

실전 유형문제

11 X + Y → Z 이반응에 대한 실험결과의 값은 다음과 같다.

	초기 X	초기 Y	초기 반응속도
실험 1	0.1	0.05	6.2×10^{-3}
실험 2	0.2	0.05	2.48×10^{-2}
실험 3	0.1	0.1	1.24×10^{-2}
실험 4	0.3	0.15	?

실험 4의 초기 반응속도로 옳은 것은?

① 5.58×10^{-1} ② 5.58×10^{-2}
③ 1.67×10^{-1} ④ 1.67×10^{-2}

해설 X의 농도와 속도와의 관계를 비교하려면 Y의 농도는 일정해야 한다.
실험 1과 2를 비교했을 때 X의 농도가 2배일 때 속도가 4배 증가하는 것으로 보아 속도는 X 농도의 제곱에 비례한다.
실험 1, 3을 비교했을 때 Y의 농도가 2배일 때 속도가 2배 증가했으므로 속도는 Y 농도에 정비례한다. 따라서 속도식은 $v = k[X]^2[Y]$이다.
실험 4의 속도는 1과 4를 비교한다. 즉, X가 3배, Y가 3배이므로 실험 1의 속도보다 27배가 빠르다. 계산하면 1.67×10^{-1}이 나온다.

12 $A(g) + B(g) \rightarrow C(g) + D(g)$ 반응의 활성화 에너지는 12.6kJ/mol, 깁스자유에너지 변화는 10.3kJ/mol이다. 이 반응의 역반응에 대한 활성화 에너지는? (단, A + B → C + D 반응은 단일단계 반응이다.)

① 2.3kJ/mol ② 10.3kJ/mol
③ 12.6kJ/mol ④ 22.9kJ/mol

해설 활성화 E와 깁스자유 E의 관계를 묻는 문제이다.
$\Delta G = \Delta H - T \cdot \Delta S$. 반응물과 생성물의 분자수가 같고 각각의 분자수가 같으므로 $\Delta S = 0$이다.
따라서 반응열(ΔH)과 ΔG가 같다.
이 반응은 흡열반응이다. 역반응의 활성화 E는 12.6kJ − 10.3kJ = 2.3kJ이 나온다.

13 어떤 반응의 반응속도 법칙이 다음과 같다.

$$\text{Rate} = k[A]^2[B]$$

다음 중 초기 반응속도를 변화시키지 않는 것은 무엇인가?

ANSWER 11 ③ 12 ① 13 ④

① A와 B의 농도를 각각 두 배씩 증가시킨다.
② A의 농도를 두 배로 증가시키고, B의 농도를 반으로 감소시킨다.
③ A의 농도를 반으로 감소시키고, B의 농도를 두 배로 증가시킨다.
④ A의 농도를 반으로 감소시키고, B의 농도를 네 배로 증가시킨다.

해설 초기 반응속도를 1이라고 하면, Rate $=k[\frac{1}{2}]^2[4]$가 되면 속도는 변화가 없다.

14 반응차수에 대한 설명으로 옳은 것을 모두 고른 것은?

> ㄱ. 영차 반응의 반응속도는 반응물의 초기 농도와 무관하다.
> ㄴ. 일차 반응의 반감기는 반응물의 초기 농도에 정비례한다.
> ㄷ. 동위원소의 방사선 붕괴는 일차 반응이다.
> ㄹ. 단일화합물의 이차 반응의 반감기는 반응물 초기 농도의 역수에 의존한다.

① ㄱ, ㄷ
② ㄴ, ㄹ
③ ㄱ, ㄴ, ㄹ
④ ㄱ, ㄷ, ㄹ

해설 ㄱ. 0차 반응의 속도는 "$v=k$" 반응속도상수와 같다.
ㄴ. 1차 반응의 반감기는 $\frac{0.693}{k}$으로 항상 일정하다.
ㄷ. "방사성 동위 원소", "방사능 붕괴"라는 말이 들어가면 무조건 1차 반응이다.
ㄹ. 반응물이 A일 때 2차 반응의 반감기는 $\frac{1}{k[A]_0}$이므로 초기농도의 역수에 비례한다.

15 에탄올이 완전히 연소되어 이산화탄소와 물이 만들어지는 반응에서 에탄올이 연소되는 속도가 2.0 Ms^{-1}이었다면, 이산화탄소의 생성속도는 얼마인가?

① $0.5Ms^{-1}$
② $1.0Ms^{-1}$
③ $2.0Ms^{-1}$
④ $4.0Ms^{-1}$

해설 에탄올과 이산화탄소의 반응식의 계수를 맞춰주면 된다.

$C_2H_5OH(l) + 3O_2(g) \longrightarrow 2CO_2(g) + 3H_2O(g)$

계수가 2배이다. 에탄올의 연소속도가 $2MS^{-1}$이면 이산화탄소의 생성속도는 $4MS^{-1}$이 된다.

ANSWER 14 ④ 15 ④

실전 유형문제

16 효소반응을 포함하여 많은 촉매반응에 있어서 다음 그림과 같은 양상이 관찰된다. 이 경우 반응속도가 계속 증가하지 않고 일정하게 수렴하는 이유를 가장 잘 설명한 것은?

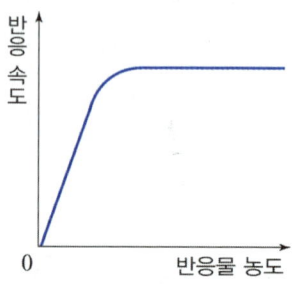

① 반응물이 모두 소모되었다.
② 역반응이 더 많이 일어나게 되었다.
③ 촉매의 활성자리가 다 채워지게 되었다.
④ 반응이 진행됨에 따라 촉매가 점점 분해되었다.

> **해설** 촉매는 반응에 직접 참여 못하므로 촉매가 분해될 수는 없다.
> 촉매가 없을 때는 반응물과 생성물이 직접 충돌해서 생성물을 만들지만 촉매를 넣어주면 반응물이 촉매의 활성자리에 붙으면서 속도가 빨라지게 된다.
> 그러다가 활성자리가 더 채워지면 더 이상 속도가 증가하지 않는다.

17 그림은 초기 농도와 반응 온도가 다른 조건에서 물질 X가 분해되는 반응의 농도 변화를 나타낸 것이다.

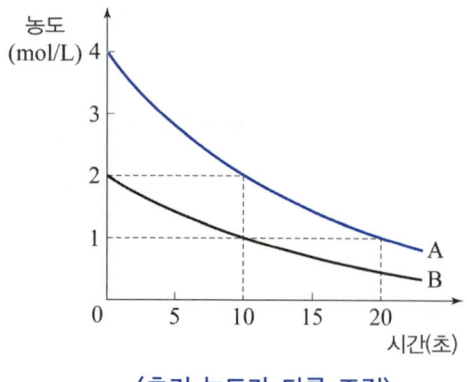

〈초기 농도가 다른 조건〉

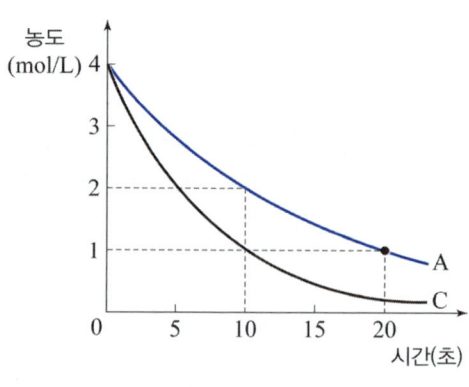

〈반응 온도가 다른 조건〉

ANSWER 16 ③ 17 ④

이 반응에 대한 설명으로 옳지 않은 것은?

① 일정 온도에서 농도가 클수록 반응속도가 빠르다.
② 이 반응은 X의 농도에 대하여 1차 반응이다.
③ A에서 30초일 때 X의 농도는 0.5mol/L이다.
④ C보다 A의 반응 온도가 높다.

해설 반응속도 = $\frac{농도변화량}{시간}$ 이다. 따라서 기울기가 크면 속도가 빠르다.

① 왼쪽 그래프를 보면 4M일 때가 2M일 때보다 기울기가 크므로 속도가 빠르다.
② 반응물의 농도가 절반이 될 때까지 걸리는 시간이 일정하므로, 반감기가 일정한 1차 반응이다.
③ 10초가 지날 때마다 반응물의 농도가 절반이 줄어들고 있으므로 30초일 때 0.5mol/L가 된다.
④ C의 기울기가 더 크므로 C의 속도가 더 빠르다. 온도가 높을수록 속도가 빨라지므로 C의 온도가 더 높다.

※ 산화바나듐(V_2O_5) 존재하에서 $SO_2(g)$와 과량의 산소를 반응시키면 다음과 같이 $SO_3(g)$이 생성된다. (18~19)

$$SO_2(g) + 1/2O_2(g) \rightarrow SO_3(g)$$

이 반응은 황산제조에서 중요한 단계이다. $SO_2(g)$ 농도를 3배로 하면 속도가 3배 증가하며 $SO_3(g)$ 농도를 3배로 하면 오히려 속도가 1.7배 감소하는 것이 관찰된다.
과량의 산소가 존재할 때 반응속도는 O_2의 농도에는 별 영향을 받지 않는다.

18 이 반응의 속도식으로 옳은 것은?

① $v = k[SO_2]$
② $v = k[SO_2][SO_3]^{-1}$
③ $v = \dfrac{k[SO_2]}{\sqrt{SO_3}}$
④ $v = k[SO_2][\sqrt{SO_3}]$

해설 SO_2의 농도가 3배일 때 속도가 3배이면, 반응속도는 SO_2의 농도에 비례하고 SO_3의 농도가 3배가 될 때 속도가 1.7배 감소하면, "$\sqrt{3} = 1.7$"이므로 $v = \dfrac{k[SO_2]}{\sqrt{[SO_3]}}$ 가 된다.

 18 ③

19 위 반응의 속도상수의 단위로 옳은 것은?

① $k = s^{-1}\left(\dfrac{mol}{L}\right)$ ② $k = s^{-1}\left(\dfrac{mol}{L}\right)^2$

③ $k = s^{-1}\left(\dfrac{mol}{L}\right)^{\frac{1}{2}}$ ④ $k = s\left(\dfrac{mol}{L}\right)^2$

해설 $k = \dfrac{v\sqrt{[SO_3]}}{[SO_2]} = \dfrac{\frac{M}{S} \cdot M^{\frac{1}{2}}}{M}$ $\left(M = \dfrac{mol}{L}\right)$ 이므로 $\dfrac{1}{s} \cdot \sqrt{\dfrac{mol}{L}}$

즉 $s^{-1} \cdot \left(\dfrac{mol}{L}\right)^{\frac{1}{2}}$ 이 된다.

20 그림은 어떤 반응의 두 가지 반응 경로 A, B의 에너지 변화를 나타낸 것이다.

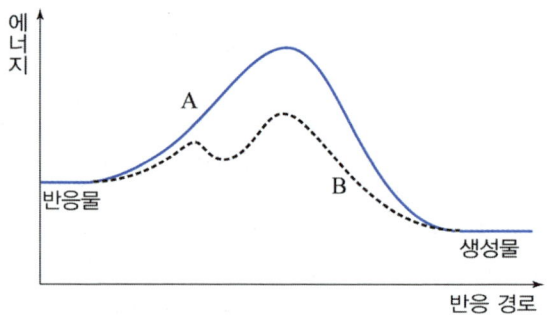

이에 대한 설명으로 옳지 않은 것은?

① B는 발열반응이다.
② 전체반응 속도상수는 A가 B보다 크다.
③ A와 B의 반응 경로가 다른 것은 촉매 때문이다.
④ B에서 온도를 높이면 전체반응 속도상수가 커진다.

해설 속도상수(k)는 온도에 의해서 변한다. k값이 클수록 속도는 빠르다. 온도를 높이면 속도상수 k가 커져서 속도가 빨라진다.

ANSWER 19 ③ 20 ②

21 다음 〈보기〉의 반응속도론에 대한 설명 중 옳은 것을 모두 고른 것은?

> ● 보기 ●
> ㄱ. 반응속도는 음수가 될 수 없다.
> ㄴ. 반응속도식은 실험으로 결정된다.
> ㄷ. 순간반응속도는 반응이 진행되면서 변할 수 있다.
> ㄹ. 촉매는 반응경로에 변화를 주어 반응을 촉진하거나 방해한다.
> ㅁ. 반응속도를 높이려면 반응물질의 충돌 빈도수를 높이는 것보다 활성화 에너지를 크게 하는 것이 더 효과적이다.

① ㄱ, ㄹ
② ㄴ, ㄷ
③ ㄷ, ㄹ
④ ㄱ, ㄴ, ㄷ, ㄹ

해설
ㄱ. 속도는 반드시 (+)값이 나와야 한다.
ㄴ. 반응속도식은 실험값 또는 반응 메커니즘으로 결정한다.
ㄷ. 반응속도 = $\dfrac{농도}{시간}$ 이다. 반응이 진행되면서 반응물의 농도가 점점 감소한다.
따라서 시간–농도 그래프에서 갈수록 기울기가 작아지므로 속도는 점점 감소한다.
ㄹ. 일반적으로 촉매는 정촉매를 의미하지만, 여기서는 부촉매 개념까지 적용했다. 정촉매는 활성화 E를 낮추어서 반응속도를 빠르게 만들지만, 부촉매는 활성화 E를 높여서 반응속도를 느리게 만든다.
ㅁ. 속도를 빠르게 만들려면 반응물의 농도를 높이거나, 온도를 높이거나, 정촉매를 넣어주면 된다. 활성화 E를 높여주면 속도가 느려진다.

ANSWER 21 ④

CHAPTER 09 화학평형

1 평형상태의 성질

1 가역반응과 비가역반응

(1) 가역반응
① 정반응과 역반응이 모두 일어날 수 있는 반응을 가역반응이라고 한다.
② 가역반응의 예
  ㉠ 광합성과 호흡
  $$6CO_2(g) + 6H_2O(l) \rightleftarrows C_6H_{12}O_6(s) + 6O_2(g)$$
  ㉡ 물의 상태변화
  $$H_2O(l) \rightleftarrows H_2O(g)$$

(2) 비가역반응
① 역반응이 거의 무시할만큼 일어나는데 이 반응을 비가역반응이라고 한다. 대표적으로 기체가 발생하고 강산+강염기의 중화반응이 대표적인 비가역반응이다.
② 비가역반응의 예
  ㉠ $HCl(aq) + NaOH(aq) \rightarrow NaCl(aq) + H_2O(l)$
  ㉡ $CH_4(g) + 2O_2(g) \rightarrow CO_2(g) + 2H_2O(l)$
  ㉢ $Mg(s) + 2HCl(aq) \rightarrow MgCl_2(aq) + H_2(g)\uparrow$

2 화학평형 상태

가역반응에서 정반응속도와 역반응속도가 서로 같아진 상태로 겉보기에는 반응이 정지된 것처럼 보이나 실제로는 정반응과 역반응이 계속되고 있다.

$$aA + bB \underset{v_2}{\overset{v_1}{\rightleftarrows}} cC + dD$$

정반응속도(v_1) = 역반응속도(v_2)

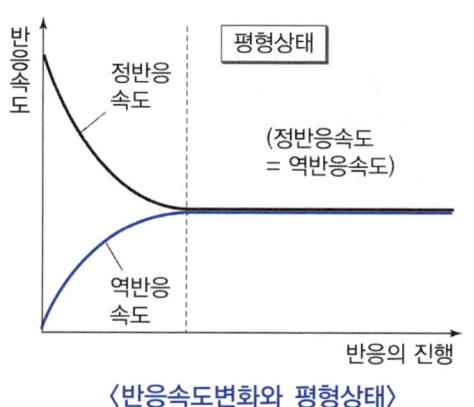
〈반응속도변화와 평형상태〉

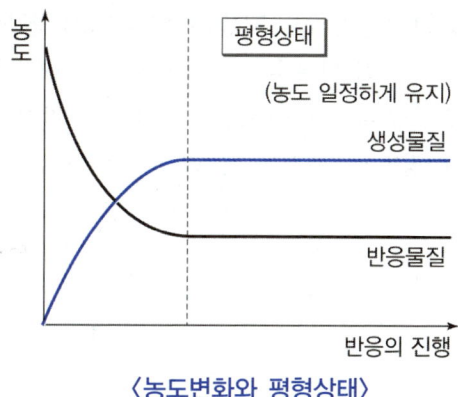
〈농도변화와 평형상태〉

③ 화학평형 상태의 성질

(1) 겉보기에는 반응이 정지된 것처럼 보이지만 동적 평형상태이다.
정반응속도＝역반응속도

(2) 반응물질과 생성물질의 농도가 일정하게 유지되고 있다.
→ 반응물질과 생성물질이 함께 존재한다.

(3) 정반응속도와 역반응속도가 0이 되는 것은 아니다.

(4) 생성물만 넣어도 반응이 진행된다(역반응이 먼저 진행된다).

(5) 화학반응식의 계수비는 평형에 도달할 때까지 반응한 물질의 농도비이다.
→ 화학반응식의 계수비는 평형상태에서 존재하는 반응물과 생성물의 농도비와는 관계가 없다.

④ 평형상태의 결정

(1) **평형을 결정하는 요인**

자연계에서 일어나는 반응은 에너지가 낮아지려는 쪽으로(안정해지려는 쪽으로) 자발적으로 일어나려고 한다. 또 자연계에서 일어나는 물리, 화학적 변화는 무질서도가 증가하는 쪽으로 진행되려고 한다($\Delta S > 0$). 이 두 가지 요인의 조화에 의해 평형상태가 결정된다.

예 $CaCO_3(s) \rightleftarrows CaO(s) + CO_2(g)$, $\Delta H = +180.6 kJ$

위 반응에서 엔트로피 측면에서 보면 기체가 생성되는 정반응이 일어나려고 하고 에너지면에서 보면 발열반응인 역반응이 일어나려고 한다. 평형상태는 이 두 반응의 조화에 의해 결정된다.

- **정반응** : 무질서도 증가, 에너지 높아짐
- **역반응** : 무질서도 감소, 에너지 낮아짐

(2) 화학평형과 깁스자유에너지(ΔG) 변화
   ① 자발적 반응은 깁스자유에너지(ΔG)가 감소하는 방향으로 진행한다.
   ② 깁스자유에너지(ΔG)가 최소인 지점에서 계는 평형에 도달한다.
   ③ 평형상태에서는 깁스자유에너지(ΔG)의 변화가 없다.

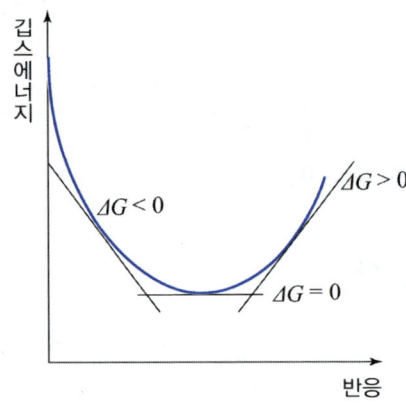

2. 화학평형의 법칙

같은 온도에서 가역반응이 평형상태에 있을 때 반응물질의 농도의 곱과 생성물질의 농도의 곱의 비는 항상 일정하다.

1 평형상수(K)

(1) 정의

평형상태에서는 정반응속도와 역반응속도가 같으므로 반응물질과 생성물질의 농도가 일정하게 유지된다. 이때 아래와 같이 역반응 속도식의 농도부분을 정반응속도식의 농도부분으로 나누어 준 값을 평형상수라고 하는데, 이 값은 특정 온도에서 항상 일정하다는 것이 증명되었다.

$$aA + bB \underset{v_2}{\overset{v_1}{\rightleftharpoons}} cC + dD$$

$$v_1 = k_1[A]^a[B]^b, \quad v_2 = k_2[C]^c[D]^d$$

평형상태 : $v_1 = v_2$

$$k_1[A]^a[B]^b = k_2[C]^c[D]^d$$

(평형상수) $K = \dfrac{k_1}{k_2} = \dfrac{[C]^c[D]^d}{[A]^a[B]^b} = \dfrac{\text{생성물}}{\text{반응물}}$

(2) 평형상수 K와 반응지수 Q의 관계

$$N_2 + 3H_2 \rightleftharpoons 2NH_3$$

$$K = \dfrac{[NH_3]^2}{[N_2][H_2]^3} \qquad Q = \dfrac{[NH_3]^2}{[N_2][H_2]^3}$$

평형일 때 대입　　　　　임의의 농도 대입

① 모든 가역반응은 안정한 평형상태를 향해 진행되고, 일정한 온도에서 한 반응의 평형상수는 일정하다.
② 평형상수식에 임의의 농도를 대입한 값을 Q(반응지수)라 할 때
　㉠ $Q > K$
　　평형에 이르기 위하여 Q값이 감소해야 한다(반응물질의 농도가 커져야 한다).
　　따라서 Q값에서 분모값은 증가하고 분자값은 감소한다. 즉, 역반응이 우세하게 진행된다.

ⓒ $Q < K$

평형에 이르기 위하여 Q값이 증가해야 한다(생성물질의 농도가 커져야 한다).
따라서 Q값에서 분모값은 작아지고 분자값은 증가한다. 즉, 정반응이 우세하게 진행된다.

ⓓ $Q = K$

평형에 상태이다. 즉, "정반응속도=역반응속도" 상태가 유지되고 있다.

(3) 평형상수의 성질

① K값은 반응물질과 생성물질의 농도가 변해도 온도가 일정하면 항상 일정하다. 즉, 평형상수는 온도에 의해서만 변한다.

② K값이 크면(10^3 이상) → 정반응 우세 → 생성물 증가

③ K값이 작으면(10^{-3} 이하) → 역반응 우세 → 반응물 증가

④ 역반응의 평형상수는 $\dfrac{1}{K}$이다.

⑤ 같은 반응이라도 화학반응식의 계수가 달라지면 평형상수 값이 달라진다.

  예) $N_2O_4(g) \rightleftarrows 2NO_2(g) \quad K = \dfrac{[NO_2]^2}{[N_2O_4]}$

  $2N_2O_4(g) \rightleftarrows 4NO_2(g) \quad K = \dfrac{[NO_2]^4}{[N_2O_4]^2} = \left(\dfrac{[NO_2]^2}{[N_2O_4]}\right)^2 = K^2$

  화학반응식의 계수가 n배 → 평형상수 $= K^n$

⑥ 반응물질과 생성물질이 두 가지 이상의 상태로 존재하는 것을 불균일평형이라고 한다. 이때 순수한 고체나 액체는 몰농도가 일정한 상수값이 된다.
따라서 순수한 고체와 액체는 평형상수에 포함시켜서 평형상수식에서는 생략한다.

  예) $HCl(aq) + H_2O(l) \rightleftarrows H_3O^+(aq) + Cl^-(aq)$

  $K = \dfrac{[H_3O^+][Cl^-]}{[HCl]}$

  예) $CaCO_3(s) \rightleftarrows CaO(s) + CO_2(g)$

  $K = [CO_2]$

  $K_P = P_{CO_2}$

(4) 압력평형상수

① 정의 : 농도 대신 부분압력으로 표시된 평형상수

② 농도평형상수(K_C)와 압력평형상수(K_P)와의 관계

  $aA(g) + bB(g) \rightleftarrows cC(g) + dD(g)$

$$K_C = \frac{[C]^c[D]^d}{[A]^a[B]^b}, \quad K_P = \frac{P_C^c P_D^d}{P_A^a P_B^b}$$

$P = \frac{n}{V}RT$이므로 몰농도를 C라고 하면, $P = CRT$이다.

$$K_P = \frac{[C]^c(RT)^c \cdot [D]^d(RT)^d}{[A]^a(RT)^a \cdot [B]^b(RT)^b}$$
$$= K_C \cdot (RT)^{c+d-(a+b)}$$

반응물질과 생성물질의 계수의 합이 같으면 $(a+b=c+d)$, $(RT)^0=1$ 따라서, $K_C = K_P$

(5) 평형상수 구하기 : 화학반응식과 평형 농도를 이용하여 구할 수 있다.

  ⓓ 일정한 온도에서 1L의 밀폐된 용기에 질소(N_2)와 수소(H_2)를 각각 4몰, 8몰 넣어 반응시켜 평형상태에서 암모니아(NH_3) 4몰이 생성되었을 때의 평형상수(K)는?

①	화학반응식의 계수를 맞추어 반응식을 완성한다.	$N_2 + 3H_2 \rightleftharpoons 2NH_3$
②	화학반응식의 계수를 이용하여 평형상수식을 세운다.	$K = \dfrac{[NH_3]^2}{[N_2][H_2]^3}$
③	화학반응식에서의 양적 관계를 이용하여 평형농도를 구한다.	$\begin{array}{lccc} & N_2 + & 3H_2 \rightleftharpoons & 2NH_3 \\ \text{처음 농도(mol/L)} & 4 & 8 & 0 \\ \text{반응 농도(mol/L)} & -2 & -6 & +4 \\ \text{평형 농도(mol/L)} & 2 & 2 & 4 \end{array}$
④	평형상수식에 평형 농도를 대입하여 평형상수를 구한다.	$K = \dfrac{4^2}{2 \times 2^3} = 1$

  ⓓ $A + B \rightleftharpoons C + D$ 반응에서, $K = 144$이다.
  2L의 용기에 A, B를 0.4몰씩 넣고 반응을 시켰더니 얼마 후에 평형에 도달하였다. 평형상태일 때 C의 농도는?

	A	+	B	⇌	C	+	D
반응 전	0.2		0.2		0		0
반응	$-x$		$-x$		$+x$		$+x$
평형	$0.2-x$		$0.2-x$		x		x

$$K = \frac{[C][D]}{[A][B]} = \frac{x^2}{(0.2-x)^2} = 12^2$$

$$x = [C] = 0.185$$

반응 전, 반응, 평형농도를 구해야 한다.

2L의 용기에 A, B를 0.4몰씩 있다는 것은 1L에는 0.2몰씩 존재하므로 반응 전 농도는 0.2M가 된다. 그 상태에서 반응이 진행되는데 화학반응식에서 계수비가 반응한 농도비이다.

1 : 1 : 1 : 1 반응이 진행되었으므로 $x : x : x : x$가 된다.

반응물은 반응해서 사라졌으므로 '−'를 붙여야 하고 생성물은 0에서 생성되었으므로 '+'를 붙힌다.

따라서 평형농도는 위와 같이 나오고 이것을 평형상수식에 대입시키면 된다.

평형상수가 나와 있으므로 [C]를 구할 수 있다.

3 평형이동의 원리

> **평형이동의 원리(= 르샤틀리에의 원리)**
> 가역반응이 평형상태에 도달하였을 때, 외부에서 농도·온도·압력 등을 변화시키면 안정한 평형상태를 유지하지를 못하게 된다. 그러면 다시 안정한 평형상태가 되기 위하여 평형이동(정반응 or 역반응)이 일어나 새로운 평형상태에 도달한다.
>
> **TIP**
> 조건의 반대로 이동한다고 보면 된다. 농도를 증가시키면 농도가 감소되는 쪽으로, 온도가 내려가면 온도가 올라가는 쪽으로, 압력이 높아지면 압력이 낮아지는 쪽으로 평형이동이 일어난다.

1 농도와 평형이동

(1) 어느 물질의 농도를 증가시키면 그 물질의 농도가 감소하는 쪽으로, 농도를 감소시키면 그 물질의 농도를 증가시키는 쪽으로 반응이 진행된다.

(2) 반응물질 첨가 또는 생성물질 제거하면 생성물이 증가하는 정반응이 우세하게 진행된다.

(3) 반응 물질 제거 또는 생성물질 첨가하면 반응물이 증가하는 역반응이 우세하게 진행된다.
   예) $N_2(g) + 3H_2(g) \rightleftarrows 2NH_3$
   - N_2, H_2의 첨가 또는 NH_3의 제거 → 정반응 쪽으로 평형 이동
   - N_2, H_2의 제거 또는 NH_3의 첨가 → 역반응 쪽으로 평형 이동

(4) 농도를 변화시켜도 평형상수는 변하지 않는다.

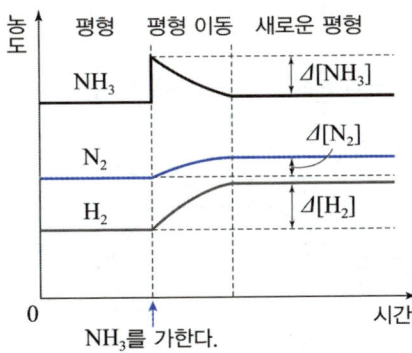

(5) 공통이온화 효과

① 첨가한 물질이 이온화되어서 평형상태에 있는 이온과 같은 이온(공통이온)을 생성하면 그 이온의 농도를 감소시키는 쪽으로 반응이 우세하게 진행된다.

　예) $CH_3COOH(aq) + H_2O(l) \leftrightarrow CH_3COO^-(aq) + H_3O^+(aq)$

② 아세트산나트륨(CH_3COONa)을 첨가하면 $CH_3COO^-(aq) + Na^+(aq)$로 이온화되어서 $CH_3COO^-(aq)$를 더 넣은 효과가 나타나서 역반응이 우세하게 진행된다.

　예) $HCl(aq) + H_2O(l) \leftrightarrow Cl^-(aq) + H_3O^+(aq)$

③ 포름산(HCOOH)을 첨가하면 $H^+(aq) + HCOO^-(aq)$로 이온화되어서 $H^+(aq)$을 더 넣은 효과가 나타나서 역반응이 우세하게 진행된다.

2 온도와 평형이동

(1) 정반응이 발열반응인 경우 온도를 높이면 온도를 낮추려는 역반응이 우세하게 진행된다.
　→ 평형상수가 감소한다.

(2) 정반응이 흡열반응인 경우 온도를 높이면 온도를 낮추려는 정반응이 우세하게 진행된다.
　→ 평형상수는 증가한다.

(3) 평형상수 K값이 크다는 것은 정반응이 우세하다는 것이고, 평형상수 K값이 작다는 것은 역반응이 우세한 것이다.

　예) $\dfrac{2NO_2}{\text{적갈색}} \rightleftarrows \dfrac{N_2O_4}{\text{무색}}$, $\Delta H < 0$

　→ 정반응이 발열반응이다.

① 온도를 높이면 온도가 낮아지는 역반응이 우세하게 진행된다. (무색 → 적갈색)
② 온도를 낮추면 온도가 높아지는 정반응이 우세하게 진행된다. (적갈색 → 무색)

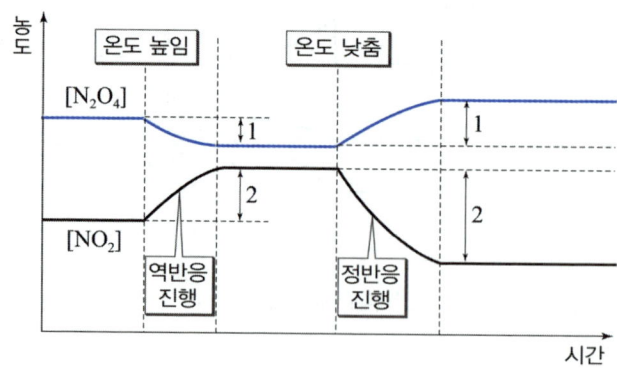

〈$2NO_2(g) \rightleftarrows N_2O_4(g)$ 반응의 온도 변화에 따른 N_2O_4와 NO_2의 농도 변화〉

3 기체들 간의 반응에서 압력과 평형이동

(1) 압력을 높이면(부피를 감소시키면) 압력이 낮아지는(기체몰수의 합이 작아지는) 쪽으로 반응이 우세하게 진행된다.

(2) 압력을 낮추면(부피를 증가시키면) 압력이 높아지는(기체의 몰수의 합이 커지는) 쪽으로 반응이 우세하게 진행된다.

예) $2NO_2(g) \rightleftarrows N_2O_4(g)$
(적갈색)   (무색)

① 압력을 높이면 몰수가 감소하는 정반응 쪽으로 평형이 이동하여 적갈색이 옅어진다.
② 압력을 낮추면 몰수가 증가하는 역반응 쪽으로 평형이 이동하여 적갈색이 진해진다.

$$2NO_2(g) \rightleftarrows N_2O_4(g)$$
적갈색   무색

그림과 같이 NO_2와 N_2O_4가 평형상태에 있는 투명한 실린더에 순간적으로 힘을 가하여 기체의 부피를 반으로 줄였다.

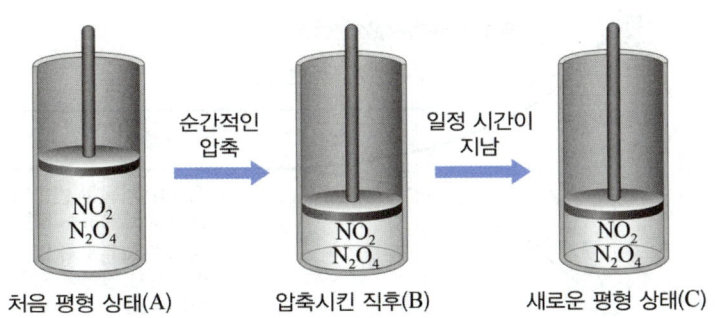

처음 평형 상태(A) →순간적인 압축→ 압축시킨 직후(B) →일정 시간이 지남→ 새로운 평형 상태(C)

③ 압력을 높이면 순간적으로 색깔이 진해지지만 시간이 지나면 압력이 낮아지는(기체의 몰수가 감소하는) 정반응이 우세하게 진행되어 색깔이 옅어진다.

(3) 반응물과 생성물의 몰수의 합이 같으면 압력에 의한 평형이동은 없다.
예) $N_2(g) + O_2(g) \rightleftarrows 2NO(g)$

(4) 고체를 첨가시켜도 평형이동이 일어나지 않는다.

(5) 압력에 의한 평형이동이 일어나도 평형상수는 변하지 않는다.

(6) 부피가 일정한 용기에 부분압력과 관련 없는 기체를 넣어주면 평형이동이 일어나지 않는다. 압력이 일정한 용기에(피스톤) 부분압력과 관련 없는 기체를 넣어주면 평형이동이 일어난다.

④ 촉매와 평형이동

반응 용기에 촉매를 넣어 주면 정반응속도와 역반응속도가 모두 빨라지지만 반응물질과 생성물질의 평형농도는 변하지 않는다. 즉, 촉매는 평형이동에는 영향을 끼치지 않고, 평형에 도달하는 데 걸리는 시간만 단축시킨다.

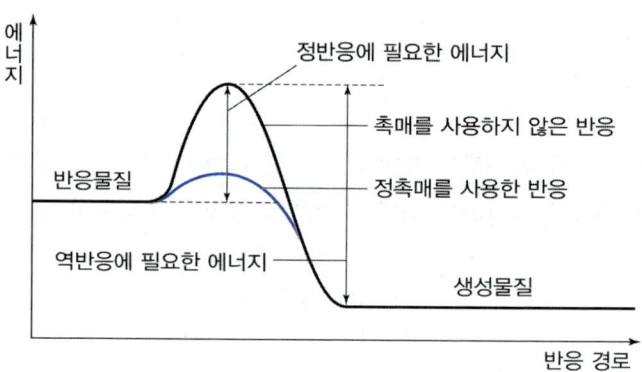

〈촉매를 사용할 때의 에너지 변화〉

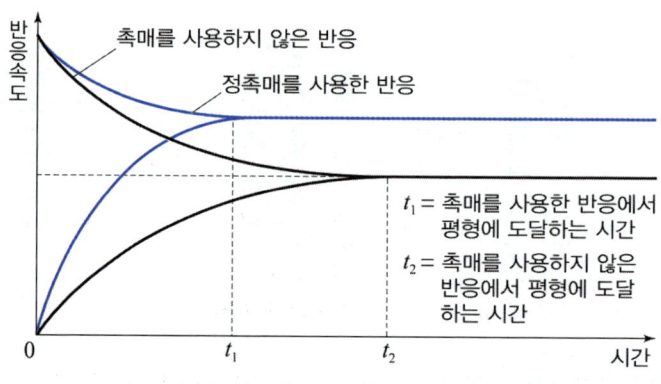

〈촉매 사용에 따른 반응속도의 변화〉

SUMMARY NOTE

(1) 화학평형 상태의 성질
  ① 겉보기에는 반응이 정지된 것처럼 보이지만 동적 평형상태이다.
     정반응 속도 = 역반응 속도
  ② 반응물질과 생성물질의 농도가 일정하게 유지되고 있다.
     → 반응물질과 생성물질이 함께 존재한다.
  ③ 화학반응식의 계수비는 평형에 도달할 때까지 반응한 물질의 농도비이다.

(2) 평형상수
  ① 성질
     $N_2 + 3H_2 \rightleftarrows 2NH_3$

     $K = \dfrac{[NH_3]^2}{[N_2][H_2]^3}$

     평형농도 대입

     ㉠ 평형상수는 온도에 의해서만 변한다.
     ㉡ K값이 크면(10^3 이상) → 정반응 우세 → 생성물 증가 → 수득률 증가
     ㉢ 역반응의 평형상수는 $\dfrac{1}{K}$이다.
     ㉣ 같은 반응이라도 화학반응식의 계수가 n배 → 평형상수는 K^n
     ㉤ 순수한 고체나 액체는 평형상수식에 포함시키지 않는다.

  ② 평형상수 K와 반응지수 Q의 관계
     $N_2 + 3H_2 \rightleftarrows 2NH_3$

     $K = \dfrac{[NH_3]^2}{[N_2][H_2]^3}$ $Q = \dfrac{[NH_3]^2}{[N_2][H_2]^3}$

     평형일 때 대입   임의의 농도 대입

     ㉠ $Q > K$
        → 정반응속도 < 역반응속도
     ㉡ $Q < K$
        → 정반응속도 > 역반응속도
     ㉢ $Q = K$
        → 정반응속도 = 역반응속도

(3) 평형이동의 원리
  ① 농도와 평형이동 : 어느 물질의 농도를 증가시키면 그 물질의 농도를 감소시키는 쪽으로, 농도를 감소시키면 그 물질의 농도를 증가시키는 쪽으로 반응이 진행된다.
  ② 온도와 평형이동
     ㉠ 온도를 높이면 온도를 낮추려는 쪽으로 반응이 진행된다.
     ㉡ 온도를 낮추면 온도를 높이려는 쪽으로 반응이 진행된다.
  ③ 기체들 간의 반응에서 압력과 평형이동
     ㉠ 압력을 높이면(부피를 감소시키면) 압력이 낮아지는(기체몰수의 합이 작아지는) 쪽으로 반응이 우세하게 진행된다.
     ㉡ 압력을 낮추면(부피를 증가시키면) 압력이 높아지는(기체의 몰수의 합이 커지는) 쪽으로 반응이 우세하게 진행된다.

BASIC CHECK

01 ②
2NO₂ ⇌ N₂O₄이 평형상태에 있다는 것은 정반응속도=역반응속도이지 반응속도가 0은 아니다.

01 화학반응 $2NO_2 \rightleftarrows N_2O_4$이 평형상태에 있다. 옳은 것은?
① NO_2, N_2O_4의 농도의 비는 2 : 1이다.
② 정반응과 역반응의 속도가 같다.
③ 정반응과 역반응의 속도는 모두 0이다.
④ 이 상태에서 N_2O_4의 농도는 NO_2 농도의 1/2이다.

02 ① $1/k$
② 계수가 n배면
평형상수=K^n 이므로 K^3
③ 양쪽 몰수가 같으면 압력에 의한 평형이동은 없다.

02 ① 역반응의 평형상수는?
② 화학반응식에서 계수가 3배가 되면 평형상수는?
③ 반응물과 생성물의 몰수가 같을 때 압력을 낮춰주면 어느 쪽으로 평형이동이 진행되는가?

03 ㄱ.
정촉매를 넣어주면 정반응과 역반응의 활성화 에너지를 모두 낮춰서 반응속도를 빠르게 한다.
속도만 변화시키지 평형이동과는 관계가 없다.

03 다음은 NH_3가 분해되어 평형에 도달하는 화학반응식이다.

$$2NH_3(g) \rightleftarrows 3H_2(g) + N_2(g)$$

$NH_3(g)$를 반응물로 시작하는 반응에서, 촉매를 사용하지 않은 반응과 비교하여 정촉매를 사용한 반응에 대한 설명으로 옳은 것을 〈보기〉에서 고르시오. (단, 촉매 사용 유무를 제외한 초기 반응 조건은 같다.)

보기
ㄱ. 평형에 더 빨리 도달한다.
ㄴ. 역반응의 활성화 에너지가 더 커진다.
ㄷ. 평형에 도달했을 때 수소의 농도가 더 커진다.

04 다음 반응이 평형을 이루고 있을 때 아래 조건에 의해 어느 쪽으로 평형이동이 일어나는지 쓰시오.

$$AgNO_3(aq) + HCl(aq) \rightleftharpoons AgCl(s) + HNO_3(aq)$$

AgCl(s)를 첨가시킨다. ( )

04 (×)
고체는 평형이동과 관련이 없다.

05 다음 중 압력을 변화시켜도 평형이동이 없는 반응은?

① $2N_2(g) + O_2(g) \rightleftharpoons 2N_2O(g)$
② $C(s) + O_2(g) \rightleftharpoons CO_2(g)$
③ $N_2O_4(g) \rightleftharpoons 2NO_2(g)$

05 ②
양쪽 몰수가 같으면 압력에 의한 평형이동은 없다.

06 다음 반응 중 평형상수를 크게 만들 수 있는 방법은?

$$C(s) + CO_2(g) \rightleftharpoons 2CO, \ \Delta H = 167 \text{kJ}$$

① 온도를 낮춘다. ② 압력을 크게 한다.
③ 압력을 작게 한다. ④ 온도를 높인다.

06 ④
평형상수는 온도에 의해서만 변한다. 정반응이 흡열반응($\Delta H > 0$)이므로 온도를 높이면 온도가 내려가는 정반응이 우세하게 진행되어 평형상수가 증가한다.

01 2024년 지방직9급

다음은 700K에서 $H_2(g)$와 $I_2(g)$가 반응하여 $HI(g)$가 생성되는 평형 반응식과 평형상수(K_c)이다. 평형상태에서 10L 반응기에 들어 있는 $H_2(g)$와 $I_2(g)$의 몰수가 각각 1mol과 2mol일 때, $HI(g)$의 농도[M]는? (단, 기체는 이상기체이다.)

$$H_2(g) + I_2(g) \rightleftarrows 2HI(g) \quad K_c = 60.5$$

① 1.0 ② 1.1
③ 10   ④ 11

해설
$$K_c = \frac{[HI]^2}{[H_2][I_2]} = \frac{x^2}{0.1 \times 0.2} = 60.5 \quad x^2 = 1.21$$
$$\therefore [HI] = 1.1 M$$

02 2023년 경기도9급

0.010M Hg^{2+}와 1.04M I^- 용액이 반응하여 평형상태에 도달하였을 때 Hg^{2+}의 농도는?

$$Hg^{2+}(aq) + 4I^-(aq) \rightleftarrows HgI_4^{2-}(aq) \quad K = 1.0 \times 10^{30}$$

① 1.0×10^{-31} M ② 1.0×10^{-32} M
③ 2.0×10^{-31} M ④ 2.0×10^{-32} M

해설 평형상수가 매우 크므로 정반응은 100% 진행되고, 역반응이 무시할 정도로 작게 진행된다는 관점으로 풀어야 한다.

$$Hg^{2+}(aq) + 4I^-(aq) \rightleftarrows HgI_4^{2-}(aq), \quad K = 1.0 \times 10^{30}$$

	Hg^{2+}	I^-	HgI_4^{2-}
	0.01	1.04	0
	−0.01	−0.04	+0.01
	0	1	0.01
	+x	+4x	−x
평형	x	1+4x	0.01−x

(지금부터 역반응이 일어난다.)

$$K = \frac{[HgI_4^{2-}]}{[Hg^{2+}][I^-]^4} = \frac{(0.01-x)}{x(1+4x)^4} = \frac{10^{-2}}{x} = 10^{30}$$
$$\therefore x = [Hg^{2+}] = 10^{-32}$$

ANSWER 01 ②   02 ②

03 2023년 지방직9급

다음은 평형에 놓여 있는 화학 반응이다. 이에 대한 설명으로 옳은 것은?

$$SnO_2(s) + 2CO(g) \rightleftharpoons Sn(s) + 2CO_2(g)$$

① 반응 용기에 SnO_2를 더 넣어주면 평형은 오른쪽으로 이동한다.
② 평형상수(K_c)는 $\dfrac{[CO_2]^2}{[CO]^2}$ 이다.
③ 반응 용기의 온도를 일정하게 유지하면서 CO의 농도를 증가, 평형상수(K_c)는 증가한다.
④ 반응 용기의 부피를 증가시키면 생성물의 양이 증가한다.

해설 ① 고체는 평형이동에 영향을 주지 않는다.
③ 평형상수는 온도에 의해 변하기 때문에 CO의 농도를 증가시켜도 평형상수는 변하지 않는다.
④ 부피를 증가시켰다는 것은 압력을 감소시켰다는 것인데, 양쪽 기체의 몰수가 같으므로 평형이동은 일어나지 않는다.

04 2023년 경기도9급

강철용기에서 아래와 같은 반응이 일어난 후 평형에 도달하였다.

$$A(g) + 3B(g) \rightleftharpoons 2C(g) \quad \Delta H < 0, \ K = 6.0 \times 10^{-2}$$

	평형일 때의 농도
A	6.0×10^{-2} M
B	1.0×10^{-2} M
C	6.0×10^{-5} M

이 반응에 대한 설명으로 옳지 않은 것은?

① [A]를 1.2×10^{-1}M로 증가시키면, 오른쪽으로 평형이동이 일어난다.
② [C]를 1.2×10^{-4}M로 증가시키면, 왼쪽으로 평형이동이 일어난다.
③ 온도를 높이면, 평형상수는 감소한다.
④ 강철용기에 비활성기체 He(g)를 첨가하면, [C]가 감소한다.

ANSWER 03 ② 04 ④

해설 르 샤틀리에 법칙을 이용한다.
① A를 첨가하면 A가 사라지는 정반응 우세
② C를 첨가하면 C가 사라지는 역반응 우세
③ 정반응이 발열반응이므로 온도를 높이면 온도가 내려가는 역반응 우세 → 생성물이 감소하므로 평형상수는 감소한다.
④ 강철용기(부피가 일정한 용기)에 부분압력과 상관없는 기체를 넣어주면 평형이동이 일어나지 않는다.

05 2022 지방직9급

$CaCO_3(s)$가 분해되는 반응의 평형 반응식과 온도 T에서의 평형상수(K_p)이다. 이에 대한 설명으로 옳은 것만을 〈보기〉에서 모두 고르면? (단, 반응은 온도와 부피가 일정한 밀폐 용기에서 진행된다.)

$$CaCO_3(s) \rightleftarrows CaO(s) + CO_2(g) \qquad K_p = 0.1$$

보기
ㄱ. 온도 T의 평형 상태에서 $CO_2(g)$의 부분 압력은 0.1atm이다.
ㄴ. 평형 상태에 $CaCO_3(s)$를 더하면 생성물의 양이 많아진다.
ㄷ. 평형 상태에서 $CO_2(g)$를 일부 제거하면 $CaO(s)$의 양이 많아진다.

① ㄱ, ㄴ
② ㄱ, ㄷ
③ ㄴ, ㄷ
④ ㄱ, ㄴ, ㄷ

해설 ㄱ. K_p(압력평형상수)는 기체만 표시한다.
$K_p = P_{CO_2}$ ∴ 0.1atm이다.
ㄴ. 고체를 첨가하거나 제거해도 평형이동에는 영향을 주지 않는다.
ㄷ. CO_2를 제거하면 CO_2가 생성되는 정반응이 우세하게 진행되므로 $CaO(s)$의 양은 많아진다.

06 다음 반응의 평형 위치를 역반응 방향으로 이동시키는 인자는?

$$UO_2(s) + 4HF(g) \rightleftarrows UF_4(g) + 2H_2O(g) + 150kJ$$

① 반응계에 UO_2를 첨가하였다.
② $HF(g)$가 반응 용기와 반응하여 소모되었다.
③ 반응계에 $Ar(g)$을 첨가하였다.
④ 반응계의 온도를 낮추었다.

해설 고체는 평형이동과 아무 관련이 없다. HF가 소모되면 HF가 다시 생성되는 역반응 우세가 진행된다.

ANSWER 05 ②   06 ②

07 일산화탄소, 수소 및 메탄올의 혼합물이 평형상태에 있을 경우, 화학반응식은 다음과 같다.

$$CO(g) + 2H_2(g) \rightleftarrows CH_3OH(g)$$

이때 혼합물의 조성이 CO 56g, H₂ 5g, CH₃OH 64g이라고 할 때, 평형상수(K_c)의 값은? (단, 분자량은 CO=28, H₂=2, CH₃OH=32이다.)

① 0.046
② 0.16
③ 0.23
④ 0.40

해설 같은 용기에 3가지 화학종이 공존하고 있으므로 부피가 일정하다.
따라서 "농도=몰수"라고 보아도 된다.

$$K = \frac{[CH_3OH]}{[CO][H_2]^2} = \frac{2}{2 \times (2.5)^2} = 0.16$$

08 오존(O_3)이 분해되어 산소(O_2)가 생성되는 반응의 반응 메커니즘은 아래와 같다. 다음 중 반응속도 표현식을 바르게 나타낸 것은?

$$O_3(g) \underset{k_{-1}}{\overset{k_1}{\rightleftarrows}} O_2(g) + O(g) \quad \text{(빠른 평형)}$$
$$O_3(g) + O(g) \xrightarrow{k_2} 2O_2(g) \quad \text{(느림)}$$

① $\dfrac{k_1 k_2 [O_3]}{k_{-1}[O_2]}$

② $\dfrac{k_1 k_2 [O_3]^2}{k_{-1}[O_2]}$

③ $\dfrac{k_{-1} k_2 [O_3]}{k_1 [O_2]}$

④ $\dfrac{k_{-1} k_2 [O_3]^2}{k_1 [O_2]}$

해설 반응 메커니즘을 이용해서 속도식을 구하는 문제이다.
반응속도가 가장 느린 단계가 전체 속도를 결정하는 단계이고, 가장 느린 단계의 속도식이 전체 속도식이 된다.
$v = k_2[O_3][O]$
그런데 속도식에 중간 생성물이 포함되어서는 안된다. 평형반응식을 이용해서 중간 생성물을 다른 형태로 나타내어야 한다.
$k_1[O_3] = k_{-1}[O_2][O]$
$\therefore [O] = \dfrac{k_1[O_3]}{k_{-1}[O_2]}$
이것을 위 속도식에 대입해야 한다.
따라서 속도식 $v = \dfrac{k_1 \cdot k_2 [O_3]^2}{k_{-1}[O_2]}$

ANSWER 07 ② 08 ②

09 SO_3는 다음 화학반응식과 같이 SO_2와 O_2로부터 합성될 수 있다.

$$2SO_2(g) + O_2(g) \rightleftarrows 2SO_3(g) \quad \Delta H° = -197.78 kJ$$

강철용기에서 이 반응이 평형상태에 있을 때, 다음 변화들 중 평형위치를 오른쪽으로(정반응 방향) 이동하게 하는 조건들을 아래 〈보기〉에서 모두 고른 것은?

─ 보기 ├─
ㄱ. 반응 용기의 온도를 높인다.   ㄴ. 반응 용기의 부피를 줄인다.
ㄷ. 정촉매를 사용한다.   ㄹ. 비활성기체를 첨가한다.
ㅁ. 산소 기체를 첨가한다.

① ㅁ   ② ㄱ, ㄴ
③ ㄴ, ㅁ   ④ ㄴ, ㄹ, ㅁ

해설 이 반응은 발열반응이다. 또 역반응으로 갈 때 분자수가 증가하므로 역반응이 진행될수록 압력은 증가한다.
ㄱ. 온도를 높이면 온도가 내려가는 역반응 우세
ㄴ. 부피를 줄이면 압력을 증가시킨다는 것이다. 압력이 증가하면 압력이 내려가는 정반응 우세
ㄷ. 정촉매는 평형이동과 관련이 없다. 정촉매는 반응속도를 빠르게 해서 평형에 도달하는 시간을 단축시킨다.
ㄹ. 압력이 일정한 용기에서는 부분압력과 관련 없는 기체가 들어가도 평형이동이 일어난다. 주사기는 압력이 일정한 용기이므로 비활성 기체가 들어가도 평형이동이 일어난다. 비활성기체를 첨가하면 압력이 감소한다. 따라서 압력이 증가하는 역반응 우세
ㅁ. 산소를 첨가하면 산소가 사라지는 정반응 우세

※ 다음은 100°C에서 1L의 밀폐된 용기에 들어있는 기체 A로 부터 B가 생성될 때의 열화학 반응식이다. (단, a, b는 균형 화학반응식의 계수이다.)

$$aA(g) \rightleftarrows bB(g), \quad \Delta H < 0$$

그림은 반응 시간에 따른 A와 B의 농도를 나타낸 것이다.

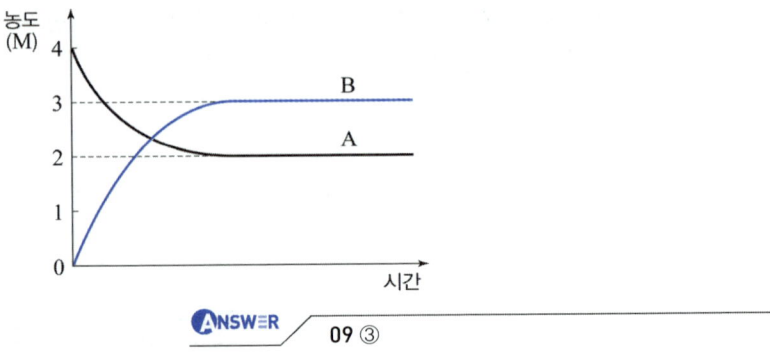

ANSWER 09 ③

10 이 반응의 평형상태에 대한 설명으로 옳은 것만을 〈보기〉에서 있는 대로 고른 것은?

> **● 보기 ●**
> ㄱ. 평형상수는 $\dfrac{27}{4}$이다.
> ㄴ. A의 초기농도가 4M일 때와 8M일 때의 평형상수는 동일하다.
> ㄷ. 온도를 200℃로 높여 새로운 평형에 도달하였을 때 A의 농도는 2M보다 크다.

① ㄱ ② ㄴ
③ ㄱ, ㄷ ④ ㄱ, ㄴ, ㄷ

해설 평형상수를 구하려면 평형상수식을 알아야 하고, 평형상수식을 구하려면 화학반응식의 계수를 알아야 한다. "반응식의 계수비=반응한 농도비"이다.
따라서 2 : 3의 비율로 반응했으므로
$2A \rightleftarrows 3B$, $\Delta H < 0$
ㄱ. $K = \dfrac{[B]^3}{[A]^2} = \dfrac{27}{4}$ (평형일 때 농도를 대입)
ㄴ. 평형상수는 온도에 의해서만 변화한다.
ㄷ. 발열반응이므로 온도가 올라가면 온도가 내려가는 역반응 우세. 따라서 평형농도는 2M보다 크다.

11 다음과 같은 평형상태를 이루고 있는 혼합물에서 평형의 이동 방향이 다른 반응 조건은?

> $PCl_3(g) + Cl_2(g) \rightleftarrows PCl_5(g)$, $\Delta H° = -92.5kJ$

① 압력을 감소시킨다. ② 반응의 온도를 올린다.
③ $PCl_3(g)$를 소량 제거한다. ④ 염소 기체를 첨가한다.

해설 $PCl_3(g) + Cl_2(g) \rightleftarrows PCl_5(g)$, $\Delta H° = -92.5kJ$
이 반응은 온도가 올라가는 발열반응이고, 역반응으로 갈수록 분자수가 증가하므로 역반응이 진행될수록 압력이 증가한다.
① 압력을 감소시키면 압력이 증가하는 역반응 우세
② 온도를 올리면 온도가 내려가는 역반응 우세
③ $PCl_3(g)$을 제거하면 $PCl_3(g)$가 생성되는 역반응 우세
④ $Cl_2(g)$를 첨가하면 $Cl_2(g)$가 사라지는 정반응 우세

ANSWER 10 ④ 11 ④

12 다음과 같은 화학평형 반응식이 있다.

$$A(g) + B(g) \rightleftharpoons C(g) \text{ (발열반응)}$$

화학평형을 생성물쪽(오른쪽)으로 이동시키고 싶다면 온도와 압력을 어떻게 변화시켜야 하는가?
① 온도를 올리고 압력을 낮춘다.   ② 온도를 올리고 압력을 높인다.
③ 온도를 내리고 압력을 낮춘다.   ④ 온도를 내리고 압력을 높인다.

해설 $A(g) + B(g) \rightleftharpoons C(g)$, $\Delta H < 0$ (발열반응)
역반응으로 갈수록 기체의 분자수가 증가하므로 역반응이 진행될수록 압력이 증가한다. 평형을 생성물쪽으로 (정반응) 이동시키고 싶으면 온도를 내리고 압력을 증가시켜야 한다.

13 어떤 반응의 정반응 속도상수가 $2.3 \times 10^6 s^{-1}$이고 평형상수는 4.0×10^8이다. 역반응의 속도상수를 구하여라.

① $1.15 \times 15^{-15} s^{-1}$ ② $5.75 \times 10^{-3} s^{-1}$
③ $1.71 \times 10^2 s^{-1}$ ④ $9.2 \times 10^{14} s^{-1}$

해설 평형상수 $= \dfrac{\text{정반응 속도상수}}{\text{역반응 속도상수}}$

$4.0 \times 10^8 = \dfrac{2.3 \times 10^6 s^{-1}}{x}$

$x = \dfrac{2.3 \times 10^6 s^{-1}}{4.0 \times 10^8} = 5.75 \times 10^{-3} s^{-1}$

14 다음 반응의 평형이동 중 옳지 않은 것은?

$$PCl_5(g) \rightleftharpoons PCl_3(g) + Cl_2(g) \qquad \Delta H_{rxn} = +87.8 kJ$$

① PCl_5의 농도를 증가시키면 PCl_3의 양이 증가한다.
② 반응 온도를 상승시키면 평형이 오른쪽으로 이동한다.
③ 부촉매를 사용하면 평형이 왼쪽으로 이동한다.
④ 전체 압력을 감소시키면 평형이 오른쪽으로 이동한다.

해설 $PCl_5(g) \rightleftharpoons PCl_3(g) + Cl_2(g)$, $\Delta H = +87.8 kJ$
이 반응은 온도가 내려가는 흡열반응이고 정반응으로 갈수록 분자수가 증가하므로 정반응이 진행될수록 압력이 증가한다.
① PCl_5농도를 증가시키면 PCl_5의 양이 줄어드는 정반응이 우세하게 진행되어서 PCl_3가 증가
② 온도를 상승시키면 온도가 내려가는 정반응(오른쪽) 우세
③ 촉매는 평형이동과는 아무 상관이 없다.
④ 압력을 감소시키면 압력이 증가하는 정반응(오른쪽) 우세

ANSWER 12 ④   13 ②   14 ③

15 다음과 같은 반응메커니즘에 대한 전체속도식으로 옳은 것은?

$$A \underset{k_{-1}}{\overset{k_1}{\rightleftharpoons}} B + C \text{ (빠른 평형)}$$

$$C + D \underset{k_{-2}}{\overset{k_2}{\rightleftharpoons}} E \text{ (빠른 평형)}$$

$$E \overset{k_3}{\longrightarrow} F \text{ (느림)}$$

① $v = \dfrac{k_1 k_2 k_3}{k_{-1} k_{-2}}[A][B][C]$
② $v = \dfrac{k_1 k_2 k_3}{k_{-1} k_{-2}} \dfrac{[A][D]}{[B]}$
③ $v = \dfrac{k_2 k_3}{k_{-2}}[C][D]$
④ $v = \dfrac{k_{-2}}{k_2 k_3}[C][D]$

해설 속도가 가장 느린 단계가 전체속도를 결정하는 단계이고, 가장 느린 단계의 속도식이 전체속도식이 된다. 또한 반응속도식에 중간생성물이 들어가면 안 된다.
$v = k_3[E]$ – ① E가 중간생성물이므로 다른 화학종으로 바꿔야 한다.
$k_2[C][D] = k_{-2}[E]$
$[E] = \dfrac{k_2[C][D]}{k_{-2}} \longrightarrow v = \dfrac{k_2 \cdot k_3[C][D]}{k_{-2}}$ – ②
그런데 $[C]$도 중간생성물이므로 $[C]$도 다른 화학종으로 바꿔야 한다.
$k_1[A] = k_{-1}[B][C]$
$[C] = \dfrac{k_1[A]}{k_{-1}[B]}$, 이것을 ②에 대입하면 $v = \dfrac{k_1 \cdot k_2 \cdot k_3[A][D]}{k_{-1} \cdot k_{-2}[B]}$ 가 된다.

16 밀폐된 1L 용기에 사산화이질소(N_2O_4) 1몰을 넣고 일정한 온도로 유지하였더니 평형상태에 도달하였다. 평형상태에서 이산화질소(NO_2)의 농도는 0.4M이다. 이 반응의 평형상수로 옳은 것은?

$$N_2O_4(g) \rightleftharpoons 2NO_2(g)$$

① 0.2
② 0.4
③ 0.8
④ 1.07

ANSWER 15 ② 16 ①

해설 평형상태일 때 $\frac{[생성물]}{[반응물]}$ 이 평형상수이다.

$$\begin{array}{cccc} & N_2O_4 & \rightleftharpoons & 2NO_2 \\ 처음 & 1 & & 0 \\ 반응 & -0.2 & & +0.4 \end{array}$$ (계수비가 반응한 농도비이다.)

평형 0.8   0.4

$$K = \frac{[NO_2]^2}{[N_2O_4]} = \frac{0.16}{0.8} = 0.2$$

17 다음 반응을 이용하여 반응 $2H^+ + C_2O_4^{2-} \rightleftharpoons H_2C_2O_4$의 평형상수를 올바르게 구한 것은?

$$H_2C_2O_4 \rightleftharpoons H^+ + HC_2O_4^- \quad K_1 = 5.6 \times 10^{-2}$$
$$HC_2O_4^- \rightleftharpoons H^+ + C_2O_4^{2-} \quad K_2 = 5.4 \times 10^{-5}$$

① 3.0×10^{-6} ② 3.3×10^{5}
③ 9.9×10^{3} ④ 1.0×10^{8}

해설 여러 단계로 진행되는 반응에서 각각의 평형상수의 곱은 전체 평형상수와 같다.

$$H_2C_2O_4 \rightleftharpoons H^+ + HC_2O_4^-, \quad K_1 = 5.6 \times 10^{-2}$$
$$+) \; HC_2O_4^- \rightleftharpoons H^+ + C_2O_4^{2-}, \quad K_2 = 5.4 \times 10^{-5}$$
$$\overline{H_2C_2O_4 \rightleftharpoons 2H^+ + C_2O_4^{2-}, \quad K = 30 \times 10^{-7}}$$

문제는 그 역반응인

$H_2C_2O_4 \rightleftharpoons 2H^+ + C_2O_4^{2-}$ 이므로 $\frac{1}{K}$

즉 3.3×10^5이 된다.

18 과량의 고체 탄소가 들어 있는 1L의 용기에 4.4g의 이산화탄소를 넣었더니 다음과 같은 반응이 일어났다.

$$CO_2(g) + C(s) \rightleftharpoons 2CO(g)$$

평형에서 기체 밀도를 측정하여 반응 용기에 들어 있는 기체의 평균분자량이 36임을 알았다. 각 성분의 평형농도로부터 평형상수를 구하면 얼마인가? (원자량 C=12, O=16)

① 1 ② 15
③ 1/15 ④ 1/30

ANSWER 17 ② 18 ③

해설

$$\begin{array}{c|ccc}
 & \underset{(4.4g)}{CO_2(g)} + C(s) \rightleftarrows 2CO(g) \\
\hline
처음 & 0.1 & 0 & 0 \\
반응 & -x & -x & +2x \\
\hline
평형 & 0.1-x & x & 2x
\end{array}$$

$44(0.1-x)+2x \cdot 28=(x+0.1)36$ ∴ $x=\dfrac{1}{30}$

$K=\dfrac{[CO]^2}{[CO_2]}=\dfrac{(2x)^2}{0.1-x}=\dfrac{\left(\dfrac{1}{15}\right)^2}{\dfrac{1}{15}}=\dfrac{1}{15}$

19 암모니아 생성반응 $N_2(g) + 3H_2(g) \rightleftarrows 2NH_3(g)$은 발열반응이다. 온도를 높였을 때 새로운 평형에 도달할 때까지 정반응 및 역반응의 반응속도 변화를 바르게 기술한 것은?

① 정반응속도는 증가하고 역반응속도는 감소한다.
② 정반응속도와 역반응속도 모두 증가하지만 역반응속도가 정반응속도보다 더 많이 증가한다.
③ 정반응속도는 감소하고, 역반응속도는 증가한다.
④ 정반응속도와 역반응속도 모두 감소하지만 정반응속도가 더 많이 감소한다.

해설 온도가 올라가면 정반응속도, 역반응속도는 모두 증가한다(온도가 올라가면 속도는 빨라진다). 그런데 이 반응은 온도가 올라가는 발열반응이므로 온도가 올라가면 온도가 내려가는 역반응이 우세하게 일어난다. 역반응 우세라는 것은 "역반응속도 > 정반응속도"라는 의미이다.

20 어떤 온도에서 다음 반응의 평형상수는 50이다.

$$H_2(g) + I_2(g) \rightleftarrows 2HI(g)$$

같은 온도에서 1L 용기에 x몰의 $H_2(g)$와 3.5몰의 $I_2(g)$를 반응시켜 평형에 도달했을 때 5몰의 HI(g)가 생성되었고, 1몰의 $I_2(g)$가 남았다. 처음에 넣어 준 $H_2(g)$의 몰수 x를 구하시오.

① 1 ② 2
③ 3 ④ 4

ANSWER 19 ② 20 ③

실전 유형문제

해설

$$H_2(g) + I_2(g) \rightleftharpoons 2HI$$

처음	x	3.5	0
반응	-2.5	-2.5	5
평형	$x-2.5$	1	5

$$K = \frac{[HI]^2}{[H_2][I_2]} = \frac{25}{x-2.5} = 50$$

따라서 $x = 3$

21 다음 그림은 일정한 온도에서 1L의 용기 속에 기체 A를 넣고 반응시켰을때 시간에 따른 기체 A, B의 농도를 나타낸 것이다. 이 반응이 평형에 도달한 후 (가)점에서 기체 A, B를 각각 1몰씩 더 넣어 주었다.

$$aA(g) \rightleftharpoons bB(g)$$

이에 대한 설명으로 옳은 것을 〈보기〉에서 모두 고른 것은?

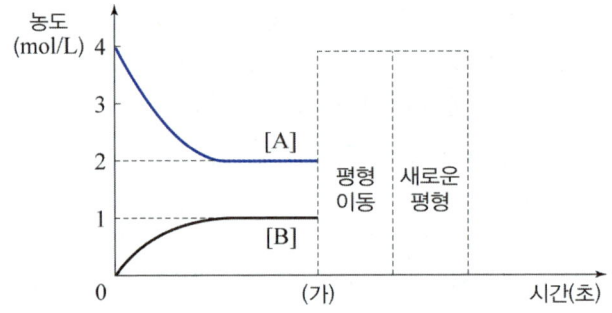

보기

ㄱ. 새로운 평형에서 평형상수(K)는 0.25이다.
ㄴ. 새로운 평형에 도달할 때까지 정반응이 역반응보다 더 빠르게 진행된다.
ㄷ. 새로운 평형에 도달한 후 용기의 부피를 줄이면 기체 A의 몰분율은 커진다.

① ㄱ
② ㄷ
③ ㄱ, ㄴ
④ ㄴ, ㄷ

해설 먼저 계수비부터 구해야 한다.
"계수비=반응한 농도비"

$$2A \rightleftharpoons B, \quad K = \frac{[B]}{[A]^2} = \frac{1}{4} (0.25)$$

ANSWER 21 ③

ㄱ. 평형상수는 온도에 의해 변하므로 A와 B를 첨가했다고 해서 변하지 않는다. 따라서 처음 평형상수가 유지된다.
ㄴ. 반응물이나 생성물 중 한개를 넣어준 것이 아니라, A, B 모두 1몰씩 넣어 주었으므로 평형상수(K)와 반응지수(Q) 관계를 이용한다.
$K = \dfrac{[B]}{[A]^2} \Rightarrow \dfrac{1}{4}$, $Q = \dfrac{[B]}{[A]^2} = \dfrac{2}{9}$, $K > Q$
안정한 K값이 되기 위해서 B의 양이 많아져야 한다. 따라서 정반응이 우세하게 진행되어야 한다 (정반응속도 > 역반응속도).
ㄷ. 용기의 부피를 줄인다는 것은 압력을 증가시켰다는 것이다. 압력이 커지면 압력이 작아지는 쪽(=분자수가 감소하는 쪽)으로 반응이 진행되어 B의 몰분율이 증가하고 A의 몰분율이 감소한다.

22 다음 그래프는 25°C에서 2L의 반응 용기 속에 기체 A_2와 B_2를 넣고 반응시킬 때 시간에 따라 각 물질의 농도 변화를 측정한 결과이다.

$$aA_2(g) + B_2(g) \rightleftharpoons bX(g)$$

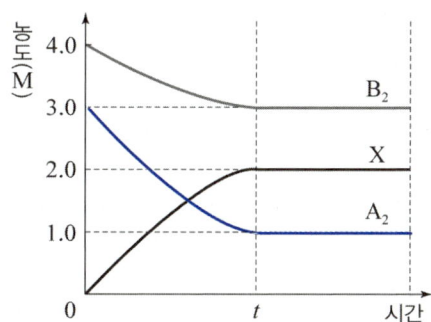

이에 대한 설명으로 옳지 않은 것은?
① 분자식 X는 A_2B이다.
② 이 반응의 평형상수는 $K = \dfrac{4}{3}$이다.
③ $0 \sim t$ 구간에서 역반응속도는 정반응속도보다 빠르다.
④ t에서 반응용기의 부피를 줄이면 X의 몰수는 증가한다.

해설 "계수비=반응한 몰수비"
① $2A_2 + B_2 \rightleftharpoons 2A_2B$
② $K = \dfrac{[A_2B]^2}{[A_2]^2[B_2]} = \dfrac{4}{1 \times 3} = \dfrac{4}{3}$

22 ③

③ 반응물 A_2와 B_2가 사라지고 있으므로 정반응속도가 역반응속도보다 빠르다.
④ 역반응이 압력이 증가하는 쪽(=분자수가 많아지는 쪽)이다.
따라서 압력을 증가시키면 압력이 감소하는 정반응이 우세하게 진행되어서 X몰수가 증가한다.

23 질소와 수소로부터 암모니아를 합성할 때 이 반응이 평형에 도달한 후 반응 온도를 높이면 새로운 평형에 도달하게 된다. 다음 그림 중 처음 평형에서 반응 온도를 높여 새로운 평형에 도달하는 동안 시간에 따른 정반응속도와 역반응속도의 변화를 옳게 나타낸 것은?

$$N_2(g) + 3H_2(g) \rightleftarrows 2NH_3(g) \quad \Delta H° = -92.2 \text{kJ/mol}$$

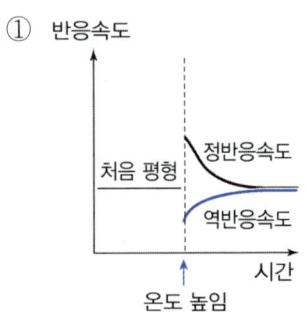

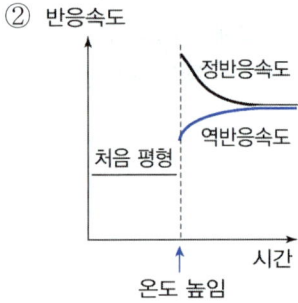

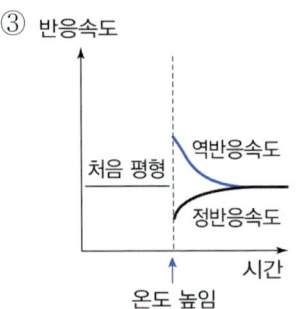

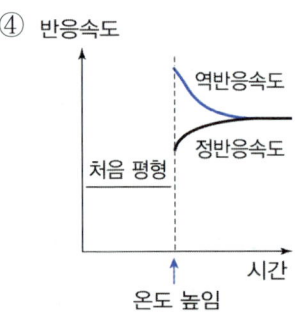

해설 온도를 높이면 정반응속도, 역반응속도 모두 증가한다.
그런데 발열반응이므로 온도를 높이면 온도가 내려가는 역반응이 우세하다. 즉, 역반응속도가 정반응속도보다 빠르다.

ANSWER 23 ④

24 다음 반응이 평형 상태에 있다. 이에 대한 설명으로 옳지 않은 것은?

$$PCl_5(g) \rightleftarrows PCl_3(g) + Cl_2(g), \Delta H = +88kJ$$

① 온도를 높이면 평형상수가 증가한다.
② 온도를 높이면 정반응 쪽으로 평형이 이동한다.
③ 전체 압력이 감소하면 정반응 쪽으로 평형이 이동한다.
④ 촉매를 가하면 평형에 빨리 도달하며 정반응 쪽으로 평형이 이동한다.

해설 (정)촉매는 평형에 도달하는 시간을 단축시킬 뿐, 평형이동과 아무 상관이 없다.

25 그래프는 1L의 반응 용기에서 $aA(g) + bB(g) \rightleftarrows cC(g)$의 반응이 일어날 때 반응시간에 따른 반응 물질과 생성물질의 몰수를 나타낸 것이다.

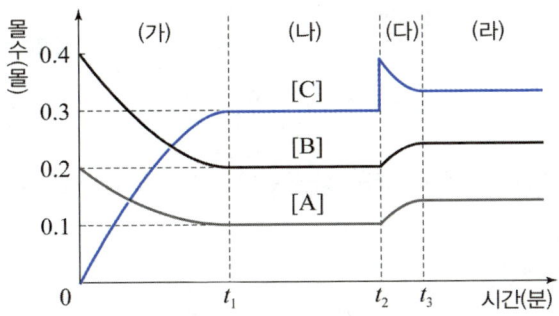

위의 자료에 대한 설명으로 옳은 것만을 〈보기〉에서 있는 대로 고른 것은? (단, 화학반응식의 계수는 가장 간단한 정수비로 나타낸다.)

보기
ㄱ. $a+b+c=6$이다.
ㄴ. $t_1 \sim t_2$에서 평형상수는 6.75이다.
ㄷ. $t_2 \sim t_3$에서 역반응이 우세하게 일어난다.

① ㄱ
② ㄷ
③ ㄱ, ㄴ
④ ㄱ, ㄴ, ㄷ

ANSWER 24 ④ 25 ④

해설 A : B : C는 1 : 2 : 3
ㄱ. A+2B ⇌ 3C이다. 따라서 $a+b+c=6$
ㄴ. $K = \dfrac{[C]^3}{[A][B]^2} = \dfrac{(0.3)^3}{0.1 \times (0.2)^2} = 6.75$
ㄷ. C를 첨가시켜주면 C가 사라지는 역반응이 우세하게 일어난다.

26 반응물(X)과 생성물(Y)이 모두 기체인 반응이 있다. 밀폐된 용기에 반응물을 넣어 평형 상태에 도달했을 때, 반응 조건을 변화시키면서 시간에 따른 용기 내 압력을 측정하여 그래프로 나타내었다.

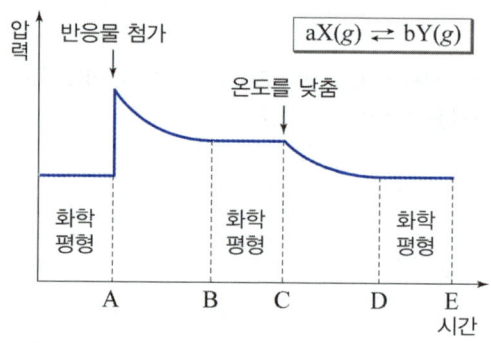

위 실험 결과에 대한 설명으로 옳은 것을 〈보기〉에서 모두 고른 것은?

• 보기
ㄱ. 정반응은 발열반응이다.
ㄴ. BC 구간의 평형상수는 DE 구간의 평형상수와 같다.
ㄷ. 평형상태에서 온도를 일정하게 유지하며 압력을 낮추면 정반응이 우세하게 일어난다.

① ㄱ ② ㄷ
③ ㄱ, ㄴ ④ ㄱ, ㄷ

해설 aX ⇌ bY
반응물을 첨가하면 반응물이 사라지는 정반응으로 가야 하는데, 그 정반응이 압력이 감소하는 방향, 즉 분자수가 감소하는 방향
$a > b$
ㄱ. 온도를 낮춰주면 온도가 높아지는 쪽으로 반응이 진행되어야 하는데 그 온도가 높아지는 쪽이 압력이 감소하는 방향이다. 즉, 압력이 감소하는 정반응이 온도가 높아지는 방향, 즉 정반응이 발열반응이다.
ㄴ. B-C 구간 다음에 온도를 변화시켰기 때문에 평형상수 값도 변한다.
ㄷ. 압력을 낮추면 압력이 높아지는 역반응이 우세하게 일어난다.

ANSWER 26 ①

27 암모니아 합성에 많이 사용되는 하버-보슈 공정의 중요한 내용이 아닌 것은?

$$N_2(g) + 3H_2(g) \rightleftarrows 2NH_3(g) + 열$$

① 평형면에서는 낮은 온도에서 반응을 시키는 편이 유리하다.
② 평형면에서 높은 압력에서 반응을 시키는 편이 유리하다.
③ 반응속도면에서 낮은 온도에서 반응을 시키는 편이 유리하다.
④ 낮은 온도에서 반응속도를 높여주기 위해서 적당한 촉매를 사용했다.

해설 이 반응은 정반응이 온도가 올라가는 발열반응이다.
① 온도를 낮춰주면 온도가 올라가는 정반응이 우세하게 진행되어 생성물을 많이 얻으므로 평형면에서는 낮은 온도에서 반응을 시키는 편이 유리하다.
② 압력을 높여주면 압력이 내려가는(=분자수가 감소하는) 정반응이 우세하게 진행되어 생성물을 많이 얻으므로 평형면에서는 높은 압력에서 반응을 시키는 편이 유리하다.
③ 속도가 빨라지려면 온도는 무조건 높아야 한다.

28 탄소와 이산화탄소는 다음과 같이 반응하여 평형 상태를 이룬다.

$$C(s) + CO_2(g) \rightleftarrows 2CO(g), \Delta H = 167kJ$$

위 반응이 평형 상태에 있을 때 정반응 쪽으로 평형을 이동시킬 수 있는 조건(가)과, 평형상수(K)를 크게 할 수 있는 조건(나)을 옳게 골라 짝지은 것은?

┌─ 보기 ├─
ㄱ. 온도를 높여준다.
ㄴ. 탄소 가루를 조금 더 넣어준다.
ㄷ. 온도를 일정하게 유지하면서 압력을 크게 한다.
ㄹ. 온도를 일정하게 유지하면서 일산화탄소를 제거한다.

	(가)	(나)		(가)	(나)
①	ㄱ, ㄴ	ㄱ	②	ㄱ, ㄹ	ㄱ
③	ㄴ, ㄷ	ㄴ	④	ㄴ, ㄹ	ㄹ

해설 온도 ↑   ↓
$$C(s) + CO_2(g) \rightleftarrows 2CO(g), \Delta H = 167kJ$$
압력 ↓   ↑

ㄴ. 고체는 평형이동과는 아무 상관없다.
ㄱ, ㄹ. 온도를 높여주면 낮아지는 정반응으로 가고, CO(g)의 농도를 제거시키면 다시 생성되는 정반응이 우세하게 진행된다. 평형상수는 온도에 의해서만 변한다는 것만 알아도 된다.

ANSWER 27 ③　28 ②

29 다음은 삼산화황(SO_3)의 분해 반응에 대한 열화학 반응식을 나타낸 것이다.

$$2SO_3(g) \rightleftarrows 2SO_2(g) + O_2(g), \Delta H = +189kJ$$

이 반응이 화학평형을 이루고 있을 때 다음과 같은 변화에 의해 평형이 정반응 쪽으로 이동하는 경우는?

① 반응계의 부피를 줄인다.
② 반응계의 온도를 낮춘다.
③ 이산화황 기체를 제거한다.
④ 반응계에 산소 기체를 넣어 준다.

해설 온도   ↑   ↓
$$2SO_3(g) \rightleftarrows 2SO_2(g) + O_2(g), \Delta H = 189kJ$$
압력   ↓   ↑

① 부피를 줄이면(압력을 높이면), 압력이 감소하는 역반응 우세
② 온도를 낮추면 온도가 올라가는 역반응 우세
③ 이산화황(SO_2) 기체를 제거하면 다시 생성되는 정반응 우세

30 크로뮴산 이온(CrO_4^{2-})과 중크로뮴산 이온($Cr_2O_7^{2-}$)은 수용액에서 다음 반응과 같은 평형을 이룬다.

$$2CrO_4^{2-}(aq) + 2H^+ \rightleftarrows Cr_2O_7^{2-}(aq) + H_2O(l)$$
    노란색   주황색

이 용액에 NaOH 수용액을 넣었을 때 일어나는 변화에 대한 설명으로 옳은 것은?

① 평형에 영향을 끼치지 않는다.
② 평형이 정반응 쪽으로 이동하여 평형상수 값이 커진다.
③ 평형이 역반응 쪽으로 이동하여 평형상수 값이 작아진다.
④ 평형이 역반응 쪽으로 이동하여 CrO_4^{2-}의 농도가 증가한다.

해설 Na^+OH^- 수용액을 넣으면 "$H^+ + OH^- \to H_2O$"로 중화반응이 진행되어 H^+이 사라지므로 다시 생성되는 역반응이 우세하게 진행되어 CrO_4^{2-}가 증가한다.
강조하지만 평형상수는 온도에 의해서만 변하지, 농도와는 아무 연관이 없다.

ANSWER 29 ③   30 ④

31 다음 그림과 같이 밀폐된 둥근 플라스크 안에서 벤젠과 아이오딘이 평형상태를 이루고 있으며, 이때의 온도는 25°C이다. 반응계의 온도를 35°C로 높였을 때 일어나는 변화로 옳지 않은 것은?

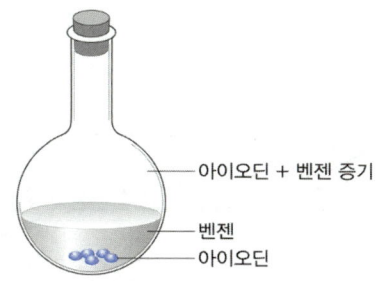

① 무질서도 증가
② 반응계의 질량 증가
③ 벤젠의 증기압력 증가
④ 분자의 운동에너지 증가

해설 증기압력은 온도에 의해서만 변한다.
따라서 온도가 올라가면 벤젠, 아이오딘 모두 증기압력은 증가한다. 또 온도가 올라가면 무질서도와 운동에너지도 증가한다. 그러나 플라스크 내부의 질량은 변화가 없다.

32 다음과 같은 반응이 평형 상태에 있다.

$$Ag^+(aq) + Ce^{3+}(aq) \rightleftarrows Ag(s) + Ce^{4+}(aq), \Delta H < 0$$

이 반응이 평형 상태에 있을 때, $Ag(s)$의 양을 증가시킬 수 있는 방법으로 옳은 것을 〈보기〉에서 모두 고른 것은?

보기
ㄱ. 온도를 낮춘다. ㄴ. 가라앉은 $Ag(s)$를 일부 제거한다.
ㄷ. $Ce^{4+}(aq)$의 농도를 증가시킨다. ㄹ. $Ce^{3+}(aq)$의 농도를 증가시킨다.

① ㄱ, ㄴ
② ㄱ, ㄷ
③ ㄱ, ㄹ
④ ㄴ, ㄷ

해설 정반응이 온도가 올라가는 발열반응이다.
ㄱ. 온도를 낮춰주면 온도가 올라가는 정반응이 우세하게 진행되어 $Ag(s)$이 증가한다.
ㄴ. 고체는 평형이동과는 아무 연관이 없다. 즉, $Ag(s)$을 넣어 주거나 제거시켜도 평형이동과는 아무 연관이 없다.
ㄷ. Ce^{4+}를 증가시키면 감소하는 역반응이 우세해서 $Ag(s)$ 감소
ㄹ. Ce^{3+}를 증가시키면 감소하는 정반응이 우세하게 진행되어서 $Ag(s)$ 증가

ANSWER 31 ② 32 ③

33 그림은 A와 B가 반응하여 C를 생성하는 반응에서 시간에 따른 각 물질의 농도를 나타낸 것이다. 이 반응이 평형에 도달한 후 A, B, C를 각 1몰씩 더 넣어 주었다.

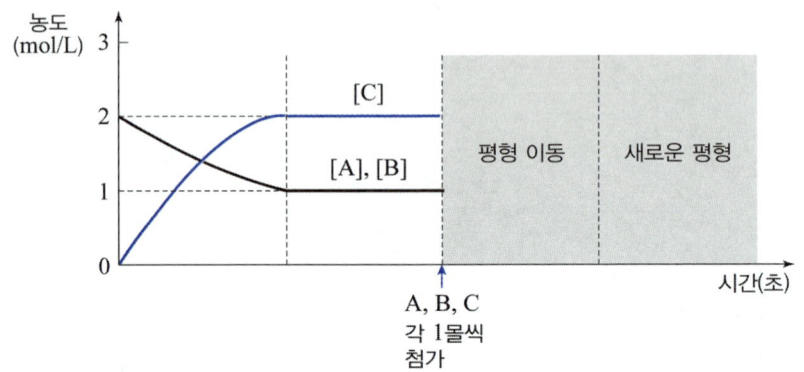

이에 대한 설명으로 옳은 것을 〈보기〉에서 모두 고른 것은? (단, A~C는 기체이고, 반응 용기의 부피는 1L, 온도는 일정하다고 가정한다.)

┌─ 보기 ┐
ㄱ. 새로운 평형에서 평형상수는 4이다.
ㄴ. 새로운 평형에서 C의 농도는 3.5mol/L이다.
ㄷ. 새로운 평형에 도달할 때까지 역반응보다 정반응이 더 우세하게 진행된다.

① ㄱ
② ㄴ
③ ㄱ, ㄷ
④ ㄱ, ㄴ, ㄷ

해설

	A	+	B	⇌	C
처음	2		2		0
반응	−1		−1		+2
평형	1		1		2

결국 1 : 1 : 2로 반응하므로 반응식은 A + B ↔ 2C

$K = \dfrac{[생성물]}{[반응물]}$ $Q = \dfrac{[생성물]}{[반응물]}$
평형상태일 때   임의의 농도일 때

ㄱ. $K = \dfrac{[C]^2}{[A][B]} = \dfrac{2^2}{1 \times 1} = 4$, 처음 평형상수는 4

여기선 농도만 변화시켰는지 온도는 일정하므로 평형상수는 변화 없다.

ㄴ. A, B, C 1몰씩 첨가 후 정반응 역시 1 : 1 : 2의 비율로 진행되어야 한다. 언급한 대로 평형상수는 4로 변화가 없어야 한다.

33 ④

	A	+	B	⇌	C
처음	2		2		3
반응	$-x$		$-x$		$+2x$
평형	$2-x$		$2-x$		$3+2x$

$$K = \frac{(3+2x)^2}{(2-x)^2} = 2^2,\ 3+2x = 2(2-x)$$

$\rightarrow x = 0.25$

새로운 평형에서 C의 농도는 3.5mol/L가 된다.

ㄷ. 만약 반응물(A, B)만 변화시키면, 정반응우세, 생성물을 첨가시키면 역반응우세인데 여기서는 A, B, C 모두 첨가시켰으므로, 반응지수 Q를 이용한다.

첫 번째 평형(A : 1몰, B : 1몰, C : 2몰)에서 각 1몰씩 첨가시켰으므로, $Q = \dfrac{3^2}{2 \times 2} = \dfrac{9}{4}$

따라서 $Q < K$이므로 안정한 평형상태에 도달하기 위해 정반응이 우세하게 진행되어야 한다.

34 다음 $AO_2(g)$와 $BO(g)$로부터 $AO(g)$와 $BO_2(g)$가 생성되는 반응에 대해 조사한 자료이다.

- $AO_2(g) + BO(g) \rightleftarrows AO(g) + BO_2(g)$
- 반응속도식 : $v = k[BO]$
- 20℃보다 50℃에서 평형상수(K)가 작다.

위 반응에 대한 해석으로 옳은 것은?

① 정반응의 엔탈피 변화(ΔH)는 0보다 크다.
② 정반응이 일어날 때 주위의 온도는 낮아진다.
③ $AO_2(g)$의 농도가 증가하면 반응속도가 빨라진다.
④ 정반응의 활성화 에너지는 역반응의 활성화 에너지보다 작다.

해설 ① 온도를 높여주었더니 평형상수가 작아졌다는 것은, 역반응우세로 진행되었다는 것이다. 즉, 온도를 높여주면 온도가 내려가는 역반응 우세로 진행된 것이다. 따라서 정반응이 온도가 높아지는 발열반응이다($\Delta H < 0$).
② 정반응은 발열반응이므로 주위의 온도가 올라간다.
③ $v = k[BO]$로 보아 BO의 농도만 속도와 관련 있다.
④ 정반응이 발열반응이므로 정반응의 활성화E < 역반응의 활성화E

34 ④

35 다음 표와 같이 부피가 일정한 용기 속에서 여러 가지 조건을 변화시키면서 질소 기체와 수소 기체를 반응시켜 암모니아 기체를 합성하였다.

$$N_2(g) + 3H_2(g) \rightleftharpoons 2NH_3(g), \Delta H = -92kJ$$

실험	N₂의 몰수	H₂의 몰수	온도(K)	정촉매
1	20	20	400	사용 안함
2	20	30	500	사용함
3	30	20	400	사용 안함
4	30	30	500	사용함
5	30	30	400	사용 안함

위 실험에서 (가) 초기 반응 속도가 가장 빠른 실험 조건과 (나) 평형상태에서 가장 많은 암모니아를 얻을 수 있는 실험조건을 옳게 짝지은 것은?

	(가)	(나)		(가)	(나)
①	실험 1	실험 2	②	실험 3	실험 4
③	실험 4	실험 2	④	실험 4	실험 5

해설 온도 ↓   ↑
$$N_2(g) + 3H_2(g) \rightleftharpoons 2NH_3(g), \Delta H = -92kJ$$

(가) 속도가 빠르려면, 반응물 농도가 높아야 하고, 온도가 높고, 촉매도 사용해야 한다. → 실험 4.
(나) 온도가 낮으면 온도가 높아지는 정반응이 우세하게 진행된다. 그리고 반응물 농도가 높으면 역시 농도가 낮아지는 정반응이 우세하게 진행되어 암모니아를 많이 얻을 수 있다.

36 N₂O₄와 NO₂는 다음과 같은 평형 반응식을 가진다. 다음 설명 중 옳지 않은 것은?

$$N_2O_4(g) \rightleftharpoons 2NO_2(g) \quad \Delta H° = 57.2 kJ/mol$$

① 이 반응은 흡열반응이다.
② 온도가 높아지면 평형상수는 증가한다.
③ 촉매를 첨가해도 평형상수는 변하지 않는다.
④ 일정 온도에서, 부피를 감소시켜 압력을 증가시키면 반응물의 농도는 감소한다.

ANSWER 35 ④ 36 ④

해설 온도 ↑   ↓
       $N_2O_4 \rightleftarrows 2NO_2$, $\Delta H > 0$
     압력 ↓   ↑

① $\Delta H > 0$이므로 흡열반응이다.
② 온도가 높아지면 온도가 내려가는 정반응이 우세하게 진행되어 생성물이 많아지므로 평형상수는 증가한다.
③ 평형상수는 온도에 의해서만 변한다.
④ 압력을 증가시키면 압력이 감소(=분자수가 감소)하는 역반응이 우세하게 진행되어 반응물의 농도는 증가한다.

※ 표는 200°C, 1L의 밀폐된 두 용기에서 서로 다른 반응이 평형상태에 도달하였을 때의 자료이다.

평형상태	열화학반응식	평형상태의 농도(몰/L)
(가)	$A(g) + B(g) \rightleftarrows 2C(g)$ $\Delta H > 0$	[A]=2 [B]=2 [C]=2
(나)	$A(g) + 2C(g) \rightleftarrows 2D(g)$ $\Delta H < 0$	[A]=2 [C]=1 [D]=2

37 위 자료 (가)에 1몰의 C를 첨가하여 200°C에서 새로운 평형에 도달하였을때 C의 몰농도는?

① 1/3 ② 2/3
③ 2   ④ 7/3

해설 평형상수는 온도에 의해 변화한다. 같은 200°C에서 C 1몰을 첨가하여 평형에 도달해도 평형상수는 변하지 않는다. 따라서 처음 평형상수를 구해야 한다.

(가) $A + B \rightleftarrows 2C \rightarrow K = \dfrac{[C]^2}{[A][B]} = 1$

(나) $A + 2C \rightleftarrows 2D \rightarrow K = \dfrac{[D]^2}{[A][C]^2} = 2$

(가)에서 1몰의 C를 첨가하면,

	A	+	B	⟷	2C
처음	2		2		3
반응	$+x$		$+x$		$-2x$
평형	$2+x$		$2+x$		$3-2x$

37 ④

$$K = \frac{(3-2x)^2}{(2+x)^2} = 1, \ x = \frac{1}{3}$$

따라서 $C = \frac{7}{3}$ 이 나온다.

38 200°C에서 반응 2A(g) + B(g) ⇌ 2D(g)의 평형상수는?

① 1　　　　　　　　　② 2
③ 3　　　　　　　　　④ 4

해설　(가)+(나)를 하면 2A+B ⇌ 2D가 나온다.
따라서 여러 단계로 진행되는 반응에서 각각의 평형상수의 곱은 전체평형상수와 같다.
따라서 2가 나온다.

ANSWER　38 ②

CHAPTER 10 산·염기 평형

1 산과 염기의 정의

1 아레니우스의 산·염기

(1) 정의

① 산 : 수용액에서 H^+을 내놓는 물질
   예) HF, HCl, HNO_3, H_2SO_4, CH_3COOH

② 염기 : 수용액에서 OH^-을 내놓는 물질
   예) NaOH, KOH, $Ca(OH)_2$, $Ba(OH)_2$

(2) 특징

① 아레니우스의 산과 염기는 수용액에서의 반응이다.

$$HCl(aq) \rightarrow H^+(aq) + Cl^-(aq)$$

$$NaOH(s) \xrightarrow{H_2O} Na^+(aq) + OH^-(aq)$$

② 산은 HA, 염기는 BOH의 형태이다. 즉, 산은 H^+를, 염기는 OH^-를 가지고 있어야 한다.

③ 아레니우스의 산과 염기의 반응이 중화 반응이다.

$$HCl + NaOH \rightarrow NaCl + H_2O$$

④ 한계 : 수용액이 아닌 경우에는 정의가 불가능하다. 또 H^+, OH^-를 내놓지 않는 물질은 정의가 불가능하다.

2 브뢴스테드-로우리의 산·염기

(1) 정의

① 산 : 다른 물질에 H^+를 주는 분자나 이온(양성자 주개)
② 염기 : 다른 물질로부터 H^+를 받는 분자나 이온(양성자 받개)

$$HCl + H_2O \rightleftharpoons Cl^- + H_3O^+$$
　산　　염기　　염기　　산

$$NH_3 + H_2O \rightleftharpoons NH_4^+ + OH^-$$
　염기　　산　　　산　　염기

(2) 특징

① 짝산 – 짝염기

$$HCl + H_2O \rightleftharpoons Cl^- + H_3O^+$$
　산　　염기　　염기　　산

염화수소와 물의 이온화반응에서 염화수소(HCl, 반응물)는 물(H_2O)에게 H^+를 주고 염화이온(Cl^-, 생성물)으로 되며, 옥소늄이온(H_3O^+, 반응물)은 염화이온에게 H^+이온을 주고 물(H_2O, 생성물)이 된다. 이처럼 H^+의 이동에 의해 반응물, 생성물 관계에 있는 것을 짝산-짝염기 관계에 있다고 본다.

㉠ HCl과 Cl^- : HCl의 짝염기는 Cl^-이고, Cl^-의 짝산은 HCl이다.
㉡ H_3O^+과 H_2O : H_3O^+의 짝염기는 H_2O이고, H_2O의 짝산은 H_3O^+이다.

$$CH_3COOH + H_2O \rightleftharpoons CH_3COO^- + H_3O^+$$
　　산　　　　염기　　　　염기　　　　산

② 양쪽성 물질 : 산으로도 작용하고 염기로도 작용하는 물질을 양쪽성 물질이라고 한다.

$$HCl + H_2O \rightleftharpoons Cl^- + H_3O^+$$
　산　　염기　　염기　　산

$$NH_3 + H_2O \rightleftharpoons NH_4^+ + OH^-$$
　염기　　산　　　산　　염기

암모니아와 물의 반응에서는 염화수소와 물의 반응과는 달리 물이 암모니아에게 H^+을 주므로 물이 산으로 작용하고 암모니아가 염기로 작용하였다. 두 식에서 물(H_2O)이 산으로도 작용하고 염기로도 작용했음을 알 수 있는데 이와 같은 물질을 양쪽성 물질이라고 한다.

〈기타 양쪽성 물질〉

③ 다양성자산에서 수소를 포함한 음이온들도 양쪽성 물질이다.
   예) $H_2PO_4^-$, HPO_4^{2-}, HSO_4^-

3 루이스의 산·염기

(1) 정의
① 산 : 다른 물질로부터 비공유 전자쌍을 받는 물질(비공유 전자쌍 받개)
② 염기 : 다른 물질에 비공유 전자쌍을 주는 물질(비공유 전자쌍 주개)

(2) 종류

산 : SO_2, CO_2, Cu^{2+}, BF_3 ⋯
염기 : Na_2O, CaO, Cl^-, NH_3, F^- ⋯

금속 산화물은 염기성이고 비금속 산화물은 산성이다.

2. 산과 염기의 세기

1 산·염기 세기

(1) 강산과 약산
① 강산 : 수용액상에서 거의 대부분 이온화되는 산(H_2SO_4, HNO_3, HCl, HBr, HI, $HClO_4$)
② 약산 : 수용액상에서 소량 이온화되는 산(CH_3COOH, H_2CO_3, H_3PO_4, HF, H_2S 등)

(2) 강염기와 약염기
① 강염기 : 수용액상에서 거의 대부분 이온화되는 염기[1족 전체 : $LiOH$, $NaOH$, KOH, $RbOH$, $CsOH$와 2족의 $Ca(OH)_2$, $Sr(OH)_2$, $Ba(OH)_2$]
② 약염기 : 수용액상에서 소량 이온화되는 염기(NH_4OH, $Al(OH)_3$, $Mg(OH)_2$ 등)
→ 위 강산, 강염기를 제외한 나머지는 약산, 약염기로 보아도 된다.

(3) 이온화도 : 전해질을 물에 녹였을 때 용해한 전해질의 전체 몰수에 대한 이온화된 몰수의 비를 이온화도라고 한다.

$$\text{이온화도}(\alpha) = \frac{\text{이온화된 전해질의 몰수}}{\text{용해한 전해질의 총 몰수}} \quad (0 < \alpha \leq 1)$$

① 이온화도와 산·염기의 세기 : 같은 몰수의 산 또는 염기가 물에 녹았을 때, 이온화도가 클수록 이온화 평형 상태에서 H^+나 OH^-의 농도가 크므로 강산, 강염기다.
② 같은 전해질의 수용액에서 온도가 높을수록, 농도가 묽을수록 이온화도가 커진다.

$$HA + H_2O \rightarrow A^- + H_3O^+$$

이온이 되게 위해서는 H-A 사이의 에너지를 흡수해서 결합을 끊어야 하기 때문에 이온화반응은 에너지를 흡수하는 흡열반응이다. 정반응이 온도가 내려가는 흡열반응이기 때문에 온도를 높여주면 온도가 내려가는 정반응이 우세하게 진행되므로 이온화도가 증가한다.

(4) 이온화상수 : 산이나 염기가 이온화하여 이온화 평형에 도달되었을 때의 평형상수를 이온화상수라고 한다.
① 산의 이온화상수(K_a) : 산 HA가 이온화 평형을 이룰 때, 평형상수는 다음과 같다.

$$HA(aq) + H_2O(l) \rightleftharpoons H_3O^+(aq) + A^-(aq), \quad K_a = \frac{[H_3O^+][A^-]}{[HA]}$$

물(H_2O)은 순수한 용매이므로 농도가 항상 일정한 상수이다. 따라서 평형상수식에서 제외시킨다.

② 염기의 이온화상수(K_b) : 염기 B가 이온화 평형을 이룰 때 평형상수는 다음과 같다.

$$B(aq) + H_2O(l) \rightleftarrows BH^+(aq) + OH^-(aq), \quad K_b = \frac{[BH^+][OH^-]}{[B]}$$

③ 산·염기는 이온화되므로 이름만 이온화상수라고 부르고, 앞의 화학평형 단원에서 평형상수의 성질을 그대로 다 가지고 있다.
  ㉠ 이온화상수는 온도에 의해서만 변한다.
  ㉡ K값이 크면 → 정반응 우세 → 이온화가 잘 된다.
  ㉢ 여러 가지 산·염기 비교에서 K값이 크면 이온의 농도가 높은(이온화가 잘 되는) 강산, 강염기이다.
  ㉣ 역반응의 이온화상수는 $\frac{1}{K}$이다.
  ㉤ 순수한 액체는 이온화상수식에 포함시키지 않는다.

(5) 이온화도와 이온화 평형상수와의 관계

① 이온화도(α)가 큰 값을 가지면 강산, 강염기이듯이 이온화상수(K_a)가 큰 값을 가져도 강산, 강염기이다. 이 둘 사이의 관계를 나타내면 아래와 같이 나타낼 수 있다.
② 이온화 : 처음 농도가 C이고 이온화도가 α인 어떤 산이 물에서 이온화되어 평형을 이룰 때 다음과 같이 표현할 수 있다.

	HA	+ H₂O	⇌	A⁻	+	H₃O⁺
처음 농도	C			0		0
이온화된 농도	$-C\alpha$			$+C\alpha$		$+C\alpha$
평형 농도	$C(1-\alpha)$			$C\alpha$		$C\alpha$

이온화된 농도가 $C\alpha$인데 계수비가 반응한 농도비이므로 1 : 1 : 1로 이온화되었으므로, $C\alpha : C\alpha : C\alpha$로 이온화된다. HA는 이온화되어서 사라졌으므로 "−"를 A⁻와 H₃O⁺는 없다가 생성되었으므로 "+"를 붙힌다. 그러면 위와 같은 평형 농도를 구할 수 있다. 구한 평형 농도를 평형상수식에 대입하면 아래와 같다.

$$K_a = \frac{[A^-][H_3O^+]}{[HA]} = \frac{C\alpha^2}{1-\alpha}$$

만약 HA가 약산이라면 $\alpha \leq 0.05$이므로 $1-\alpha \fallingdotseq 1$이 된다. 따라서 K_a는 아래와 같이 변형된다.

$$\boxed{K_a = C\alpha^2}$$

$K = C\alpha^2$에서 $\alpha(\text{이온화도}) = \sqrt{\dfrac{K}{C(\text{농도})}}$

농도가 묽을수록 이온화도는 증가한다.

(6) 다양성 자산의 단계별 해리

[산과 염기의 가수]

- 산의 가수 : H^+의 개수에 따라 나눈다.
- 염기의 가수 : OH^-의 개수에 따라 나눈다.

1가산	HCl, HNO₃, CH₃COOH, HCN	1가 염기	NaOH, KOH, NH₄OH
2가산	H₂SO₄, H₂S, H₂CO₃	2가 염기	Ca(OH)₂, Ba(OH)₂
3가산	H₃PO₄	3가 염기	Al(OH)₃

① H₂S는 다음과 같이 단계적으로 이온화하여 평형을 이루게 되는데, 단계별 이온화상수를 각각 K_{a1} K_{a2}라 하면 아래와 같이 나타낼 수 있다.

$$H_2S(aq) \rightleftarrows H^+(aq) + HS^-(aq), K_{a1} = \frac{[H^+][HS^-]}{[H_2S]}$$

$$HS^-(aq) \rightleftarrows H^+(aq) + S^{2-}(aq), K_{a2} = \frac{[H^+][S^{2-}]}{[HS^-]}$$

$$H_2S(aq) \rightleftarrows 2H^+(aq) + S^{2-}(aq), K_t = \frac{[H^+]^2[S^{2-}]}{[H_2S]}$$

$$K_{a1} \times K_{a2} = K_t$$

$$\frac{[H^+][HS^-]}{[H_2S]} \times \frac{[H^+][S^{2-}]}{[HS^-]} = \frac{[H^+]^2[S^{2-}]}{[H_2S]}$$

∴ 여러 단계로 이온화되는 반응에서 각각의 이온화상수의 곱은 전체 이온화상수와 같다.

② 단계별 이온화상수의 비교 : 단계별 이온화상수 값은 항상 $K_{a1} > K_{a2} > K_{a3}$ ⋯ 순으로 작아지는데, 이것은 수소이온이 해리되어 생성된 음이온으로부터 양전하를 띤 수소 이온을 떼어내는 것이 어려워지기 때문이다.

H^+가 떨어져 나오려고 해도 음이온과 양이온의 인력으로, H^+이 떨어져 나오기 어렵기 때문이다.

(7) 산·염기 상대적 세기

- K값이 크면(일반적으로 10^3 이상) → 대부분 이온화 → 정반응 우세 → 강산, 강염기
- K값이 작으면(일반적으로 10^{-3} 이하) → 소량 이온화 → 역반응 우세 → 약산, 약염기
- 역반응의 평형상수는 $\frac{1}{K}$이다.

① $CH_3COOH + H_2O \rightleftharpoons CH_3COO^- + H_3O^+ \qquad K_a = 1.8 \times 10^{-5}$
　　약산　　　약염기　　　강염기　　　강산

　㉠ 정반응의 이온화상수가 작으므로 CH_3COOH와 H_2O는 이온화가 잘 안 되는 약산, 약염기이다.

　㉡ 역반응의 평형상수는 $\dfrac{1}{K}$이므로 역반응의 평형상수는 크다. 따라서 역반응이 진행이 잘되므로 CH_3COO^-, H_3O^+는 강염기, 강산이다.

　㉢ 산의 세기가 작을수록 짝염기의 세기는 크다.

　㉣ 산의 세기가 클수록 짝염기의 세기는 작다.

　㉤ 즉, 항상 강한 쪽의 짝은 약하고, 약한 쪽의 짝은 강하다.
　　　• 산의 상대적 세기 : $H_3O^+ > CH_3COOH$
　　　• 염기의 상대적 세기 : $H_2O < CH_3COO^-$

② $CH_3COOH + H_2O \rightleftharpoons CH_3COO^- + H_3O^+ \qquad K_a = 1.8 \times 10^{-5}$
　　약산　　　약염기　　　강염기　　　강산

　$HCl + H_2O \rightleftharpoons Cl^- + H_3O^+ \qquad K_a = $ 매우 크다.
　강산　　강염기　약염기　약산

두 식으로부터 산의 세기를 비교해 보면 "항상 강한 쪽의 짝은 약하고, 약한 쪽의 짝은 강하다."를 적용하면 된다. HCl은 강산이고 H_3O^+은 약산이다. 첫 번째식에도 H_3O^+가 있는데 같은 H_3O^+보다 CH_3COOH가 더 약산이므로 다음과 같이 비교할 수 있다.

• 산의 상대적 세기 : $HCl > H_3O^+ > CH_3COOH$

같은 방법으로 염기 세기도 비교할 수 있다. CH_3COOH의 이온화상수가 매우 작다. 따라서 역반응의 이온화상수는 매우 크므로, CH_3COO^-가 강한 염기이고 H_2O는 약한 염기이다. 아래 식에도 H_2O가 있는데 같은 H_2O보다 Cl^-가 더 약하므로 다음과 같이 비교할 수 있다.

• 염기의 상대적 세기 : $CH_3COO^- > H_2O > Cl^-$

(8) 산·염기 세기에 영향을 미치는 요인

① 같은 족의 수소산은 원자 간의 결합력으로 결정 : 산 HA에서 A^-의 크기가 증가하면 H–A의 결합력이 약해지면서 H^+의 분리가 잘되므로 산의 세기가 강해진다.

$$HF < HCl < HBr < HI$$

② 같은 주기의 수소산은 수소와 결합한 원소의 전기 음성도가 클수록 수소로부터 전자를 잘 당겨서 극성이 강해지면서 산의 세기가 증가한다.

$$CH_4 < NH_3 < H_2O < HF, \quad NH_4^+ < H_3O^+$$

③ 산소 산에서의 산의 세기 : O-H결합이 끊어짐을 뜻하므로 극성을 증가시키는 요인인 전기 음성도가 산의 세기에 큰 영향을 준다.
  ㉠ 산소에 연결된 비금속 원소의 전기 음성도가 클수록 극성이 강해져서 산의 세기가 증가한다. 즉, Cl이 Br보다 수소로부터 전자를 잘 당기므로 수소가 전자를 잃고 양이온으로 빠져 나오기 쉽다.

$$HBrO_3 < HClO_3$$

$$H-\overset{..}{\underset{..}{O}}-\overset{:\overset{..}{O}:}{\underset{|}{Br}}-\overset{..}{\underset{..}{O}}: \quad H-\overset{..}{\underset{..}{O}}-\overset{:\overset{..}{O}:}{\underset{|}{Cl}}-\overset{..}{\underset{..}{O}}:$$

  ㉡ 비금속 원소에 결합한 산소의 수가 많을수록 산의 세기가 증가한다. 전기 음성도가 큰 산소의 개수가 많을수록 수소로부터 전자를 잘 당기므로 수소는 전자를 잃고 양이온으로 빠져나오기 쉽다.

$$HClO < HClO_2 < HClO_3 < HClO_4$$

④ 분자 내 다른 부분이 산의 세기에 미치는 영향도 있다.

$$CH_3COOH < CH_2ClCOOH$$

전기 음성도가 큰 염소가 수소로부터 전자를 잘 당기므로 수소는 전자를 잃고 양이온으로 빠져 나오기 쉽다.

2 물의 이온화상수

(1) 물의 자동 이온화 : 물은 25℃에서 1L 중 10^{-7}몰만 이온화한다.

	H_2O	$\rightleftarrows$	H^+	$+$	OH^-
처 음	55.6		0		0
이온화	10^{-7}		10^{-7}		10^{-7}
평 형	$55.6-10^{-7}$		10^{-7}		10^{-7}

물의 밀도가 1이므로 물 1000ml는 1000g이다.

물의 몰수 = $\dfrac{1000}{18}$ = 55.6몰

55.6M = $\dfrac{55.6몰}{1L}$

1L 중 10^{-7}몰만 이온화한다는 것은 55.6M 중 10^{-7}M가 이온화한다는 것이다. 따라서 평형일 때의 농도는 위와 같다. 평형상수식은 H_2O은 농도가 일정하다고 봐야 하므로 상수 K에 포함을 시켜서 아래와 같이 나타낼 수 있다.

$$K_w = \frac{[H^+][OH^-]}{[H_2O]}$$

$$K[H_2O] = [H^+][OH^-] = 10^{-7} \times 10^{-7}$$

$$\therefore K_w = [H^+][OH^-] = 10^{-14}(25℃)$$

$$[H^+] = [OH^-] = 10^{-7}$$

① K_w는 온도에 의해서만 변한다. 온도가 높아지면 K_w는 커진다.
   (물의 이온화 과정은 흡열반응이기 때문이다.)
② 수용액상에서 $[H^+]$가 증가하면 $[OH^-]$가 감소한다.
   반대로 $[H^+]$가 감소하면 $[OH^-]$가 증가한다.

(2) **pH** : 수용액에서 액성은 H^+농도와 OH^-농도에 의해 결정된다. pH는 수용액에서 H^+농도를 간단히 표시하기 위해 만든 새로운 기준으로 용액의 액성을 보다 간단하게 알 수 있는 방법이다.
① 25℃에서 $K_w = [H^+][OH^-] = 10^{-14}$
② $pH = -\log[H^+]$, $pOH = -\log[OH^-]$
③ 강산(1가산)일 때는 산의 몰농도＝수소이온농도이다. 강산은 이온화도(α)＝1로 보기 때문이다. 따라서 바로 $pH = -\log[H^+]$에 대입해서 pH를 구한다.
④ 약산일 때는 이온화도(α)가 1이 아니므로 산의 몰농도를 바로 넣으면 안 된다.
   처음 농도가 C일 때 1가산의 경우는 $[H^+]$는 $C\alpha$, 2가산 이상에서는 $[H^+] = nC\alpha$이므로 $pH = -\log nC\alpha$이다.

(3) **pH 범위**
① 25℃에서 $K_w = [H^+][OH^-] = 10^{-14}$ $pH + pOH = 14$
② 산성 : pH < 7,   pOH > 7
   중성 : pH = 7,   pOH = 7
   염기성 : pH > 7,   pOH < 7

(4) K_w의 의미

- 약산 HA의 K_a와 짝염기 K_b의 곱

$$\underset{\text{약산}}{\text{HA}} + \underset{\text{약염기}}{\text{H}_2\text{O}} \rightleftharpoons \underset{\text{강염기}}{\text{A}^-} + \underset{\text{강산}}{\text{H}_3\text{O}^+} \text{에서} \quad K_a = \frac{[\text{H}_3\text{O}^+][\text{A}^-]}{[\text{HA}]}$$

강염기인 A^-가 물(H_2O)에서 H^+를 잘 끌어 당겨서 OH^-가 생성된다.

$$\text{A}^- + \text{H}_2\text{O} \rightleftharpoons \text{HA} + \text{OH}^- \text{에서} \quad K_b = \frac{[\text{HA}][\text{OH}^-]}{[\text{A}^-]}$$

K_a와 K_b의 곱은 물의 이온화상수(K_w)와 같은 값이 나온다.

$$K_w = [\text{H}^+][\text{OH}^-] = K_a \times K_b$$

3 가수분해와 완충용액

1 가수분해

(1) 강산과 강염기

① 강산 : H_2SO_4, HNO_3, HCl, HBr, HI, $HClO_4$

② 강염기 : 1족 전체 - LiOH, NaOH, KOH, RbOH, CsOH와, 2족 - $Ca(OH)_2$, $Sr(OH)_2$, $Ba(OH)_2$

(2) 염

① 정의 : 산의 H^+이 다른 양이온으로, 염기의 OH^-가 다른 음이온으로 치환된 화합물

② 가수분해에 의한 염의 액성 : 염이 이온화될 때 생기는 이온의 일부가 물과 반응하여 H^+이나 OH^-을 생성하는 반응을 염의 가수분해라 한다.

㉠ 약산과 강염기가 중화반응이 진행되어서 생성된 염에서는 염의 음이온이 가수분해되어서 수산화이온(OH^-)을 생성하므로 염기성이 된다.

$$CH_3COOH + NaOH \rightleftarrows CH_3COONa + H_2O$$
$$\rightarrow CH_3COO^- + H_2O \rightleftarrows CH_3COOH + OH^-$$

- 가수분해 이유

  강산, 강염기는 수용액상에 이온화가 잘된다.
  CH_3COONa의 경우 CH_3COO^-, Na^+ 형태이다. 나트륨이온(Na^+)의 경우 강염기인 NaOH에서 나온 것이므로 이온 상태를 유지하려고 하지만 아세트산이온(CH_3COOO^-)인 경우 약산인 아세트산(CH_3COOH)으로부터 온 것이므로 다시 이온화가 안 되는 아세트산(CH_3COOH)으로 돌아가려고 한다. 이때 물로부터 H^+을 당겨서 CH_3COOH로 가므로 수용액상에 OH^-가 더 많이 남아 있다.

㉡ 강산과 약염기가 중화반응이 진행되어서 생성된 염에서는 염의 양이온이 가수분해하여 수소이온(H^+)을 생성하므로 산성이 된다.

$$HCl + NH_4OH \rightarrow NH_4Cl + H_2O$$
$$\rightarrow NH_4^+ + H_2O \rightarrow NH_4OH + H^+$$

㉢ 약산과 약염기가 중화반응이 진행되어서 생성된 염에서는 염의 양이온과 음이온이 모두 가수분해되어서 H^+과 OH^-가 생성되어서 중성에 가깝다.

$$CH_3COOH + NH_4OH \rightleftarrows CH_3COONH_4 + H_2O$$
$$\Rightarrow NH_4^+ + H_2O \rightarrow NH_4OH + H^+$$
$$\Rightarrow CH_3COO^- + H_2O \rightleftarrows CH_3COOH + OH^-$$

③ 염의 액성결정의 다른 방법 → 강한 쪽의 액성을 따라간다.

앞서 언급한 강산, 강염기의 종류를 모두 기억해야 한다.

㉠ NaCl → 강산에 있던 Cl^-, 강염기에 있던 Na^+ : 중성

㉡ CH_3COONa → 약산에 있던 CH_3COO^-, 강염기에 있던 Na^+ : 염기성

㉢ $AgNO_3$ → 약염기에 있던 Ag^+, 강산에 있던 NO_3^- : 산성

㉣ Na_2CO_3 → 약산에 있던 CO_3^{2-}, 강염기에 있던 Na^+ : 염기성

2 완충용액

(1) 완충용액의 정의 및 종류

① 정의 : 산이나 염기를 넣었을 때, pH가 크게 변하지 않는 용액을 완충용액이라고 한다.

▶ **완충용액**
- 약산과 그 약산의 짝염기를 포함하는 염을 함께 녹여 제조
- 약염기와 그 약염기의 짝산을 포함하는 염을 함께 녹여 제조

② 종류

$H_3PO_4 - KH_2PO_4$

$NaHCO_3 - Na_2CO_3$

$CH_3COOH - CH_3COONa$

$NH_3 - NH_4Cl$

③ 원리

$CH_3COOH + H_2O \rightleftarrows CH_3COO^- + H_3O^+$ ············ Ⓐ

$CH_3COONa \rightleftarrows CH_3COO^- + Na^+$ ························ Ⓑ

㉠ 아세트산(CH_3COOH)은 약산이므로 극소량 이온화된다. 여기에 이온화가 잘 되는 아세트산 나트륨(CH_3COONa)을 넣으면 CH_3COOH와 CH_3COO^-가 비슷한 농도로 들어있게 된다.

㉡ 여기에 산을 첨가하면 $H^+(H_3O^+)$이 많아지게 되고 H^+이 사라지는 역반응이 진행되어야 한다. 역반응이 진행이 될 때 CH_3COO^-와 H^+가 만나서 역반응이 진행되어야 하는데 CH_3COO^-의 양이 충분하므로 H^+을 충분히 넣어주어도 CH_3COO^-와 만나서 역반응이 진행되므로 H^+를 사라지게 만들어서 pH가 유지된다.

㉢ 여기에 염기를 첨가하면 $H^+ + OH^- \rightarrow H_2O$로 중화반응이 진행되면서 $H^+(H_3O^+)$감소하게 된다. 그러면 CH_3COOH가 이온화 되면서 $H^+(H_3O^+)$이 생성되므로 pH가 유지된다.

(2) Henderson-Hasselbalch식

$$HA \rightleftharpoons H^+ + A^-$$

$$K_a = \frac{[A^-][H^+]}{[HA]} \qquad pK_a = pH - \log\frac{[A^-]}{[HA]}$$

$$\therefore pH = pK_a + \log\frac{[A^-]}{[HA]}$$

→ 완충용액의 pH를 구할 때도 유용하게 이용될 수 있다.

4. 중화적정

1 중화반응

(1) **정의** : 산과 염기가 반응하여 물과 염을 생성하는 반응이다.
즉, 산의 H^+과 염기의 OH^-이온이 만나서 H_2O를 생성하고 중화열을 방출하는 반응이다.

$$HCl + NaOH \rightarrow NaCl + H_2O + 열$$
$$산 \quad 염기 \rightarrow 염 \quad \ 물 \ \ 중화열$$

(2) **알짜 이온과 구경꾼 이온**
① 알짜 이온 : 반응에 직접 참여하는 이온

$$알짜\ 이온\ 반응식 : H^+ + OH^- \rightarrow H_2O$$

② 구경꾼 이온 : 반응에 직접 참여하지 않고 처음과 변화없이 용액 속에 그대로 남아 있는 이온
위 반응식에서 Na^+, Cl^-

(3) **중화반응의 양적 관계**
① 원리 : 완전 중화는 산의 H^+몰수와 염기의 OH^-의 몰수가 같아야 하므로 중화반응이 완결되면 다음과 같은 관계식이 성립한다.

$$H^+몰수 = OH^-몰수$$
$$nMV = n'M'V'$$

(n, n' : 산·염기의 가수, M, M' : 산·염기의 몰농도, V, V' : 산·염기의 부피)

② 이용 : 농도를 알고 있는 산이나 염기 수용액(표준용액)을 이용하여 농도를 모르는 산이나 염기수용액의 농도를 구할 수 있다.

2 중화적정

(1) **중화점**
① 중화점 : 표준용액을 첨가하여 중화반응을 시킬 때 산의 H^+과 염기의 OH^-의 몰수가 같아져서 중화반응이 완결되는 지점이다.
② 완전중화를 확인하기 위해 지시약을 이용한다.

(2) **적정곡선**

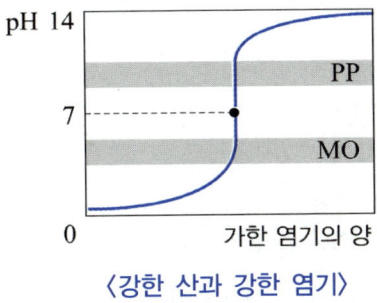
〈강한 산과 강한 염기〉

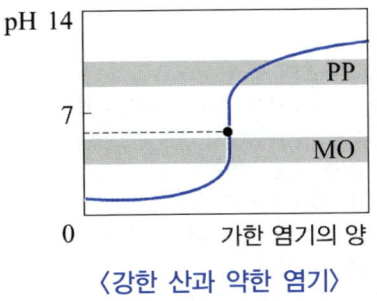
〈강한 산과 약한 염기〉

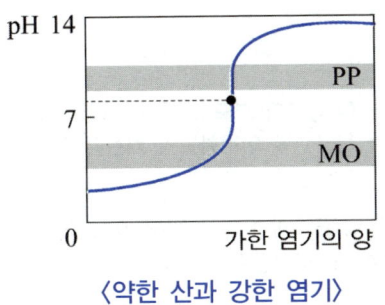
〈약한 산과 강한 염기〉

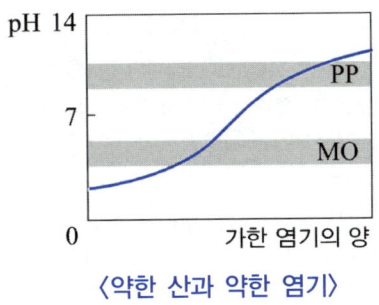
〈약한 산과 약한 염기〉

① **강산을 강염기로 적정할 때** : 염의 가수분해가 일어나지 않으므로 액성은 중성이다. 지시약은 메틸오렌지와 페놀프탈레인 모두 이용할 수 있다.
② **강산을 약염기로 적정할 때** : 생성된 염의 가수분해로 중화점에서의 액성은 산성이다. 지시약 변색범위가 산성쪽에 있는 메틸오렌지는 사용할 수 있지만 페놀프탈레인은 할 수 없다.
③ **약산을 강염기로 적정할 때** : 생성된 염의 가수분해로 중화점에서의 액성은 염기성이다. 지시약은 변색 범위가 염기성쪽에 있는 페놀프탈레인은 이용할 수 있지만 메틸오렌지는 이용할 수 없다.
④ **약산을 약염기로 적정할 때** : 생성된 염의 가수분해로 중화점에서의 액성은 중성에 가깝다. 중화점에서 pH 변화가 작기 때문에 지시약을 이용해서 중화점을 찾는 것은 불가능하다.

SUMMARY NOTE

(1) 산·염기의 정의
  ① 아레니우스의 정의
      ㉠ 산 : 수용액에서 H^+을 내놓는 물질
      ㉡ 염기 : 수용액에서 OH^-을 내놓는 물질
  ② 브뢴스테드-로우리의 정의
      ㉠ 산 : 다른 물질에 H^+를 주는 분자나 이온(양성자 주개)
      ㉡ 염기 : 다른 물질로부터 H^+를 받는 분자나 이온(양성자 받개)
  ③ 루이스의 정의
      ㉠ 산 : 다른 물질로부터 비공유 전자쌍을 받는 물질(비공유 전자쌍 받개)
      ㉡ 염기 : 다른 물질에 비공유 전자쌍을 주는 물질(비공유 전자쌍 주개)

(2) 이온화도(α) = $\dfrac{\text{이온화된 전해질의 몰수}}{\text{용해한 전해질의 총 몰수}}$ ($0 < \alpha \leq 1$)

  ① 이온화도가 클수록 이온화 평형 상태에서 H^+나 OH^-의 농도가 크므로 강산, 강염기이다.
  ② 같은 전해질의 수용액에서 온도가 높을수록, 농도가 묽을수록 이온화도가 커진다.

(3) 이온화상수
  ① 정의 : 산이나 염기가 이온화하여 이온화 평형에 도달되었을 때의 평형상수를 이온화상수라고 한다.
  ② 산의 이온화상수(K_a) : 산 HA가 이온화 평형을 이룰 때, 평형상수는 다음과 같다.

  $$HA(aq) + H_2O(l) \rightleftharpoons H_3O^+(aq) + A^-(aq), \quad K_a = \dfrac{[H_3O^+][A^-]}{[HA]}$$

  ③ 산·염기는 이온화되므로 이름만 이온화상수로 부르고, 앞의 화학평형 단원에서 평형상수의 성질을 그대로 다 가지고 있다.
      ㉠ 이온화상수는 온도에 의해서만 변한다.
      ㉡ K값이 크면 → 정반응 우세 → 이온화가 잘 된다.
      ㉢ 여러 가지 산·염기 비교에서 K값이 크면 이온화의 농도가 높은(이온화가 잘 되는) 강산, 강염기이다.
      ㉣ 역반응의 이온화상수는 $\dfrac{1}{K}$이다.
      ㉤ 순수한 액체는 이온화상수식에 포함시키지 않는다.

(4) 이온화상수(K)와 이온화도(α)와의 관계
  ① $K_a = \dfrac{[A^-][H_3O^+]}{[HA]} = \dfrac{C\alpha^2}{1-\alpha}$ 만약 HA가 약산이라면 $K_a = C\alpha^2$
  ② 약산에선, $[H^+] = C\alpha = C\sqrt{\dfrac{K_a}{C}} = \sqrt{K_a C}$

(5) ① 여러 단계로 이온화되는 반응에서 각각의 이온화상수의 곱은 전체 이온화상수와 같다.
  ② 단계별 이온화상수 값은 항상 $K_{a1} > K_{a2} > K_{a3}$ …… 순으로 작아지는데, 이것은 수소이온이 해리되어 생성된 음이온으로부터 양전하를 띤 수소 이온을 떼어내는 것이 어려워지기 때문이다.

(6) 수소이온농도와 pH
  ① 물의 자동이온화
      $K_w = [H^+][OH^-] = 10^{-14}(25°C)$
      $[H^+] = [OH^-] = 10^{-7}$

㉠ K_w는 온도에 의해서만 변한다.
   ㉡ 수용액상에서 [H$^+$]가 증가하면 [OH$^-$]가 감소한다.
② ㉠ 25°C에서 $K_w=$[H$^+$][OH$^-$]$=10^{-14}$
   ㉡ pH$=-$log[H$^+$], pOH$=-$log[OH$^-$]
   ㉢ pH$+$pOH$=14$
   ㉣ 산성 : pH $<$ 7,　pOH $>$ 7
      중성 : pH$=$7,　pOH $=$ 7
      염기성 : pH $>$ 7, pOH $<$ 7
③ K_w의 의미 : 약산 HA의 K_a와 짝염기 K_b의 곱
   $K_w=$[H$^+$][OH$^-$]$=K_a \times K_b$

(7) 염의 액성
① 강산 : H$_2$SO$_4$, HNO$_3$, HCl, HBr, HI, HClO$_4$
   강염기 : 1족 전체 – LiOH, NaOH, KOH, RbOH, CsOH
           2족 – Ca(OH)$_2$, Ba(OH)$_2$, Sr(OH)$_2$
② 염의 액성결정 → 강한 쪽의 액성을 따라간다.
   • 앞서 언급한 강산, 강염기의 종류를 모두 기억해야 한다.
   • KCl → 강산에 있던 Cl$^-$, 강염기에 있던 K$^+$: 중성
   • CaF$_2$ → 약산에 있던 F$^-$, 강염기에 있던 Ca^{2+} : 염기성
   • NH$_4$NO$_3$ → 약염기에 있던 NH$_4$$^+$, 강산에 있던 NO$_3$$^-$: 산성
   • CaCO$_3$ → 약산에 있던 CO$_3$$^{2-}$, 강염기에 있던 Ca^{2+} : 염기성

(8) 완충용액
① 완충용액의 정의 및 종류
   ㉠ 정의 : 산이나 염기를 넣었을 때, pH가 크게 변하지 않는 용액을 완충용액이라고 한다.
   ㉡ 제조방법 : 약산과 그 약산의 짝염기를 포함하는 염을 함께 녹여 제조, 약염기와 그 약염기의 짝산을 포함하는 염을 함께 녹여 제조한다.
② 대표적인 완충용액 종류
   H$_3$PO$_4$ – KH$_2$PO$_4$　　　　　　NaHCO$_3$ – Na$_2$CO$_3$
   CH$_3$COOH – CH$_3$COONa　　　　NH$_3$ – NH$_4$Cl
③ 완충용액의 pH 구하는 방법
   HA $\rightleftarrows$ H$^+$ + A$^-$

   $K_a = \dfrac{[A^-][H^+]}{[HA]}$　　$pK_a =$ pH $-$ log $\dfrac{[A^-]}{[HA]}$　　∴ pH$=$p$K_a +$ log $\dfrac{[A^-]}{[HA]}$

(9) 중화적정
① 중화반응의 양적 관계
   • 원리 : 완전 중화는 산의 H$^+$몰수와 염기의 OH$^-$의 몰수가 같아야 하므로 중화반응이 완결되면 다음과 같은 관계식이 성립한다.

$$H^+\text{몰수}=OH^-\text{몰수}$$
$$nMV=n'M'V'$$
(n, n' : 산・염기의 가수, M, M' : 산・염기의 몰 농도, V, V' : 산・염기의 부피)

BASIC CHECK ✓

01 ③
산성이 강하면 $[H^+]$가 크고, pH는 낮아진다.
$[H^+]$와 pH는 반비례한다.

02 ②
pH=$-\log(2\times10^{-8})$라고 해서 pH 7.7이 아니다.
HCl은 산성이므로 염기성 pH가 나올 수 없다.

03 ③
pOH=$-\log10^{-2}$
pOH=2
pH+pOH=14
따라서 pH=12

04 ③
$K=C\alpha^2$
$10^{-5}=10^{-1}\times(10^{-2})^2$
$\alpha=0.01$
즉, 1%이다.

---

01 다음 중 옳지 않은 것은?
① 25℃ 수용액에서 $[H^+]$과 $[OH^-]$의 곱은 10^{-14}이다.
② pH가 클수록 pOH는 작아진다.
③ 수용액의 산성이 강할수록 $[H^+]$와 pH가 커진다.
④ 25℃ 염기성 수용액에서 $[H^+] < 10^{-7}$M이다.

02 무색 자극적인 냄새가 나는 유독한 기체 HCl수용액은 염산이라고 한다. 2×10^{-8}M 염산의 대략적인 pH는?
① 5.7
② 7
③ 7.7
④ 8.7

03 25°C에서 5.6g의 KOH를 물에 녹여 10L로 만든 용액의 pH는 얼마인가? (원자량 K=39, O=16, H=1)
① 1
② 2
③ 12
④ 13

04 0.1M 약한 산($K_a=1.0\times10^{-5}$) 용액에서 이온화도는?
① 0.001%
② 0.1%
③ 1%
④ 10%

BASIC CHECK

05 다음 중 나머지 셋과 비교했을 때 액성이 다른 한 개는?

① AgCl ② NH_4Cl
③ Na_2CO_3 ④ $Al_2(SO_4)_3$

05 ③
① AgCl 산성
② NH_4Cl 산성
③ Na_2CO_3 염기성
④ $Al_2(SO_4)_3$ 산성
모두 강한 쪽의 액성을 따라 간다.

06 0.1M 염산 200mL를 완전히 중화하는 데 필요한 0.05M $Ca(OH)_2$ 수용액의 부피는 몇 mL인가?

① 50mL ② 100mL
③ 150mL ④ 200mL

06 ④
H^+몰수 = OH^-몰수
$nMV = n'M'V'$
$1 \times 0.1 \times 200 = 2 \times 0.05 \times 200$

07 탄산수소나트륨($NaHCO_3$) 수용액은 다음과 같이 반응한다.

$$NaHCO_3(aq) + HCl(aq) \rightarrow H_2CO_3(aq) + NaCl(aq)$$
$$NaHCO_3(aq) + NaOH(aq) \rightarrow Na_2CO_3(aq) + H_2O(l)$$

이에 대한 설명으로 틀린 것은?

① $NaHCO_3$은 양쪽성 물질이다.
② HCO_3^-의 짝염기는 CO_3^{2-}이다.
③ $NaHCO_3(aq)$과 $Na_2CO_3(aq)$의 혼합용액은 완충용액이다.
④ Na_2CO_3는 H_2SO_4에 잘 녹아 들어간다.

07 ①
여기서 Na^+, HCO_3^-
$2Na^+$, CO_3^{2-}이므로
HCO_3^-와 CO_3^{2-}가 섞여 있는 완충용액이다.
여기선 HCO_3^-가 양쪽성 물질이다.

01 2024년 지방직9급

1M의 HCl 수용액 100mL에 대한 설명으로 옳은 것만을 모두 고르면? (단, 온도는 25°C이고, HCl과 NaOH는 물에서 완전히 해리된다.)

> ㄱ. 500mL의 증류수를 첨가하면 0.2M이 된다.
> ㄴ. 용액 안에 존재하는 이온의 총량은 2mol이다.
> ㄷ. 페놀프탈레인 용액을 넣었을 때 색이 변하지 않는다.
> ㄹ. 2M의 NaOH 수용액 50mL를 첨가하면 pH는 7이다.

① ㄱ, ㄷ
② ㄱ, ㄹ
③ ㄴ, ㄷ
④ ㄷ, ㄹ

해설
ㄱ. $\dfrac{0.1몰}{600ml} ≒ 0.16M$

ㄴ. $MV_{(L)} = 0.1몰$ H^+Cl^-이므로 이온의 총몰수는 0.2몰

ㄷ. 페놀프탈레인은 산성일 때 무색이다.

ㄹ. HCl 0.1몰 + NaOH 0.1몰 ∵혼합용액의 액성은 중성

02 2024년 경기도9급

다음 산-염기에 대한 설명으로 옳은 것은?

① 강산인 HCl의 짝염기인 Cl^-은 약염기이다.
② HI, HBr, HNO_3, HF는 강산에 속한다.
③ 암모니아는 물로부터 양성자를 받아들여 OH^-를 생성하는 강염기이다.
④ 물에서 이온화가 잘 되는 무기산은 강산이나 무기산 중 이양성자산은 약산이다.

해설 ① 강산의 짝은 약염기이다.
  ②, ③ HF와 NH_3는 대표적인 약산, 약염기이다.
  ④ 이양성자산 중 H_2SO_4은 강산이다.

ANSWER 01 ④ 02 ①

03 [2024년 경북9급]

각각 1M의 강산 HA와 약산 HB에 대한 설명으로 옳은 것을 모두 고르면?

> ㉠ $[A^-] > [B^-]$
> ㉡ 각각 pH는 1이다.
> ㉢ NaOH와 반응하여 완전 중화되었을 때 pH는 HB가 HA보다 높다.

① ㉠
② ㉠, ㉡
③ ㉠, ㉢
④ ㉡, ㉢

해설 ㉠ 강산인 HA가 이온화가 잘 되므로 $[A^-] > [B^-]$
㉡ 약산인 HB의 경우 산중 극히 일부가 이온화되므로, 1M HB의 $[H^+]$는 1M보다 훨씬 작다. 따라서 pH는 1보다 높다.
㉢ 중화반응 했을 때의 액성
: HA + NaOH → 중성, HB + NaOH ⇌ 염기성, 따라서 HB의 pH가 더 높다.
　강산　강염기　　　약산　강염기

04 [2023년 경기도9급]

다음 중 완충용액을 형성할수 없는 경우는?

① 0.1M CH_3COOH + 0.1M CH_3COONa
② 0.1M CH_3COOH + 0.2M NaOH
③ 0.1M HCl + 0.2M CH_3COONa
④ 0.2M CH_3COOH + 0.1M NaOH

해설 ② CH_3COOH + NaOH ⇌ CH_3COONa + H_2O
　　　　0.1　　　　0.2
　　　－0.1　　　－0.1　　　　+0.1
　　　　0　　　　　0.1　　　　　0.1
CH_3COOH가 다 사라지므로 완충용액의 조건을 만족하지 않는다.
③ HCl + CH_3COONa ⇌ CH_3COOH + NaCl
　　0.1　　　0.2
　－0.1　　－0.1　　　　+0.1
　　　　　　0.1　　　　　0.1
∴ CH_3COOH - CH_3COONa
약산-그 약산의 짝염기를 포함하는 염이 존재하므로 완충용액의 조건을 만족한다.

03 ③　04 ②

실전 유형문제

05 2022년 경기도9급

다음 화합물을 물에 녹였을 때 액성이 같은 것끼리 묶여진 것은?

| ㉠ KClO₄ | ㉡ KNO₂ | ㉢ Na₂CO₃ |
| ㉣ CuCl₂ | ㉤ NaCl | ㉥ K₃PO₄ |

① ㉠, ㉡, ㉢
② ㉡, ㉣, ㉤
③ ㉡, ㉢, ㉥
④ ㉢, ㉤, ㉥

해설
- 염기성 : ㉡, ㉢, ㉥
- 중성 : ㉠, ㉤
- 산성 : ㉣

06 2021년 지방직9급

0.1M CH₃COOH(aq) 50mL를 0.1M NaOH(aq) 25mL로 적정할 때, 알짜 이온 반응식으로 옳은 것은? (단, 온도는 일정하다.)

① $H_3O^+(aq) + OH^-(aq) \rightarrow 2H_2O(l)$
② $CH_3COOH(aq) + NaOH(aq) \rightarrow CH_3COONa(aq) + H_2O(l)$
③ $CH_3COOH(aq) + OH^-(aq) \rightarrow CH_3COO^-(aq) + H_2O(l)$
④ $CH_3COO^-(aq) + Na^+(aq) \rightarrow CH_3COONa(aq)$

해설 알짜 이온 반응식
① 강산 + 강염기 : $H^+ + OH^- \rightarrow H_2O$
② 약산 + 강염기 : CH₃COOH + NaOH는 다음과 같이 표현한다.
  $CH_3COOH + OH^- \rightarrow CH_3COO^- + H_2O$

07 2020년 지방직9급

25°C에서 측정한 용액 A의 [OH⁻]가 1.0×10^{-6} M일 때, pH값은? (단, [OH⁻]는 용액 내의 OH⁻ 몰농도를 나타낸다.)

① 6.0
② 7.0
③ 8.0
④ 9.0

해설 $K_w = [H^+][OH^-] = 10^{-14}$
$[H^+] = 10^{-8}$, pH = 8

ANSWER 05 ③ 06 ③ 07 ③

08 2019년 지방직9급

아세트산(CH_3COOH)과 사이안화수소산(HCN)의 혼합 수용액에 존재하는 염기의 세기를 작은 것부터 순서대로 바르게 나열한 것은? (단, 아세트산이 사이안화수소보다 강산이다.)

① $H_2O < CH_3COO^- < CN^-$
② $H_2O < CN^- < CH_3COO^-$
③ $CN^- < CH_3COO^- < H_2O$
④ $CH_3COO^- < H_2O < CN^-$

해설
$$CH_3COOH + H_2O \rightleftarrows CH_3COO^- + H_3O^+$$
  약산   약염기   강염기   강산

$$HCN + H_2O \rightleftarrows CN^- + H_3O^+$$
  약산   약염기   강염기   강산

산의 세기 : $H_3O^+ > CH_3COOH > HCN$
염기 세기 : $CN^- > CH_3COO^- > H_2O$

09 2017년 지방직9급

다음은 25°C 수용액 상태에서 산의 세기를 비교한 것이다. 옳은 것만을 모두 고른 것은?

| ㄱ. $H_2O < H_2S$ | ㄴ. $HI < HCl$ |
| ㄷ. $CH_3COOH < CCl_3COOH$ | ㄹ. $HBrO < HClO$ |

① ㄱ, ㄴ
② ㄷ, ㄹ
③ ㄱ, ㄷ, ㄹ
④ ㄴ, ㄷ, ㄹ

해설 같은 족에서의 산의 세기는 원자 사이의 결합력으로 결정한다.
HI가 HCl보다 결합길이가 길어서 결합력이 약하다. 따라서 쉽게 끊어지면서 H^+이 더 많이 생성된다.

10 2017년 지방직9급

다음 화합물들에 대한 설명으로 옳은 것은?

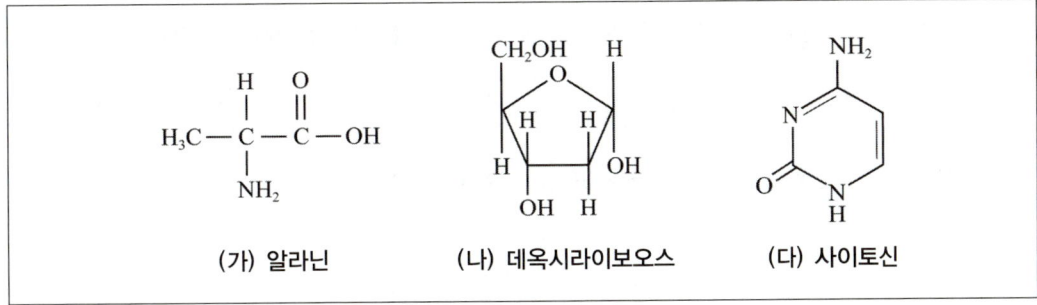

(가) 알라닌   (나) 데옥시라이보오스   (다) 사이토신

ANSWER 08 ①   09 ③   10 ②

① (가)는 뉴클레오타이드를 구성하는 기본 단위이다.
② (가)는 브뢴스테드-로우리 산과 염기로 모두 작용할 수 있다.
③ (나)는 단백질을 구성하는 기본 단위이다.
④ 데옥시라이보핵산(DNA)에서 (다)는 인산과 직접 연결되어 있다.

해설 (가)는 아미노산, 양쪽성 물질
(나)는 핵산의 단위, 인산, 염기와 공유결합을 하고 있다. 양쪽성 물질
(다)는 염기로서 당과 공유결합

11 2017년 지방직9급

0.100M CH_3COOH($K_a = 1.80 \times 10^{-5}$) 수용액 20.0mL에 0.100M NaOH 수용액 10.0mL를 첨가한 후, 용액의 pH를 구하면? (단, log1.80 = 0.2550이다.)

① 2.875
② 4.745
③ 5.295
④ 7.875

해설 $CH_3COOH + NaOH \rightleftharpoons CH_3COONa + H_2O$
($MV_{(L)} =$ 몰수)

처음	2mmol	1mmol	
반응	-1	-1	+1
평형	1		1

$CH_3COOH - CH_3COONa$가 동시에 존재하는 완충용액

$pH = pK_a + \log\dfrac{[CH_3COO^-]}{[CH_3COOH]}$, $pH = pK_a$ ∴ 4.745

12 2016년 서울시9급

25°C에서 $[OH^-] = 2.0 \times 10^{-5}$M일 때, 이 용액의 pH 값은? (단, log2 = 0.30)

① 1.80
② 4.70
③ 9.30
④ 11.20

해설 $pOH = -\log 2 \times 10^{-5} = 4.7$, $pH + pOH = 14$이므로 $pH = 9.3$

ANSWER 11 ② 12 ③

13 [2016년 서울시9급]

25°C에서 수산화알루미늄 Al(OH)₃의 용해도곱 상수(K_{sp})가 3.0×10^{-34}이라면, pH 10으로 완충된 용액에서 Al(OH)₃(s)의 용해도는 얼마인가?

① 3.0×10^{-22}M
② 3.0×10^{-17}M
③ 1.73×10^{-17}M
④ 3.0×10^{-4}M

해설

	Al(OH)₃ ⇌	Al³⁺	+ 3OH⁻
처음			10^{-4}
반응		+S	+3S
평형		S	(10^{-4}+3S)

$K_{sp} = [Al^{3+}][OH^-]^3 = S(10^{-4}+3S)^3 = 3 \times 10^{-34}$
∴ $S = 3 \times 10^{-22}$

14 [2015년 국민안전처9급]

다음 중 4g의 NaOH를 중화시키는데 필요한 1mol/L HCl 수용액의 부피는?

① 100mL
② 200mL
③ 500mL
④ 1000mL

해설
H⁺ 몰수 = OH⁻ 몰수
$nMV = n'M'V'$
$1 \times 1 \times V = 0.1$몰 ∴ 0.1L, 즉 100mL이다.

15 다음 화학반응의 평형상수 K_{eq}는?

HC≡CH + :ṄH₂⁻ $\underset{}{\overset{K_{eq}}{\rightleftharpoons}}$ HC≡C:⁻ + :NH₃
pK_a = 25   pK_a = 38

① 13
② 1/13
③ 10^{-13}
④ 10^{13}

해설 pK_a는 K_a값을 $-\log$로 치환한 값이다.

HC≡CH ⇌ HC≡C:⁻ + H⁺, $K_a = 10^{-25}$

$-\ddot{N}H_3 \rightleftharpoons -\ddot{N}H_2 - H^+, Ka = \dfrac{1}{10^{-38}}$

HC≡CH + ṄH₂ ⇌ HC≡C:⁻ + ṄH₃, $K_t = 10^{13}$

ANSWER 13 ① 14 ① 15 ④

16 1.0×10^{-4}M HBr 수용액에서 H_2O의 자체 이온화에 의해 생성된 H^+의 농도는?

① 1.0×10^{-4}M
② 1.0×10^{-7}M
③ 1.0×10^{-10}M
④ 1.0×10^{-14}M

해설 H_2O는 원래 $[H^+]$, $[OH^-]$가 10^{-7}씩 존재한다. 그런데 여기선 HBr 속에서 이온화가 될 때를 묻고 있다.

$$H_2O \rightleftharpoons H^+ + OH^-$$

처음		10^{-4}	
이온화		$+x$	$+x$
평형		$10^{-4}+x$	x

$K_w = [H^+][OH^-] = 10^{-14}$
$10^{-4}x = 10^{-14}$ $x = 10^{-10}$
따라서 10^{-10}M가 된다.

17 다음은 25°C에서 옥살산칼슘(CaC_2O_4)의 용해 평형과 관련된 반응식과 평형상수이다.

$$CaC_2O_4(s) \rightleftharpoons Ca^{2+}(aq) + C_2O_4^{2-}(aq) \quad K_{sp} = 1.3 \times 10^{-8}$$
$$H_2C_2O_4(aq) \rightleftharpoons H^+(aq) + HC_2O_4^-(aq) \quad K_{a1} = 5.4 \times 10^{-2}$$
$$HC_2O_4^-(aq) \rightleftharpoons H^+(aq) + C_2O_4^{2-}(aq) \quad K_{a2} = 5.4 \times 10^{-5}$$

과량의 고체 옥살산 칼슘으로 포화된 수용액에서 옥살산 칼슘의 용해도에 대한 설명으로 옳은 것만을 〈보기〉에서 있는 대로 고른 것은? (단, 용해도의 단위는 mol/L이다.)

보기
ㄱ. 물을 첨가하면 용해도가 증가한다.
ㄴ. $Na_2C_2O_4$을 첨가하면 용해도가 증가한다.
ㄷ. 묽은 질산을 첨가하면 용해도가 증가한다.

① ㄱ
② ㄷ
③ ㄱ, ㄴ
④ ㄱ, ㄷ

해설 ㄱ. 물을 첨가하면 더 많이 녹지만 그만큼 물도 첨가되었으므로 용해도는 일정하다.
ㄴ. $C_2O_4^{2-}$가 들어가면 공통 이온화 효과로 용해도는 감소한다.
ㄷ. CaC_2O_4는 염기성 불용성 염이므로 산을 첨가하면 용해도가 증가한다.

16 ③ 17 ②

18 37°C의 순수한 물에 대한 설명으로 옳은 것은? (단, 37°C에서 물의 자동 이온화상수(K_w)는 2.5×10^{-14}이다.)

① $[H^+] > 10^{-7}M$
② $[OH^-] = 10^{-7}M$
③ pH = 7
④ pH > pOH

해설 25°C에서 $[H^+][OH^-] = 10^{-14}$, pH 7 + pOH 7 = 14이다.
온도가 올라가면 이온화도가 증가하므로
$[H^+]$, $[OH^-]$ 모두 10^{-7}보다 크고 pH와 pOH 모두 감소한다.

19 1M HCN($K_a = 6.2 \times 10^{-10}$)과 5M HNO_2($K_a = 4 \times 10^{-4}$)가 들어 있는 용액이 있다. 이 용액의 pH와 평형상태에서 이 용액 중의 CN^-의 농도는 약 얼마인가?

① pH 1.35, 4.5×10^{-2}
② pH 2.35, 4.5×10^{-2}
③ pH 1.35, 1.4×10^{-8}
④ pH 2.35, 1.4×10^{-8}

해설 1M HCN($K_a = 6.2 \times 10^{-10}$), 5M HNO_2($K_a = 4 \times 10^{-4}$)이므로 두 용액을 혼합했을 때 $[H^+]$는 거의 HNO_2로 부터 생성되었다고 봐야 한다.

	HNO_2	⇌	H^+	+	NO_2^-
처음	5		0		0
이온화	$-x$		$+x$		$+x$
평형	$5-x$		x		x

$K_a = \dfrac{[H^+][NO_2^-]}{[HNO_2]} = \dfrac{x^2}{5-x} = 4 \times 10^{-4}$

$x^2 = 20 \times 10^{-4}$ $x \fallingdotseq 4.5 \times 10^{-2}$
pH = 2 − log 4.5 = 1.35

	HCN	⇌	H^+	+	CN^-
처음	1		4.5×10^{-2}		0
이온화	$-x$		$+x$		$+x$
평형	$1-x$		$4.5 \times 10^{-2} + x$		x

$K_a = \dfrac{[H^+][CN^-]}{[HCN]} = \dfrac{(4.5 \times 10^{-2} + x)x}{1-x} = 6.2 \times 10^{-10}$

$x = \dfrac{6.2 \times 10^{-10}}{4.5 \times 10^{-2}} \fallingdotseq 1.4 \times 10^{-8}$

18 ①   19 ③

20 다음 물질들이 녹아 있는 0.02M 용액에 CuCl을 녹이려 할 때 가장 적게 녹는 용액은?

① NaCl
② Na_2CO_3
③ $CaCl_2$
④ $Cu(NO_3)_2$

해설 Cl^-가 많이 녹아 있을 때 Cu^+Cl^-을 첨가하면 Cl^-가 많아져서 Cl^-가 사라지는 역반응이 진행되어 용해도가 감소한다.
그런데 Na^+Cl^-보다 $Ca^{2+}Cl_2^-$가 Cl^-가 2배로 많으므로 역반응이 진행이 더 잘되서 용해도가 더 감소한다.

21 다음과 같이 A~C의 세 가지 용액을 만들었다.

> A : $CH_3COONa(s)$ 0.1몰을 물에 녹여 2L 용액을 만들었다.
> B : $CuSO_4(s)$ 0.2몰을 물에 녹여 1L 용액을 만들었다.
> C : $KCl(s)$ 0.1몰을 물에 녹여 1L 용액을 만들었다.

용액 A~C에 대한 설명으로 옳은 것을 〈보기〉에서 모두 고른 것은?

보기
ㄱ. pH를 비교하면 A > C > B이다.
ㄴ. 전기 전도도를 비교하면 B > C > A이다
ㄷ. A에서 이온농도를 비교하면 $CH_3COO^- > Na^+$이다.
ㄹ. B에서 이온농도를 비교하면 $Cu^{2+} < SO_4^{2-}$이다.

① ㄱ, ㄴ
② ㄴ, ㄷ
③ ㄱ, ㄴ, ㄹ
④ ㄱ, ㄷ, ㄹ

해설
A : 0.05M CH_3COONa 염기성
B : 0.2M $CuSO_4$ 산성 ⇒ 강한 쪽의 액성을 따라간다.
C : 0.1M KCl 중성

ㄱ. pH : A > C > B
ㄴ. 강산, 강염기가 아니라 모두 염이다. 농도가 높을수록 전기전도성이 커지므로 B > C > A이다.
ㄷ. 강염기로부터 생성된 Na^+는 물속에서 이온화가 되어 있고, 이온화가 잘 안 되는 CH_3COO^-는 일부가 H_2O 속의 H^+과 반응해서 CH_3COOH이 생성된다. 따라서 $CH_3COO^- < Na^+$이다.
ㄹ. 강산으로부터 생성된 SO_4^{2-}는 물속에서 이온화가 되어 있고 이온화가 잘 안 되는 Cu^{2+}는 H_2O 속의 OH^-와 반응해서 $Cu(OH)_2$가 된다. 따라서 $Cu^{2+} < SO_4^{2-}$이다.

ANSWER 20 ③ 21 ③

22 0.1M CH₃COOH(pK_a = 4.75) 20mL에 0.2M NaOH 5mL를 적정하였을때 용액의 pH는?

① 2.89
② 6.21
③ 3.97
④ 4.75

해설 완충용액의 pH를 구하는 문제이다.

$$pH = pK_a + \log \frac{[A^-]}{[HA]}$$ 에 대입하면 된다.

$$CH_3COOH + OH^- \rightleftharpoons CH_3COO^- + H_3O^+$$

처음	2mmol	1mmol	
반응	−1	−1	+1
평형	1mmol		1mmol

$pH = 4.75 + \log \frac{1}{1} = 4.75$ 가 된다.

23 다음 각 두 물질의 산의 세기를 옳게 비교하고, 그 원인을 옳게 짝지은 것은?

산의 세기	원인
① HF > HCl	결합에너지
② H₂S < H₂O	S와 O의 크기
③ HClO₃ > HClO₄	O의 개수
④ H₂S < HCl	S와 Cl의 전기 음성도

해설 ① 같은 족의 수소산은 결합 E를 이용해서 정한다. HCl이 원자 간 거리가 멀어 결합력이 약해져서 결합 E가 작다. 결합력이 약하므로 H⁺가 잘 생성되어 산성도가 크다. HF < HCl
② S와 O는 같은 16족이므로 원자간 결합력으로 비교한다. H₂S가 원자간 거리가 더 멀어서 H⁺이 잘 떨어져 나오므로 산성도가 더 크다.
③ 전자를 잘 당기는(=전기음성도가 큰) 산소의 개수가 많을수록, 즉 HClO₄에서 H가 전자를 잘 잃어서 H⁺가 많이 생성되어 산성도가 더 크다. HClO₃ < HClO₄
④ 역시 전기음성도로 비교한다. 전기음성도가 큰 염소가 전자를 잘 당기면 HCl은 H은 전자를 잘 잃고 H⁺가 많이 생성된다.

ANSWER 22 ④ 23 ④

24 25°C에서 탄산의 단계별 이온화상수는 다음과 같다.

> ⟨1단계⟩ $H_2CO_3 + H_2O \rightleftharpoons H_3O^+ + HCO_3^-$ $K_a = 4.0 \times 10^{-7}$
> ⟨2단계⟩ $HCO_3^- + H_2O \rightleftharpoons H_3O^+ + CO_3^{2-}$ $K_a = 5.0 \times 10^{-11}$

이에 대한 설명으로 옳은 것을 〈보기〉에서 모두 고른 것은?

─● 보기 ├─
ㄱ. 짝염기의 세기는 $CO_3^{2-} > H_2O > HCO_3^-$ 이다.
ㄴ. HCO_3^-는 양쪽성 물질이다.
ㄷ. $H_2CO_3 + 2H_2O \rightleftharpoons 2H_3O^+ + CO_3^{2-}$ 반응의 이온화상수(K_a)는 2.0×10^{-17}이다.

① ㄱ
② ㄴ
③ ㄷ
④ ㄴ, ㄷ

해설 ⟨1단계⟩
$H_2CO_3 + H_2O \rightleftharpoons H_3O^+ + HCO_3^-,\ K_a = 4 \times 10^{-7}$
  약산   약염기   강산   강염기

⟨2단계⟩
$HCO_3^- + H_2O \rightleftharpoons H_3O^+ + CO_3^{2-},\ K_a = 5 \times 10^{-11}$
  약산   약염기   강산   강염기

이온화상수가 작으므로 반응물이 약산, 약염기, 생성물이 강산, 강염기가 된다.

ㄱ. 역반응의 이온화상수는 $\dfrac{1}{K}$이므로 역반응의 이온화상수가 가장 큰 CO_3^{2-}가 염기의 세기가 가장 크다. $CO_3^{2-} > HCO_3^- > H_2O$
ㄴ. HCO_3^-는 산으로도 작용했고, 염기로도 작용한 양쪽성 물질이다.
ㄷ. 여러 단계로 이온화되는 반응에서 각각의 이온화상수의 곱은 전체 이온화상수와 같다. 1단계 + 2단계 → $H_2CO_3 + 2H_2O \rightleftharpoons 2H_3O^+ + CO_3^{2-}$가 나온다.
두 이온화상수의 곱은 2×10^{-17}이다.

25 다음의 두 수용액이 부피비 1 : 1로 혼합될 때 완충용액으로 가장 적절한 것은?

① 0.1M HCl + 0.15M NH_3
② 0.1M HCl + 0.05M NaOH
③ 0.1M HCl + 0.2M CH_3COOH
④ 0.1M HCl + 0.2M NaCl

해설 완충용액은 (약산 - 그 약산의 짝염기로 구성 / 약염기 - 그 약염기의 짝산으로 구성)

ANSWER 24 ④ 25 ①

```
        HCl     +    NH₃    ⟶  NH₄Cl
        0.1M         0.15M
       −0.1M        −0.1M         +0.1M
       ─────────────────────────────────
                     0.05M         0.1M
```

$NH_3 - NH_4Cl$이 혼합되어 있으므로 완충용액으로 작용할 수 있다.
강산과 그 강산의 짝염기로 구성되어 있으면 완충용액으로 작용할 수 없다.

26 HF 용액을 KOH로 적정하였다. 적정 후 용액에 포함된 것은 다음 중 무엇인가?

① HF와 KOH의 양이 똑같이 존재한다.   ② H_2O, H^+, OH^-, K^+, F^-, HF
③ K^+, F^- ④ KF, H_2O

해설 $HF + KOH \rightleftharpoons K^+F^- + H_2O$

HF는 약산이므로 대부분 이온화되지 않는 상태로 존재, H_2O도 H^+과 OH^-이 $10^{-7}M$씩 이온화되어 있다. 따라서 HF, H^+, OH^-, H_2O, K^+, F^-가 모두 존재한다.

27 이산화탄소 기체가 물에 녹으면 다음과 같이 이온화한다.

- 용해 : $CO_2(g) + H_2O(l) \rightleftharpoons H_2CO_3(aq)$
- 이온화 : $H_2CO_3(aq) + H_2O(l) \rightleftharpoons HCO_3^-(aq) + H_3O^+(aq)$ $K_{a1} = 4.3 \times 10^{-7}$
  $HCO_3^-(aq) + H_2O(l) \rightleftharpoons CO_3^{2-}(aq) + H_3O^+(aq)$ $K_{a2} = 4.8 \times 10^{-11}$

이산화탄소가 많이 녹아 있는 사이다의 병마개를 열었더니 거품이 많이 생겼다. 이때 나타나는 현상으로 옳은 것을 〈보기〉에서 모두 고른 것은?

보기
ㄱ. K_{a2}는 감소한다.
ㄴ. pH는 증가한다.
ㄷ. 역반응 속도가 정반응 속도보다 빠르다.

① ㄱ   ② ㄴ
③ ㄷ   ④ ㄴ, ㄷ

해설 ㄱ. 이온화상수(K_{a2})는 온도에 의해서만 변한다. 높은 압력에서 CO_2가 물에 녹아서 이온화가 되어 있었는데 병마개를 열면 압력이 낮아지므로 CO_2가 밖으로 빠져나온다. (기체는 압력이 높을수록 용해도가 증가) CO_2가 밖으로 빠져나오려면 역반응이 우세하게 진행되고, 역반응이 우세하게 진행되면 H_3O^+이 사라져서 산성도가 떨어지고 pH는 증가한다.

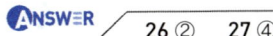

26 ② 27 ④

28 HCl 0.1몰과 Ba(OH)$_2$ 0.1몰을 물에 녹여 1L의 혼합용액을 만들었다. 이 용액의 pH는? (log2=0.3)

① 10
② 11
③ 12.7
④ 13

해설
$$2HCl + Ba(OH)_2 \rightleftarrows BaCl_2 + 2H_2O$$

처음	0.1	0.1	0
반응	−0.1	−0.05	+0.1
평형		0.05	0.1

Ba(OH)$_2$가 5×10^{-2}이므로 [OH$^-$]는 10^{-1}이다.
따라서 pOH=log 10^{-1}=1
pH+pOH=14이므로 pH=13이 나온다.

29 0.1M H$_2$SO$_4$ 30mL에 0.1M NaOH 수용액 15mL를 섞었다. 0.1M KOH 수용액 몇 mL를 더 섞으면 완전히 중화되는가?

① 4.5mL
② 9mL
③ 45mL
④ 55mL

해설 완전중화 → H$^+$ 몰수=OH$^-$ 몰수
$nMV = n'M'V'$
$2 \times 0.1 \times 30 = 1 \times 0.1 \times 15 + 1 \times 0.1 \times V$
따라서 V=45mL

30 0.1M HNO$_3$ 수용액 10mL와 0.1M H$_2$SO$_4$ 수용액 20mL가 혼합되어 있는 용액을 0.1M NaOH 수용액으로 적정하였다. 중화반응이 완결될 때까지 소모되는 NaOH 수용액의 부피는?

① 25mL
② 50mL
③ 75mL
④ 100mL

해설 역시 완전중화공식을 이용한다.
H$^+$ 몰수=OH$^-$ 몰수
$nMV = n'M'V'$
$1 \times 0.1 \times 10 + 2 \times 0.1 \times 20 = 1 \times 0.1 \times V$
따라서 V=50mL가 나온다.

ANSWER 28 ④ 29 ③ 30 ②

31 25°C에서 몇 가지 산의 이온화상수(K_a)와 그 짝염기는 다음 표와 같다.

짝산	산의 이온화상수(K_a)	짝염기
HF	6.7×10^{-4}	F^-
H_3PO_4	7.1×10^{-3}	$H_2PO_4^-$
CH_3COOH	1.8×10^{-5}	CH_3COO^-
H_2CO_3	4.4×10^{-7}	HCO_3^-

가장 강한 산과 짝염기 중 가장 강한 염기를 옳게 짝지은 것은?

	(산)	(염기)
①	HF	F^-
②	H_3PO_4	$H_2PO_4^-$
③	H_3PO_4	HCO_3^-
④	H_2CO_3	HCO_3^-

해설 이온화상수가 가장 큰 산이 가장 강한 산이고, 역반응의 이온화상수가 가장 큰 염기가 가장 강한 염기이다.

가장 강산 → $K_a = 7.1 \times 10^{-3}$인 H_3PO_4

가장 강한 염기 → $\dfrac{1}{K_a} = \dfrac{1}{4.4 \times 10^{-7}}$인 HCO_3^-

32 암모니아 3.4g을 물에 녹여 암모니아수 1000mL를 만들었다. 이 용액 10mL를 중화시키는데 필요한 0.1M HCl 수용액의 부피는? (단, 암모니아의 분자량은 17이다.)

① 5mL ② 10mL
③ 15mL ④ 20mL

해설 HCl과 NH_4OH의 중화반응이므로 완전중화공식을 이용한다.
암모니아수의 몰수는 0.2몰이다. 1000mL에 0.2몰이 녹아 있으므로 10mL에는 0.002몰이 녹아 있다.
이 암모니아수를 완전중화시키려면 HCl도 0.002몰이 있어야 한다.
0.002몰=1×0.1×0.02L 따라서 20mL가 된다.
mol일 때는 부피를 L를 써야 하고, mmol일 때는 부피를 mL 써야 한다.

ANSWER 31 ③ 32 ④

33 다음 〈보기〉의 염 1몰씩을 1L의 물에 녹였을 때 수용액의 pH를 크기 순으로 옳게 나타낸 것은?

> • 보기 •
>
> ㄱ. CH_3COONa ㄴ. NH_4Cl ㄷ. $NaCl$

① ㄱ > ㄴ > ㄷ
② ㄱ > ㄷ > ㄴ
③ ㄴ > ㄱ > ㄷ
④ ㄴ > ㄷ > ㄱ

해설 "강한 쪽의 액성을 따라간다." 반드시 강산의 종류 6가지와 강염기의 종류 8가지를 기억해야 한다.
CH_3COONa : 염기성
NH_4Cl : 산성
$NaCl$: 중성
따라서 pH → ㄱ > ㄷ > ㄴ이 된다.

34 다음 중 25°C에서 0.1M HCl 수용액 20mL와 0.2M NaOH 수용액 20mL를 혼합한 용액의 pH와 pOH를 옳게 짝지은 것은? (단, log5 = 0.7이다.)

	pH	pOH		pH	pOH
①	1	13	②	1.3	12.7
③	12.7	1.3	④	2.4	11.6

해설 중화반응은 반드시 몰수로 계산해야 한다.

$$HCl + NaOH \rightleftarrows NaCl + H_2O$$

처음	2mmol	4mmol	0
반응	-2	-2	$+2$
평형	0	2mmol	2

OH^-가 남아 있으므로 pOH를 먼저 구하고, pH+pOH=14를 구한다.

혼합용액 = $\dfrac{2mmol}{40mL}$, 몰농도는 1000mL 속에 포함되어 있는 용질의 몰수이다.

$[OH^-] = \dfrac{50mmol}{1000mL}$, 즉 $\dfrac{0.05mol}{1000mL} = 0.05M$

pOH를 이용한다.
$pOH = -\log 5 \times 10^{-2}$ pH+pOH=14
따라서 pH=12.7.=2-log5=1.3

ANSWER 33 ② 34 ③

35 25°C에서 아세트산(CH_3COOH)의 $K_a = 1.8 \times 10^{-5}$이다. 같은 온도에서 아세트산나트륨(CH_3COONa) 0.1몰과 아세트산 0.1몰을 증류수에 용해하여 1L 혼합용액을 만들었을 때, 용액 중의 $[H_3O^+]$를 구한 것으로 옳은 것은?

① 1.8×10^{-6}
② 3.6×10^{-6}
③ 1.8×10^{-5}
④ 3.6×10^{-5}

해설 아세트산의 이온화상수(K_a)는 다음과 같이 나타낼 수 있다.

$$K_a = \frac{[CH_3COO^-][H_3O^+]}{[CH_3COOH]} = 1.8 \times 10^{-5}$$

아세트산나트륨은 수용액에서 다음과 같이 완전히 이온화된다.

$$CH_3COONa \longrightarrow CH_3COO^- + Na^+$$

$[CH_3COOH] = 0.1M$

$[CH_3COONa] = [CH_3COO^-] = 0.1M$

$$K_a = \frac{0.1 \times [H_3O^+]}{0.1} = 1.8 \times 10^{-5}$$

$[H_3O^+] = 1.8 \times 10^{-5}M$

36 어떤 약산 0.02M인 HA 100mL에 0.01M NaOH를 100mL를 가해 완충용액을 제조하였다(HA의 $pK_a = 5$). 이 완충용액에 부피 변화가 없는 상태로 8mg의 NaOH를 가했을 때 pH는 얼마인가? (원자량: Na = 23, O = 16, H = 1)

① 4.8
② 5
③ 5.2
④ 11

해설

	HA	+	NaOH	⇌	NaA	+	H_2O
처음	2mmol		1.2mmol		0		0
반응	−1.2		−1.2		+1.2		
나중	0.8				1.2		

NaOH → 0.01M 100mL + 8mg,

몰수 $= \frac{8}{40} = 0.2$mmol

약산과 그 약산의 짝염기(HA-A⁻)가 동시에 존재하므로 완충용액을 형성하고 완충용액의 pH를 구하면 된다.

$$pH = pK_a + \log\frac{[A^-]}{[HA]} \rightarrow 5 + \log\frac{3}{2} = 5 + \log3 - \log2 \fallingdotseq 5.2$$

37 0.2M H₂SO₄ 수용액 20mL를 중화시키는데 필요한 수산화나트륨(NaOH)의 질량은? (단, NaOH의 화학식량은 40이다.)

① 0.02g ② 0.04g
③ 0.08g ④ 0.32g

해설 완전중화 때까지 들어간 NaOH의 질량을 구하려면 완전중화가 될 때까지 들어간 NaOH 몰수를 구해야 한다.
$nMV = n'M'V'$
$2 \times 0.2 \times 20 = 8\text{mmol}$
따라서 NaOH 8mmol(0.008mol)이 필요하다.
몰수$= \dfrac{\text{질량}}{\text{화학식량}}$, $0.008 = \dfrac{x}{40}$
필요한 NaOH의 질량은 0.32g이 나온다.

38 다음 중 가수분해하여 산성을 나타내는 염은?

① K₂SO₄ ② NH₄NO₃
③ Na₂CO₃ ④ NaCl

해설 "강한 쪽의 액성을 따라 간다."
K₂SO₄ : 중성
NH₄NO₃ : 산성
Na₂CO₃ : 염기성
NaCl : 중성
CH₃COONa : 염기성

39 NH₃의 $K_b = 1.0 \times 10^{-5}$인 온도에서 0.1M NH₄Cl 수용액의 pH를 구한 것으로 옳은 것은?

① 3.5 ② 4.0
③ 4.5 ④ 5.0

해설 여기서는 새로운 공식이 나온다.
$K_w = [\text{H}^+][\text{OH}^-] = 10^{-14}$
$K_w = K_a \times K_b = 10^{-14}$
$\text{NH}_3 + \text{H}_2\text{O} \rightleftarrows \text{NH}_4^+ + \text{OH}^-$, $K_b = 10^{-5}$

ANSWER 37 ④ 38 ② 39 ④

그런데 NH_3은 약염기이므로 이온화가 잘 안된다. 따라서 NH_4^+가 H_2O와 반응해서 NH_3로 가려는 성질이 있다.

$NH_4^+ + H_2O \rightleftarrows NH_3 + H_3O^+$

여기서 $[H_3O^+]$를 $-\log$로 치환한게 pH이다. 그런데 $[H_3O^+]$를 알 수 없으므로 직접 구해야 한다.

$pH = -\log nCa$을 이용해서 a값을 구해야 하는데 $K_a = Ca^2$을 이용해야 한다.

그런데 K_a가 나와 있지 않으므로 $K_w = K_a \times K_b$를 이용해서 K_a를 구한다.

$K_a = \dfrac{K_w}{K_b} = \dfrac{10^{-14}}{10^{-5}} = 10^{-9}$

따라서 $K_a = Ca^2$은 $10^{-9} = 10^{-1}a^2$ $a = 10^{-4}$이다.

$pH = -\log nCa = -\log 1 \times 10^{-1} \times 10^{-4} = 5$

40 NaOH 수용액에 다른 산을 가하면서 각각의 전류의 세기를 측정한 것이다. A는 묽은 염산을, B는 묽은 황산을 가할 때 얻어진 결과이다.

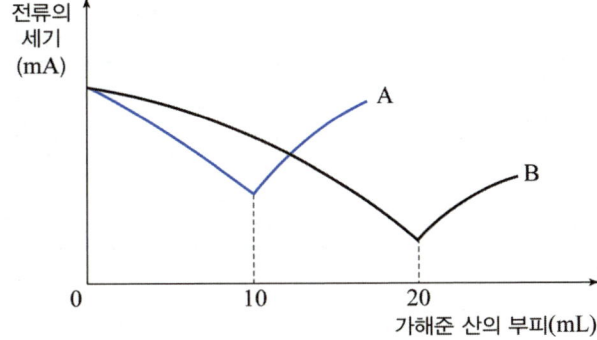

위 실험에서 A, B의 각 중화점에서 발생한 총 이온수의 비는?

① 2 : 3
② 3 : 2
③ 4 : 3
④ 2 : 1

해설 H^+의 몰수와 OH^-의 몰수가 같아서 모두 H_2O로 바뀌면서 액성이 중성이 될 때가 완전중화이다.

A : $2NaOH + 2HCl \rightarrow 2Na^+Cl^- + 2H_2O$

B : $2NaOH + H_2SO_4 \rightarrow Na_2^+ SO_4^{2-} + 2H_2O$

따라서 중화점에서 발생한 이온수의 비는 A : B = 4 : 3이다.

40 ③

CHAPTER 11 산화·환원 평형

1 산화·환원 반응

1 산화·환원 정의

산화	환원
산소와 결합하는 것	산소를 잃는 것
전자를 잃는 것	전자를 얻는 것
수소를 잃는 것	수소를 얻는 것
환원제	산화제
환원력	산화력
환원성	산화성
산화수 증가	산화수 감소

2 산화·환원 반응

- 산화·환원 반응은 반대 개념이다.
- 산화·환원 반응은 동시에 진행된다.

(1) 산소에 의한 산화·환원 반응

① 금속의 산화 : 마그네슘이 산소와 만나서 산화마그네슘으로 산화
   $2Mg(s) + O_2(g) \rightarrow 2MgO(s)$

② 철의 제련 : 산화철(Fe_2O_3)을 환원시켜서 철을 얻을 수 있다.
   $2Fe_2O_3(s) + 3C(s) \rightarrow 4Fe(l) + 3CO_2(g)$

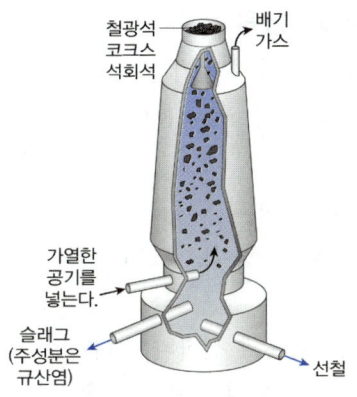

③ 메테인의 연소 : 액화천연가스(LNG)의 주성분인 메테인이 산소와 만나서 이산화탄소로 산화
$$CH_4(g) + 2O_2(g) \rightarrow CO_2(g) + 2H_2O(g)$$

(2) 전기 음성도를 이용한 산화·환원
전기 음성도가 더 큰 원자가 전자를 잘 당겨서 전자를 치우치게 한다.
예) 수소와 산소가 공유결합하여 물(H_2O)이 생성될 때 전기 음성도가 더 큰 산소가 전자를 더 잘 당겨서 전자이동 효과가 나타나는 산화·환원이라고 볼 수 있다.

(3) 전자이동에 의한 산화·환원 반응
① 산화 : 전자를 잃음
② 환원 : 전자를 얻음

예)
$$\underset{\text{환원}}{\overset{\text{산화}}{Zn + Cu^{2+}SO_4^{2-} \rightarrow Zn^{2+}SO_4^{2-} + Cu}}$$

- 산화 : $Zn(s) \rightarrow Zn^{2+}(aq) + 2e^-$
- 환원 : $Cu^{2+}(aq) + 2e^- \rightarrow Cu(s)$
- 결국 Zn에서 Cu^{2+}으로 전자가 이동하면서 산화·환원 반응이 진행되었다.

(4) 수소에 의한 산화·환원 반응

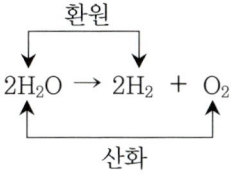

- 수소 잃음 : 산화
- 수소 얻음 : 환원

(5) 산화수의 변화에 의한 산화·환원
　① 산화수의 정의 : 공유결합 물질에서 전기 음성도가 큰 원자가 공유 전자쌍을 모두 차지하는 것으로 가정할 때 각 원자가 갖게 되는 전하수이다.
　② 산화수 규칙
　　㉠ 홑원소 물질의 산화수는 0이다.
　　　예를 들면, 홑원소 물질인 Cu, B, Cl_2, P_4, H_2, O_2, C, Na에서 각 원자의 산화수는 모두 0이다.
　　㉡ 이온의 경우 산화수는 이온의 전하와 같다.
　　　ⓐ Na^+, Cl^-, Mg^{2+}, O^{2-} 등의 이온은 산화수가 각각 +1, -1, +2, -2이다.
　　　ⓑ 다원자 이온에서 원자들의 산화수의 합은 그 이온의 전체 전하와 같다.
　　　ⓒ 화합물에서 1족 금속 원자는 +1, 2족 금속 원자는 +2, 13족 금속 원자는 +3의 산화수를 갖는다.
　　　ⓓ 화합물에서 17족 할로겐에서 F의 산화수는 -1이다.
　　㉢ 화합물에서 모든 원자의 산화수 총합은 0이다.
　　　H_2O에서 O의 산화수는 -2이고, H의 산화수는 +1이므로 위와 같은 관계가 성립한다.
　　㉣ 화합물에서 H의 산화수는 +1이다.
　　　ⓐ H_2CO_3, H_2O, HCl ⇒ 각 화합물에서 H의 산화수는 모두 +1이다.
　　　ⓑ 단, 금속 수소화물에서 수소의 산화수는 -1이다. 예 NaH
　　㉤ 화합물에서 산소의 산화수는 -2이다.
　　　단, 과산화물(H_2O_2)에서 산소의 산화수는 -1, 산소보다 전기음성도가 더 큰 플루오린과 결합했을 때 산소의 산화수는 +2이다.

(6) 산화제와 환원제
　① 산화제 : 자신은 환원되며 다른 물질을 산화시키는 물질
　② 환원제 : 자신은 산화되며 다른 물질을 환원시키는 물질

　예 SO_2 + $2H_2S$ → $2H_2O$ + 3S
　　• 산화제 : SO_2
　　• 환원제 : H_2S

2 전기화학

1 화학전지

(1) 금속의 반응성

> Li > K > Ca > Na > Mg > Al > Zn > Fe > Ni > Sn > pb > (H) > Cu > Hg > Ag > Pt > Au

반응성이 크다. ←──────────────────────────────→ 반응성이 작다.
전자를 잘 잃는다.
양이온이 잘 된다.
(=이온화 경향이 크다.)
산화가 잘 된다.
환원력이 크다.

① 금속의 산화–환원 반응을 통해 발생하는 화학에너지를 전기에너지로 바꾸어 주는 장치이다.
② 반응성 차이가 나는 2개의 금속을 연결시켜 놓으면 반응성 큰 금속이 전자를 잃고 산화가 되고, 반응성 작은 금속에서 환원반응이 일어난다. 이 산화–환원 반응이 일어날 때 전자가 이동하게 되고 전기에너지가 발생한다.

(2) 전지의 구성

① (−)극 : 반응성이 커서 전자 잃고 산화되기 쉬운 금속(이온화 경향이 크다.)
② (+)극 : 반응성이 작은 금속(이온화 경향이 작다.)
   환원반응이 일어나는 전극이다.
③ 전해질 : 물속에서 이온화가 되므로 전기를 잘 통할 수 있는 물질이다.
④ 전자는 (−)극에서 (+)극으로 흐른다.

(3) 볼타전지

① 화학반응 : 반응성 큰 아연이 전자 잃고 산화되고 넘어오는 전자를 수소 이온이 얻어 구리판 위에서 환원반응이 일어난다.

$(-)극 : Zn(s) \rightarrow Zn^{2+}(aq) + 2e^-$ (산화)
$(+)극 : 2H^+(aq) + 2e^- \rightarrow H_2(g)$ (환원)
──────────────────────────────
$Zn + 2H^+ \rightarrow Zn^{2+} + H_2$

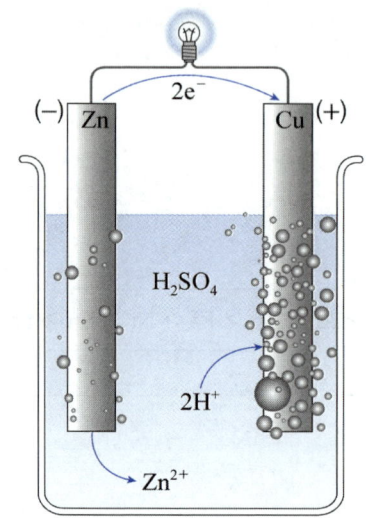

② 반응시 나타나는 현상 : (−)극의 아연판에서 (+)극의 구리판으로 전자가 이동하므로 아연은 전자 잃고 양이온이 되면서 (−)전극의 질량은 감소한다. 넘어가는 전자를 황산의 H^+이 얻어서 (+)극에서 수소 기체가 발생하므로 (+)극의 질량은 변화가 없다.
아연이온의 개수는 증가하고 H^+수는 감소한다. 따라서 산성도는 감소하고 pH는 증가한다.
㉠ (−)극 : 질량 감소, (+)극 : 변화 없음
㉡ Zn^{2+} 증가, H^+ 감소
㉢ 산성도 감소, pH 증가
㉣ 분극 현상이 나타남
→ (+)극인 구리판 표면에서 발생하는 수소 기체로 인해 전해질의 H^+이온이 전자를 받는 환원반응을 방해하여 기전력이 떨어지는 현상
→ 대안 : 감극제를 넣어 H_2를 산화시켜 H_2O로 만든다.
 예 이산화 망가니즈(MnO_2), 과산화수소(H_2O_2), 다이크로뮴산 칼륨($K_2Cr_2O_7$) 등의 산소를 많이 가지고 있는 물질들이 사용된다.

(4) 다니엘전지

① 화학반응 : 반응성 큰 아연이 전자를 잃고 산화되고 넘어오는 전자를 구리이온이 얻어 구리판 위에서 환원반응이 일어난다.

(−)극 : $Zn \rightarrow Zn^{2+} + 2e^-$ (산화)

(+)극 : $Cu^{2+} + 2e^- \rightarrow Cu$ (환원)

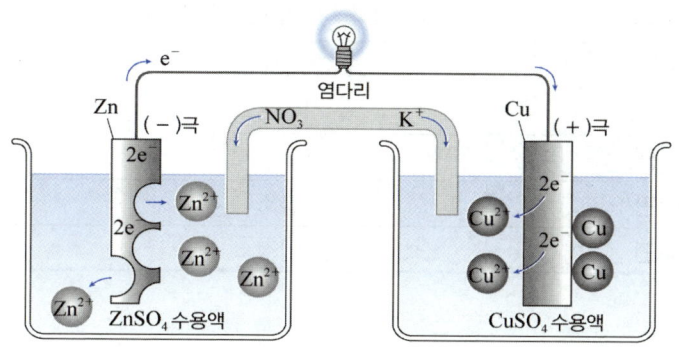

② 표시

　㉠ 염다리는 작대기 2개(∥), 상이 바뀌거나 형태가 바뀌면 작대기 1개(∣)

　㉡ 산화수 변화가 없는 H_2O와 e^-는 표시 안함

　$Zn(s) \mid ZnSO_4(aq) \parallel CuSO_4(aq) \mid Cu(s)$

③ 반응시 나타나는 현상 : (−)극의 아연판에서 (+)극의 구리판으로 전자가 이동하므로 아연은 전자를 잃고 양이온이 되면서 (−)전극의 질량은 감소한다. 넘어가는 전자를 Cu^{2+}이 얻어서 (+)극에서 Cu금속이 석출되므로 (+)극의 질량은 증가한다.

아연이온의 개수는 증가하고 Cu^{2+}수는 감소한다. 푸른색을 띠는 Cu^{2+}이 구리금속으로 석출되므로 (+)극 전해질 수용액의 색깔이 점점 옅어진다.

　㉠ (−)극 : 질량 감소, (+)극 : 질량 증가

　㉡ Zn^{2+} 증가, Cu^{2+} 감소

　㉢ (+)극 전해질 색깔이 옅어진다(푸른색을 띠는 구리이온이 점점 감소하기 때문).

　㉣ (−)극 : SO_4^{2-}이온의 개수는 변함이 없는데, Zn^{2+}의 수만 늘어나고 있다.

　　(+)극 : SO_4^{2-}이온의 개수는 변함이 없는데, Cu^{2+}의 수만 줄어들고 있다.

　　→ 전해질의 전하량의 균형이 맞지 않아서 전지반응이 진행이 안 된다.

　　→ 대안 : 염다리를 설치한다.

염다리

한천과 KCl이나 KNO_3과 같은 수용액을 함께 끓여서 U자관에 넣고 식혀서 만든 장치로서, 이온들이 자유롭게 이동할 수 있다.

(−)극에서 Zn^{2+}의 수가 늘어나면 염다리에서 음이온이 넘어와서 (+), (−)전하 균형을 맞춰주고 (+)극에서 Cu^{2+}의 수가 감소하면 염다리에서 양이온이 넘어와서 (+), (−)전하 균형을 맞춰준다.

• 이온의 이동 통로
• (+), (−) 이온의 균형을 맞춰줌

〈볼타전지와 다니엘전지의 비교〉

구분	볼타전지	다니엘전지
분극현상	○	×
염다리	×	○
Zn판	질량 감소	질량 감소
Cu판	질량 일정	질량 증가

(5) **납축전지**

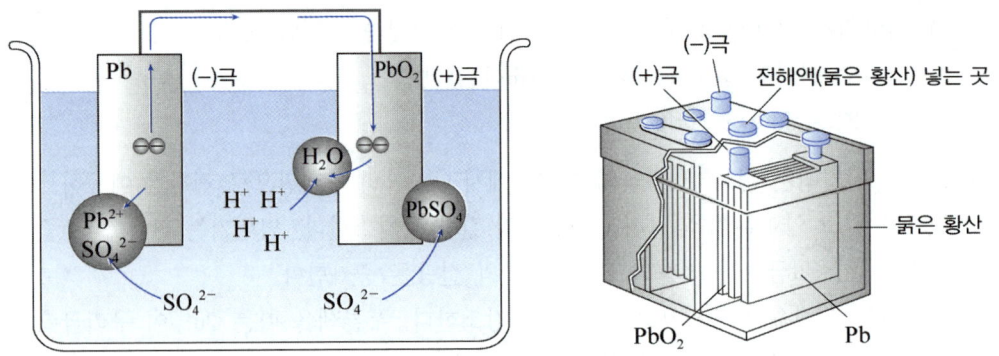

① 전극 반응

(−)극 : $Pb(s) + SO_4^{2-}(aq) \rightarrow PbSO_4(s) + 2e^-$ (산화)

(+)극 : $PbO_2(s) + 4H^+(aq) + SO_4^{2-}(aq) + 2e^- \rightarrow PbSO_4(s) + 2H_2O$ (환원)

전체 반응 : $Pb(s) + PbO_2(s) + 2H_2SO_4 \underset{충전}{\overset{방전}{\rightleftharpoons}} 2PbSO_4 + 2H_2O$

② 반응시 나타나는 현상

㉠ 반응이 일어나면 (−)극과 (+)극에서 모두 침전물인 $PbSO_4$가 생성되어 양쪽 전극 질량이 모두 증가한다.

㉡ H_2SO_4에서 H^+은 H_2O로 변화하고, SO_4^{2-}는 $PbSO_4$ 생성에 관여하므로 산성도는 떨어지고 pH는 증가한다.

㉢ 전해질 밀도 감소

(6) 수소-산소 연료전지

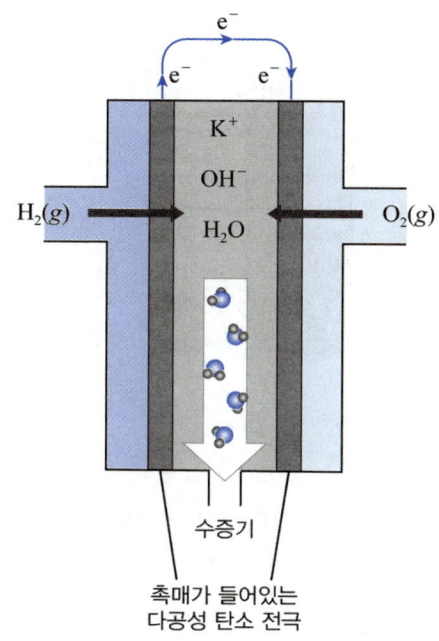

① 화학반응

(−)극 : $2H_2 + 4OH^- \rightarrow 4H_2O + 4e^-$ (산화)

(+)극 : $O_2 + 2H_2O + 4e^- \rightarrow 4OH^-$ (환원)

전체 반응 : $2H_2 + O_2 \rightarrow 2H_2O$

② 반응 시 나타나는 현상
 ㉠ 연료는 무한정이다.
 ㉡ 전해질의 OH^- 개수는 변화 없다.
 ㉢ 전해질 전체 농도는 감소한다.
 ㉣ (−)극, (+)극 질량은 변화 없다.
 ㉤ 환경오염이 없다.

(7) 건전지(아연-탄소 건전지)

① 화학반응

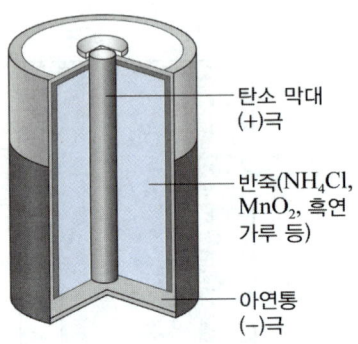

산화 전극(-극) : $Zn(s) \rightarrow Zn^{2+}(aq) + 2e^-$

환원 전극(+극) : $2NH_4^+(aq) + 2MnO_2(s) + 2e^-$
$\rightarrow 2NH_3(aq) + Mn_2O_3(s) + H_2O(l)$

전체 반응 : $Zn(s) + 2NH_4^+(aq) + 2MnO_2(s)$
$\rightarrow Zn^{2+}(aq) + 2NH_3(aq) + Mn_2O_3(s) + H_2O(l)$

② 표시 : $Zn(s) \mid NH_4Cl \mid MnO_2$, $E° = 1.5V$

③ 반응 시 나타나는 현상
  ㉠ 아연 전극의 질량은 감소, 탄소 전극의 질량 변화는 없다.
  ㉡ 전류가 흐르지 않을 때에도 아연 전극과 NH_4^+이 반응한다.
  ㉢ 탄소 막대 주위에 NH_3가 모여 절연막을 형성한다.

2 전지의 기전력 측정

(1) 표준수소전극

25℃에서 1.00M의 H^+용액과 1기압의 수소 기체가 접촉하고 있는 백금 전극
→ 반쪽 전지의 전위차를 0.00V로 정의하여 기준이 되게 한다.

$H^+(aq) \mid H_2(g) \mid Pt(s)$
$2H^+(aq, 1M) + 2e^- \rightarrow H_2(g, 1atm)$ $E° = 0.00V$

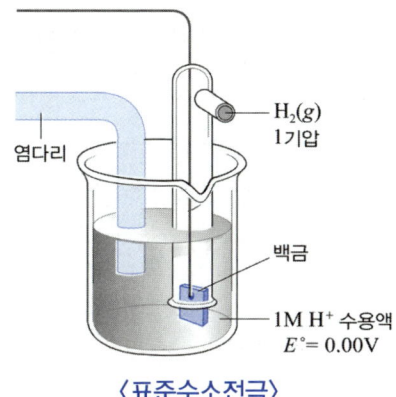

〈표준수소전극〉

(2) 표준환원전위

25°C에서 1M, 1기압의 표준수소전극과 1개의 반쪽전지를 연결시켜서 전지를 만들었을 때 측정되어지는 기전력을 환원반응의 형태로 나타낸 것

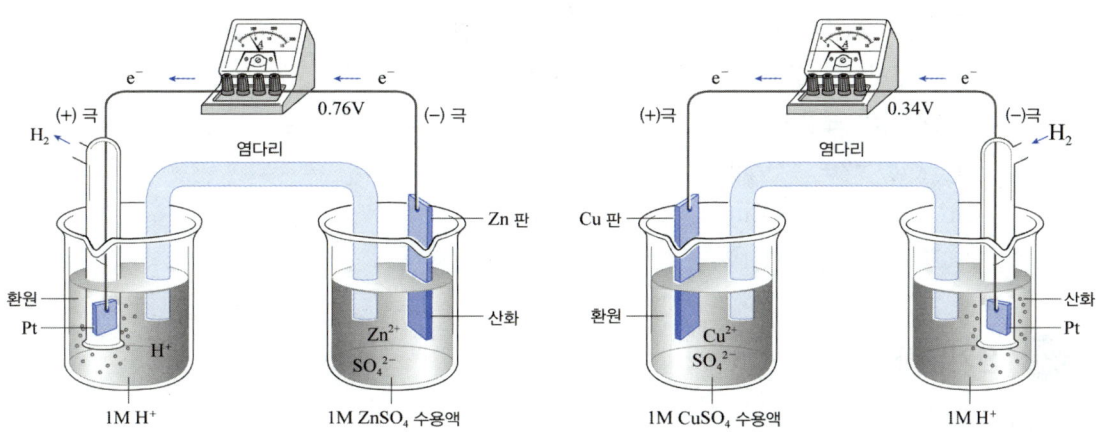

① 표준환원전위의 표시
- $Cu^{2+}(aq) + 2e^- \rightarrow Cu(s)$, $E° = +0.34V$
- $Zn^{2+}(aq) + 2e^- \rightarrow Zn(s)$, $E° = -0.76V$

② 표준환원전위의 의미 : 수소를 기준으로 왼쪽에 있는 금속들은 수소보다 반응성이 크므로 전지에서 (−)극으로 작용해서 표준환원전위가 (−)값이 되고, 수소를 기준으로 오른쪽에 있는 금속들은 수소보다 반응성이 작으므로 (+)극으로 작용해서 표준환원전위가 (+)값이 된다.

$$\text{Li} > \text{K} > \text{Ca} > \text{Na} > \text{Mg} > \text{Al} > \text{Zn} > \text{Fe} > \text{Ni} > \text{Sn} > \text{pb} > (\text{H}) > \text{Cu} > \text{Hg} > \text{Ag} > \text{Pt} > \text{Au}$$
↓
기준

⊖극, 산화
$E°$: −값

⊕극, 환원
$E°$: +값
→ 표준환원 전위($E°$)가 크다.
　=이온화 경향이 작다.
　=반응성이 작다.
　=산화되기 어렵다.

(3) 표준전지전위(= 표준기전력)

① 정의 : 25℃, 용액의 농도가 1M, 1기압에서 2개의 반쪽 전지를 도선으로 연결했을 때 측정되어지는 기전력

② 표준전지전위=환원반응이 일어나는 반쪽 전지의 표준환원전위−산화반응이 일어나는 반쪽 전지의 표준환원전위
　　=환원전극의 표준환원전위 − 산화전극의 표준환원전위

　⑩ 다니엘전지(Zn | Zn^{2+} ∥ Cu^{2+} | Cu)의 표준 기전력
　　• 반쪽전지의 표준환원전위
　　$Zn^{2+}(aq) + 2e^- \rightarrow Zn(s)$, $E° = -0.76V$
　　$Cu^{2+}(aq) + 2e^- \rightarrow Cu(s)$, $E° = +0.34V$
　　⇒ 표준전지전위=1.1V

3 전기분해

(1) 정의

전해질 용액에 전극을 담그고 직류 전류를 흘려주면 용액 속의 이온들이 각각 반대전하를 띤 전극쪽으로 이동하여 산화−환원 반응을 일으키게 된다. 즉, 양이온은 (−)극 쪽으로, 음이온은 (+)극 쪽으로 이동하여 각각의 생성물이 얻어지는데 이러한 현상을 전기분해라고 한다.

(2) 원리

• (−)극 : $A^+ + e^- \rightarrow A$ (환원)
• (+)극 : $B^- \rightarrow B + e^-$ (산화)

① (−)극에서의 반응 : 수소보다 반응성이 큰 금속이온이 존재할 때는 H_2O이 전자를 얻어서 수소 기체가 발생한다.

② (+)극에서 반응 : 수소보다 반응성이 작은 금속이온이 존재할 때는 반응성 작은 금속이온이 전자 얻어서(환원되어서) 금속으로 석출된다. 예를 들어 −극에서는 수소보다 반응성이 작은 Cu^{2+}이 있는 경우에는 Cu^{2+}이 전자를 얻어서 Cu금속이 석출된다. 수소보다 반응성이 큰 Na^+이 있는 경우에는 H_2O이 전자를 얻어서 H_2가 생성된다.

③ (+)극에서의 반응 : SO_4^{2-}, PO_4^{3-}, NO_3^- 등의 음이온들은 이미 산소와 많이 결합하여 산화된 형태로 존재하므로 더 이상 산화되는 것을 싫어한다. 대부분의 전기분해에서 H_2O이 전자를 잃고 O_2기체가 발생하고, Cl^-이온이 전자를 잃고 Cl_2가 발생한다.

(3) 물의 전기분해

- (−)극 : $4H_2O + 4e^- \rightarrow 2H_2 + 4OH^-$ (환원)
- (+)극 : $2H_2O \rightarrow O_2 + 4H^+ + 4e^-$ (산화)

부피비 → $H_2 : O_2 = 2 : 1$

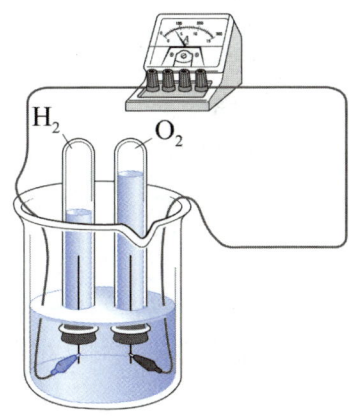

(4) $CuSO_4$ 수용액의 전기분해

- (−)극 : $2Cu^{2+}(aq) + 4e^- \rightarrow 2Cu(s)$ (환원)
- (+)극 : $2H_2O \rightarrow O_2 + 4H^+ + 4e^-$ (산화)

수용액 속에는 Cu^{2+}, SO_4^{2-}, H_2O이 공존한다. 그런데 (−)극에서는 수소보다 반응성이 작은 Cu^{2+}이 전자를 얻어서 Cu금속이 석출된다. (+)극에서는 H_2O이 산화가 되어서 산소 기체가 발생한다.

(5) NaCl 수용액의 전기분해

- (−)극 : $2H_2O + 2e^- \rightarrow H_2 + 2OH^-$ (환원)
- (+)극 : $2Cl^- \rightarrow Cl_2(g) + 2e^-$ (산화)

수용액 속에는 Na^+, Cl^-, H_2O가 공존한다. (+)극에서는 Cl^-이 전자를 내놓는 산화반응이 일어나고 (−)극에서는 Na^+보다 반응성이 작은 H_2O이 전자를 얻어서 H_2가 생성된다.

(6) NaCl 용융액의 전기분해
- (−)극 : $2Na^+(l) + 2e^- \rightarrow 2Na(s)$ (환원)
- (+)극 : $2Cl^-(l) \rightarrow Cl_2(g) + 2e^-$ (산화)
- 전체 반응 : $2NaCl(l) \rightarrow 2Na(l) + Cl_2(g)$

염화나트륨을 액체상태로 만든 염화나트륨 용융액에는 Na^+과 Cl^-만이 존재한다. 따라서 전기분해시키면 물이 존재하지 않으므로 (+)극에서는 Cl_2가 (−)극에서는 Na이 석출된다.

④ 전기화학의 열역학적 해석

(1) 패러데이 법칙
① 정의 : 전기분해시 석출되는 물질의 양은 전하량에 비례한다.
② 전자 1몰의 전하량 $= 1.6 \times 10^{-19} C \times 6.02 \times 10^{23}$개 ≒ $96500C = 1F$
③ 석출되는 물질의 양은 이동한 전자수, 즉 전하량에 비례한다.

　　예) 전기분해시 $Cu^{2+} + 2e^- \rightarrow Cu$
　　　　　　$1F \rightarrow 0.5$몰 석출
　　　　　　$2F \rightarrow 1$몰 석출
　　　　　　$4F \rightarrow 2$몰 석출

(2) $\Delta E°$와 $\Delta G°$와의 관계
① 전기화학에서의 일(W)

$$Q = nF, \quad W = q(C) \times E(V) \quad \therefore W = -nFE$$

② ΔG(유용한 에너지) → 전기화학에서 유용한 에너지는 오직 전기 에너지밖에 없다.
→ $\Delta G = W$(전기화학에서만)
∴ $\Delta G = -nFE$, $\Delta G° = -nFE°$ (표준상태에서)

③ $\Delta E°$와 $\Delta G°$와의 관계
- $\Delta E° > 0$, $\Delta G° < 0$ → 전지반응이 진행, 전류가 흐른다.
- $\Delta E° = 0$, $\Delta G° = 0$ → 방전된다(전류가 흐르지 않는다).
- $\Delta E° < 0$, $\Delta G° > 0$ → 처음부터 전지반응이 진행이 안 된다.

④ 전해질의 농도에 따라 기전력이 달라진다.

네른스트식 $\Delta G = \Delta G° + RT \ln Q$
$$-nFE = -nFE° + RT \ln Q \text{ (양변을 } -nF \text{로 나누면)}$$
$$E = E° - \frac{RT}{nF} \ln Q$$
$$E = E° - \frac{0.0257}{n} \ln Q$$
$$\quad = E° - \frac{0.0592}{n} \log Q$$

SUMMARY NOTE

(1) 산화수
  ① 산화수 규칙
    ㉠ 홑원소 물질의 산화수는 0이다.
    ㉡ 이온의 경우 산화수는 이온의 전하와 같다.
    ㉢ 화합물에서 모든 원자의 산화수 총합은 0이다.
    ㉣ 화합물에서 H의 산화수는 +1이다.
       단, 금속 수소화물에서 수소의 산화수는 −1이다.
    ㉤ 화합물에서 산소의 산화수는 −2이다.
       단, 과산화물에서 산소의 산화수는 −1, 산소보다 전기 음성도가 더 큰 플루오린과 결합했을 때 산소의 산화수는 +2이다.

(2) 화학전지
  ① 볼타전지
    ㉠ 반응성 큰 아연이 전자 잃고 산화되고 넘어오는 전자를 수소 이온이 얻어 구리판 위에서 환원반응이 일어난다.
    ㉡ 분극 현상이 나타난다.
      → (+)극인 구리판 표면에서 발생하는 수소 기체로 인해 H^+이온이 전자를 받는 환원반응을 방해하여 기전력이 떨어지는 현상
      → 대안 : 감극제를 넣어 H_2를 산화시켜 H_2O로 만든다.
  ② 다니엘전지
    ㉠ 화학반응 : 반응성 큰 아연이 전자 잃고 산화되고 넘어오는 전자를 구리 이온이 얻어 구리판 위에서 환원반응이 일어난다.
    ㉡ (−)극 : SO_4^{2-}이온의 개수는 변함이 없는데, Zn^{2+}의 수만 늘어나고 있다.
       (+)극 : SO_4^{2-}이온의 개수는 변함이 없는데, Cu^{2+}의 수만 줄어들고 있다.
      → 전해질의 전하량의 균형이 맞지 않아서 전지반응이 진행이 안 된다.
      → 대안 : 염다리를 설치한다.
      • 염다리 : 한천과 KCl이나 KNO_3과 같은 수용액을 함께 끓여서 U자관에 넣고 식혀서 만든 장치로서 이온들이 자유롭게 이동할 수 있다.
        − 이온의 이동 통로
        − (+), (−) 이온의 균형을 맞춰줌
  ③ 납축전지
    • 방전시 일어나는 현상
    ㉠ (−), (+)극 모두 질량 증가
    ㉡ H_2SO_4의 농도 감소
    ㉢ 산성도 감소, pH 증가
    ㉣ 용액의 비중 감소

(3) 전기분해
  ① 물의 전기분해
    (−)극 : $4H_2O + 4e^- \rightarrow 2H_2 + 4OH^-$ 〈환원〉
    (+)극 : $2H_2O \rightarrow O_2 + 4H^+ + 4e^-$ 〈산화〉
    부피비 → $H_2 : O_2 = 2 : 1$

(4) 전지의 기전력 측정
  ① 표준수소전극
    ㉠ 정의 : 25°C에서 1.00M의 H^+용액과 1기압의 수소 기체가 접촉하고 있는 백금 전극
    ㉡ 반쪽 전지의 전위차를 0.00V로 정의하여 기준이 되게 한다.
  ② 표준환원전위
    ㉠ 정의 : 25°C, 1M, 1기압인 표준수소전극과 연결시켜서 전지를 만들었을 때 측정되어지는 반쪽 전지의 전위를 환원반응의 형태로 나타낸 전위
    ㉡ 표준환원전위($E°$)가 크다.
       =이온화 경향이 작다.
       =반응성이 작다.
       =산화되기 어렵다.
  ③ 표준전지전위
    ㉠ 정의 : 25°C, 용액의 농도가 1M, 1기압에서 2개의 반쪽 전지를 도선으로 연결했을 때 측정되어지는 기전력
    ㉡ 표준전지전위=환원반응이 일어나는 반쪽 전지의 표준환원전위−산화반응이 일어나는 반쪽 전지의 표준환원전위

(5) 전기화학의 열역학적 해석
  ① 패러데이 법칙
    ㉠ 전자 1몰의 전하량=$1.6×10^{-19}C×6.02×10^{23}$개≒96500C=1F
    ㉡ 전기분해시 석출되는 물질의 양은 통해 준 전하량에 비례한다.
  ② $\Delta E°$와 $\Delta G°$와의 관계
    ㉠ 전기화학에서의 일(W)
       $Q=nF$, $W=q(C)×E(V)$ ∴ $W=-nFE$
    ㉡ ΔG(유용한 에너지) → 전기화학에서 유용한 에너지는 오직 전기 에너지밖에 없다.
    ∴ $\Delta G=-nFE$, $\Delta G°=-nFE°$(표준상태에서)

01 다음 전지에 대한 설명으로 옳지 않은 것은?

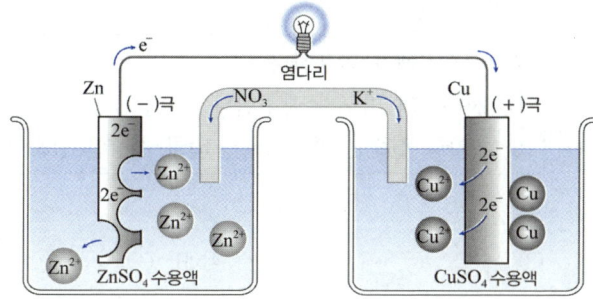

① (−)극 : 질량 감소, (+)극 : 질량 증가
② Zn^{2+} 증가, Cu^{2+} 감소
③ (+)극 수용액의 색깔이 옅어진다.
④ 염다리를 통해 전자가 이동한다.

02 표는 금속 A~D의 표준환원전위($E°$)를 나타낸 것이다.

반쪽 반응식	표준환원전위(V)
$A^{2+} + 2e^- \rightarrow A$	−0.76
$B^{2+} + 2e^- \rightarrow B$	−0.44
$C^{2+} + 2e^- \rightarrow C$	+0.34
$D^+ + e^- \rightarrow D$	+0.80

위 자료를 근거로 할 때, 금속 A~D에 대한 설명으로 옳은 것을 〈보기〉에서 모두 고른 것은? (단, A~D는 임의의 원소 기호이다.)

● 보기 ●
ㄱ. 산화가 가장 잘 되는 금속은 A이다.
ㄴ. 반쪽 전지 B와 D를 이용하여 만든 전지의 기전력은 2.04V이다.
ㄷ. 금속 A와 C를 두 전극으로 사용한 전지에서 전자는 도선을 따라 금속 A에서 금속 C로 이동한다.

① ㄱ, ㄴ   ② ㄴ, ㄹ
③ ㄷ, ㄹ   ④ ㄱ, ㄷ

BASIC CHECK

01 ④
염다리를 통해서는 전자가 이동한다.
전자는 도선을 통해서 이동한다.

02 ④
ㄱ. 표준환원전위가 − 값이 클수록 산화가 잘 된다.
ㄴ. 0.80−(−0.44)=1.24V
ㄷ. 산화 전극이 반응성이 크다.
   A > C 따라서 A가 전자를 잃고 산화된다.

BASIC CHECK

03 ②
수소 기체는 생기자 마자 감극작용으로 H_2O로 바뀐다.
(+)극에서 기포 상태로 발생하지 않는다.
납축전지는 양쪽 전극 모두 질량에 증가한다.

03 납축전지가 방전될 때 나타나는 현상으로 옳은 것끼리 짝지은 것은?

> A. 수소기체가 발생한다.
> B. 전해질의 밀도가 감소한다.
> C. (−)극 질량은 증가하고 (+)극 질량은 감소한다.

① A ② B
③ A, C ④ B, C

04 ③
$E°$가 크다는 것은 환원전극이다.
표준전지전위 → 환원되는 전극의 $E°$ − 산화되는 전극의 $E°$
따라서 0.77−(−0.25)=1.02V

04 다음 두 반쪽 전지로 이루어진 전지의 표준전지전위은?

> $Fe^{3+}(aq) + e^- \longrightarrow Fe^{2+}(aq)$, $E° = +0.77V$
> $Ni^{2+}(aq) + 2e^- \longrightarrow Ni(s)$, $E° = -0.25V$

① 0.52V ② 0.77V
③ 1.02V ④ 2.04V

실전 유형문제

01 2024년 지방직9급

산화수에 대한 계산으로 옳지 않은 것은?

① SO_2에서 S와 O의 산화수의 합은 +2이다.
② NaH에서 Na와 H의 산화수의 합은 0이다.
③ N_2O_5에서 N과 O의 산화수의 합은 +3이다.
④ $KMnO_4$에서 K, Mn, O의 산화수의 합은 +5이다.

해설 ① SO_2 : S=+4, O=-2 ∴ 합은 +2
② NaH : Na=+1, H=-1 ∴ 합은 0
③ N_2O_5 : N=+5, O=-2 ∴ 합은 +3
④ $KMnO_4$: K=+1, Mn=+7, O=-2 ∴ 합은 +6

02 2024년 경기도9급

화학전지에 대한 설명으로 옳은 것은?

① 갈바니 전지에서는 각 전극에서 비자발적인 화학 반응에 의해 전류가 발생한다.
② 연료전지는 메탄올이나 수소와 같은 연료를 사용하는 전지이다.
③ 산소-수소 연료 전지에서 연료로 공급되는 수소의 반응은 환원전극에서 진행된다.
④ 염다리에서 음이온은 환원전극으로, 양이온은 산화전극으로 이동한다.

해설 ① 자발적 반응이다.
③ 수소는 -극(산화전극)에서 산화된다.
④ 염다리에서 음이온이 -극(산화전극), 양이온이 +극(환원전극)으로 이동한다.

03 2024년 지방직9급

일정한 온도와 압력에서 10mol의 전자가 전위차 1.5V인 전지에서 가역적으로 이동할 때, $\triangle G$[kJ]는? (단, G는 Gibbs 에너지이고, Faraday 상수는 96,000C·mol^{-1}이다.)

① 1.44×10^{-3}
② 1.44
③ 1.44×10^3
④ 1.44×10^6

해설 $\triangle G = -nFE° \Rightarrow -10 \times 96,000 \times 1.5 = 1,440,000J$ ∴ 1.44×10^3kJ

ANSWER 01 ④ 02 ② 03 ③

04 2023년 경기도9급

화합물 Na₂B₄O₇에서 각 원자의 산화수를 바르게 구한 것은?

① Na=+1, B=+3, O=+2
② Na=+1, B=+3, O=-2
③ Na=+1, B=+2, O=+2
④ Na=+1, B=+2, O=-2

해설 $\dfrac{Na_2}{+1} \dfrac{B_4}{+3} \dfrac{O_7}{-2}$ 따라서 화합물에서 산화수의 합은 0이 된다.

05 2022년 지방직9급

다니엘 전지의 전지식과, 이와 관련된 반응의 표준환원전위($E°$)이다. Zn^{2+}의 농도가 0.1M이고, Cu^{2+}의 농도가 0.01M인 다니엘 전지의 기전력[V]에 가장 가까운 것은? (단, 온도는 25℃로 일정하다.)

$$Zn(s) \mid Zn^{2+}(aq) \parallel Cu^{2+}(aq) \mid Cu(s)$$
$$Zn^{2+}(aq) + 2e^- \rightleftarrows Zn(s) \quad E° = -0.76V$$
$$Cu^{2+}(aq) + 2e^- \rightleftarrows Cn(s) \quad E° = 0.34V$$

① 1.04
② 1.07
③ 1.13
④ 1.14

해설 네른스트식에 대입하는 문제이다.

$$-극 : Zn \rightarrow Zn^{2+} + 2e^-$$
$$\underline{+극 : Cu^{2+} + 2e^- \rightarrow Cu}$$
$$Zn + Cu^{2+} \rightarrow Zn^{2+} + Cu$$

$$E = E° - \dfrac{0.06}{n} \log Q,$$

$$E = E° - \dfrac{0.06}{n} \log \dfrac{[Zn^{2+}]}{[Cu^{2+}]}$$

$$= 1.1 - \dfrac{0.06}{2} \log \dfrac{10^{-1}}{10^{-2}} \quad \therefore 1.07V$$

ANSWER 04 ② 05 ②

06 2021년 지방직9급

다음은 철의 제련 과정과 관련된 화학 반응식이다. 이에 대한 설명으로 옳지 않은 것은?

> (가) $2C(s) + O_2(g) \rightarrow 2CO(g)$
> (나) $Fe_2O_3(s) + 3CO(g) \rightarrow 2Fe(s) + 3CO_2(g)$
> (다) $CaCO_3(s) \rightarrow CaO(s) + CO_2(g)$
> (라) $CaO(s) + SiO_2(s) \rightarrow CaSiO_3(l)$

① (가)에서 C의 산화수는 증가한다.
② (가)~(라) 중 산화-환원 반응은 2가지이다.
③ (나)에서 CO는 환원제이다.
④ (다)에서 Ca의 산화수는 변한다.

해설 ① (가) C 산화물 : 0 → +2
② 중화반응, 앙금생성 반응은 산화-환원 반응이 아니다.
④ Ca의 산화수는 +2로 변화가 없다.

07 2020년 지방직9급

25°C 표준상태에서 다음의 두 반쪽 반응으로 구성된 갈바니 전지의 표준전위(V)는? (단, $E°$는 표준환원전위값이다.)

> $Cu^{2+}(aq) + 2e^- \rightarrow Cu(s) : E° = 0.34V$
> $Zn^{2+}(aq) + 2e^- \rightarrow Zn(s) : E° = -0.76V$

① -0.76
② 0.34
③ 0.42
④ 1.1

해설 표준기전력=환원되는 전극의 표준환원전위-산화되는 전극의 표준환원전위=$+0.34-(-0.76)=1.1V$

08 2020년 지방직9급

다음 중 산화·환원 반응은?

① $HCl(g) + NH_3(aq) \rightarrow NH_4Cl(s)$
② $HCl(g) + NaOH(aq) \rightarrow H_2O(l) + NaCl(aq)$
③ $Pb(NO_3)_2(aq) + 2KI(aq) \rightarrow PbI_2(s) + 2KNO_3(aq)$
④ $Cu(s) + 2Ag^+(aq) \rightarrow 2Ag(s) + Cu^{2+}(aq)$

해설 산·염기 중화반응과 앙금생성반응은 산화·환원 반응이 아니다.

ANSWER 06 ④ 07 ④ 08 ④

09 2020년 지방직9급

반응식 $P_4(s) + 10Cl_2(g) \rightarrow 4PCl_5(s)$에서 환원제와 이를 구성하는 원자의 산화수 변화를 옳게 짝지은 것은?

	환원제	반응 전 산화수	반응 후 산화수
①	$P_4(s)$	0	+5
②	$P_4(s)$	0	+4
③	$Cl_2(s)$	0	+5
④	$Cl_2(s)$	0	−1

해설 $\underline{P_4}(s) + 10\underline{Cl_2}(g) \rightarrow 4\underline{P}\,\underline{Cl_5}(s)$
  0(환원제)   0   +5 −1
  └──────산화──────┘

10 2019년 지방직9급

수용액에서 $HAuCl_4(s)$를 구연산(citric acid)과 반응시켜 금 나노 입자 $Au(s)$를 만들었다. 이에 대한 설명으로 옳은 것만을 모두 고르면?

> ㄱ. 반응 전후 Au의 산화수는 +5에서 0으로 감소하였다.
> ㄴ. 산화 – 환원 반응이다.
> ㄷ. 구연산은 환원제이다.
> ㄹ. 산·염기 중화반응이다.

① ㄱ, ㄴ   ② ㄱ, ㄷ
③ ㄴ, ㄷ   ④ ㄴ, ㄹ

해설 ㉠ $H\underline{Au}Cl_4 \rightarrow \underline{Au}$
        +3   0
  └→ 산화수 감소 환원, 산화제, 구연산은 산화, 환원제
  ㉡ 산·염기 중화반응과 앙금생성반응은 산화 – 환원 반응이 아니다.

11 2019년 지방직9급

$KMnO_4$에서 Mn의 산화수는?

① +1   ② +3
③ +5   ④ +7

해설 $\underline{K}\ \underline{Mn}\ \underline{O_4}$
       +1 +7   −2

ANSWER 09 ① 10 ③ 11 ④

12 2019년 지방직9급

다음 열화학 반응식에 대한 설명으로 옳지 않은 것은?

$$2Mg(s) + O_2(g) \rightarrow 2MgO(s), \quad \Delta H° = -1204 kJ$$

① 발열반응
② 산화 – 환원 반응
③ 결합반응
④ 산·염기 중화반응

해설
$2Mg + O_2 \rightarrow 2Mg\ O$
$\ \ 0\ \ \ \ \ \ 0\ \ \ \ \ \ \ +2\ -2$

$\Delta H < 0$: 발열반응, O_2의 결합이 끊어져야 하므로 결합반응이다. 그리고 산화수가 변했으므로 산화·환원 반응이다. 산·염기 중화반응은 산화·환원 반응이 아니다.

13 2018년 지방직9급

볼타전지에서 두 반쪽 반응이 다음과 같을 때, 이에 대한 설명으로 옳지 않은 것은?

$$Ag^+(aq) + e^- \rightarrow Ag(s) \quad E° = 0.799V$$
$$Cu^{2+}(aq) + 2e^- \rightarrow Cu(s) \quad E° = 0.337V$$

① Ag는 환원전극이고 Cu는 산화전극이다.
② 알짜 반응은 자발적으로 일어난다.
③ 셀 전압($E°_{cell}$)은 1.261V이다.
④ 두 반응의 알짜 반응식은 $2Ag^+(aq) + Cu(s) \rightarrow 2Ag(s) + Cu^{2+}(aq)$이다.

해설 전압 → 환원되는 전극의 표준환원전위 − 산화되는 전극의 표준환원전위
$0.799 - 0.337 = 0.462V$

14 2018년 지방직9급

산화수 변화가 가장 큰 원소는?

$$PbS(s) + 4H_2O_2(aq) \rightarrow PbSO_4(s) + 4H_2O(l)$$

① Pb
② S
③ H
④ O

해설 Pb : $+2 \rightarrow +2$, S : $-2 \rightarrow +6$, H : $+1 \rightarrow +1$, O : $-1 \rightarrow -2$

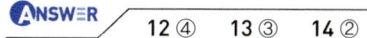
12 ④　13 ③　14 ②

15 연료전지(fuel cell)는 화학 에너지를 전기 에너지로 바꿀 수 있다. 다음 연료전지 반응에서 이동하는 전자의 몰수는?

$$2H_2(g) + O_2(g) \rightarrow 2H_2O(l)$$

① 0
② 1
③ 2
④ 4

해설 $2\underset{0}{H_2} + \underset{0}{O_2} \rightarrow 2\underset{+1\ -2}{H_2O}$

수소원자 1몰의 산화수가 1 증가, 수소원자 4몰에 적용시키면 이동하는 전자수는 4몰이 된다.

16 다음은 은(Ag)을 진한 질산에 넣었을 때 일어나는 산화·환원 반응식이다. ⓐ~ⓓ는 화학반응식의 계수이다.

$$Ag(s) + ⓐNO_3^-(aq) + ⓑH^+(aq) \rightarrow Ag^+(aq) + ⓒNO_2(g) + ⓓH_2O(l)$$

이 산화·환원 반응에 대한 설명으로 옳은 것은?

① H^+는 산화제이다.
② NO_3^-는 환원제이다.
③ ⓐ와 ⓒ는 서로 다르다.
④ ⓑ와 ⓓ는 각각 2와 1이다.

해설

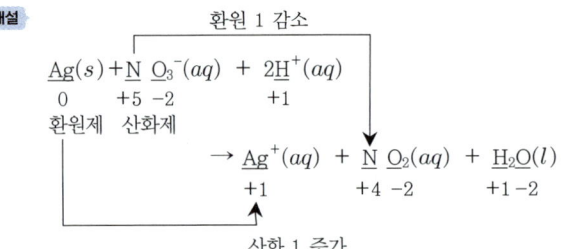

③ a와 c 모두 1이다.
④ Ag 1몰이 NO_3^- 1몰과 반응한다.

17 마그네슘 조각 0.24g을 0.1M $AgNO_3$ 수용액 100mL에 넣어 충분히 반응시켰다. 이에 대한 설명으로 옳은 것을 〈보기〉에서 모두 고른 것은? (단, Mg의 원자량은 24이다.)

● 보기 ●
ㄱ. Ag^+은 산화제로 작용한다.
ㄴ. 1몰의 Mg은 2몰의 Ag^+을 산화시킨다.
ㄷ. 반응하지 않고 남아 있는 Mg의 양은 0.12g이다.

ANSWER 15 ④ 16 ④ 17 ④

① ㄱ　　　　　　　　　　　　② ㄷ
③ ㄱ, ㄴ　　　　　　　　　　④ ㄱ, ㄷ

해설 실험에서 Mg + 2Ag$^+$ → Mg^{2+} + 2Ag의 반응이 일어나므로 Mg는 산화되고 Ag$^+$는 환원되었다. 따라서 Mg는 환원제이고, Ag$^+$는 산화제이다. 그러므로 Mg 1몰은 Ag$^+$ 2몰을 환원시킨다. 또한 Mg + 2Ag$^+$ → Mg^{2+} + 2Ag 반응에서 Mg 0.24g은 0.01몰이며, Ag$^+$는 $\frac{0.1 \times 100}{1,000}$ 몰이므로 Ag$^+$가 모두 반응할 때 Mg는 0.12g 반응하고 0.12g의 Mg가 남아 있다. NO$_3^-$는 구경꾼이온이다.

18 알루미늄과 은을 전극으로 사용하여 알루미늄 전극은 Al^{3+} 용액에, 은 전극은 Ag$^+$용액에 넣고 두 용액을 염다리로 연결하였다. 두 용액의 초기 농도는 서로 같다. 이렇게 만든 화학전지에 대한 다음 설명 중 옳은 것은?

> A. 변하는 Al의 몰수가 은의 몰수보다 크다.
> B. [Al^{3+}]$_{final}$이 Ag$^+$$_{final}$보다 크다.
> C. Al과 반응한 전자의 개수는 은과 반응한 전자의 개수와 서로 같다.

① A　　　　　　　　　　　　② A, C
③ B, C　　　　　　　　　　④ A, B, C

해설 반응성이 큰 Al이 (−)극, 작은 Ag이 (+)극으로 아래와 같은 반응이 일어난다.
- (−)극 : Al → Al^{3+} + 3e$^-$
- (+)극 : 3Ag$^+$ + 3e$^-$ → 3Ag

ㄱ. Ag의 몰수가 Al의 몰수보다 더 많이 변한다.
ㄴ. Al^{3+}은 생성되고, Ag$^+$은 점점 사라진다.
　　따라서 Al^{3+}이 Ag$^+$보다 점점 많아진다.
ㄷ. Al이 반응한 전자의 개수와 Ag이 반응한 전자의 개수는 3몰로 동일하다.

19 납축전지는 2차 전지이며 그 구조는 다음과 같다.

> Pb | H$_2$SO$_4$ | PbO$_2$

납축전지가 방전할 때의 반응을 〈보기〉에서 모두 고른 것은?

보기
a. Pb^{2+} + SO$_4^{2-}$ → PbSO$_4$ + 2e$^-$
b. PbSO$_4$ + 2e$^-$ → Pb + SO$_4^{2-}$
c. PbO$_2$ + 4H$^+$ + SO$_4^{2-}$ + 2e$^-$ → PbSO$_4$ + 2H$_2$O
d. PbSO$_4$ + 2H$_2$O → PbO$_2$ + 4H$^+$ + SO$_4^{2-}$ + 2e$^-$

ANSWER 18 ③　19 ②

① a, b　　　　　　　　　② a, c
③ a, d　　　　　　　　　④ b, c

해설 (−)극은 Pb이고, (+)극은 PbO₂이다. (−)극은 Pb이 전자를 잃어서 Pb²⁺이 되는 산화반응이 일어나고 (+)극은 PbO₂ 전극에서 전자를 얻는 환원반응이 일어난다.
그리고 양쪽 전극에서 모두 $Pb^{2+} + SO_4^{2-} \rightarrow PbSO_4(s)$ 반응이 일어나서 침전물이 양쪽 전극에 붙어서 양쪽전극 질량이 모두 증가한다.
PbSO₄가 다시 Pb과 PbO₂로 변하는 과정은 충전시에 일어나는 반응이다.

20 두 반쪽 전지로 이루어진 전지의 표준기전력은?

$$Fe^{3+}(aq) + e^- \rightarrow Fe^{2+}(aq), \quad E° = -0.77V$$
$$Ni^{2+}(aq) + 2e^- \rightarrow Ni(s), \quad E° = -0.25V$$

① 0.52V　　　　　　　　② 0.77V
③ 1.04V　　　　　　　　④ 1.02V

해설 표준환원전위값이 클수록 금속에서 환원반응이 진행된다.
표준기전력($E°$)=환원반응이 진행되는 전극의 표준환원전위−산화반응이 진행되는 전극의 표준환원전위
따라서 −0.25−(−0.77)=+0.52V이다.

21 H₂(g)와 Cl₂(g)를 이용해 HCl(aq)을 형성하는 연료전지가 있다. HCl 0.5몰을 만들 때 최대로 할 수 있는 전기적인 일은?

$$Cl_2 + 2e^- \rightarrow 2Cl^-, \quad E° = 1.36V$$

① 65.6kJ　　　　　　　　② 131.2kJ
③ 262.4kJ　　　　　　　④ 96500kJ

해설 유용한 에너지, 최대일은 $\Delta G°$(깁스자유에너지)이다.
$\Delta G° = -nFE°$를 이용하는 문제이다.
아래식을 이용하면 HCl 2몰을 만들려면 Cl⁻ 2몰이 생성되어야 한다.
따라서 HCl 0.5몰이 만들어지려면 Cl⁻는 0.5몰이 생성되어야 한다.
$Cl_2 + 2e^- \rightarrow 2Cl^-, \ E° = 1.36V$
2F이 이동하면 Cl⁻가 2몰이 생성되므로 0.5몰의 Cl⁻가 생성되려면 0.5F의 전하가 이동해야 한다.
따라서 $\Delta G° = -nFE = -0.5 \times 96500 \times 1.36 = 65,620J$이 나온다. 따라서 최대일은 65.6kJ이 나온다.

ANSWER　20 ①　21 ①

22 다음 중 어떤 금속의 표준환원전위($E°$)가 상대적으로 작을 때의 설명으로 틀린 것은?

① 산화되기 쉽다. ② 이온화 경향이 크다.
③ 갈바니 전지에서 (+)극이 된다. ④ 환원력이 크다.

해설 표준환원전위($E°$)가 클수록 금속성이 작고, (양)이온화 경향이 작고, 따라서 산화되기 어렵다. 반응성이 작으므로 전지에서 (+)극이 된다. 표준환원전위($E°$)가 작을수록 금속성이 커서 전지에서 (-)극이 된다.

23 다음은 5개의 금속(A~E)을 전극으로 사용하여 만든 화학전지의 실험 결과이다. 이 실험 결과를 근거로 하여 추정할 때 표준환원전위의 크기가 가장 큰 금속은?

전극 구성 금속	실험결과	
	산화전극	환원전극
A와 B	B	A
A와 E	A	E
B와 D	D	B
C와 E	E	C

① A ② B
③ C ④ D

해설 표준환원전위가 클수록 반응성이 작아서 전지에서 (+)극이 된다. 가장 반응성이 작은 금속을 찾으면 된다.
전지 구성금속에서의 반응성 : B > A
: A > E
: D > B
: E > C
여기에서 가장 반응성이 작은 금속이 표준환원전위가 가장 크다.
D > B > A > E > C
따라서 반응성이 가장 작은 C가 표준환원전위가 가장 커서 전지에서 (+)극이 된다.

※ 다음 반응을 이용하여 물음에 답하시오.

$$2Cr(s) + 3Cu^{2+}(aq) \rightarrow 2Cr^{3+}(aq) + 3Cu(s) \quad E° = 0.43V$$

ANSWER 22 ③ 23 ③

24 25°C에서 이 반응의 $\Delta G°$를 kJ/mol 단위로 구하는 식으로 적당한 것은?

① $-6 \times 8.31 \times 0.43 \times 1000$
② $\dfrac{-6 \times 96500 \times 0.43 \times 1000}{8.31}$
③ $\dfrac{-6 \times 96500 \times 0.43}{1000}$
④ $\dfrac{-6 \times 8.31 \times 0.43}{1000}$

해설 $E°$가 나와 있고 최대일(ΔG)을 구하는 문제이다.
$\Delta G° = -nFE°$를 이용한다. 위 반응에서는 6몰의 전자가 이동했다.
$\Delta G = -6 \times 96500 \times 0.43$ J이고 kJ을 묻는 문제이므로 1000으로 나눠준다.
따라서 $\dfrac{-6 \times 96500 \times 0.43}{1000}$이 된다.

25 다음 전지에 대한 설명으로 옳은 것을 모두 고른 것은?

> $Zn(s) \mid Zn^{2+}(1.0M) \parallel Cu^{2+}(1.0M) \mid Cu(s)$
> $Zn^{2+} + 2e^- \rightarrow Zn \quad E° = -0.76V$
> $Cu^{2+} + 2e^- \rightarrow Cu \quad E° = +0.34V$

ㄱ. Zn은 산화전극이고 Cu는 환원전극이다.
ㄴ. 298K에서 $E° = -0.42V$이다.
ㄷ. 전자는 Zn 전극에서 Cu 전극으로 이동한다.
ㄹ. Zn 전극의 질량은 감소하고 Cu 전극의 질량은 증가한다.

① ㄱ, ㄴ, ㄷ
② ㄱ, ㄴ, ㄹ
③ ㄱ, ㄷ, ㄹ
④ ㄴ, ㄷ, ㄹ

해설 ㄱ. 반응성이 큰 금속이 (-)극, 반응성이 작은 금속이 (+)극이 된다.
따라서 Zn이 (-)극(산화전극), Cu가 (+)극(환원전극)이 된다.
ㄴ. 표준기전력($E°$)=환원되는 전극의 표준환원전위($E°$)-산화되는 전극의 표준환원전위($E°$)
표준환원전위가 클수록 반응성이 작아서 환원반응이 진행된다.
따라서 표준기전력($E°$)=$+0.34-(-0.76)=1.1V$가 된다.
ㄷ. 반응성 큰 쪽에서 작은 쪽으로 전자가 이동하므로 Zn에서 Cu로 이동한다.
ㄹ. (-)극 : $Zn \rightarrow Zn^{2+} + 2e^-$
(+)극 : $Cu^{2+} + 2e^- \rightarrow Cu$
(-)극은 금속이 이온이 되면서 질량이 감소하고, (+)극에서는 이온이 금속이 되면서 질량이 증가한다.

ANSWER 24 ③ 25 ③

26 CuSO₄ 수용액을 1.5A의 전류로 30분간 전기분해했을 때 석출되는 구리 금속의 질량은 약 얼마인가? (Cu의 원자량은 64이다.)

① 0.896g ② 1.19g
③ 1.78g   ④ 3.56g

해설 전류(A)와 시간(t)이 나와 있으므로 $Q=I \cdot t$로 전하량을 구하고 그 전하량이 흘렀을 때 석출되는 금속의 질량을 구하는 문제이다. 여기서 시간은 초 단위로 대입해야 한다.
$Q=I \cdot t$에 대입하면,
 =1.5×1800
 =2700C
구리는, $Cu^{2+} + 2e^- \rightarrow Cu$
2F → 1몰 생성(64g)
193000C이 이동하면 64g이 석출된다.
따라서 193000 : 64 = 2700 : x
$x ≒ 0.896g$이 나온다.

27 연료전지는 산소의 환원과 수소의 산화 반응을 이용하며 생성물로 물만 나오는 무공해 에너지원으로서 주목을 받고 있다. 산소의 환원반응은 다음과 같다.

$$O_2 + 4H^+ + 4e^- \rightleftarrows 2H_2O$$

만일 연료전지에서 1시간 동안 0.80mmol의 산소분자가 환원된다면 전지에 흐르는 전류값은?

① 0.89μA ② 21mA
③ 86mA   ④ 309A

해설 1시간 동안 0.8mmol이 환원되기 위해 필요한 전하량을 구하고 $Q=I \cdot t$를 이용해서 전류값을 구한다. 전하량은 쿨롱(C) 단위로 대입해야 한다.
O₂ 1몰이 환원될 때 4F이 필요하다.
96500×4 : 1 = x : 0.8×10⁻³ ∴ x=309C이 나온다.
따라서 309C이 흘렀을 때 전류값을 구해야 한다. 시간을 초단위로 대입해야 하므로 309=I×3600
계산하면 전류(I)=0.086A
즉, 86mA가 나온다.

ANSWER 26 ① 27 ③

28 Ag$^+$, Cu^{2+}, Al^{3+}의 이온이 각각 동일한 몰수가 있을 때 동일한 전하량을 가해주면 가장 많은 몰수가 생성되는 이온은 어느 것인가?

① Ag$^+$
② Cu^{2+}
③ Al^{3+}
④ 모두 같다.

해설 계산하기 가장 쉬운 3F(전자 3몰이 이동)이 흘렀을 때 석출되는 금속의 양을 확인하면 된다.
3Ag$^+$ + 3e$^-$ → 3Ag
Cu^{2+} + 3e$^-$ → 1.5Cu
따라서 Ag$^+$이 가장 많은 몰수가 생성된다.
Al^{3+} + 3e$^-$ → Al

29 다음 수용액 상태에서 (−)극에서 금속이 석출되는 것은?

① Na$^+$
② Ca^{2+}
③ Ag$^+$
④ Mg^{2+}

해설 전기분해에서는 (−)극에서 전자를 얻는 환원반응이 진행되는데 반응성이 작은 금속이온(표준환원전위가 클수록)이 전자를 얻어서 환원반응이 진행된다.
가장 반응성이 작은 금속의 이온은 Ag$^+$이다.

※ 다음 그림과 같이 백금 전극을 통하여 일정한 세기의 전류로 CuSO$_4$ 수용액을 전기분해하였다. 965초가 지난 후 (−)극의 질량이 3.2g 증가하였다. (30~31)

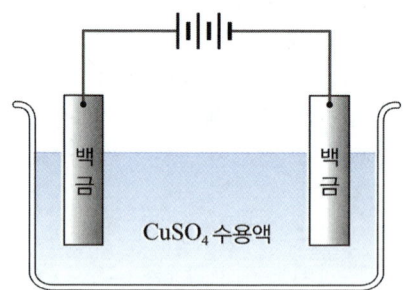

ANSWER 28 ① 29 ③

30 도선을 통하여 이동한 전자의 몰수를 구한 것으로 옳은 것은? (단, Cu의 원자량은 64이다.)

① 0.01몰 ② 0.05몰
③ 0.1몰 ④ 0.5몰

해설 (−)극에서 $Cu^{2+} + 2e^- \rightarrow Cu$의 반응이 진행된다.
즉, 2F이 흐르면(전자 2몰 이동) 64g이 석출된다.
3.2g이 생성되려면 0.1F의 전하량(전자 0.1몰 이동)이 흘러주어야 한다.

31 도선에 흐른 전류의 세기를 구한 것으로 옳은 것은? (단, 1F = 96500C이다.)

① 0.01A ② 0.1A
③ 1A ④ 10A

해설 $Q = I \cdot t$를 이용해야 한다.
이 전기분해는 0.1F, 즉 9650C이 흐르고 있다. 따라서 $9650 = I \cdot 965$
따라서 전류의 세기는 10A이다.

32 $Zn(s) | Zn^{2+} \| Co^{2+} | Co(s)$ 갈바니 전지의 표준전지 전압은 0.48V이다. 만약 모든 농도들이 반응과정을 통해서 표준값인 1M을 유지한다면 산화전극에서 소모된 아연 1g당 25°C에서 전지가 주위에 행한 최대일은 얼마인가? (Zn의 원자량은 65이다.)

① 193000J ② 92650J
③ 14250J ④ 1425J

해설 결국 $\Delta G° = -nFE°$를 이용해서 최대일($\Delta G°$)을 구하는 문제이다.
모든 농도가 1M를 유지할 때 표준기전력($E°$)이 나와 있으므로 아연 65g이 소모될 때 $\Delta G°$를 구할 수 있다. 그런 다음 1g이 소모될 때 $\Delta G°$를 구해야 한다.
(−극) : $Zn \rightarrow Zn^{2+} + 2e^-$ (산화)
(+극) : $Co^{2+} + 2e^- \rightarrow Co$ (환원)
$\Delta G° = -2 \times 96500 \times 0.48 = 92640J$이다.
따라서 1g이 소모될 때 $\Delta G°$는 다음과 같이 구할 수 있다.
$65 : 92640 = 1 : x$
∴ 1425J이 나온다.

ANSWER 30 ③ 31 ④ 32 ④

33 납축전지와 관련된 반쪽 반응들은 다음과 같다.

> (−)극(Pb판)　　：$Pb(s) + SO_4^{2-}(aq) \rightarrow PbSO_4(s) + 2e^-$,　$E° = -0.35V$
> (+)극(PbO₂판)：$PbO_2(s) + SO_4^{2-}(aq) + 4H^+(aq) + 2e^- \rightarrow PbSO_4(s) + 2H_2O(l)$,　$E° = +1.69V$

납축전지 방전시 일어나는 변화로 틀린 것은?

① (+)극과 (−)극의 질량이 모두 증가한다.
② 9650초 동안 10A의 전류를 만들어내려면 $PbSO_4$가 최소 0.5몰이 필요하다.
③ 시간이 지날수록 pH는 점점 낮아진다.
④ 시간이 지날수록 산성도는 점점 낮아진다.

해설　① (+)극과 (−)극에서 $PbSO_4(s)$가 생성되어 전극에 붙어 있어서 양쪽 전극의 질량은 모두 증가한다.
　　② 2F(193000C)을 만들어내려면 $PbSO_4(s)$가 1몰이 필요하므로 $Q = I \cdot t$
　　　10×9650 = 96500C(1F)을 만들어 내려면 $PbSO_4(s)$가 0.5몰이 필요하다.
　　③④ H^+은 H_2가 된 다음 H_2O로 사라지므로 산성도는 낮아지고 pH는 올라간다.

34 표준환원전위값을 이용하여 다음 반응식에서 Zn 65g 반응시 $\Delta G°$값을 구하시오.

> $Zn + 2Ag^+ \longrightarrow Zn^{2+} + 2Ag$

$Zn^{2+}(aq) + 2e^- \longrightarrow Zn(s)$	$E° = -0.76V$
$Ag^+(aq) + e^- \longrightarrow Ag(s)$	$E° = +0.80V$

① −150.5kJ
② +150.5kJ
③ +301kJ
④ −301kJ

해설　$\Delta G° = -nFE°$에 대입한다.
　　Zn 1몰(65g)이 반응하려면 2F가 필요하다. 표준기전력($E°$)은 환원되는 전극의 표준환원전위 − 산화되는 전극의 표준환원전위이므로 1.56V가 된다.
　　따라서 $\Delta G° = -2 \times 96500 \times 1.56 = -310,000J$
　　즉, −301kJ이 된다.

35 Cu^{2+}를 Cu로 환원시키는데 3A의 전류가 소모되어 Cu 5g을 얻기 위해서 몇 초가 필요하겠는가? (단, 1F = 96485 C, Cu의 원자량은 63.5이다.)

① $\dfrac{(5)(3)(96485)}{(63.5)}$
② $\dfrac{(5)(96485)}{(3)(63.5)}$
③ $\dfrac{(2)(5)(96485)}{(3)(63.5)}$
④ $\dfrac{(5)(96485)}{(2)(3)(63.5)}$

ANSWER　33 ③　34 ④　35 ③

해설 Cu 5g을 얻기 위해 필요한 전하량을 구하고 $Q=I\cdot t$를 이용해서 t(초)값을 구한다.

$Cu^{2+} + 2e^- \rightarrow Cu$

즉, 2F(193000C)이 흐르면 Cu 63.5g을 얻을 수 있다.

$63.5 : 96485 \times 2 = 5 : x$

$x = \dfrac{96485 \times 2 \times 5}{63.5} = 3t$

따라서 $t = \dfrac{2 \times 5 \times 96485}{63.5 \times 3}$ 초이다.

36 다음은 물의 분해와 관련된 두 반쪽 반응의 표준환원전위($E°$)와 수소-산소 연료전지의 구조를 나타낸 것이다.

- $2H_2O + 2e^- \rightarrow H_2 + 2OH^-$ $E° = -0.828V$
- $\dfrac{1}{2}O_2 + H_2O + 2e^- \rightarrow 2OH^-$ $E° = +0.401V$

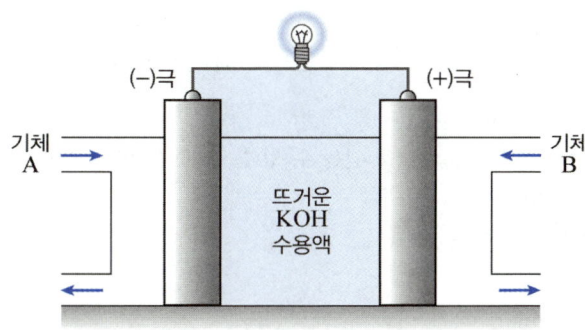

반쪽 반응을 근거로 할 때 위 연료전지에 관한 설명 중 옳은 것을 〈보기〉에서 모두 고르면?

⊢ 보기 ⊢
ㄱ. 공급하는 기체 A는 산소, 기체 B는 수소이다.
ㄴ. 전지 반응이 진행되면서 OH^-의 수는 증가한다.
ㄷ. 물 2몰이 생성될 때 이동한 전자수는 4몰이다.
ㄹ. 표준 기전력($E°$)은 $0.401-(-0.828)=1.229V$이다.

① ㄱ, ㄴ   ② ㄴ, ㄷ
③ ㄷ, ㄹ   ④ ㄱ, ㄴ, ㄷ

ANSWER 36 ③

해설 전지의 (−)극에서는 표준환원전위가 작은 쪽 반응의 역반응이 일어나고, (+)극에서는 표준환원전위가 큰 쪽 반응이 일어난다. 그리고 (−)극에서 잃은 전자수=(+)극에서 얻은 전자수이므로 수소−산소 연료 전지의 (−극)과 (+)극에서 전체 반응은 다음과 같다.

(−)극: $2H_2 + 4OH^- \rightarrow 4H_2O + 4e^-$ (산화반응)
(+)극: $O_2 + 2H_2O + 4e^- \rightarrow 4OH^-$ (환원반응)

전체반응: $2H_2 + O_2 \rightarrow 2H_2O$

ㄱ, ㄴ, ㄷ. (−)극에는 수소 기체가, (+)극에서는 산소 기체가 공급되며, (−)극에서 소모된 OH^-의 수와 (+)극에서 생성된 OH^-의 수가 같으므로 용액 중의 OH^-의 수는 일정하며, 물 2몰이 생성될 때 이동한 전자수는 4몰이다.

ㄹ. 표준기전력($E°$)은 물질의 몰수와는 무관하므로 수소−산소 전지의 표준기전력($E°$)=0.401−(−0.828)=1.229V이다.

37 $CuSO_4$ 수용액을 전기분해하여 구리 25.6g을 얻었다. 이때 흘려 준 전하량을 구한 것으로 옳은 것은? (단, Cu의 원자량은 64이고, 1F = 96500C이다.)

① 18300C　　　　　　　　　② 36600C
③ 77200C　　　　　　　　　④ 154400C

해설 $Cu^{2+} + 2e^- \rightarrow Cu$이므로
2F(193000C)이 흐르면 Cu 64g을 얻을 수 있다. 25.6g을 얻기 위해선 다음과 같이 계산한다.
$64 : 193000 = 25.6 : x$
따라서 77200C이 나온다.

ANSWER 37 ③

CHAPTER 12 핵 화학

1 종류

(1) α 붕괴

$^{238}_{92}U \rightarrow\ ^{234}_{90}Th\ +\ ^{4}_{2}He^{2+}(=\alpha\ 선)$

원자번호(양성자수) 2 감소, 질량수 4 감소

(2) β 붕괴

중성자가 많아서 중성자 1개가 양성자로 바뀐다.

$^{14}_{6}C \rightarrow\ ^{14}_{7}N\ +\ ^{0}_{-1}e\ (=전자 =\ ^{0}_{-1}\beta)$

원자번호(양성자수) 1 증가, 질량수 불변

(3) γ 붕괴

핵들이 불안정해서 좀 더 강력히 조밀하게 붙어주면서(안정해지면서) 에너지가 방출된다.

$^{20}_{10}Ne \rightarrow\ ^{20}_{10}Ne\ +\ \gamma\ (전자기파)$

(4) 양전자 방출

양성자 1개가 중성자로 바뀐다.

$^{38}_{19}K \rightarrow\ ^{38}_{18}Ar\ +\ ^{0}_{+1}e\ (=양전자 =\ ^{0}_{+1}\beta)$

(5) 전자포획

전자 1개와 양성자 1개가 합쳐지면서 중성자로 바뀐다.

$^{38}_{18}Ar\ \rightarrow\ _{-1}e\ \rightarrow\ ^{38}_{17}Cl$

01 | 2024년 지방직9급

밀폐된 공간에서 반감기가 3.8일인 라돈(Rn) 102.4mg이 붕괴되어 3.2mg으로 되는데 경과되는 시간[일]은?

① 3.8　　　　　　　　　　② 19
③ 22.8　　　　　　　　　　④ 38

해설 방사성 원소의 붕괴반응은 1차 반응이고, 1차 반응의 반감기는 일정하다.

$$102.4mg \xrightarrow{3.8일} 51.2mg \xrightarrow{3.8일} 25.6mg \xrightarrow{3.8일} 12.8mg \xrightarrow{3.8일} 6.4mg \xrightarrow{3.8일} 3.2mg$$

∴ 19일이 나온다.

02

^{210}Bi는 β입자를 방출하면서 붕괴된다. Bi의 반감기는 5일이다. ^{210}Bi가 약 94%가 붕괴될 때 걸리는 시간은?

① 25일　　　　　　　　　　② 10일
③ 20일　　　　　　　　　　④ 40일

해설 방사성붕괴반응은 무조건 1차 반응이다. 반감기가 5일이다.

$$100\% \xrightarrow{5일} 50\% \xrightarrow{5일} 25\% \xrightarrow{5일} 12.5\% \xrightarrow{5일} 6.25\%$$

약 20일이 지나야 94%가 붕괴된다.

03 다음에 있는 원소들의 중성자수를 모두 합하면?

$$^{238}_{92}U \quad\quad ^{40}_{20}Ca^{2+} \quad\quad ^{51}_{23}V^{3+}$$

① 135　　　　　　　　　　② 194
③ 324　　　　　　　　　　④ 329

해설 양성자수 + 중성자수가 질량수이다.

$^{238}_{92}U$: 중성자수 → 146개

$^{40}_{20}Cu^{2+}$: 중성자수 → 20개

$^{51}_{23}V^{3+}$: 중성자수 → 28개

모두 더하면 194개이다.

ANSWER 01 ②　02 ③　03 ②

04 자연계에 한 종류의 동위 원소만 존재하는 불소의 원자핵은 9개의 양성자와 10개의 중성자로 이루어져 있다. 불소의 원자량은 18.9984amu이며, 양성자와 중성자의 질량이 각각 1.0073과 1.0087amu이다. 불소 원자핵의 핵결합 에너지와 가장 가까운 값은? (1amu=1.6605×10^{-27}kg)

① 1×10^1 kJ/mol
② 1×10^3 kJ/mol
③ 1×10^5 kJ/mol
④ 1×10^{10} kJ/mol

해설 질량수에서 질량결손에너지가 핵결합에너지인데 이것이 빛에너지 형태로 빠져나온다.
질량수 → $1.0073 \times 9 + 1.0087 \times 10 = 19.1517$(질량수)
원자량이 18.9984amu이므로 $19.1517 - 18.9984 = 0.1543$amu
0.1543amu에 해당하는 질량이 핵결합 E의 형태로 빠져나온다.
$E = mc^2 = 0.1543 \text{amu} \times \dfrac{1.6 \times 10^{-27} \text{kg}}{\text{amu}} \times 6 \times 10^{23}$
$\times (3 \times 10^8)^2 = 10^{10}$ kJ/mol

05 ^{212}Pb가 β−선과 α−선을 순차적으로 방출한 후에 다시 β−선을 방출하고 나면 어떤 원소가 되는가?

① ^{208}Tl
② ^{208}Pb
③ ^{208}Bi
④ ^{208}Po

해설 α붕괴 → 원자번호 2 감소, 질량수 4 감소
β붕괴 → 원자번호 1 증가, 질량수 불변
$^{212}_{82}$Pb $\xrightarrow{\beta붕괴}$ $^{212}_{83}$Bi $\xrightarrow{\alpha붕괴}$ $^{208}_{81}$Tl $\xrightarrow{\beta붕괴}$ $^{208}_{82}$Pb가 된다.

06 다음 방사능 붕괴 중 더 높은 원자번호의 딸핵을 만드는 것은?

① 알파 붕괴
② 베타 붕괴
③ 감마 붕괴
④ 양전자 방출

해설
• α붕괴 → 원자번호 2 감소, 질량수 4 감소
• β붕괴 → 원자번호 1 증가, 질량수 불변
• γ붕괴 → 핵들이 불안정해서 조밀하게 붙으면서 E를 빛의 형태(γ선)로 방출 : 원자번호 변화가 없다.
• 양전자 방출 → 양성자 1개가 중성자로 바뀜

ANSWER 04 ④ 05 ② 06 ②

배수진
**공무원 화학
이론서**

PART 02

적중예상문제

제1회 적중예상문제
제2회 적중예상문제
제3회 적중예상문제
제4회 적중예상문제
제5회 적중예상문제

제1회 적중예상문제

01 27°C, 1기압에서 어떤 기체 49.2L의 부피에 4g의 질량을 차지하는 미지 기체는?
① O_2
② H_2
③ SO_2
④ He

02 밀폐된 유리용기 속에 1기압의 N_2O_5 기체를 넣고 일정시간이 지난 후 압력을 측정하더니 2기압이 되었다. 이는 N_2O_5의 일부가 NO_2 기체와 O_2 기체로 분해되었기 때문에 이때 생성되는 O_2의 부분압력은 얼마인가?
① $\frac{1}{6}$기압
② $\frac{1}{3}$기압
③ $\frac{1}{2}$기압
④ $\frac{2}{3}$기압

03 다음은 Bohr의 에너지 준위에 따른 수소원자의 방출스펙트럼을 나타낸 것이다. 이에 대한 설명으로 옳은 것은?

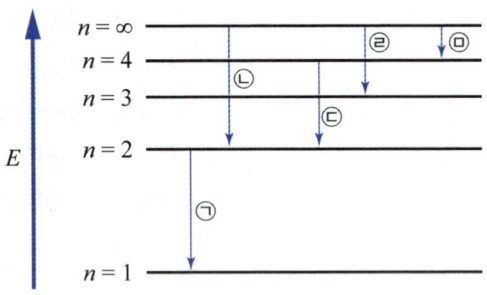

① 방출파장이 가장 짧은 것은 ㉡이다.
② 가시광선을 방출하는 스펙트럼은 3개이다.
③ 적외선을 방출하는 스펙트럼은 2개이다.
④ 방출에너지가 가장 큰 것은 ㉤이다.

04 원자의 오비탈은 주양자수(n), 각운동량 양자수(l), 자기양자수(m_l)로 표시할 수 있다. 바닥 상태 원자 A에 $n+l=3$인 전자수가 7일 때, A에 관한 설명으로 옳은 것은?

① 2주기 원소이다.
② 홀전자수는 1이다.
③ $n+l=2$인 전자수는 3이다.
④ 전자가 채워져 있는 오비탈 중 가장 큰 n은 4이다.

05 바닥 상태에 있는 화학종 Na, Na$^+$, O, Ne에서 한 개의 최외각 전자를 떼어내는데 필요한 최소 에너지가 작은 것부터 큰 순서로 바르게 나열된 것은?

① Na$^+$ < Na < O < Ne
② Na < O < Na$^+$ < Ne
③ O < Ne < Na < Na$^+$
④ Na < O < Ne < Na$^+$

06 다음 분자를 루이스 전자점식으로 그렸을 때, 옥텟 규칙을 만족시키지 않는 것은?

① H$_2$O
② NO$_2$
③ CH$_4$
④ HCl

07 원자가 껍질 전자쌍 반발(VSEPR) 이론을 이용하여 다음 화합물의 결합각의 크기를 예측했을 때 바르게 나타낸 것은?

CH$_4$ NH$_3$ H$_2$O CO$_2$ HCHO

① CH$_4$ > NH$_3$ > H$_2$O > CO$_2$ > HCHO
② HCHO > CO$_2$ > CH$_4$ > NH$_3$ > H$_2$O
③ CO$_2$ > HCHO > CH$_4$ > NH$_3$ > H$_2$O
④ CO$_2$ > CH$_4$ > NH$_3$ > H$_2$O > HCHO

08 sp^2 혼성화를 이루는 화합물만으로 짝지어진 것은?

① 에테인(C$_2$H$_6$), 사이클로헥세인(C$_6$H$_{12}$)
② 이산화탄소(CO$_2$), 아세틸렌(C$_2$H$_2$)
③ 에틸렌(C$_2$H$_4$), 벤젠(C$_6$H$_6$)
④ 오염화인(PCl$_5$), 삼아이오딘화 이온(I$_3^-$)

09 다음 화합물들에 포함된 탄소 원자가 만드는 혼성오비탈을 순서대로 바르게 나열한 것은?

> 에틸렌, 메탄올, 아세틸렌, 이산화탄소

① sp, sp^3, sp^2, sp^2
② sp^2, sp^3, sp, sp
③ sp^2, sp^3, sp, sp^2
④ sp^2, sp^3, sp^2, sp

10 자발적으로 물이 수증기로 기화하는 과정의 ΔH, ΔS, ΔG 부호를 순서대로 바르게 나열한 것은?

① +, +, +
② +, +, −
③ +, −, −
④ −, −, −

11 $a\text{A} + b\text{B} \rightarrow c\text{C} + d\text{D}$ 반응에서, 반응물 B의 농도를 일정하게 하고 반응물 A의 농도를 2배로 증가했을 때 반응속도는 4배로 증가했다. 그리고 반응물 A와 B의 농도를 모두 2배로 증가했을 때 반응속도는 8배로 증가했다. 이때 반응속도 표현식 $v = k[\text{A}]^m[\text{B}]^n$ 에서 반응차수 m과 n의 값은?

① $m=1$, $n=1$
② $m=2$, $n=1$
③ $m=1$, $n=2$
④ $m=2$, $n=2$

12 CH_3COOH 용액에 CH_3COO^-를 첨가시켰을 때 용액에 대한 설명으로 옳은 것은?

① CH_3COO^- 혹은 H^+의 농도 변화 없다.
② CH_3COOH와 CH_3COO^-의 농도는 증가한다.
③ CH_3COOH의 농도는 증가하고, CH_3COO^-의 농도는 감소한다.
④ CH_3COOH의 이온화도는 증가한다.

13 다음 화합물 중 그 수용액이 상온에서 염기성인 것은?

> ㄱ. $FeCl_3$　　ㄴ. $NaNO_3$　　ㄷ. NaF
> ㄹ. NH_4NO_3　　ㅁ. CaO

① ㄱ, ㄴ ② ㄱ, ㄷ
③ ㄴ, ㄷ ④ ㄷ, ㅁ

14 다음 화학종 중에서 상온의 2.0M 아세트산(acetic acid) 수용액에 가장 많이 존재할 것으로 예상되는 것은?

① CH_3COO^- ② OH^-
③ H_3O^+ ④ CH_3COOH

15 다음 반응 중에서 환원제는 어느 것인가?

$$3Cu + 6H^+ + 2HNO_3 \rightarrow 3Cu^{2+} + 2NO + 4H_2O$$

① H^+ ② Cu
③ HNO_3 ④ Cu^{2+}

16 다음 화합물 중 원소의 산화수가 +5인 원소를 포함하고 있는 것은?

① ClO_4^- ② MnO_4^-
③ NO_2^- ④ NO_3^-

17 1.8L의 물분자 속에는 물 몇 몰이 들어 있는가?

① 0.1 ② 50
③ 1.0 ④ 100

18 5몰의 이산화황, 2몰의 산소, 3몰의 물로 황산을 만들 때 제한 시약(한계반응물)은 어떤 것인가?

① 산소 ② 이산화황
③ 물 ④ 황산

19 분자량이 각각 x, y인 기체 A, B 같은 질량을 섞어 넣은 혼합 기체의 전체 압력이 1기압일 때 A기체의 부분 압력을 바르게 표시한 것은?

① $\dfrac{y}{x+y}$ ② $\dfrac{xy}{x+y}$

③ $\dfrac{x}{x+y}$ ④ $\dfrac{x+y}{y}$

20 그림은 수소 원자의 에너지 준위와 전자 전이를 나타낸 것이다.

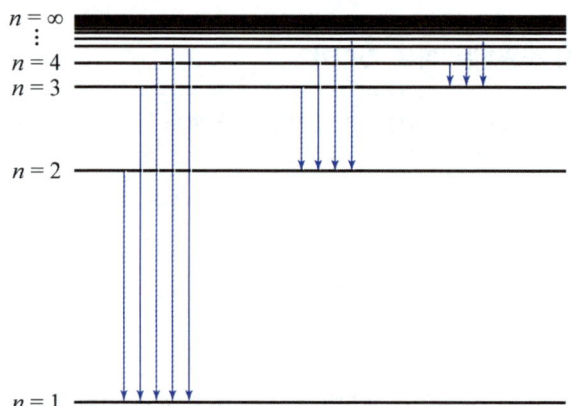

수소 원자의 바닥 상태 전자가 이온화하는데 필요한 에너지의 크기를 E_1라고 할 때, 첫 번째 들뜬 상태에서 두 번째 들뜬 상태로 전자가 전이할 때 흡수하는 에너지는?

① $\dfrac{5}{36}E_1$ ② $\dfrac{1}{6}E_1$

③ $\dfrac{4}{9}E_1$ ④ $\dfrac{1}{2}E_1$

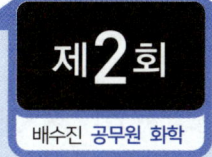
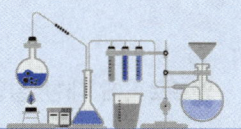

제2회 적중예상문제

01 스핀 양자수가 존재하지 않아 다전자 원자의 각 오비탈에 전자 하나씩만 채워진다고 생각할 경우 처음 세 개의 비활성 기체의 원자번호는 어떻게 되는가?

① 1, 5, 9
② 2, 10, 18
③ 3, 15, 27
④ 4, 20, 36

02 다음 그림은 주기율표의 2~4주기 원소의 일부를 나타낸 것이다.

Li	Be								F
Na	Mg								Cl
K	Ca		Mn	Fe	Co	Ni	Cu		Br

제시된 원소의 바닥 상태에 대한 설명으로 옳지 않은 것은?

① 이온 반지름은 $_{11}Na^+$이 $_9F^-$보다 크다.
② 1차 이온화 에너지는 $_{12}Mg$이 $_{19}K$보다 크다.
③ 원자가 전자의 유효 핵전하는 F가 Li보다 크다.
④ 홀전자의 수는 Mn이 Fe보다 많다.

03 탄소 동소체에 대한 설명으로 옳지 않은 것은?

① 공유 결합성 그물 구조인 다이아몬드는 높은 전기전도도를 갖는다.
② sp^2 혼성 탄소로 이루어진 흑연은 이차원 판상 구조이다.
③ 축구공 모양의 C_{60}는 비극성 유기 용매에 녹는다.
④ 관 모양의 탄소 나노튜브는 높은 전기전도도를 갖는다.

04 엔트로피에 대한 설명 중 틀린 것은?
① 자발적 과정은 엔트로피가 증가하는 방향이다.
② 액체 상태는 같은 물질의 고체보다 높은 엔트로피를 가진다.
③ 순수한 결정성 고체는 0K에서 0의 엔트로피값을 가진다.
④ 물질의 온도를 낮추면 그 엔트로피를 증가시키게 된다.

05 다음 중 촉매에 대한 옳은 설명을 모두 고른 것은? (단, 여기서 촉매란 정촉매를 의미한다.)

ㄱ. 반응속도를 증가시킨다.
ㄴ. 반응물에 비해 소량만 사용하여도 반응속도에 크게 영향을 미친다.
ㄷ. 반응의 평형상수를 증가시킨다.
ㄹ. 반응의 활성화 에너지를 낮추지만 반응경로(reaction mechanism)를 변화시키지는 않는다.

① ㄱ
② ㄱ, ㄴ
③ ㄱ, ㄴ, ㄷ
④ ㄱ, ㄴ, ㄹ

06 어떤 방사성 동위원소 21.6mg이 30초 지난 후 5.40mg으로 붕괴하였다. 이 동위원소 64.8g이 8.10g으로 붕괴하는데 걸리는 시간[s]은?
① 30
② 40
③ 45
④ 50

07 0.10M 아세트산 수용액과 0.010M 아세트산 수용액에서 H_3O^+농도의 비는? (아세트산의 이온화상수는 1.74×10^{-5}이다.)
① 1.0 : 1
② 3.2 : 1
③ 10 : 1
④ 2.0 : 1

08 시트릭산($H_3C_6H_5O_7$)은 수용액에서 3개의 수소 이온을 만들어 낼 수 있다. 같은 온도에서 세 이온화 반응의 평형상수는 K_1, K_2, K_3이다.

$$H_3C_6H_5O_7(aq) \rightleftharpoons H^+(aq) + H_2C_6H_5O_7^-(aq) \quad K_1$$
$$H_2C_6H_5O_7^-(aq) \rightleftharpoons H^+(aq) + HC_6H_5O_7^{2-}(aq) \quad K_2$$
$$HC_6H_5O_7^{2-}(aq) \rightleftharpoons H^+(aq) + C_6H_5O_7^{3-}(aq) \quad K_3$$

동일한 온도에서 $H_3C_6H_5O_7(aq) \rightleftharpoons 3H^+(aq) + C_6H_5O_7^{3-}(aq)$ 반응의 평형상수(K)를 K_1, K_2, K_3로 나타내면?

① $K_1 \cdot K_2 \cdot K_3$
② $K_1 + K_2 + K_3$
③ $\dfrac{1}{K_1 \cdot K_2 \cdot K_3}$
④ $\dfrac{K_2 \cdot K_3}{K_1}$

09 표준상태에 있는 다음 두 반쪽 반응을 기본으로 하는 볼타전지를 만들었다. 이에 대한 설명으로 옳지 않은 것은?

$$Zn^{2+} + 2e^- \rightarrow Zn \quad E° = -0.76V$$
$$Cu^{2+} + 2e^- \rightarrow Cu \quad E° = +0.34V$$

① Zn은 환원제로 작용했다.
② 전지의 $E°_{cell}$는 1.10V이다.
③ Zn은 환원전극이고 Cu는 산화전극이다.
④ 두 금속에서 일어나는 산화-환원은 자발적이다.

10 다음은 암모니아(NH_3)를 이용하여 질산(HNO_3)을 제조하는 과정을 나타낸 것이다.

$$\underline{N}H_3(g) \xrightarrow[\text{촉매}]{O_2} \underline{N}O(g) \xrightarrow{O_2} \underline{N}O_2(g) \xrightarrow{H_2O} H\underline{N}O_3(aq) + NO(g)$$

밑줄 친 N(질소)의 산화수를 차례대로 바르게 나타낸 것은?

① -3, +2, +4, +5
② -3, -2, +4, +5
③ -3, +2, -4, -5
④ +3, +2, +4, +5

11 주기율표에서 원소의 주기성에 대한 설명으로 옳지 않은 것은? (단, 원자번호는 Li=3, C=6, O=8, Na=11, Al=13, K=19, Rb=37이다.)

① Na은 Al보다 원자 반지름이 크다.
② Li은 K보다 원자 반지름이 작다.
③ C는 O보다 일차 이온화 에너지가 크다.
④ K은 Rb보다 일차 이온화 에너지가 크다.

12 다음에서 원자와 이온의 크기가 올바르게 배열된 것은?

> A. $I^- > I > I^+$
> B. $Ca^{2+} > Mg^{2+} > Be^{2+}$
> C. $P^{3-} > S^{2-} > Cl^-$

① A, B
② B, C
③ A, C
④ A, B, C

13 다음 표는 몇 가지 이온 결정의 화학식, 이온 간 거리, 녹는점에 관한 자료이다. 이온 결정의 결합력의 세기가 이온 간의 거리에 의해 결정된다는 사실을 확인하려 할 때 비교해야 할 화합물은?

화학식	LiF	NaCl	KCl	MgO	CaO
이온 간 거리(nm)	0.201	0.278	0.314	0.205	0.240
녹는점(°C)	848	801	770	2800	2572

① LiF, NaCl, KCl
② LiF, NaCl, MgO
③ NaCl, KCl, CaO
④ NaCl, KCl, MgO

14 다음 분자들 중 극성결합을 가지면서 쌍극자 모멘트의 합이 0인 물질은?

① H_2
② CCl_4
③ HCl
④ CO

15 결합차수를 근거로 하였을 경우 원자 간 결합력이 가장 약한 화학종은 무엇인가?

① O_2^+　　　　　　　　　　　② O_2
③ O_2^-　　　　　　　　　　　④ O_2^{2-}

16 0.1M 황산(H_2SO_4) 용액 1.5L를 만드는 데 필요한 15M 황산의 부피는?

① 0.01L　　　　　　　　　　② 0.1L
③ 22.5L　　　　　　　　　　④ 225L

17 광화학 스모그를 일으키는 주된 물질은?

① 이산화탄소　　　　　　　　② 이산화황
③ 질소 산화물　　　　　　　　④ 프레온 가스

18 다음의 표는 일정한 온도와 압력에서 aA(g)+bB(g) → cC(g) 반응의 물질들의 부피 관계를 나타낸 것이다. 이에 대한 설명으로 옳지 않은 것은?

실험	반응 전 기체의 부피(mL)		생성된 C의 부피 (mL)	반응하지 않고 남은 기체(mL)
	A	B		
I	10	15	10	5
II	15	30	20	5
III	5	15	10	없음

① 생성된 C의 몰수는 반응한 A의 몰수의 2배이다.
② 실험 I에서 B를 더 넣어주면 C가 더 생성된다.
③ 실험 II에서 A를 5mL B를 20mL 더 넣어주면 A가 반응을 다하지 않고 약간 남는다.
④ A 1몰을 완전히 반응시키기 위해 필요한 B의 몰수는 2몰이다.

19 유기화학반응에 대한 설명으로 옳지 않은 것은?

① 축합반응은 작은 분자가 제거되어 두 분자가 연결되는 반응이다.
② 중합반응은 여러 개의 작은 분자들을 조합시켜 커다란 분자를 만드는 반응이다.
③ 첨가반응에서 탄소에 결합된 일부 원자나 원자단은 증가되고, 탄소 간 결합의 불포화 정도도 증가한다.
④ 치환반응에서 탄소에 결합된 일부 원자나 원자단은 바뀌고, 탄소 간 결합의 불포화 정도는 변하지 않는다.

20 화학반응에 대한 설명으로 옳은 것을 모두 고른 것은?

> ㄱ. 자발반응에서 Gibbs 에너지는 감소한다.
> ㄴ. 발열반응은 화학반응시 열을 주위에 방출한다.
> ㄷ. 에너지는 한 형태에서 다른 형태로 변환되지만, 창조되거나 소멸되지 않는다.

① ㄱ
② ㄱ, ㄴ
③ ㄴ, ㄷ
④ ㄱ, ㄴ, ㄷ

제3회 적중예상문제

01 다이아몬드와 흑연을 연소시키는 반응과 그 반응 엔탈피는 각각 다음과 같다.

ㄱ. C(다이아몬드) + $O_2(g)$ → $CO_2(g)$ $\Delta H°_{반응}$ = -94.50kcal
ㄴ. C(흑연) + $O_2(g)$ → $CO_2(g)$ $\Delta H°_{반응}$ = -94.05kcal

흑연으로부터 다이아몬드를 얻는 반응에 대하여 올바르게 설명한 것은?

① 흡열반응, $\Delta H°_{반응}$ = 188.55kcal
② 발열반응, $\Delta H°_{반응}$ = 188.55kcal
③ 흡열반응, $\Delta H°_{반응}$ = 0.45kcal
④ 발열반응, $\Delta H°_{반응}$ = 0.45kcal

02 아래의 실험값으로부터 다음 반응의 속도식을 결정할 수 있다. 이에 대한 설명으로 옳지 않은 것은?

2A + B + C → D + E
반응속도 = $k[A]^x[B]^y[C]^z$

실험	초기[A]	초기[B]	초기[C]	E의 초기생성속도
1	0.20M	0.20M	0.20M	2.4×10^{-6} Mmin^{-1}
2	0.40M	0.30M	0.20M	9.6×10^{-6} Mmin^{-1}
3	0.20M	0.30M	0.20M	2.4×10^{-6} Mmin^{-1}
4	0.20M	0.40M	0.60M	7.2×10^{-6} Mmin^{-1}

① x = 2이고, 반응은 [A]에 대해 2차이다.
② 반응속도는 [B]에 무관하므로 y = 0이다.
③ z = 3이고 반응은 [C]에 대해 3차이다.
④ 속도상수 k는 3.0×10^{-4} M^{-2}min^{-1}이다.

03 평형상수(K)에 대한 설명으로 옳지 않은 것은?

① K값이 클수록 평형에 도달하는 시간이 짧아진다.
② K값이 클수록 평형위치는 생성물 방향으로 이동한다.
③ 발열반응에서 평형상태에 열을 가해 주변 K값이 감소한다.
④ K값의 크기는 생성물과 반응물 사이의 에너지 차이에 의해서 결정된다.

04 다음은 금속나트륨이 염소 기체와 반응하여 고체 상태의 염화나트륨을 생성하는 반응이다.

$$Na(s) + \frac{1}{2}Cl_2(g) \rightarrow NaCl(s)$$

이 반응의 전체 에너지 변화(△E)는?

$Na(s)$의 승화에너지[$Na(s) \rightarrow Na(g)$]=110kJ/mol
$Cl_2(g)$의 결합 해리에너지[$Cl_2(g) \rightarrow 2Cl(g)$]=240kJ/mol
$Na(g)$의 이온화 에너지($Na(g) \rightarrow Na^+(g) + e^-$)=500kJ/mol
$Cl(g)$의 전자친화도[$Cl(g) + e^- \rightarrow Cl^-(g)$]=$-$350kJ/mol
$NaCl(s)$의 격자에너지[$Na^+(g) + Cl^-(g) \rightarrow NaCl(s)$]=$-$790kJ/mol

① $-$410kJ/mol
② $-$290kJ/mol
③ 290kJ/mol
④ 410kJ/mol

05 Rutherford에 의한 금박지의 알파입자 산란실험을 통하여 입증된 사실은?

① 양성자는 전자와 같은 분량의 전하를 가지고 있으며 전자에 비해 1,840배 더 무겁다.
② 원자는 양성자, 중성자, 전자로 그 구조를 이루고 있다.
③ 전자는 음의 전하를 가지고 있다.
④ 원자의 질량과 양전하는 원자 중앙의 핵에 집중되어 있다.

06 다음 표는 원소와 이온의 구성 입자 수를 나타낸 것이다.

	A	B	C	D
양성자수	6	6	7	8
중성자수	6	8	7	8
전자수	6	6	7	6

이에 대한 설명으로 옳은 것은? (단, A~D는 임의의 원소 기호이다.)

① A와 D는 동위원소이다.
② B와 C는 질량수가 동일하다.
③ B의 원자번호는 8이다.
④ D는 음이온이다.

07 다음은 2가지 금속과 관련된 반응의 25°C에서의 표준환원 전위($E°$)이다.

$$Al^{3+}(aq) + 3e^- \rightarrow Al(s) \quad E° = -1.66V$$
$$Mg^{2+}(aq) + 2e^- \rightarrow Mg(s) \quad E° = -2.37V$$

25°C에서 $2Al^{3+}(aq) + 3Mg(s) \rightleftarrows 2Al(s) + 3Mg^{2+}(aq)$의 표준 자유에너지 변화($\Delta G°$)는?
(단, 패러데이 상수 F = aJ/V·mol이다.)

① -0.71aJ/mol
② -1.42aJ/mol
③ -2.13aJ/mol
④ -4.26aJ/mol

※ 그림은 카드뮴(Cd)과 구리(Cu) 전극을 사용한 전해 전지를 나타낸 것이다. 전원 공급 장치의 (−)단자는 Cd 전극에, (+)단자는 Cu 전극에 연결하여 1.0V의 전압을 일정하게 유지한다.

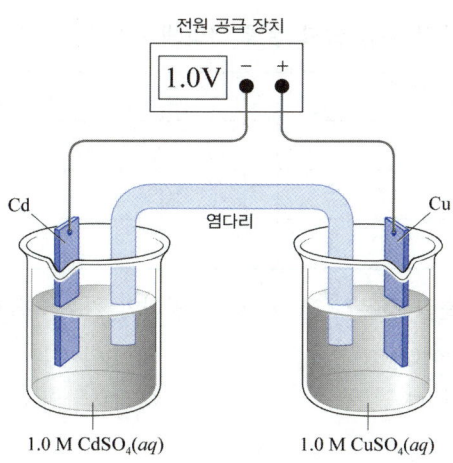

08 25°C에서 흐른 전하량이 0.02×96500C이면 Cd의 질량 변화량은? (단, Cd의 원자량은 112이고 1F=96500C/mol이며, 구리와 카드뮴의 산화–환원 반응 이외의 다른 반응은 일어나지 않는다.)

① 1.12g ② 11.2g
③ 0.06g ④ 2.24g

09 마그네슘을 완전히 연소시키면 산화마그네슘이 생성된다. 마그네슘 6g을 완전 연소시킬 때 필요한 산소의 질량은 몇 g인가? (원자량 O=16, Mg=24)

① 4g   ② 8g
③ 16g ④ 32g

10 아스코브산(비타민 C)은 괴혈병 치료제이다. 이 화합물은 탄소(C) 40.92%, 수소(H) 4.58%, 산소(O) 54.50%의 질량조성 백분율로 구성되어 있다. 다음 중 아스코브산의 실험식은? (원자량 C=12, H=1, O=16)

① C_2H_6O ② $C_3H_4O_3$
③ $C_4H_{10}O_2$ ④ $C_6H_8O_6$

11 다음 표는 원소와 이온의 구성 입자 수를 나타낸 것이다.

	A	B	C	D
양성자수	7	8	6	7
중성자수	7	10	7	8
전자수	10	8	6	7

이에 대한 설명으로 틀린 것은? (단, A~D는 임의의 원소 기호이다.)

① A와 D는 동위원소이다.   ② B와 C는 질량수가 다르다.
③ B의 원자번호는 8이다.   ④ D는 음이온이다.

12 대기 중에서 일어날 수 있는 다음 반응 중 산성비 형성과 관계가 없는 것은?

① $O_3(g) \rightarrow O_2(g) + O(g)$
② $S(g) + O_2(g) \rightarrow SO_2(g)$
③ $N_2(g) + O_2(g) \rightarrow 2NO(g)$
④ $SO_3(g) + H_2O(l) \rightarrow H_2SO_4(aq)$

13 물 500g에 어떤 비휘발성, 비전해질 물질 5g을 녹인 용액의 끓는점이 물보다 0.26°C 높게 형성되었다면, 이 물질의 분자량은? (단, 물의 끓는점 오름상수(K_b) = 0.52이다.)

① 5
② 20
③ 50
④ 60

14 15°C, 1기압에서 576mL의 기체를 같은 압력에서 0°C로 온도를 낮추면 그 부피는 얼마로 되는가?

① 273mL
② 546mL
③ 288mL
④ 576mL

15 다음은 수소(H_2)와 산소(O_2)로 부터 물(H_2O)을 합성하는 실험과정과 화학반응식을 정리한 것이다.

[실험과정]
0°C, 1기압에서 11.2L의 수소기체와 산소기체 24g을 부피가 5.6L인 강철용기 속에 넣어 반응시켰다. 물 9g이 생성되고 한 가지 기체만 남았다.

[화학반응식]
$2H_2(g) + O_2(g) \rightarrow 2H_2O(l)$

이에 대한 설명으로 가장 적절한 것은? (단, 0°C, 1기압일 때, 기체 1몰의 부피는 22.4L이며, H와 O의 원자량은 각각 1과 16이다.)

① 반응 전 수소의 질량은 2g이다.
② 반응 전 산소 원자의 몰수는 2몰이다.
③ 반응 전 강철용기 내부 압력은 5기압이다.
④ 반응하지 않고 남은 산소 기체는 8g이다.

16 다음 작용기에 대한 설명 중 옳지 않은 것은?

① 에스터(RCOOR′)는 향료 제조에 이용되며 제과와 청량음료 산업에서 풍미제로 사용된다.
② 포도주의 효소에 의해 아세트산(CH_3COOH)이 에탄올(CH_3CH_2OH)로 산화되는 반응이 일어난다.
③ 알코올(ROH)의 한 종류인 에탄올은 생물학적으로 설탕이나 전분을 발효해서 얻는다.
④ 케톤의 한 종류인 아세톤은 손톱 매니큐어 제거제로 이용한다.

17 N, O, F에 대하여 맞는 것을 모두 고른 것은?

ㄱ. 전기 음성도 크기의 순서는 F > O > N이다.
ㄴ. 원자 반지름의 순서는 F > O > N이다.
ㄷ. 결합길이의 순서는 $F_2 > O_2 > N_2$이다.

① ㄴ   ② ㄱ, ㄴ
③ ㄱ, ㄷ   ④ ㄴ, ㄷ

18 그림 (가), (나)의 루이스 전자점식 구조를 갖는 분자 XY_2, ZY_3에 대해 설명한 것으로 옳은 것은? (단, X, Y, Z는 임의의 2주기 원소이다.)

$$:\!\ddot{Y}\!:\!\ddot{X}\!:\!\ddot{Y}\!:$$
(가)

$$:\!\ddot{Y}\!:\!\ddot{Z}\!:\!\ddot{Y}\!: \\ :\!\ddot{Y}\!:$$
(나)

① (가)는 무극성 공유결합을 갖는다.
② (나)의 분자 기하는 정사면체형이다.
③ (나)의 중심 원자는 옥텟 규칙을 만족한다.
④ 중심 원자의 결합각은 (가)가 (나)보다 크다.

19 다음은 어떤 2주기 원소의 순차적인 이온화 에너지들이다. 이 원소는 무엇인가?

> $IE_1 = 801 \text{kJ/mol}$
> $IE_2 = 2,427 \text{kJ/mol}$
> $IE_3 = 3,660 \text{kJ/mol}$
> $IE_4 = 25,025 \text{kJ/mol}$
> $IE_5 = 32,826 \text{kJ/mol}$

① B ② C
③ O ④ N

20 수소 원자의 보어 모델에 의하면 전자의 에너지 값은 $E = -\dfrac{13.6 e\text{V}}{n^2}$ 로서 주어진다. 바닥 상태에 있는 전자를 들뜬 상태로 전이시키는데 필요한 최소의 에너지는 얼마인가?

① 13.3eV ② 12.1eV
③ 10.2eV ④ 3.4eV

제4회 적중예상문제

01 다음 중 불가능한 양자수{n(주양자수), l(각운동량 양자수), m_l(자기양자수), m_s(스핀양자수)}의 조합은?

① $n=5$, $l=3$, $m_l=-1$, $m_s=-1/2$
② $n=3$, $l=1$, $m_l=-1$, $m_s=+1/2$
③ $n=2$, $l=0$, $m_l=0$, $m_s=+1/2$
④ $n=1$, $l=0$, $m_l=-1$, $m_s=-1/2$

02 27°C, 760mmHg 조건에서 기체 0.89g의 부피는 0.5L이다. 이 물질은 어느것인가? (원자량 N=14, O=16, C=12, H=1)

① N_2
② O_2
③ CO_2
④ C_4H_{10}

03 그래프 A, B, C는 300K에서 실제 기체인 헬륨, 메탄과 이상 기체 각 1몰의 압력에 따른 PV/RT 값을 나타낸 것이다. 이에 대한 설명으로 옳지 않은 것은?

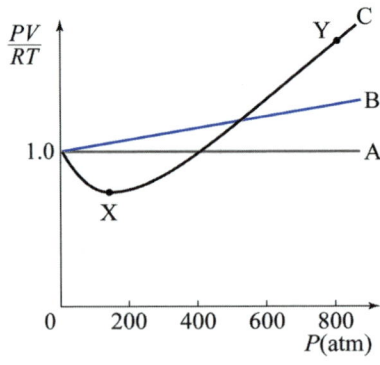

① A는 이상 기체, B는 헬륨, C는 메탄이다.
② 기체 C의 끓는점은 기체 B보다 높다.
③ 온도가 높아지면 X점의 위치는 아래쪽으로 이동한다.
④ X점에서 $\dfrac{PV}{RT}$ 값이 1보다 작은 이유는 분자 사이의 인력 때문이다.

04 이온결합과 공유결합에 대한 설명으로 옳지 않은 것은?

① 격자 에너지는 이온 화합물이 생성되는 여러 단계의 에너지를 서로 곱하여 계산한다.
② 이온의 공간 배열이 같을 때, 격자 에너지는 이온 반지름이 감소할수록 증가한다.
③ 공유결합의 세기는 결합 엔탈피로부터 측정할 수 있다.
④ 공유결합에서 두 원자 간 결합수가 증가함에 따라 두 원자 간 평균 결합길이는 감소한다.

05 다음 산화-환원 반응을 최소 정수의 계수들로 완결할 때 철 이온 Fe^{2+}의 계수를 구하면?

$$Cr_2O_7^{2-}(aq) + Fe^{2+}(aq) + H^+(aq) \rightarrow Cr^{3+}(aq) + Fe^{3+}(aq) + H_2O(l)$$

① 1　　　　　　　　　　　② 2
③ 3　　　　　　　　　　　④ 6

06 표는 25°C에서 세 가지 물질의 1.0M 수용액을 각각 그림과 같이 전기분해하였을 때 각 전극에서 얻어진 물질을 나타낸 것이다.

물질 \ 전극	(+)전극	(−)전극
ASO_4	(가)	A
BCl	Cl_2	H_2
B_2SO_4	O_2	H_2

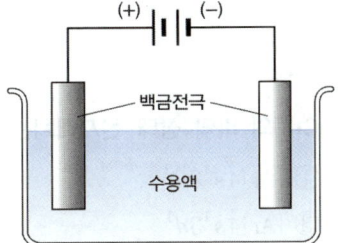

이에 대한 설명으로 옳은 것만을 〈보기〉에서 있는 대로 고른 것은? (단, A, B는 임의의 금속 원소이다.)

보기
ㄱ. (가)는 O_2이다.
ㄴ. 표준환원 전위는 A가 B보다 크다.
ㄷ. BCl 수용액을 전기분해하면 수용액의 pH가 증가한다.

① ㄱ　　　　　　　　　　　② ㄴ
③ ㄱ, ㄷ　　　　　　　　　④ ㄱ, ㄴ, ㄷ

07 여러 가지 염이 물에 용해될 때 일어나는 용액의 pH 변화에 대한 설명 중 옳은 것은?

① NaCl을 물에 녹이면 용액의 pH는 7보다 높아진다.
② NH_4Cl을 물에 녹이면 용액의 pH는 7보다 낮아진다.
③ CH_3COONa를 물에 녹이면 용액의 pH는 7보다 낮아진다.
④ $NaNO_3$를 물에 녹이면 용액의 pH는 7보다 높아진다.

08 납축전지는 Pb(s) 전극과 PbO_2(s) 전극으로 구성되어 있으며 전해질은 H_2SO_4 수용액이다. 납축전지의 방전과정에서 일어나는 반응은 다음과 같다.

$$Pb(s) + PbO_2(s) + 2H_2SO_4(aq) \rightarrow 2PbSO_4(s) + 2H_2O(l)$$

이에 관한 다음 서술 중 옳은 것을 모두 고른 것은?

ㄱ. 자동차의 배터리에 이용된다.
ㄴ. 1차 전지에 속하며 충전할 수 없다.
ㄷ. 방전될수록 두 전극의 질량은 증가한다.
ㄹ. 방전될수록 전해질의 황산농도가 증가한다.

① ㄱ, ㄷ   ② ㄴ, ㄹ
③ ㄱ, ㄴ   ④ ㄱ, ㄹ

09 Cr^{3+}의 바닥 상태 전자배치는? (단, Cr의 원자번호는 24이다.)

① $[Ar]4s^13d^2$ ② $[Ar]4s^13d^5$
③ $[Ar]4s^13d^1$ ④ $[Ar]3d^3$

10 보통 실험에서 순수한 산소를 얻기 위하여 $KClO_3$의 열분해 반응을 이용한다. $KClO_3$가 분해되면 KCl과 O_2가 된다. 만약 $KClO_3$ 46.0g이 완전히 분해된다고 가정하면 몇 g의 산소를 얻을 수 있는가? (단, $KClO_3$와 O_2의 몰질량은 각각 122.6g/mol과 32.0g/mol이다.)

① 12.0   ② 18.0
③ 24.0   ④ 36.0

11 살충제인 DDT의 합성은 다음과 같다.

$$2C_6H_5Cl(A) + CCl_3CHO(B) \rightarrow C_{14}H_9Cl_5(C) + H_2O$$
클로로벤젠   클로랄   DDT

클로로벤젠의 몰질량은 113g/mol, 클로랄의 몰질량은 147g/mol, DDT의 몰질량은 354g/mol이다. 한 실험에서 226g의 클로로벤젠과 157g의 클로랄을 반응시켜 DDT를 합성하였다. 이 경우 옳지 않은 것은?

① 이 반응의 한계 시약은 클로로벤젠이다.
② 반응이 완전히 진행될 경우, 클로랄 10g이 남는다.
③ 수득률이 100%일 경우 2mol의 DDT가 얻어진다.
④ DDT의 실제 수득량이 177g일 경우 수득률은 50%이다.

12 그림과 같이 두 용기 (가), (나)에 헬륨(H)과 네온(Ne)이 각각 들어 있다. 온도를 일정하게 유지하면서 콕을 열어 평형에 도달하게 하였다. 이에 대한 설명으로 옳은 것을 〈보기〉에서 모두 고른 것은? (단, 피스톤과 용기 사이의 마찰과 피스톤의 무게는 없고, He과 Ne은 이상 기체라고 가정한다.)

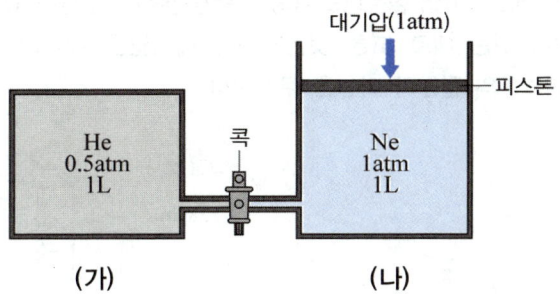

─● 보기 ├─
ㄱ. He과 Ne의 분자수의 비는 2 : 1이다.
ㄴ. 평형에서 Ne의 부분 압력은 $\frac{2}{3}$atm이다.
ㄷ. 평형에서 용기 (나)의 부피는 0.5L이다.

① ㄱ　　　　　　　　　　② ㄴ
③ ㄱ, ㄷ　　　　　　　　④ ㄴ, ㄷ

13 성분 원소가 C, H, O인 탄소 화합물 24g을 원소 분석 장치에 넣고 완전 연소시켰더니, H_2O 14.5g과 CO_2 35.2g이 생성되었다. 이 탄소 화합물의 실험식은? (원자량 C=12, O=16, H=1)

① CHO
② CH_2O
③ CHO_2
④ C_2H_2O

14 양성자 교환막 연료전지는 수소 기체와 산소 기체가 만나 물을 얻는 반응을 이용하여 전기를 생산한다. 이때 산화 전극에서 일어나는 반쪽 반응은 다음과 같다.

$$2H_2(g) \rightarrow 4H^+(aq) + 4e^-$$

다음 중 환원 전극에서 일어나는 반쪽 반응으로 옳은 것은?

① $O_2(g) + 4H^+(aq) + 4e^- \rightarrow 2H_2O(l)$
② $O_2(g) + 2H_2(g) \rightarrow 2H_2O(l)$
③ $H^+(aq) + OH^-(aq) \rightarrow H_2O(l)$
④ $2H_2O(l) \rightarrow 4H + (aq) + 4e^- + O_2(g)$

15 그림 (가)는 25°C에서 실린더에 헬륨(He)이 들어 있는 것을, (나)는 25°C에서 스탠드에 고정된 눈금 실린더에 He을 수상 치환으로 포집하고 시간이 흐른 후 눈금 실린더 안과 밖의 수면 높이가 같게 된 것을 나타낸 것이다. (가)의 실린더와 (나)의 눈금 실린더에 들어 있는 기체에 대한 설명으로 옳은 것만을 〈보기〉에서 있는 대로 고른 것은? (단, 대기압은 1기압이고, 25°C에서 물의 증기압은 24mmHg이며, 피스톤의 질량과 마찰은 무시한다.)

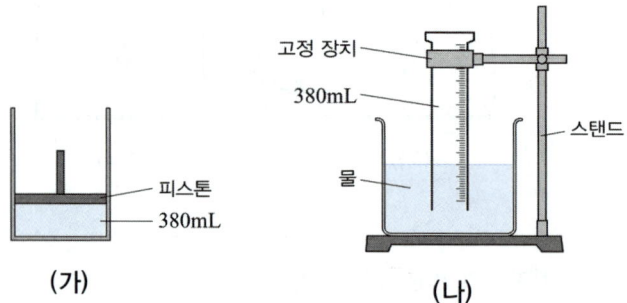

보기
ㄱ. 기체의 분자수는 (가)와 (나)에서 같다.
ㄴ. He의 부분 압력은 (가)와 (나)에서 같다.
ㄷ. 온도를 10°C로 냉각하면 기체의 압력은 (가)에서가 (나)에서 보다 크다.

① ㄱ
② ㄴ
③ ㄷ
④ ㄱ, ㄷ

16 다음은 오존(O_3)층 파괴의 주범으로 의심되는 프레온-12(CCl_2F_2)와 관련된 화학 반응의 일부이다. 이에 대한 설명으로 옳지 않은 것은?

> (가) $CCl_2F_2(g) + h\nu \rightarrow CClF_2(g) + Cl(g)$
> (나) $Cl(g) + O_3(g) \rightarrow ClO(g) + O_2(g)$
> (다) $O(g) + ClO(g) \rightarrow Cl(g) + O_2(g)$

① (가) 반응을 통해 탄소(C)는 환원되었다.
② (나) 반응에서 생성되는 ClO에는 홀전자가 있다.
③ 오존(O_3) 분자 구조 내의 π결합은 비편재화되어 있다.
④ 오존(O_3) 분자 구조 내의 결합각 ∠O-O-O은 180°이다.

17 중심 원자의 혼성 궤도에서 s-성질 백분율(percent s-character)이 가장 큰 것은?

① BeF_2
② BF_3
③ CH_4
④ C_2H_6

18 온실 가스가 아닌 것은?

① $CO_2(g)$
② $H_2O(g)$
③ $N_2(g)$
④ $CH_4(g)$

19 옥사이드 이온(O^{2-})과 메탄올(CH_3OH) 사이의 반응은 다음과 같다. 브뢴스테드-로리 이론(Brønsted-Lowry theory)에 따른 산과 염기로 옳은 것은?

> $O^{2-} + CH_3OH \rightleftharpoons CH_3O^- + OH^-$

① 산 : O^{2-}, OH^-, 염기 : CH_3OH, CH_3O^-
② 산 : CH_3OH, OH^-, 염기 : O^{2-}, CH_3O^-
③ 산 : O^{2-}, CH_3O^-, 염기 : CH_3OH, OH^-
④ 산 : CH_3OH, CH_3O^-, 염기 : O^{2-}, OH^-

20 6×10^{-3}M H_3O^+이온을 함유한 아세트산 수용액의 pH는? (단, log2=0.301, log3=0.477이며, 소수점 셋째 자리에서 반올림한다.)

① 2.22
② 2.33
③ 4.67
④ 4.78

제5회 적중예상문제

01 다음 반응도표에 대한 설명으로 옳지 않은 것은?

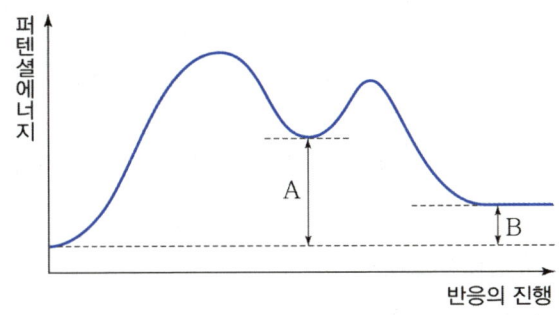

① 2단계 반응이다.
② 전체 반응은 B만큼 흡열한다.
③ 전체 반응속도는 A에 의존한다.
④ 전체 화학 방정식에 나타나지 않는 중간체가 형성된다.

02 이산화질소와 일산화탄소의 반응 메커니즘은 다음의 두 단계를 거친다. 이에 대한 설명으로 옳지 않은 것은? (단, 단계별 반응속도 상수는 $k_1 \ll k_2$의 관계를 가진다.)

$$1단계 : NO_2(g) + NO_2(g) \xrightarrow{k_1} NO_3(g) + NO(g)$$

$$2단계 : NO_3(g) + CO(g) \xrightarrow{k_2} NO_2(g) + CO_2(g)$$

① 반응 중간체는 $NO_3(g)$이다.
② 반응속도 결정단계는 1단계 반응이다.
③ 1단계 반응은 일분자 반응이고, 2단계 반응은 이분자 반응이다.
④ 전체 반응의 속도식은 $k_1[NO_2]^2$이다.

03 일정한 압력에서 일어나는 어느 반응에 대해 온도에 따른 Gibbs 자유에너지 변화는 다음과 같다. 이 그림에 대한 설명으로 옳지 않은 것은?

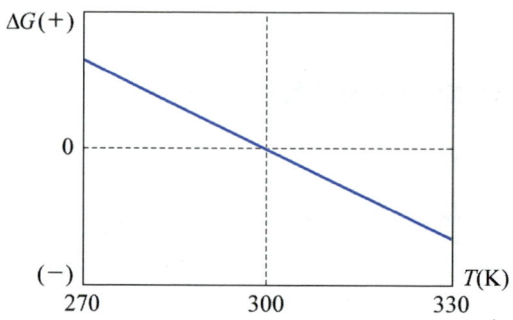

① 엔트로피 변화(ΔS)는 양수이다.
② 이 계는 300K에서 평형 상태에 있다.
③ 이 반응은 온도가 300K보다 높을 때 자발적으로 일어난다.
④ 이 반응의 엔탈피 변화(ΔH)는 음수이다.

04 0°C, 1기압에서 다음 기체 (가)~(다)의 부피를 옳게 비교한 것은? (원자량 H = 1)

(가) 부피가 11.2L인 산소 기체
(나) 질량이 4g인 수소 기체
(다) 분자수가 1몰인 이산화탄소 기체

① (가) < (나) < (다)   ② (가) < (다) < (나)
③ (나) < (가) < (다)   ④ (나) < (다) < (가)

05 원소의 입장에서 우주의 대부분을 차지하는 수소와 헬륨의 질량비는 대략 3 : 10이다. 수소와 헬륨의 원자 개수비에 가장 가까운 것은? (원자량 H : 1, He : 4)

① 1 : 6   ② 1 : 10
③ 6 : 1   ④ 10 : 1

06 25°C에서 수증기압은 24mmHg이다. 225mL의 수소 기체를 25°C에서 수상치환으로 포집하였더니 735mmHg이었다. 0°C, 1기압 조건에서 건조한 H_2 기체의 부피를 구하는 식으로 바른 것은?

① $V = \dfrac{225 \times (735-24) \times 273}{760 \times 298}$

② $V = \dfrac{225 \times 760 \times 298}{(735-24) \times 273}$

③ $V = \dfrac{225 \times 273 \times 760}{(735+24) \times 298}$

④ $V = \dfrac{225 \times (735+24) \times 298}{760 \times 273}$

07 다음 그림과 같이 25°C에서 크기가 같은 세 개의 용기에 기체 A, B, C가 각각 채워져 있다.

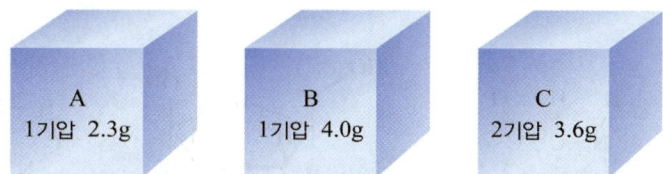

각 기체의 분자량의 크기를 옳게 비교한 것은?

① A > B > C
② A > C > B
③ B > A > C
④ B > C > A

08 아래는 NH_3에 대한 설명이다. 맞는 것을 모두 고른 것은?

> ㄱ. 고립 전자쌍을 가지고 있다.
> ㄴ. ∠HNH 결합각은 109.5°이다.
> ㄷ. 비극성 분자이다.

① ㄱ
② ㄴ
③ ㄱ, ㄴ
④ ㄴ, ㄷ

09 다음 물질을 끓는점이 높은 순서대로 옳게 나열한 것은?

$$NH_3,\ He,\ H_2O,\ HF$$

① $HF > H_2O > NH_3 > He$
② $HF > NH_3 > H_2O > He$
③ $H_2O > NH_3 > He > HF$
④ $H_2O > HF > NH_3 > He$

10 아래 그림은 생명체에 존재하는 분자 중 세 가지를 그려 놓은 것이다. 이에 대한 설명 중 옳지 않은 것은?

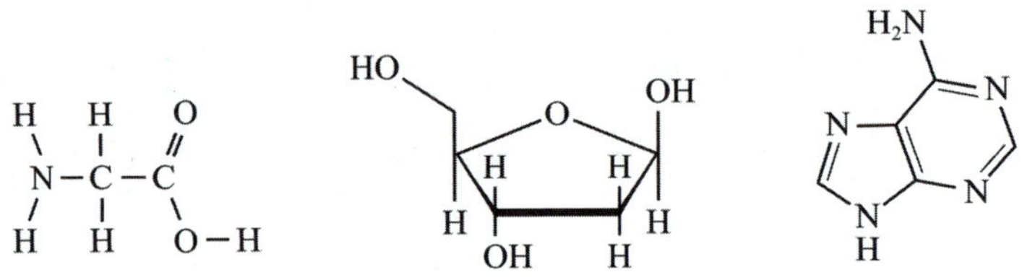

글라이신   데옥시라이보오스   아데닌

① 글라이신은 단백질의 구성 성분인 아미노산의 일종이다.
② 아데닌은 DNA를 구성하는 주요 성분 중의 하나이다.
③ 아데닌은 RNA를 구성하는 주요 성분 중의 하나이다.
④ 데옥시라이보오스는 RNA를 구성하는 주요 성분 중의 하나이다.

11 다음 각 반응 중 계의 예상되는 엔트로피 변화가 $\Delta S° > 0$인 것은?

① $2H_2(g) + O_2(g) \rightarrow 2H_2O(l)$
② $H_2O(g) \rightarrow H_2O(l)$
③ $N_2(g) + 3H_2(g) \rightarrow 2NH_3(g)$
④ $I_2(s) \rightarrow 2I(s)$

12 물질 A의 분해 반응에서 반응 조건에 따른 반응 속도의 변화를 알아보기 위하여 실험한 결과, 다음과 같은 표를 얻었다.

실험	A의 농도(%)	온도(°C)	일정량의 기체를 모으는데 걸린 시간(초)
1	30	25	30
2	10	25	50
3	5	25	70
4	5	35	36
5	5	45	17

이에 대한 설명으로 옳은 것만을 〈보기〉에서 있는 대로 고른 것은?

　●보기┝
ㄱ. 반응 속도에 영향을 미칠 것으로 예상한 변인은 A의 농도와 온도이다.
ㄴ. A의 농도가 2배가 되면 A의 분해 반응 속도는 4배 정도 빨라진다.
ㄷ. 상온에서 온도가 10℃ 높아지면 A의 분해 반응 속도는 2배 정도 빨라진다.

① ㄱ　　　　　　　　　② ㄴ
③ ㄱ, ㄴ　　　　　　　④ ㄱ, ㄷ

13 아래의 두 가지 반응의 평형상수를 K_1, K_2로 표시할 때, 이들 평형상수 간의 관계에 맞는 것은?

$$SO_2(g) + 1/2 O_2(g) \rightleftarrows SO_3(g) \quad K_1$$
$$2SO_3(g) \rightleftarrows 2SO_2(g) + O_2(g) \quad K_2$$

① $K_2 = K_1$　　　　　　② $K_2 = 1/K_1$
③ $K_2^2 = K_1$　　　　　④ $K_2 = (1/K_1)^2$

14 과황산(퍼옥소디황산)이온, $S_2O_8^{2-}$의 총 원자가 전자수는 얼마인가?

① 58　　　　　　　　　② 60
③ 62　　　　　　　　　④ 64

15 다음은 약산 HA 수용액의 평형 반응식과 이온화상수(K_a)이다.

$$HA(aq) + H_2O(l) \rightleftharpoons H_3O^+(aq) + A^-(aq), \ K_a = 1.0 \times 10^{-6}$$

HA 수용액에 대한 설명으로 옳은 것만을 〈보기〉에서 있는 대로 고른 것은?

─● 보기 ├─
ㄱ. 1.0M 수용액의 pH는 3이다.
ㄴ. 0.01M 수용액의 해리백분율은 1%이다.
ㄷ. 해리백분율은 0.01M 수용액이 1M 수용액보다 작다.

① ㄷ ② ㄱ, ㄴ
③ ㄱ, ㄷ ④ ㄴ, ㄷ

16 그림은 25°C에서 산 HA와 HB 수용액의 몰농도에 따른 pH를 나타낸 것이다.

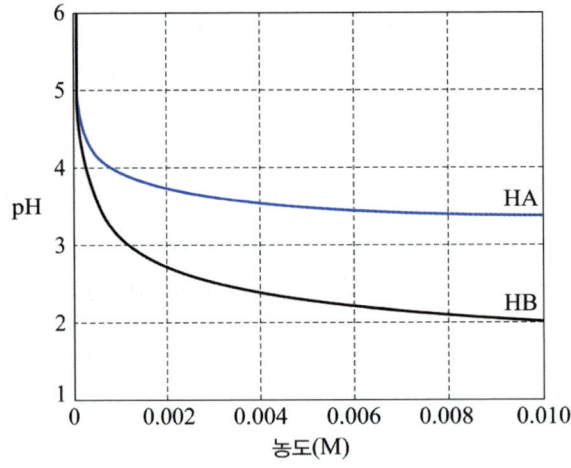

이에 대한 설명으로 옳은 것은?

① HA는 HB보다 강산이다.
② 0.010M 수용액에서 HB의 이온화도는 0.10이다.
③ 농도가 1.0×10^{-8}M인 HA 수용액의 pH는 8.0이다.
④ HA와 HB의 이온화도 차이는 농도가 낮을수록 줄어든다.

17 다음은 구리를 사용한 실험이다.

[실험 과정 및 결과]
(가) 붉은색 구리를 산소와 반응시켰더니 검은색 산화구리(Ⅱ)가 생성되었다.
(나) (가)에서 생성된 산화 구리(Ⅱ)를 탄소 가루와 반응시켰더니 다시 붉은색 구리로 변하였다.

(가)와 (나)에서 환원되는 물질만을 있는 대로 고른 것은?
① Cu
② CuO
③ Cu, C
④ O_2, CuO

18 돌턴(Dalton)의 원자론에 대한 설명으로 옳지 않은 것은?
① 각 원소는 원자라고 하는 작은 입자로 이루어져 있다.
② 원자는 양성자, 중성자, 전자로 구성된다.
③ 같은 원소의 원자는 같은 질량을 가진다.
④ 화합물은 서로 다른 원소의 원자들이 결합함으로써 형성된다.

19 아래의 그림은 온도와 압력이 같은 두 기체 B_2와 AB_2를 각각 같은 질량만큼 실린더에 넣었을 때의 모습을 나타낸 것이다.

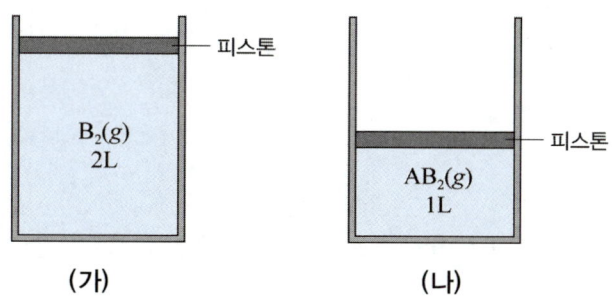

(가)   (나)

이에 대한 설명으로 옳은 것은? (단, A, B는 임의의 원소 기호이다.)
① A의 원자량은 B의 4배이다.
② B_2와 AB_2의 분자량의 비는 3 : 2이다.
③ (가)와 (나)에서 원자의 총 몰수비는 4 : 3이다.
④ 평균 분자운동속도는 B_2가 AB_2의 2배이다.

20 SO₂ 분자의 루이스 구조가 다음과 같은 형태로 되어 있을 때, 각 원자의 형식전하를 모두 더한 값은?

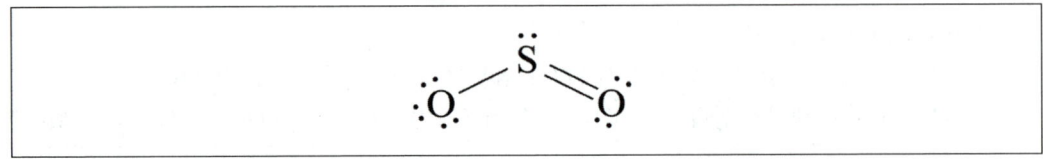

① -2
② -1
③ 0
④ 1

배수진
공무원 화학 이론서

공무원 화학 만점을 위한 배수진을 치다!

배수진
공무원 화학
이론서

PART 03

적중예상문제 정답 및 해설

제1회

01 ②	02 ②	03 ③	04 ②	05 ④	06 ②	07 ③
08 ③	09 ②	10 ②	11 ②	12 ②	13 ④	14 ④
15 ②	16 ④	17 ④	18 ③	19 ①	20 ①	

01

분자량$(M_t) = \dfrac{mRT}{PV} = \dfrac{4 \times 0.082 \times 300}{1 \times 49.2} = 1.8$

가장 가까운 기체는 H_2

02

압력과 몰수가 비례한다는 것을 이용하는 문제이다.

$$N_2O_5 \rightarrow 2NO_2 + \dfrac{1}{2}O_2$$

처음	1	0	0
반응	$-x$	$+2x$	$+\dfrac{1}{2}x$
나중	$1-x$	$2x$	$\dfrac{1}{2}x$

나중 값을 모두 더하면 $\dfrac{3}{2}x + 1 = 2$ $x = \dfrac{2}{3}$

O_2에 대입하면 $\dfrac{1}{3}$ 기압이 나온다.

03

②, ③ $n=1$ 껍질로 떨어지는 자외선부 1개
$n=2$ 껍질로 떨어지는 가시광선부 2개
적외선부는 $n=3, 4, 5$로 떨어지는 빛이므로 적외선부는 ㉣, ㉤ 2개이다.

①, ④ $E \propto v \propto \dfrac{1}{\lambda}$을 이용한다.

에너지가 가장 크고, 파장이 제일 짧은 빛은 $n=1$로 떨어지는 ㉠, 진동수가 제일 작은 빛, 즉 에너지가 가장 작은 빛은 $n=4$로 떨어지는 ㉤이다.

04

$n+l=3$인 전자수가 7이면 $2p, 3s$가 있다. 이 오비탈들에 7개의 전자가 있다면,
$A = 1s^2 2s^2 2p^6 3s^1$이다.

따라서 홀전자수는 1이다.
① 3주기 원소이다.
③ $n+l=2$인 오비탈은 $2s$이므로 전자수는 2이다.
④ 전자가 채워져 있는 가장 큰 n은 3이다.

05

반지름과 이온화 에너지가 반비례라는 것을 묻고 있다.
$_{11}Na = K_2L_8M_1$로 전자껍질이 3개라서 반지름이 제일 커서 이온화 에너지가 가장 작다.
나머지는 모두 전자가 10개로써 전자껍질수가 같다. 이럴 경우 양성자수가 작을수록 반지름이 커서 이온화 에너지가 작다.

반지름 → $_{11}Na > _8O > _{10}Ne > _{11}Na^+$
이온화 에너지 → $Na < O < Ne < Na^+$

이다.

06

모두 옥텟 규칙을 만족하는데 NO_2는 공명구조를 형성하면서 옥텟을 만족시키지 않는다.

:Ö = N̈
　　|
　 ·Ö:

07

$CO_2 \rightarrow O=C=O$ 180°

$CH_4 \rightarrow$ H−C−H 109.5°
 (H 위, H 아래)

$HCHO \rightarrow$ H−C(=O)−H 120°

$NH_3 \rightarrow$ H−N̈−H 107°
 (H 아래)

$H_2O \rightarrow$:Ö−H 104.5°
 (H 아래)

$CO_2 > HCHO > CH_4 > NH_3 > H_2O$

08
① 모두 sp^3 혼성오비탈
② 모두 sp 혼성오비탈
③ 모두 sp^2 혼성오비탈
④ 모두 sp^3d 혼성오비탈

09

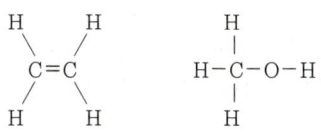

sp^2 혼성오비탈	sp^3 혼성오비탈
H−C≡C−H	O=C=O
sp 혼성오비탈	sp 혼성오비탈

10
$H_2O(l) \rightarrow H_2O(g)$
액체가 기체가 되려면 ΔH를 흡수해야 하므로 $\Delta H > 0$, 그리고 기체가 액체보다 무질서도가 크므로 $\Delta S > 0$, 자발적 과정에서 $\Delta G < 0$가 되어야 한다.

11
$v = k[A]^m[B]^n$
B가 일정하고 A의 농도가 2배가 되면 속도가 4배로 증가했으므로 속도는 A의 농도의 제곱에 비례한다. 따라서 $m=2$. 그리고 각 농도를 2배로 증가했을 때 속도가 8배로 증가했으면, $n=1$이 나와야 한다. 그렇게 정해져야 각 농도가 2배가 되면 속도는 2^3, 즉 8배가 된다.

12
$CH_3COOH + H_2O \rightleftarrows CH_3COO^- + H_3O^+$ 에서 CH_3COO^-를 첨가시키면, CH_3COO^-의 농도가 진해지고 "르 샤틀리에의 법칙"에 의해 농도가 낮아지는 역반응이 진행된다. 그런데 첨가한 CH_3COO^-의 일부만 역반응이 진행되므로, CH_3COOH, CH_3COO^- 모두 증가한다.

13
역시 강한 쪽의 액상을 따라 간다.
ㄱ. $FeCl_3$ → 약염기+강산=산성
ㄴ. $NaNO_3$ → 강염기+강산=중성
ㄷ. NaF → 강염기+약산=염기성
ㄹ. NH_4NO_3 → 약염기+강산=산성
ㅁ. CaO → 금속 산화물은 모두 염기성이다.
⇒ $CaO + H_2O \rightarrow Ca(OH)_2$

14
CH_3COOH이 약산이므로 소량 이온화되고 소량 가수분해가 되므로 수용액 속에는 CH_3COOH이 제일 많다.

15
산화수를 묻는 문제이다.

$$3\underset{0}{Cu} + 6\underset{+1}{H^+} + 2H\underset{+5}{N}\underset{-2}{O_3} \rightarrow 3\underset{+2}{Cu^{2+}} + 2\underset{+2}{N}\underset{-2}{O} + 4\underset{+1}{H_2}\underset{-2}{O}$$

환원제 → 산화
산화제 → 환원

16
① $\underset{+7}{Cl}\underset{-2}{O_4^-}$

② $\underset{+7}{Mn}\underset{-2}{O_4^-}$

③ $\underset{+3}{N}\underset{-2}{O_2^-}$

④ $\underset{+5}{N}\underset{-2}{O_3^-}$

17
"몰수 = $\dfrac{질량}{분자량}$"을 이용해야 한다.

물의 밀도 $1 = \dfrac{1800g}{1800mL}$ 이다.

따라서, 1.8L 속에는 물 1800g이 존재한다.

몰수 = $\dfrac{1800}{18} = 100$몰이 나온다.

18

	SO_2	+ $\frac{1}{2}O_2$	+ H_2O	→ H_2SO_4
처음	5	2	3	
반응	-3	-1.5	-3	
나중	2	0.5	0	

따라서 한계시약은 물이 된다.

19

A의 몰수 → $\frac{1}{x}$, B의 몰수 → $\frac{1}{y}$

부분 압력 = 전체 압력 × 몰분율

$\left(\text{몰분율} = \dfrac{\text{각 성분의 몰수}}{\text{전체 몰수}}\right)$

전체 몰수 → $\dfrac{x+y}{xy}$ A의 몰수 → $\dfrac{1}{x}$

따라서 A의 부분 압력 = $\dfrac{y}{x+y}$

20

$E = -\dfrac{E_i}{n^2}$ 라는 것을 알아야 한다.

첫 번째 들뜬 상태 $n=2$, 즉 $-\dfrac{E_i}{4}$

두 번째 들뜬 상태 $n=3$, 즉 $-\dfrac{E_i}{9}$

두 E값 차이, 즉 $\dfrac{5}{36}E_i$를 흡수해야 한다.

제2회

01 ① 02 ① 03 ① 04 ④ 05 ② 06 ③ 07 ②
08 ① 09 ③ 10 ① 11 ③ 12 ④ 13 ① 14 ②
15 ④ 16 ① 17 ③ 18 ④ 19 ③ 20 ④

01

전자가 지금 같이 각 오비탈에 2개씩 채워진다면 18족 비활성 기체는 2번, 10번, 18번이다. 그런데 각 오비탈에 전자가 1개씩 채워진다면, 지금의 절반, 즉 1번, 5번, 9번이 된다.

02

반지름은 먼저 전자껍질수를 비교해야 한다.
① $_{11}Na^+$, $_9F^-$는 모두 전자가 10개로써 전자껍질수가 같다.
따라서 양성자수가 작은 $_9F^-$가 반지름이 더 크다.
③ 유효 핵전하는 같은 주기에서 오른쪽으로 갈수록 크다.
일반적으로 +양성자가 많을수록 유효 핵전하는 크다.

03

① 층상 그물 구조인 흑연이 전기도성을 갖는다.

04

물질의 온도를 낮추면 E가 감소하여 $\Delta S < 0$이 된다.

05

촉매는 활성화 E만 변화시켜서 반응속도를 빠르게 만들어 주는 물질이다. 다른 요소들은 절대 변화시키지 않는다. 활성화 E를 낮춘다는 것은 반응경로를 변화시킨다는 의미이다.

06

방사성 동위원소의 붕괴 반응은 1차 반응으로 반감기가 항상 일정하다. 반감기가 15초이므로 64.8g이 8.10g으로 붕괴하는데 걸리는 시간은 15초×3=45초이다.

07

0.1M $CH_3COOH \rightarrow$
$$CH_3COOH + H_2O \rightleftharpoons CH_3COO^- + H_3O^+$$

처음	0.1	0	0
이온화	$-x$	$+x$	$+x$
평형	$0.1-x$	x	x

$\dfrac{x^2}{0.1-x} = 1.8 \times 10^{-5}$ $x^2 = 1.8 \times 10^{-6}$

0.01M $CH_3COOH \rightarrow$
$$CH_3COOH + H_2O \rightleftharpoons CH_3COO^- + H_3O^+$$

처음	0.01	0	0
이온화	$-y$	$+y$	$+y$
평형	$0.01-y$	y	y

$\dfrac{y^2}{0.01-y} = 1.8 \times 10^{-5}$ $y^2 = 1.8 \times 10^{-7}$

$\dfrac{x^2}{y^2} = \dfrac{10}{1}$ $x:y = 3.2 : 1$이다.

08

주어진 식을 모두 더하면
$H_3C_6H_5O_7(aq) \rightleftharpoons 3H^+(aq) + C_6H_5O_7^{3-}(aq)$가 나온다.
여러 단계로 이온화되는 반응에서 각각의 이온화상수의 곱은 전체 이온화상수와 같다. $K = K_1 \cdot K_2 \cdot K_3$이다.

09

전지는 반응성 큰 금속이 (−)극으로 작용해서 산화반응이 일어나고, 반응성 작은 금속이 (+)극이 되어, (+)극에서 환원반응이 일어난다.
(−)극 : $Zn \rightarrow Zn^{2+} + 2e^-$ 〈산화〉
(+)극 : $Cu^{2+} + 2e^- \rightarrow Cu$ 〈환원〉
① 산화가 되었으므로 환원제로 이용이 되었다.
② 표준기전력($E°$) = 환원반응이 일어나는 전극의 표준환원전위($E°$) − 산화반응이 일어나는 전극의 표준환원전위($E°$) = +0.34 − (−0.76) = 1.1V
④ 표준기전력($E°$)이 +값이므로 반응이 자발적으로 진행되었다.

10

산화수 규칙은 다음과 같다.
① 홑원소 물질의 산화수는 0이다.
② 이온의 산화수는 자신의 전하량과 같다.
  1족: +1, 2족: +2, 13족: +3, 17족: −1이 된다.
  다원자 이온을 구성하는 각 원소들의 산화수 총합은 자신의 전하량과 같다.
③ 화합물을 구성하는 각 원소들의 산화수 총합은 0이다.
④ 수소의 산화수는 대부분의 화합물에서 +1이다. 단, 금속의 수소화합물에서는 −1이다. (예 $\underset{+1}{H_2O}$, $\underset{-1}{NaH}$)

$NH_3 \rightarrow -3$ $NO \rightarrow +2$
$NO_2 \rightarrow +4$ $HNO_3 \rightarrow +5$

11

주기율표에서 반지름은 같은 주기에서는 왼쪽으로 갈수록(원자번호=양성자가 작아짐) 커지고, 같은 족에선 아래로 갈수록(전자껍질이 많아짐) 증가한다. 일반적으로 이온화 에너지는 반지름과 반비례 관계이다. 즉, 같은 주기에서 이온화 에너지는 오른쪽, 같은 족에서 위로 갈수록 크다.
①, ② 원자 반지름 : $_{11}Na > {}_{13}Al$, $_3Li < K$
③, ④ 1차 이온화 에너지 → $C < O$, $K > Rb$

12

A. 전자가 한 개씩 많아지면, 전자 간 반발력 증가로
   $I^- > I > I^+$
B. 같은 족은 아래로 갈수록 껍질이 증가하므로
   $Ca^{2+} > Mg^{2+} > Be^{2+}$
C. 전자수가 같으면(전자껍질이 같으면) 양성자가 작을수록 반지름이 증가하므로 $P^{3-} > S^{2-} > Cl^-$

13

이온 결합물질에서 녹는점은 양이온과 음이온 사이가 끊어지는 것이다.
즉, 전하를 띤 입자들 사이의 결합이 끊어지는 것인데 이것은 쿨롱의 힘으로 정의할 수 있다.
$F = k\dfrac{q_1 q_2}{r^2}$

즉, 거리가 가까울수록 전하량의 곱이 클수록 양이온과 음이온 사이의 결합력이 강하고, 그 강한 결합을 끊고 액체로 만들기 위해 높은 온도를 가해주어야 한다. 즉, 녹는점이 높다는 것이다. 변수가 2개인데, 거리가 가까울수록 녹는점이 높다는 것을 증명하려면 전하량의 곱이 같아야 한다. Li^+F^- Na^+Cl^- K^+Cl^- 모두 전하량의 곱이 같으므로 거리에 따른 녹는점 관계를 알 수 있다.

14

- 극성 공유결합 : 전기 음성도 차이가 나는 원소끼리 결합. 다른 원자끼리 결합
- 무극성 공유결합 : 전기 음성도가 같은 원소끼리 결합. 같은 원자끼리 결합

- 극성 분자 : 비대칭 무극성 구조, 쌍극자 모멘트의 합이 0이 아니다.
- 무극성 분자 : 대칭 구조, 쌍극자 모멘트의 합이 0이다.

CCl_4는 다른 원자까지 결합하므로 극성 공유결합이고, 정사면체 대칭구조이므로 쌍극자 모멘트의 합이 0인 무극성 분자이다.

15

O_2를 2차 결합(이중결합)으로 정하고, 전자를 빼고 또는 넣으면서 결정한다.

결합차수 = $\dfrac{\text{결합성 전자수} - \text{반결합성 전자수}}{2}$ 에 대입한다(2번째 껍질부터 적용).

$O_2^+ \to \dfrac{8-3}{2} = 2.5$차 $O_2 \to 2$차 $O_2^- \to 1.5$차

$O_2^{2-} \to 1$차이다.

결합력이 가장 약한 것은 O_2^{2-}

16

$15M = \dfrac{0.15 몰}{0.01L}$

17

질소 산화물이 광화학 스모그의 주된 성분이다.

18

계수비를 먼저 구해야 한다.
주어진 조건에서 몰수비 ∝ 부피비이므로

	aA +	bB →	cC
처음	5	15	0
반응	−5	−15	+10
나중	0	0	10

$A + 3B \to 2C$
따라서 A 1몰을 완전히 반응시키려면 B는 3몰이 있어야 한다.

19

③ 첨가반응은 원자나 원자단이 끼어들어가는 반응이므로 탄소에 결합된 원자나 원자단은 증가하지만, 삼중결합(≡)이 이중결합(=) 또는 이중결합(=)이 단일결합(−)가 되면서 탄소−탄소 간 불포화 정도는 감소한다.

20

ㄷ. "에너지 보존법칙"을 생각하면 된다.
화학반응이 일어날 때 출입하는 열은 다른 형태의 에너지로 상호 전환되지만 에너지는 새롭게 생성되거나 소멸되지 않으므로 에너지 총량은 항상 보존된다.

제3회

01 ③ 02 ③ 03 ① 04 ① 05 ④ 06 ② 07 ④
08 ① 09 ① 10 ② 11 ④ 12 ① 13 ② 14 ②
15 ③ 16 ② 17 ③ 18 ③ 19 ① 20 ③

01

헤스의 법칙을 이용한다.

$-C(다이아몬드) - O_2 \rightarrow -CO_2, \quad -\Delta H° = +94.50 \text{kcal}$

$+\; C(흑연) + O_2 \rightarrow CO_2, \quad \Delta H° = -94.05 \text{kcal}$

$\overline{C(흑연) \rightarrow C(다이아몬드), \quad \Delta H° = 0.45 \text{kcal}}$

"$\Delta H° > 0$"의 결과가 나왔으므로 흡열반응이다.

02

$v = k[A][B][C]$

① 1,2를 비교해서 A의 농도가 2배가 되면 속도가 4배가 되므로 속도는 A의 농도의 제곱에 비례한다.
② 1,3을 비교해서 B의 농도가 변해도 속도가 변하지 않으므로 속도와 B의 농도는 무관하다.
③ 1,4를 비교하면, C의 농도가 3배가 되면 속도도 3배가 되므로 속도는 C의 농도와 비례한다. 따라서 $z=1$이고 [C]의 농도에 대해 1차이다.

03

평형상수가 크다는 것은 반응물의 농도보다 생성물의 농도가 크다는 것을 의미한다.
평형상수가 1보다 매우 크다는 것은 열역학적으로 생성물이 반응물보다 안정하여 평형 상태에서 대부분 생성물로 존재한다는 것을 의미한다.
평형에 도달하는 시간이 짧다는 것은 반응속도와 연관있다. 즉, 반응속도가 빠를수록 평형에 도달하는 시간이 짧아진다.

04

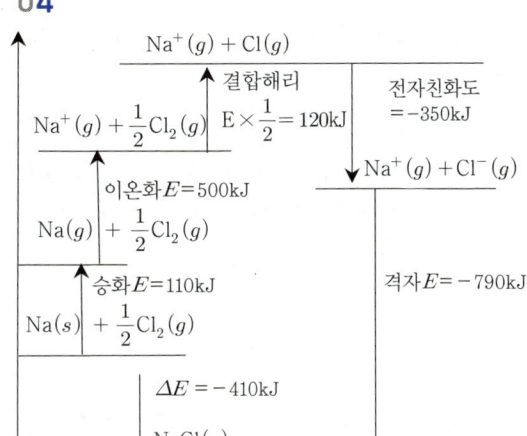

05

러더퍼드의 알파입자 산란실험 결과는 ⊕를 띠는 핵의 존재를 밝혀낸 것이다.
거의 모든 입자가 금박을 통과하고 가끔 α선이 튕겨 나오거나 휘어짐으로 보아 원자의 대부분은 ⊕를 띠는 핵이라는 것을 알 수 있다. 따라서, 원자의 질량은 ⊕핵이라는 것을 알 수 있다.

06

① 동위원소는 양성자가 같아야 한다.
② 양성자수+중성자수가 질량수이므로 B와 C는 질량수가 14로 같다.
③ 원자번호=양성자수=전자수이다.
④ D는 ⊕양성자가 8개 ⊖전자가 6개이므로 +2를 띠는 양이온이라는 것을 알 수 있다.

07

ΔG를 구하는 문제, 전하량(F)과 $E°$가 나와 있으므로 $\Delta G° = -nFE°$를 떠올려야 한다.
$2Al^{3+} + 3Mg \rightleftarrows 2Al + 3Mg^{2+}$에서 이동한 전자수는 6몰이다.
$F = aJ/V \cdot mol$,
표준기전력($E°$) $= -1.66 - (-2.37) = 0.71V$
따라서 $\Delta G = -6 \times aJ/V \cdot mol \times 0.71V = -4.26 aJ/mol$

08

(−)극에서는 Cd^{2+}이 전자를 얻어서 Cd 금속이 석출된다.
$Cd^{2+} + 2e^- \rightarrow Cd$
2F 이동 → 1몰 석출
그런데 전하량이 0.02F이 이동했으므로 0.01몰이 석출된다. 1몰의 질량이 112g이므로 0.01몰의 질량은 1.12g이다. 1.12g이 증가한다.

09

$2Mg + O_2 \rightarrow 2MgO$
Mg 1몰의 질량이 24g이므로 2몰의 질량은 48g이다. 2몰 Mg(48g)이 분해되려면 O_2는 1몰(32g)이 필요하다. 따라서, 6g이 분해되려면 O_2는 4g이 필요하다.

10

$C_xH_yO_z$에서 $x : y : z = \frac{40.92}{12} : \frac{4.58}{1} : \frac{54.50}{16}$
= 3 : 4 : 3이 나온다.

11

① 양성자수가 같으므로 동위원소이다.
③ 원자번호가 8이다.
④ D는 중성원자이다.

12

$O_3 \rightarrow O + O_2$는 성층권에서 일어나는 오존층 파괴 과정이다.

13

$\Delta T_b = K_b$, m, 0.5m = $\frac{0.25몰}{500g}$, 용질이 5g이 녹아 있으므로 0.25몰 $\frac{5g}{분자량}$
따라서, 분자량은 20이다.

14

샤를의 법칙을 묻는 문제이다.
부피 ∝ 온도(K) 288 : 576 = 273 : x ∴ 546mL

15

반응 전 전체 몰수가 1.25몰이다. 그러면 부피가 28L가 되어야 한다. 현재 1기압, 5.6L에서만 반응시키고 있으므로 압력은 5기압이다.

16

① 에스터는 과일향을 가지고 있어서 음료수 합성에 많이 이용된다.
② 에탄올(C_2H_5OH) $\xrightarrow{산화}$ 아세트알데히드(CH_3CHO) $\xrightarrow{산화}$ 아세트산(CH_3COOH)
이므로, 반대로 표시되었다.

17

ㄴ. 주기율표에서 왼쪽, 아래로 갈수록 반지름이 증가하므로 N > O > F의 순서로 되어야 한다.

18

① 다른 원자끼리 결합하고 있으므로 (가)는 극성 공유 결합이다.
② (나)는 중심 원자에 비공유 전자쌍이 한 쌍 있으므로 삼각뿔형이다.
③ 중심 원자는 공유전자를 포함해서 옥텟 규칙을 만족한다.
④ 비공유 전자쌍이 많을수록 각도는 작아진다. (가)의 각도가 더 작다.

19

순차적 이온화 에너지는 항상 증가하는데, 에너지가 급격히 증가하는 바로 앞의 수가 족수이다.
3 → 4로 갈 때 이온화 에너지가 급격히 증가했으므로 13족 B이다.

20

바닥 상태는 첫 번째 껍질이고, 나머지는 모두 들뜬 상태이다. 바닥 상태에 있는 전자를 들뜬 상태로 전이시키는 최소 에너지는 첫 번째 껍질에 있는 전자들 두 번째 껍질로 전이시키는 것이다. 첫 번째 껍질의 에너지는 −13.6eV, 두 번째 껍질의 E는 −3.4eV이므로 두 에너지 차이, 즉 10.2eV를 흡수해야 한다.

제4회

01 ④ 02 ③ 03 ③ 04 ① 05 ④ 06 ④ 07 ②
08 ① 09 ④ 10 ② 11 ③ 12 ④ 13 ② 14 ①
15 ④ 16 ④ 17 ① 18 ③ 19 ② 20 ①

01
첫 번째 껍질은 $1s$ 밖에 없고 s오비탈은 구형이라 방향성이 없다. 따라서, 방향성을 나타내는 자기양자수(m_l)는 0이다.

02
$M = \dfrac{mRT}{PV} = \dfrac{0.89 \times 0.082 \times 300}{1 \times 0.5} = 43.7$이다.

즉, CO_2(44)와 가장 근접하다.

03
인력이 강해지면 기체 분자의 상호작용으로, 기체가 용기 벽에 부딪히는 힘, 즉 압력이 작게 측정된다.

따라서, $\dfrac{PV}{RT}$가 작아져서 X는 더 아래로 이동한다.

그런데 온도가 올라가면, 인력이 약해져서 X는 오히려 위로 이동한다.

04
여러 단계의 에너지를 합하여 나타낸다.

05
산화-환원 반응식의 계수 맞추기
• 산화수를 구하고 산화-환원 관계를 구한다.
• 주고받은 전자수를 똑같이 맞춘다.
• 산소의 계수를 맞추고 수소의 계수를 맞춘다.

① $Cr_2O_7^{2-} + Fe^{2+} + H^+ \rightarrow Cr^{3+} + Fe^{3+} + H_2O$
   +6 -2   +2   +1   +3   +3   +1 -2
   환원 3 감소 / 산화 1 증가

② $Cr_2O_7^{2-} \rightarrow 2Cr^{3+}$의 계수를 맞춰주면서 산화수는 6이 감소한다.

$Cr_2O_7^{2-} + Fe^{2+} + H^+ \rightarrow 2Cr^{3+} + Fe^{3+} + H_2O$
+6 -2   +2   +1   +3   +3   +1 -2
환원 6 감소 / 산화 1 증가

③ 같은 하나의 반응에서는 이동한 전자수가 같아야 한다. 주고받은 전자수를 똑같이 맞춰서 최소공배수를 곱한다.

$Cr_2O_7^{2-} + 6Fe^{2+} + H^+ \rightarrow 2Cr^{3+} + 6Fe^{3+} + H_2O$

④ 그리고 산소의 계수를 맞추고, 수소의 계수를 맞춘다.
$Cr_2O_7^{2-} + 6Fe^{2+} + 14H^+ \rightarrow 2Cr^{3+} + 6Fe^{3+} + 7H_2O$

06
($-$)극에서는 금속 또는 수소 기체가 발생한다.
($+$)극에서는 기체가 발생한다.

ㄱ. ASO_4에서는 BSO_4에서와 같이 ($-$)극에서는 O_2기체가 발생한다.
ㄴ. ASO_4에서는 A^{2+}이 전자를 얻어서 A금속이 석출되었고, BCl, B_2SO_4 수용액에서는 H_2O이 환원되어 H_2가 생성되었다.
   따라서 표준환원 전위($E°$)=A > H_2O > B이다.
ㄷ. BCl 수용액을 전기분해시키면 H_2O이 환원되면서 H_2 기체가 생성되고, OH^-가 수용액상에 존재하므로 pH가 증가한다.

07
염의 가수분해에 관한 문제다. 빨리 풀 수 있는 방법은 '강한 쪽의 액성을 따라간다.'이다. 이 방법에 대입하려면 강산의 종류 6가지와 강염기 종류 3가지를 기억해야 한다.

강산 $\begin{bmatrix} H_2SO_4 \\ HNO_3 \\ HCl \\ HBr \\ HI \\ HClO_4 \end{bmatrix}$ 강염기 $\begin{bmatrix} NaOH \\ KOH \\ Ca(OH)_2 \end{bmatrix}$

위 화합물을 제외하고 약산, 약염기라고 봐야 한다.

① NaCl은 강산 중에 Cl^-, 강염기 중에 Na^+가 만나 염을 형성했다.
  "강산+강염기" ⇒ 모두 강하므로 액성은 중성이다. pH는 7이다.
② 강산 중에 Cl^-, 약염기 중에 NH_4^+가 만나 염을 형성했다.
  "강산+약염기" ⇒ 강한 쪽의 액성을 따라서 산성이라 pH는 7보다 낮다.
③ 약산 중에 CH_3COO^-, 강염기 중에 Na^+가 만나 염을 형성했다.
  "약산+강염기" ⇒ 강한 쪽의 액성을 따라서 염기성이다. pH는 7보다 높다.
④ 강산 중에 NO_3^-, 강염기 중에 Na^+가 만나 염을 생성했다.
  "강산+강염기" ⇒ 모두 강하므로 액성은 중성이다. pH는 7이다.

08

$Pb(s) + PbO_2(s) + 2H_2SO_4(aq) \rightarrow 2PbSO_4(s) + 2H_2O(l)$
납축전지는 $Pb(s)$이 $(-)$극, $PbO_2(s)$가 $(+)$극으로 작용한다.

ㄷ. 두 전극에서 모두 $Pb^{2+} + SO_4^{2-} \rightarrow PbSO_4(s)$ 반응이 진행되어 $PbSO_4(s)$이 전극에 붙으므로 양쪽 전극의 질량이 모두 증가한다.

ㄴ, ㄹ. 전해질인 H_2SO_4에서 SO_4^{2-}은 Pb^{2+}과 만나서 $PbSO_4$로 변화하고 H^+이온은 전자 얻어서 H_2로 생성되었다. H_2O 변화한다. 따라서, H^+, SO_4^{2-} 모두 다른 화합물을 만드는데 이용되었으므로 전해질(H_2SO_4)의 농도는 감소한다.

납축전지는 충전을 할 수 있는 2차 전지이다.

09

전자가 채워질 때는 에너지가 낮은 오비탈부터 채워지고, 전자를 잃고 양이온이 될 때는 바깥 껍질부터 잃는다. 4S → 3d 순으로 전자가 채워지고, 4S → 3d 순으로 전자를 잃는다.

10

$2KClO_3 \rightarrow 2KCl + 3O_2$
$122.6g : 1몰 = 46g : x$을 $x = 0.375$몰의 $KClO_3$가 반응
O_2는 $KClO_3$의 1.5배이므로, $0.375 \times 1.5 = 0.562$몰의 O_2가 생성된다.
$1몰 : 32g = 0.562몰 : xg$
∴ $x =$ 약 18g이 생성된다.

11

클로로벤젠 226g은 2몰, 클로랄 157g은 1.07몰
$2C_6H_5Cl(A) + CCl_3CHO(B) \rightarrow C_{14}H_9Cl_5(C) + H_2O$

처음	2몰	1.07몰	
반응	−2몰	−1몰	+1몰
나중	0	0.07몰	+1몰

① 없어지는 한계 시약은 클로로벤젠, 남는 과잉 시약은 클로랄이다.
② 반응이 끝나면 클로랄은 0.07몰이 남아서 10g이 남는다.
③ 수득률 = $\dfrac{실제\ 생성물}{이론상\ 생성물} \times 100$이므로 수득률 100%면 1몰의 DDT가 얻어진다.
④ 이론상 DDT 1몰(354g)이 얻어진다.
  수득률 = $\dfrac{177g}{354g} \times 100 = 50\%$이다.

12

온도가 일정하면 $PV \propto n$을 이용하면 된다.
ㄱ. He : Ne = 1 : 2가 된다.
ㄴ. 콕을 열면 하나의 용기라고 생각하면 된다. 그런데 피스톤은 안과 밖의 압력이 같으면 멈추므로, 용기 안의 압력은 대기압 1기압이 된다. 역시 부분압력 공식을 사용한다.
  Ne의 부분압력 = $1 \times \dfrac{2}{3} = \dfrac{2}{3}$기압이다.
ㄷ. 기체가 섞이면 피스톤은 움직이므로 전체 부피가 변한다.
  그런데 He의 몰수 + Ne의 몰수 = 전체 몰수이다.
  압력×부피가 몰수이므로,
  $0.5 + 1 = 1 \times V$ $V = 1.5L$(전체 부피)
  그런데 (가)는 고정된 용기이므로 1L가 되고, (나)는 0.5L가 된다.

13

화합물 24g을 연소시킨다.
$C_xH_yO_z + O_2 \rightarrow CO_2 + H_2O$에서 CO_2 질량으로부터 탄소 질량을 구하고 H_2O 질량으로부터 수소질량을 구한다.
탄소질량 → $44 : 12 = 35.2 : a$ 탄소=9g
수소질량 → $18 : 2 = 14.5 : b$ 수소=1.6g
산소질량 → $24g - 10.6g = 13.4g$
$x : y : z = \dfrac{9}{12} : \dfrac{1.6}{1} : \dfrac{13.4}{16} = 0.75 : 1.6 : 0.8 \fallingdotseq 1 : 2 : 1$
즉, CH_2O가 나온다.

14

양성자 교환막 연료전지는 보통 수소를 연료로 이용하는데 (−)극에서는 수소 기체가 전자 잃고 수소 이온이 생성되고, (+)극에서는 산소가 양성자 교환막을 통해서 들어오는 양성자와 외부 도선을 통해 들어오는 전자와 만나 물과 열을 발생한다. 이때 전기에너지를 얻을 수 있다.

(−)극 : $2H_2 \rightarrow 4H^+ + 4e^-$
(+)극 : $O_2 + 4H^+ + 4e^- \rightarrow 2H_2O$
―――――――――――――――――
$2H_2 + O_2 \rightarrow 2H_2O$

15

ㄱ. 부피, 온도가 같으므로 압력과 몰수가 비례한다. 둘 다 압력은 1기압이다. (가)는 순수하게 He만 들어 있고, (나)는 He+수증기가 들어 있다.
따라서, He의 수는 (가)가 많지만 전체 분자수는 같다.

ㄴ. 전체 압력은 같지만 (가)가 He의 몰수가 많으므로 부분 압력은 (가)가 크다.

ㄷ. 모두 온도가 낮아지면 부피도 작아진다. 그런데 (가)는 부피가 작아져도 피스톤은 안과 밖의 압력이 같으면 멈추므로 내부 압력은 항상 1기압이다. (나)는 부피가 줄어들면 내부 수면이 올라간다. 그러면 기체압력+물기둥의 압력=대기압이 되므로, 기체의 압력은 1기압보다 작다.

16

① 산화수 ; +4 → +3 : 환원
② 자유 라디칼은 홀전자가 존재한다. ClO는 자유 라디칼이다.
③ O_3은 공명구조이므로 전자가 균일하게 분포한다.
 → 비편재화
④ O_3은 굽은형 구조이다.

17

① $BeF_2 \rightarrow sp$ 혼성오비탈
② $BF_3 \rightarrow sp^2$ 혼성오비탈
③ $CH_4 : sp^3$ 혼성오비탈
④ $C_2H_6 : sp^3$ 혼성오비탈

18

N_2는 공기 성분이다.

19

브뢴스테드 산 : 다른 물질에 수소 이온을 줄 수 있는 분자나 이온, 다른 물질에 수소 이온을 주려면 H^+을 가지고 있어야 한다.
브뢴스테드 염기 : 다른 물질로부터 수소 이온을 받을 수 있는 분자나 이온

$\underset{\text{염기}}{O_2^-} + \underset{\text{산}}{CH_3OH} \rightleftarrows \underset{\text{염기}}{CH_3O^-} + \underset{\text{산}}{OH^-}$

20

H^+농도를 $-\log$로 치환한 것이 pH이다.
$pH = -\log 6 \times 10^{-3}$
$\quad = 3 - \log 6 = 2.22$

제5회

01 ③ 02 ③ 03 ④ 04 ② 05 ④ 06 ① 07 ③
08 ① 09 ④ 10 ④ 11 ④ 12 ④ 13 ④ 14 ③
15 ② 16 ④ 17 ④ 18 ② 19 ③ 20 ③

01
중간 생성물은 반응속도에 영향을 주지 않는다.

02
이 반응은 2차 반응이다. 1단계는 이분자 반응이다.

03
$\Delta G = \Delta H - T \cdot \Delta S$에서 높은 온도에서 ΔG가 ⊖가 되어야 한다.

$\Delta G = \Delta H - T \cdot \Delta S < 0$가 되어야 한다.
(위에 ⊕, ⊕ 표시)
이와 같은 조건이어야 $\Delta G < 0$가 된다.

즉, 높은 온도가 되면 $|\Delta H| < |T \Delta S| \rightarrow \Delta G < 0$이 된다.

04
(가) 11.2L 산소
(나) 4g H_2에서 H_2는 2몰 따라서 44.8L가 나온다.
(다) 1몰 CO_2에서 CO_2는 22.4L
따라서, (나) > (다) > (가)이다.

05
몰수 = $\dfrac{질량}{분자량}$을 이용한다.

H_2 : He $\Rightarrow \dfrac{12g}{2} : \dfrac{4g}{4} = 6 : 1$

그런데 원자수의 비를 묻고 있으므로, 12 : 1 가장 가까운 값은 10 : 1이다.

06
기체의 양은 변화가 없는데 온도, 압력, 부피가 변했으니까 보일–샤를 법칙을 이용해야 한다.

$\dfrac{(735-24) \times 225}{298} = \dfrac{760 \times V}{273}$

$\therefore V = \dfrac{225 \times (735-24) \times 273}{760 \times 298}$

07
분자량$(M_t) = \dfrac{mRT}{PV}$에서 V, T, R이 일정하다.

따라서 $M_t = \dfrac{m}{P}$으로 비교하면 된다.

A : 2.3, B : 4, C : 1.8이 나온다. B > A > C이다.

08
NH_3의 결합각은 107°이고 삼각뿔형으로 중심 원자에 비공유 전자쌍을 가지고 있는 극성 분자이다.

09
수소결합물질이 끓는점이 높은데 수소 결합력 자체는 HF가 더 크지만 H_2O는 한 분자당 수소 결합수가 더 많으므로 끓는점은 H_2O가 제일 높다.
따라서, H_2O > HF > NH_3 > He 순이다.

10
아데닌(A)은 DNA, RNA를 구성하는 염기 성분 중 1개이다.
데옥시라이보오스(오탄당)은 DNA를 구성하는 성분이다. DNA는 인산, 당, 염기로 구성되어 있는데 데옥시라이보오스는 인산과 염기를 공유결합으로 연결시켜 준다.

11
$I_2(s) \rightarrow 2I(s)$ 분자보다 원자의 에너지가 더 크고, 무질서하다.
따라서, $\Delta S° > 0$이다.

12
기체를 모으는데 걸리는 시간이 짧다는 것은 반응속도가 빠르다는 것이다.
ㄴ. 2와 3을 비교했을 때 A의 농도가 2배가 되면 속도는 1.4배 정도 빨라진다.
ㄷ. 4와 5를 비교했을 때 온도가 10℃가 높아지면 속도는 약 2배가 빨라진다.

13
역반응의 평형상수는 $\dfrac{1}{K}$이다.
그리고 반응식의 계수가 n배가 되면 평형상수는 K^n이다.
따라서 $K_2 = \left(\dfrac{1}{K_1}\right)^2$ ∴ $K_2 = \left(\dfrac{1}{K_1^2}\right)$이다.

14
$S_2O_8^{2-}$의 총 원자가 전자수는 S=6개, O=6개이다.
12+48+2=62개이다.

15
pH=$-\log[H^+]$라고 해서 $-\log 1 = 0$이라고 하면 안 된다.
약산이므로 소량이온화가 되므로 직접 $[H^+]$를 구해야 한다.
ㄱ. $[H^+] = nC\alpha$이다. (n : 산의 가수, C : 산의 몰농도, α =이온화도)
   가수와 몰농도는 알 수 있지만 α를 모른다.
   $K_a = C\alpha^2$을 이용해서 α값을 구한다.
   $10^{-6} = 1 \times (10^{-3})^2$. 따라서, α는 10^{-3}이 된다.
   pH=$-\log 1 \times 1 \times 10^{-3}$ → pH 3이다.
ㄴ. $K = C\alpha^2$에 대입하면, $10^{-6} = 10^{-2} \cdot (10^{-2})^2$
   따라서, $\alpha = 0.01$, 즉 1%가 된다.
ㄷ. 이온화도(해리도) '온도가 높을수록, 농도가 낮을수록' 증가한다. 따라서, 0.01M일 때가 더 크다.

16
① pH가 낮은 HB가 강산이다.
② pH를 이용해서 이온화도 α를 구한다.
   pH=$-\log nC\alpha$이다.
   $2 = -\log 1 \times 10^{-2} \times \alpha$, 따라서, $\alpha = 1$이다.
③ 산성용액은 아무리 희석을 시켜도 pH는 7보다 작아야 한다. 산성을 희석시킨다고 해서 산성이 염기성 pH로 변하지 않는다.
④ 이온화도는 농도가 묽을수록 증가한다.

17
(가)는 산화·환원 관계를 따지려면 산화수를 구하는게 효과적이다.

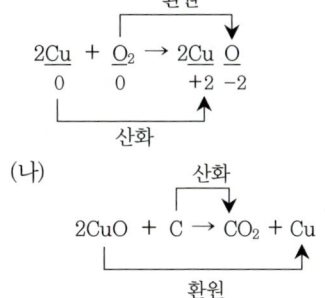

(나)
$$2CuO + C \rightarrow CO_2 + Cu$$
환원 / 산화

18
돌턴은 원자는 더 이상 쪼갤 수 없는 딱딱한 공과 같은 구조라고 하였다.
따라서 양성자, 중성자, 전자로 구성된다는 것은 밝혀내지 못했다.

19
부피 ∝ 몰수이다.

	B_2	AB_2
부피비	2	1
분자수의 비	2	1
원자수의 비	4	3

20
형식전하 → 자신의 원자가 전자수 - 결합선의 수 - 비공유 전자수
그런데 이온이 아닌 중심 화합물에선 모든 원자의 형식전하의 총합은 0이다.

저 자
배수진

현   대방열림고시학원 화학 전임교수

전   메가 엠디 PEET 화학 강의
      대성학원, 청솔학원 수능 강의
      대치동 P학원 화학올림피아드 강사

공무원 화학 이론서

인 쇄	2024년 9월 2일
발 행	2024년 9월 6일
편저자	배수진
발행자	윤록준
발행처	BTB
등 록	제2017-000090호
주 소	서울 동작구 보라매로 19길 8
전 화	070-7766-1070
팩 스	0502-797-1070
가 격	30,000원
ISBN	979-11-92327-79-2　13430

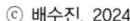 배수진, 2024
- 낙장이나 파본은 교환해 드립니다.
- 이 책의 무단전재 또는 복제행위는 저작권법 제136조에 의거하여 처벌을 받게 됩니다.